新世纪高等学校教材·教育学专业系列教材

U0646514

教育研究的理论与方法

第②版

杨小微 / 主编

北京师范大学出版集团
BEIJING NORMAL UNIVERSITY PUBLISHING GROUP
北京师范大学出版社

图书在版编目(CIP)数据

教育研究的理论与方法 / 杨小微主编. —2 版. —北京：北京师范大学出版社，2024.6
新世纪高等学校教材·教育学专业系列教材
ISBN 978-7-303-29579-1

Ⅰ. ①教… Ⅱ. ①杨… Ⅲ. ①教育科学－研究方法－高等学校－教材 Ⅳ. ①G40-034

中国国家版本馆 CIP 数据核字(2023)第 224345 号

图书意见反馈：gaozhifk@bnupg.com　010-58805079
营销中心电话：010-58802755　58800035
北师大出版社教师教育分社微信公众号　京师教师教育

出版发行：北京师范大学出版社　www.bnupg.com
　　　　　北京市西城区新街口外大街 12-3 号
　　　　　邮政编码：100088
印　　刷：天津旭非印刷有限公司
经　　销：全国新华书店
开　　本：787 mm×1092 mm　1/16
印　　张：25.75
字　　数：545 千字
版　　次：2024 年 6 月第 2 版
印　　次：2024 年 6 月第 12 次印刷
定　　价：69.00 元

策划编辑：何　琳　　　　　　责任编辑：孟　浩
美术编辑：焦　丽　　　　　　装帧设计：焦　丽
责任校对：陈　荟　　　　　　责任印制：马　洁

前　言

党的二十大报告首次提出，教育、科技、人才是全面建设社会主义现代化国家的基础性、战略性支撑。必须坚持科技是第一生产力，人才是第一资源，创新是第一动力，深入实施科教兴国战略、人才强国战略、创新驱动发展战略，开辟发展新领域新赛道，不断塑造发展新动能新优势。利用教育培育创新人才、经由创新人才推动科学技术创新发展，从而推动中国特色社会主义的现代化发展，三者关系的系统性和整体感在其中得以充分揭示。作为哲学社会科学一个重要分支领域的教育学科，其创新发展的意义不仅关乎自身学科发展的先进性和自主性，还在于合理有效地推动教育、科技和人才之间的良性循环和互动共生。

2016 年，习近平同志在哲学社会科学工作座谈会上发表了重要讲话，系统阐释和回答了中国特色社会主义进入新时代，坚持和发展中国特色社会主义需要构建什么样的当代中国哲学社会科学，怎样繁荣和发展具有中国气派、中国品格、中国话语体系的当代中国哲学社会科学的重大理论和实践问题。这篇讲话是新时代繁荣和发展中国哲学社会科学的思想引领和行动指南。

教育是我国社会主义建设的百年大计，也是社会科学研究的一个重要领域。探究我国的教育改革与发展，早已成为我们专业生活的常态。无论是在校读书，还是在中小学从业，研究早已渗透于我们的日常生活中。在我的专业生涯中，编得最多的教材、开设得最多的课程，当数"教育研究方法"了。自 20 世纪 80 年代初以来，我就与中小学结下了不解的合作之缘，浸润其中、深受教益。这可能是我愿意并有勇气承担好几次编写任务的内在原因。多年前与同事合作主编的《教育研究的理论与方法》，在湖北教育出版社的鼎力相助之下，得以面世并一直受到读者的关爱。2008年，承蒙北京师范大学出版社的关注与信任，也征得原出版社同意，我们决定将这本教材进行较大幅度的增删并改，列入北京师范大学出版社教育学教材的"十一五"出版计划。根据教育形势的发展，本书在北京师范大学出版社的盛情邀请下，在各位新老作者和修订者的大力支持下，得以再次开启修订之旅。

依据我们对本书基本读者群——教育学科各专业本科生，跨专业研读教育学但并未系统学习过教育研究方法的硕士研究生，以及有教育研究兴趣的所有读者阅读习惯的理解，本次修订对原著内容和体例做了如下重要的修改和重建。

第一，鉴于本科生及硕士研究生有较强烈的理论兴趣，本书在修订与重编中加强了概论部分和各特定研究方法理论来源的介绍和讨论，对我国近些年来教育研究方法和方法论探讨的进展及新鲜成果也择其要者加以评述。本次修订还增加了建构中国自主的知识体系、学科体系、学术体系及话语体系等方面的内容。

第二，由于本科生、硕士研究生、年轻学者和中小学界有志于改革、锐意创新的教师比较倾向于通过争辩来达于思想观点上的明晰，本书努力在内容叙述过程及章后案例中适当加强了不同观点的比较和争鸣。本次修订还联系了"科教兴国""教育强国""铸牢中华民族共同体意识"和"构建人类命运共同体"等方面的重大主题，引导读者结合教育研究的实际深入思考。

第三，由于研究方法的操作性强，按说应多介绍其操作程序及方法细节，但考虑到已有不少同类教材做了比较细致的介绍，而方法背后的思想也许比方法本身更重要，且也是掌握方法的重要前提，所以本书侧重阐述各种方法的基本框架和简略的理论背景。对方法细节感兴趣的读者，可以参考其他教育研究方法读物。本次修订有意识地增列了近些年来出版的教育研究方法类的高质量书籍。

第四，考虑到作为教材应具有指导学习的功能，本书在每一章后面设置了"思考与行动"以及"进一步阅读的书目"，在需要的章节还设立了"应用实例"，以方便读者在一种充满行动和创造气息的"实践场"中去领悟知识的妙用。本次修订也对应用案例进行了与时俱进的更新。

本书修订后大体呈现出如下面貌。

第一章至第三章是本书的概论部分。第一章通过对科学方法的历史演进过程的回顾与反思，梳理自然科学研究经历的从经验到科学、从粗放到精致的发展脉络。第二章讨论了处于自然科学与人文科学之间的社会科学研究，讨论了社会科学研究与自然科学、人文科学研究的差异和共性，探讨了社会科学研究的实证倾向及其面临的难题，进而分析了社会科学领域的范式变革及其对教育研究的影响。基于上述两个大背景的分析，第三章集中讨论了以追求独特与卓越为己任的教育研究，概述了它的对象、性质与意义，阐述了它的过程与规范，进而归纳了它的方法类型。

第四章至第十二章构成第二部分，分述了当今教育研究领域中人们时常要用到的各种研究方法。既有较为经典的观察、调查、实验和文献方法，又有方兴未艾的教育行动研究、教育叙事研究、教育人种志研究、教育案例研究（可被称为"大方法"），2008年的修订版特地增加了这四个专章。我们欣喜地看到，这四类"大方法"在现在越来越受到广大研究者的青睐。除了这些以获得事实为主旨的方法外，本书还增列了以形成教育理论为目的的理论研究方法。

第十三章是最后一章，也是本书的第三部分。本章概括式地介绍了教育研究资料的整理与分析的基本技术和方法。本章分为定量研究与质性研究两个部分。定量数据的分析主要介绍描述统计和推断统计的主要方法。其中，多因素分析的多种方法因其相对高阶，被独立地进行了介绍。质性研究主要选择了相对基础、普遍使用的方法，即以扎根理论为代表，呈现了质性研究的资料编码过程。最后，对混合研究方法这种新兴的研究思路进行了简要的阐述。

限于篇幅，本书也不再设"教育测量"一章。需要深入了解相关知识的读者，可以从"教育测量""教育统计"一类相关书籍中获得进一步的帮助。

编　者

第一章 科学研究方法纵览

"哲学社会科学是人们认识世界、改造世界的重要工具，是推动历史发展和社会进步的重要力量，其发展水平反映了一个民族的思维能力、精神品格、文明素质，体现了一个国家的综合国力和国际竞争力。"①教育研究作为社会科学研究领域的一个分支，在促进和支撑教育现代化发展、实现科教兴国战略愿景的过程中举足轻重，也是构成综合国力和国际竞争力不可或缺的重要方面。

教育研究作为社会科学研究大家族的一个成员，其方法与一般意义上的科学研究方法之间有着内在的联系。早在 20 世纪初，就有一些教育学家在一般科学方法的框架内进行教育方法的研究。哈佛大学教育学教授凯利撰写了《科学方法：它在研究和教育中的功能》一书。② 韦斯塔韦在他的《科学方法：其哲学基础与应用模式》一书中专门论述了"教室里的科学方法"与"讲堂上的科学方法"。③ 此后，科学方法论进入包括教育学科在内的社会科学领域，成为一个自主的领域，取得了许多令人瞩目的成就。仅据哈佛大学多伊奇、普拉特和森哈斯三位学者在 1971 年的统计，20 世纪前 65 年全世界社会科学方面的 62 项重大成就中，与科学方法论有关的就有 5 项。④

在这种背景下，一般科学研究方法与教育研究方法的结合便成为许多学者研究的新的关注点。有的自然科学家从自己的研究中概括出科学研究方法论原理，并用于进一步的科学研究和教育研究之中；有的科学哲学家在教育问题上拓展自己的科学方法论成果；有些教育学家则在教育研究中积极采用科学方法论的最新成果。美国得克萨斯大学化学系教授兼物理系教授马特森在 20 世纪 70 年代末提出了 ACP 科

① 习近平：《在哲学社会科学工作座谈会上的讲话》，2 页，北京，人民出版社，2016。
② T. L. Kelley，*Scientific Method：Its Function in Research and in Education*，The Macmillan Company，New York，1932.
③ F. W. Westaway，*Scientific Method：Its Philosophical Basis and its Modes of Application*，Blackie & Son Limited，London and Glasgow，1939，pp. 487-588.
④ K. W. Deutsch，J. Platt，& D. Senghaas，*Science*，1971，pp. 450-459.

学认识论，并与其合作者一起运用这个理论分析已有的分子理论和相应的大学课程中的不足；不仅提出了一种 π 电子理论，而且设计了一门 MMTM 课程。① 科学哲学家库恩在一次科学人才识别研究会议上，根据自己的科学方法论，提出在发散式思维与收敛式思维之间维持一种必要的张力，是从事科学研究所必需的首要条件之一。② 德克斯在《化学教育学报》上提出，要把波普尔的证伪主义方法论作为一种教育学原理或教学法原理；力图把维特根斯坦的"语言游戏"与库恩的"范型"思想加以综合，提出一种统一的能动的关于教育和科学的哲学。③ 可以预见，人们对于一般科学研究方法认识的深入，将有助于教育研究方法的发展。而人们在教育研究方法方面的探索成果将会丰富一般的科学研究方法。

鉴于教育研究方法与科学研究方法的这种联系，我们在本章中分三个时期系统讨论科学研究方法发展的历史进程。

第一节　科学兴起时期

////////////////////

科学的发展源远流长。在西方，史学家们把古代希腊的自然哲学作为西方科学的发端。东方的科学兴起则早于古希腊。像古埃及、古巴比伦、古印度和中国在世界范围内率先进入奴隶社会后，就逐渐形成了自己的文明，并在古天文学、数学、医学等方面做出了突出贡献，号称是世界古代文明的发祥地。然而，从古代科学与哲学融为一体的自然哲学来看，古希腊自然哲学同其他古代民族的自然哲学相比有着更为特殊的传统。那就是古希腊自然哲学家从一开始就注重自然，始终以探求自然界的本原为目标。他们在研究自然的同时非常重视对科学知识的理性反思，通过对知识理论问题的研究，"为科学引入了其不可或缺的要素——方法论，从而奠定了科学赖以发展的坚实基础"④。

古希腊丰富的哲学思想包含着近代乃至现代各种科学方法论观点的胚芽。显然，

① ［美］F. A. 马特森：《理论在化学中的作用》，袁江洋译，载《自然科学哲学问题》，1989(1)。
② ［美］托马斯·S. 库恩：《必要的张力：科学的传统与变革论文选》，纪树立、范岱年、罗慧生等译，223 页，福州，福建人民出版社，1981。
③ David Stenghouse, *Active Philosophy in Education and Science：Paradigms and Language Games*, London, Allen & Unwin, 1985.
④ 周昌忠：《西方科学方法论史》，2 页，上海，上海人民出版社，1986。

古希腊的自然哲学不仅是西方科学的发端，还是科学方法论的摇篮。为此，我们首先考察科学兴起时期，即从古希腊到近代科学产生以前的时期科学研究方法的产生及发展。

一、探究自然的最初模式

在西方，自然知识的证明和解释程序与哲学一起发源于公元前 6 世纪至前 5 世纪的古希腊。当时这种程序还处于萌芽状态，包含在古希腊自然哲学家对世界本原的探讨中。古希腊第一位自然哲学家泰勒斯是米利都学派的创始人。他第一个研究了世界万物的本原，并把抽象和演绎推理作为认识世界的手段，提出万物的本原是"水"。亚里士多德指出，泰勒斯把水当作万物的始基"也许是由于观察到万物都以湿的东西为滋养料，以及热本身就是从潮湿中产生，并且靠潮湿来保持……也可能是由于万物的种子就其本性说是潮湿的，而水则是潮湿的东西的本性的来源"①。泰勒斯看到了水存在于万物之中，生命对水的依赖以及水本身的可变化性，从而把水当作万物的本原；认为万物来源于水，又复归于水。

继泰勒斯之后，古希腊早期自然哲学家对万物的本原展开了一系列讨论，产生了各种不同观点，出现了各种不同学派。尽管不同学派的自然哲学家对万物本原的理解各异，但他们都继承了泰勒斯的研究传统，在观察的基础上获得万物本原之解，从而摆脱了人类早期认识自然的拟人化方式和神秘色彩，走上了以自然的原因说明世界的正确道路。阿那克西米尼认为万物的本原是气，而不是水；因为气比水更富有变化性，它可以向稀薄和凝聚两个方面变化，从而形成宇宙中的万事万物。赫拉克利特认为万物的本原不是水、不是气，也不是数，而是更富有变化性的火。他把火看成时刻都在变动的一种具体的物质，指出世界上的一切东西都是由火的浓厚和稀薄化而形成的。火产生一切，一切归于火。他说，这个世界对一切存在物都是同一的，它不是任何神所创造的，也不是任何人所创造的；它在过去、现在和未来永远是一团永恒的活火，在一定的分寸上燃烧，在一定的分寸上熄灭。② 这就是说，世界是物质的，是不断运动、变化和发展的。赫拉克利特认为这种变化和发展遵循着普遍的、必然的客观规律，他把这种普遍的、必然的客观规律叫作逻各斯（logos）；认为这个逻各斯永恒地存在着，万物都根据这个逻各斯而产生。

---

① 北京大学哲学系外国哲学史教研室：《古希腊罗马哲学》，4 页，北京，商务印书馆，1961。
② 北京大学哲学系外国哲学史教研室：《古希腊罗马哲学》，21 页，北京，商务印书馆，1961。

　　古希腊早期自然哲学家不仅通过观察认识自然，而且在观察基础上将抽象、概括和推理作为获取自然知识的手段。他们对万物本原的认识中已包含了从个别到一般、从现象到本质的思维进程。无论是水、气，还是火，都是从现象中得出的万物本原的一般概念，是对万物共同本原的概括。这是在观察基础上进行归纳和概括的结果。他们在建立了一般概念后，试图用来解释世界万物的形成。由此可见，古希腊早期自然哲学家在探索世界本原过程中已经遵循了一定的论证和解释程序。

　　上述这些自然哲学家的着眼点在于回答世界的本原问题，他们并没有明确提出一般的方法论模式。第一个明确提出论证自然知识和解释自然现象的一般模式的是亚里士多德。

　　亚里士多德是古希腊伟大的思想家、哲学家、学术的集大成者，其科学兴趣非常广泛，其研究涉及了当时大部分的领域。他对哲学、科学、逻辑学、心理学、历史、政治等领域都做出了卓越贡献。其主要著作有《工具论》《物理学》和《形而上学》。他第一个全面、系统地研究了思维问题，总结概括了当时各方面的研究成果，吸收了前人的方法论思想，确立了逻辑思维的基本规律，建立了比较完整的古典逻辑体系，成为形式逻辑的创始人。亚里士多德的逻辑体系的建立标志着逻辑方法的产生，对于以后科学的研究和发展有着极为重要的意义。

　　亚里士多德的逻辑思想在以下各节中还要讨论。这里我们着重介绍他提出的科学研究程序。在亚里士多德看来，科学的任务在于探明原因，获得关于事物原因的一般知识。知识来源于由观察而形成的感觉经验，但感觉经验提供的只是个别事物的知识，而不能提供关于事物的一般知识。只有在个别事物的知识基础上进行理论思维的加工，才能获得关于事物的一般知识。亚里士多德认为科学研究是在观察事实上运用归纳上升到一般原理，然后通过演绎推理回到观察的过程。这就是他所提出的归纳—演绎程序，可用图 1-1 表示。①

　　亚里士多德认为要获得解释性原理，必须运用归纳方法。他特别强调简单枚举归纳法和直觉归纳法在获得解释性原理中的作用。不过，他更加重视的是从解释性原理推出需要解释的现象的演绎程序。他认为科学的目的在于解释，并以巴巴拉式三段论为演绎推理的形式。所谓巴巴拉式三段论是指推理的大前提、小前提和结论均系全称的肯定命题。

---

① ［美］约翰·洛西：《科学哲学历史导论》，邱仁宗、金吾伦、林夏水等译，6页，武汉，华中工学院出版社，1982。

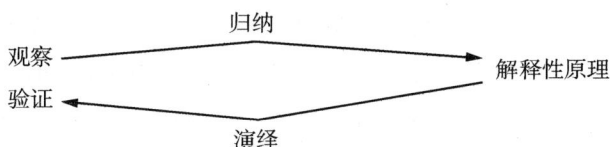

图 1-1 亚里士多德的归纳—演绎程序

大前提：凡生物必死

小前提：凡人是生物

结　论：凡人必死

亚里士多德把巴巴拉式三段论看作科学解释中演绎法的范例，认为这种演绎法确立的科学解释或科学证明是可靠的。

二、数学方法的形成

数学是专门研究量的科学。它撇开客观对象的其他特性，只研究量的规律性。对事物理的研究逐渐形成了在量之间进行推导和演算的各种方法，数学也因此成为从量的方面把握自然规律的有效工具。

毕达哥拉斯是一位数学家和哲学家。在数学方面，他提出了毕达哥拉斯定理；在哲学上，他把数当作万物的本原，揭示了世界万物都具有量的规定，提出用数学解释万物，从量上去把握自然的思想，从而开创了数学方法。毕达哥拉斯不仅把数看作万物的本原，而且从音乐的和谐与数学的关系中推断出宇宙间存在数学的和谐。据说他有一次走过一个铁匠工场，打铁时发出的一种和谐的声音引起了他的注意。后来他比较了发出谐音的几个铁锤的重量，在琴弦上进行了试验，发现了音乐的和谐总是以与数学成比例的对应关系而存在。比如，2∶1 的弦长对应八音度，3∶2 的弦长对应五音度。① 毕达哥拉斯从音乐的和谐与数学的关系中得出了数学和谐思想，并把这一思想注入自然界；认为自然界是和谐的、有秩序的。自然的和谐是一种数的和谐，自然秩序是数的秩序。知其数便得其自然的秩序和规律。毕达哥拉斯的数学和谐思想是精确科学知识的发端。这一思想深刻地影响着后来的科学家用数学描述自然规律，使科学由定性描述进入定量研究。

毕达哥拉斯的数学和谐思想为柏拉图所继承和发展。在毕达哥拉斯那里，数是

① ［美］约翰·洛西：《科学哲学历史导论》，邱仁宗、金吾伦、林夏水等译，18 页，武汉，华中工学院出版社，1982。

具体事物，是和具体物体联系的。在柏拉图的理念论中，数是脱离具体事物而独立存在的概念。① 尽管柏拉图的理论学说从根本上说是错误的，但它标志着西方理论思维的重大进步。这是因为它第一次揭示了概念是科学认识的形式和工具，并且认为科学认识就在于用数学概念的体系去把握自然。② 柏拉图对数学方法的重要贡献还在于他率先把毕达哥拉斯的数学和谐思想运用于天文学的研究，提出了柏拉图原理。柏拉图认为，天体运动应该体现数学和谐，所有的天体运动都应该遵循"正圆形轨道"与"匀速度"这两个原则。天文学的研究就在于主观发明构造天体运行的数学模型，然后通过这一数学模型解释天体现象。这就是所谓柏拉图原理。柏拉图原理是毕达哥拉斯数学和谐思想的具体化，是对毕达哥拉斯数学方法的发展。它成为古希腊罗马天文学发展的指南，成为开普勒之前天文学追求的理想目标，成为天文学研究中的传统方法。③ 后来的亚里士多德、托勒密、哥白尼的天文学研究都是运用柏拉图原理来构造各自的宇宙模型，反映了他们对数学和谐的执着追求。约翰·洛西指出，信奉柏拉图的哲学，加强了对待科学的毕达哥拉斯主义倾向。④

继柏拉图把数学应用于天文学之后，阿基米德将数学应用于力学，使数学方法日趋成熟。阿基米德是古希腊后期伟大的科学家，其研究涉及理论和实用的许多领域，在数学方面留下了大量著作。这些著作被认为是古希腊数学的顶峰。阿基米德研究数学，是为了在实际中应用数学。他用数学探讨力学问题，力求得到准确的量的关系。阿基米德在力学方面的突出成就取决于他对数学方法的运用。

数学的应用不仅在于数学是计算的工具，还在于数学是证明的工具。柏拉图明确指出，洞见理念而获得的知识必须加以证明，而这种证明应以某些概念为出发点。他说："你知道研究几何学、数学以及这一类学问的人在开始的时间要假定偶数与奇数、各种圆形、三种角以及其他类似的东西，把这些东西看成已知的，看成绝对的假设，不觉得需要为他们自己或别人来对这些东西加以说明，而是把这些东西当作自明的。他们就从这些假设出发，通过一系列的逻辑推论而最后达到他们所要求的结论。"⑤ 柏拉图提出从自明的假设出发进行演绎证明的思想是数学方法的又一重大

① 周昌忠：《西方科学方法论史》，12 页，上海，上海人民出版社，1986。
② 周昌忠：《西方科学方法论史》，18 页，上海，上海人民出版社，1986。
③ 孙世雄：《科学方法论的理论和历史》，12 页，北京，科学出版社，1989。
④ ［美］约翰·洛西：《科学哲学历史导论》，邱仁宗、金吾伦、林夏水等译，20 页，武汉，华中工学院出版社，1982。
⑤ 北京大学哲学系外国哲学史教研室：《古希腊罗马哲学》，200 页，北京，商务印书馆，1961。

发展。后来亚里士多德从知识前提的不可证明性出发，提出了公理化方法。亚里士多德设想，一个完整的科学理论体系应该是一种演绎系统的结构，科学知识都是从初始原理中演绎出的结论。多年后，欧几里得成功地应用了公理化方法，建立了第一个演绎系统的几何学体系，实现了自泰勒斯以来追求科学知识体系理论化的理想。公理化方法的出现标志着数学方法的形成与完善。

三、公理化方法

所谓公理化方法就是以尽可能少的不加定义的原始概念和一组不加证明的原始命题（公理、公设）为基础，运用逻辑规则推导出其余的命题和定理，以至于建立整个理论体系的一种方法。

如前所述，公理化方法是亚里士多德创立的。肖尔兹指出："亚里士多德并没有局限在简单列举他认为是可靠的推理规则，而是头一次对逻辑作出了某种公理化。这个成就确实是很大的。"[1]肖尔兹认为，公理化的研究是亚里士多德的《后分析篇》这部著作的核心。亚里士多德关于公理化方法的基本思想是，从不可证明的必然前提出发，运用证明的巴巴拉式三段论推出所有定理。虽然亚里士多德没有运用公理化方法推出定理，构造一个公理化的知识体系，但他从上述基本思想出发创建了必然前提的四个逻辑规则：①前提必须是真的；②前提必须是无法证明的；③前提必须比结论更易解释；④前提必须是结论的原因。[2] 这是亚里士多德对公理化方法的贡献，这些逻辑规则后来为欧几里得系统地加工整理几何学知识提供了必要前提。

欧几里得是古希腊的数学家，曾执教于亚历山大里亚学校。作为一名数学教师，他要做的工作是把前人遗留下来的零散的几何学知识整理编写成教科书。他运用公理化方法创造性地整理出了《几何原本》。《几何原本》被用作教科书达2000多年，并被印成各种文字。《几何原本》推理明确、严密，论断深邃、清晰，直到现在仍是数学的经典著作。《几何原本》的基础是由原始概念以及公理、公设组成的。原始概念是描述性的定义，公理和公设是一些不加数学证明而直接采用的命题。然后以此为出发点，应用亚里士多德的逻辑规则以及数学计算方法，演绎出大量定理和命题。

欧几里得的公理化方法包括三个方面：①公理本身是不证自明的真理；②公理

---

① ［德］亨利希·肖尔兹：《简明逻辑史》，张家龙译，10 页，北京，商务印书馆，1977。
② ［美］约翰·洛西：《科学哲学历史导论》，邱仁宗、金吾伦、林夏水等译，10 页，武汉，华中工学院出版社，1982。

与定理有演绎关系；③定理与观察结果相一致。即一个完备的科学理论系统应该是一个演绎陈述系统，其逻辑起点是不证自明的公理；从公理可演绎出定理，定理能在观察中得到验证。① 欧几里得运用公理化方法使几何知识系统化，建立了科学史上的第一个科学演绎理论，从而把亚里士多德的公理化方法的理想变为现实。

继欧几里得之后，阿基米德做出公理化方法推演力学的结论，开创了物理学理论结构严谨的传统。阿基米德不仅是一位杰出的数学家，而且在力学方面卓有成就。他提出了杠杆原理和浮体定律，被誉为"力学之父"。他崇尚欧几里得的公理化方法，认为科学知识是根据自明公理演绎出来的一套理论体系。他的《论浮体》和《论平面的平衡》记述了浮体定律和杠杆原理的严格证明。在《论浮体》中，阿基米德提出了两条公设，并以此出发演绎出浮力定律及其他定理。在《论平面的平衡》中，他提出了七条公设，从这七条公设出发演绎出了杠杆定律和其他定理。由于公理化方法的运用，力学成为一个逻辑结构严密的公理化系统。

公理化方法虽然是理性思维的产物，但它不是凭头脑任意想象出来的，而是有其经验基础的。关于这一点，亚里士多德有着比较深刻的认识。他不同意柏拉图的灵魂在投身到世间之前就能直接体验到真理，人们只要追忆这种体验就能认识几何公理的这种所谓前世追忆说。亚里士多德认为，公理来自对经验事实的归纳。欧几里得几何学的五个公理都具有明显的经验性质。阿基米德力学理论中的公设同样是建立在经验基础上的。梅森认为，阿基米德的力学像欧几里得的几何学一样，是根据自明公理演绎出来的一套理论体系。可是阿基米德很可能先根据实验取得一些成果，然后再从假设的前提中演绎出这些结果来。②

从亚里士多德创立的公理化方法到欧几里得和阿基米德把公理化方法运用于数学与物理学，他们共同把古希腊的科学方法推到了最高峰。但由于时代的局限性，欧几里得在《几何原本》中所运用的公理化方法带有很大的直观性。为了弥补欧氏几何的不足，现代数学家希尔伯特把公理化系统形式化，把原有公理系统中的概念、命题、推理分别代之以符号、公式、符号变换，把全部数学命题变成数学符号和逻辑符号按一定规则排列的公式的集合，从而发展了形式公理化方法，使公理化方法

---

① ［美］约翰·洛西：《科学哲学历史导论》，邱仁宗、金吾伦、林夏水等译，24页，武汉，华中工学院出版社，1982。

② ［英］斯蒂芬·F. 梅森：《自然科学史》，周煦良、全增根、傅季重等译，40页，上海，上海译文出版社，1980。

得到进一步完善。现在公理化方法已成为建立科学理论体系的一个重要方法。

四、归纳法的萌芽

归纳法是从个别中推导出一般原理的方法。它是在考察某类事物部分对象的基础上抽取其共性并推广到该类事物的全体，从而形成关于该类事物的一般性认识的一种方法。归纳法是获取知识的一种重要逻辑方法。

在人类的思想史上，最早把归纳法作为一种思维方法进行讨论的是苏格拉底。他是古希腊唯心主义哲学家，没有留下著作。后人从他的学生柏拉图和色诺芬的著作中得知他的学说。苏格拉底的归纳法不是在研究自然，而是在讨论伦理道德问题中提出的。他的归纳法是通过分析个别的伦理行为的事实来确定伦理概念的方法，是为伦理概念找定义的方法。因此他的归纳与其定义紧密相连。苏格拉底认为，伦理知识的获得首先在于对某一道德行为提出初始定义，然后引进一系列事例；当初始定义应用到这些事例上出现矛盾时，便推翻初始定义而提出新的定义，如此继续下去，直到得出一个令人满意的、能够揭示某一道德行为本质的定义。这种对一系列个别的伦理行为进行分析，从而寻找伦理概念的普遍定义的方法就是苏格拉底的归纳法。

苏格拉底的归纳法在柏拉图的理念论中得到了发展。柏拉图提出概念是按辩证法获得的，并指出辩证法包括两个环节：①上升法，即在众多个别中发现一般，由此形成概念，也就是在多中求一般，从而使灵魂得以认识理念；②下降法，即由原理下降，由属降到种或划属为种，也就是对概念做逻辑划分。其中，上升法就是对苏格拉底归纳法的发展。柏拉图把上升法看作获取知识的重要手段。

对归纳法进行系统研究，并把它确立为获取科学知识的一种基本逻辑方法的是亚里士多德。

亚里士多德认为解释性原理是从对自然的观察中归纳出来的。正是由于归纳，才从感觉经验中得出有关形式的概括。他通过对归纳的研究提出了三类归纳法。

第一类是完全归纳法。亚里士多德将其称为归纳三段论。他在《前分析篇》中对归纳三段论进行了论述，认为归纳三段论的逻辑模式如下。

C 是 A；

C 是 B；

所以，B 是 A。

其实例为：

人、马、骡都长寿；

人、马、骡都是无胆汁的动物；

所以，所有无胆汁的动物都是长寿的。

亚里士多德指出归纳三段论不同于演绎三段论。他说："在某种意义上，归纳是同三段论相对立的；后者用中项证明，大项属于小项；前者则用小项证明，大项属于中项。"①也就是说，演绎三段论是两端辞（A 和 C）通过中辞（B）发生联系得出结论（C 是 A），其逻辑模式如下。

B 是 A；

C 是 B；

所以，C 是 A。

归纳三段论则是通过一个端辞（C）使另一端辞（A）与中辞（B）发生联系得出结论（B 是 A）。此外，演绎三段论的结论是特称的；而归纳三段论的结论则是全称的，归纳三段论的结论正是演绎三段论的大前提。

第二类是简单枚举归纳法。亚里士多德在《论题篇》中论述了简单枚举归纳法。它是简单枚举某类事物中部分对象都具有某种属性，无一反例，由此推导出该类事物一切对象都具有此种属性的一种归纳方法。典型的简单枚举归纳法有如下形式。

a_1 具有性质 p；

a_2 具有性质 p；

a_3 具有性质 p；

……

所以，所有的 a 都具有性质 p。

简单枚举归纳法只列举了某类事物中的若干个别事例。在亚里士多德看来，这样得出的结论不一定可靠。因此他强调了直觉归纳法在获得解释性原理中的作用。

第三类是直觉归纳法。亚里士多德在《后分析篇》中论述了直觉归纳法。他认为演绎的原始前提来自归纳；而这个归纳的方法就是直觉归纳法，它是凭借科学洞察力对隐藏在感觉材料背后的本质所进行的直觉推论。比如，一个科学家在各种情况下都注意到月球明亮的一面总是朝向太阳，他由此直觉到月球发光的原因是日光的反射。②

---

① 转引自周昌忠：《西方科学方法论史》，42 页，上海，上海人民出版社，1986。

② ［美］约翰·洛西：《科学哲学历史导论》，邱仁宗、金吾伦、林夏水等译，7 页，武汉，华中工学院出版社，1982。

亚里士多德认为，完全归纳法只是一种就事论事的方法。人们所获得的只是有限的经验范围之内的经验知识，而不是解释性原理。它多半用作证明手段，是特殊的三段论。简单枚举归纳法和直觉归纳法能从个别上升为一般，它们才是获得解释性原理的重要手段。但是，简单枚举归纳法和直觉归纳法应用的前提是个别事实，其推理是或然的，因此不能给出必然知识。那么，用于证明前提的必然性又是怎么来的呢？亚里士多德认为，感性知觉本身就具有从个别事实把握一般的能力，正是这一能力保证了简单枚举归纳法和直觉归纳法所得出的证明前提的必然性。由于亚里士多德对归纳法的系统研究，他把归纳法确立为与演绎法并列的科学认识逻辑方法。

科学归纳法的思想来源于伊壁鸠鲁。他是古希腊晚期唯物主义哲学家。在认识论上，他继承了德谟克利特的影像说，认为认识的对象是客观事物，认识是由客观事物发出的"影像"作用于感官的结果。他主张感官是认识的起源和依据，是判断真假的最后标准。他说："永远要以感觉以及感触作根据，因为这样你将会获得最可靠的确信的根据。"[1]在他看来，没有东西能推翻感觉，理性也不能推翻感觉，因为它是建立在感觉之上的。伊壁鸠鲁坚持了唯物主义的认识论。从这种认识论观点出发，伊壁鸠鲁非常重视归纳法，提出了萌芽状态的科学归纳法。科学归纳法不同于亚里士多德的归纳法。亚里士多德的归纳法只是将简单地枚举事实作为前提，这样得出的结论带有很大的或然性。科学归纳法有两个主要的特点："首先，在归纳过程中始终以一定的理论知识为指导，对前提和结论作理论考察。其次是归纳过程中渗入了演绎。"[2]伊壁鸠鲁的科学归纳法强调用类比、分析和综合的方法对前提做理论分析，提高了归纳结论的可靠性，弥补了简单枚举归纳法的不足，以致有的现代逻辑学家认为伊壁鸠鲁的归纳法是后来弗朗西斯·培根和穆勒创立科学归纳法的基础。

五、中世纪的科学方法论

中世纪是指 5 世纪到 15 世纪的西欧封建社会历史时期，这一时期通常被科学史学家称为科学的黑暗时代。在黑暗的中世纪，科学长期受到严重摧残，出现了停滞现象。直到 12 世纪，随着希腊学术思想的传入，古希腊文化才重显光辉。在欧洲人接受希腊学术思想的同时，由于东方先进技术的流入，他们掌握了大量当时世界上先进的技术，因而大大开阔了眼界，活跃了思想。尤其是对亚里士多德著作的研究，

---

[1]　北京大学哲学系外国哲学史教研室：《古希腊罗马哲学》，358 页，北京，商务印书馆，1961。
[2]　周昌忠：《西方科学方法论史》，45 页，上海，上海人民出版社，1986。

产生了一批教会的反叛者。因此，中世纪后期逻辑方法有了长足的进步。

经院哲学把亚里士多德尊为权威，歪曲地利用他的学说。但在翻译和注释亚里士多德著作的过程中，一批思想家如大阿尔伯特、格罗斯泰斯特、罗杰·培根、邓斯·司各脱和奥卡姆惊喜地发现亚里士多德著作中渊博的学识和理性的逻辑力量，由此对经院哲学的空洞教条和烦琐的论证感到厌恶。作为理性的觉醒，他们力图把亚里士多德的逻辑方法恢复为科学的思维方法，使亚里士多德的逻辑方法得到了确认与发展。

大阿尔伯特是德国的哲学家和逻辑学家，主要从事亚里士多德著作的注释、研究和讲授工作。他对逻辑方法的主要贡献是对逻辑方法功能的认识，把逻辑看作一切科学的研究方法，认为逻辑能教给人们如何从已知推及未知。这一思想对逻辑方法的确认与发展有着积极的意义。

格罗斯泰斯特是英国经院哲学家，曾任牛津大学校长。他在肯定亚里士多德科学研究的归纳—演绎程序的基础上，对这一程序做了补充。他把归纳阶段看成是现象分解为组成要素的过程，把演绎阶段看成是要素的重新组合过程，使亚里士多德的方法更加具体化。格罗斯泰斯特还对归纳法做了比较系统的分析，认为归纳法应该建立在实验基础之上，这样才能获得精确和广泛的知识。他的实验思想得到了罗杰·培根的发展。

中世纪后期还出现了探求因果联系的逻辑方法，邓斯·司各脱研究了求同归纳法；奥卡姆研究了差异法；格罗斯泰斯特研究了求同和差异的归纳法。[①] 尽管他们提出的探求因果关系的归纳法还很不完善、很不彻底，但他们的研究为后来穆勒的工作奠定了基础，是穆勒五法中求同法、求异法、求同差异并用法的雏形。这是中世纪对逻辑方法的重要贡献。

中世纪哲学家中较有影响力的是罗杰·培根。他在科学方法论上的功绩在于提出了实验科学思想，因此他成为实验方法论的先驱。

罗杰·培根是英国哲学家，先后在牛津大学和巴黎大学从事教学和研究工作。在巴黎，他讲授和研究亚里士多德的著作。1247年，他回到牛津，学习各种语言和科学。从此，他的研究方向有了很大变化，将大部分精力投入实验研究。由于他崇尚实验科学，攻击神学，被认为是时代的叛逆者。罗杰·培根的主要著作有《大著

---

① ［美］约翰·洛西：《科学哲学历史导论》，邱仁宗、金吾伦、林夏水等译，33页，武汉，华中工学院出版社，1982。

作》《小著作》和《第三著作》。

在《大著作》中，罗杰·培根提出了"实验科学"这一术语。他认为实验是一切科学认识自然的手段和基础；坚信真理来自实验，是实验的推论。他还提出了实验科学的三个特征。① 第一个特征是实验科学通过对归纳结论的实验检验达到完全的确实性。我们知道亚里士多德并没有强调对归纳得出的解释性原理做进一步的经验检验，而是认为只要解释性原理演绎出的结论与观察事实相符就足以说明原理正确。事实上，伪的前提也可以演绎出真的结论，只满足于演绎出的结论与观察事实相符是不能说明原理正确的。在科学活动中对每一个环节进行直接检验是非常必要的。他强调对归纳结论做进一步的实验检验，认为这样才能达到完全的确实性。这是对亚里士多德科学研究程序的一个重大发展。第二个特征是实验科学增加现象知识。他认为归纳程序成功的关键在于精确与广泛的知识；要获得精确与广泛的知识必须利用主动实验来增加现象知识，以达到正确的归纳目的。实验科学的第三个特征是运用实验来积极主动地验证演绎的结论和预言，以弥补被动观察的不足。

罗杰·培根不仅倡导实验科学，而且亲自做了大量实验。他研究过平凸镜片的放大效果，并建议可以用这些镜片制成望远镜。他还在实验基础上预言能制造出自动舟船、车辆、潜水艇和飞机等。②

诚然，由于罗杰·培根并没有把实验作为一种独立的研究方法进行考察，他的实验科学思想包含在自然哲学之中，因此他不可能正确认识实验科学与其他科学的关系，也不可能完全理解实验方法在科学方法中的地位。他的实验科学思想还只能是实验方法的雏形。但是，他对实验科学的倡导，使实验活动逐渐在物理学、生物学以及其他领域内展开。正是他的影响，13 世纪的欧洲涌现出一个短时期的实验风气，这种风气在某种程度上一直保持到近代的初期。③ 它预示着近代实验方法的必然产生。

① ［美］约翰·洛西：《科学哲学历史导论》，邱仁宗、金吾伦、林夏水等译，33 页，武汉，华中工学院出版社，1982。
② ［英］斯蒂芬·F. 梅森：《自然科学史》，周煦良、全增嘏、傅季重等译，106 页，上海，上海译文出版社，1980。
③ ［英］斯蒂芬·F. 梅森：《自然科学史》，周煦良、全增嘏、傅季重等译，105 页，上海，上海译文出版社，1980。

第二节　近代科学时期

////////////////////

　　科学史上把 15 世纪下半叶到 19 世纪末 20 世纪初的这段时间称为近代科学时期。近代自然科学发源于意大利的文艺复兴时期。从这时起，人类对自然界的认识进入了一个新阶段。近代自然科学的主要特征是自然科学从哲学中分化出来，形成了以研究某一具体物质形态为对象的各门学科。与此同时，科学实验作为独立的实践活动与生产分离，成为近代自然科学赖以发展的基础。科学实验的兴起使对自然界的认识建立在观察和实验基础之上，从而摆脱了古代直观、思辨和猜测的思维方式，大大推动了科学的进步。

　　在近代科学时期，科学研究方法在继承古代科学方法的基础上有了很大发展。大批哲学家和自然科学家开始独立系统地研究科学方法，逐渐建立了完整的科学方法论体系。其中，实验方法论的建立是科学方法论史上的重大贡献，它是近代科学研究方法发展的出发点。

一、实验方法论

　　虽然在中世纪后期已有实验方法的雏形，但是对实验方法进行独立系统的研究是从伽利略开始的。

　　伽利略是意大利数学家、天文学家和物理学家，是近代科学史上划时代的人物。他在力学和天文学方面做出了杰出贡献，为牛顿建立经典物理学奠定了基础。其主要著作有《关于托勒密和哥白尼两大世界体系的对话》《关于两门新科学的对话》。这两部著作虽然不是科学方法论的专著，但包含大量科学研究方法的论述。尤其是伽利略对实验方法独立系统的研究，使实验方法得以确立。这是他在方法论上的巨大功绩。

　　在《关于托勒密和哥白尼两大世界体系的对话》中，伽利略对亚里士多德的方法进行了讨论。他赞同亚里士多德把感觉经验作为建立理论的基础。伽利略认为，尽管亚里士多德的一些结论是错误的，但那是感觉的局限性造成的。伽利略通过望远镜对太阳、月亮进行观察后认识到，如果亚里士多德拥有 17 世纪的望远镜获得太阳黑子的证据，他本人也一定会放弃天堂永恒不变的学说。① 伽利略指出，在我们时代的确有些事情和新观察到的现象，如果亚里士多德现在还活着的话，我敢说他一定会改变自己的看法。这一点我们在他自己的哲学论述方式上也会很容易地推论出来。他在书中说天不变等，是由于没有人看见天上产生过新东西，也没有看见什么旧东西消灭。言下之意，他好像告诉我们，如果他看见了这类事情，他就会做出相反的结论。② 伽利略十分赞同亚里士多德的通过归纳从观察上升到一般原理，再通过演绎回到观察的两阶段程序法；认为感觉经验高于理性和证明，是认识的来源和真理的标准。

伽利略坚信一般原理就是运用归纳法从感觉经验事实中得出的，而感觉经验来源于观察和实验。因此，他十分重视科学观察与科学实验，并利用自制的望远镜观察天体，发现了太阳黑子、月亮表面的山谷、木星的卫星以及许多肉眼看不见的天体。不仅如此，他的实验研究也是出类拔萃的。除斜面实验、摆钉实验以外，他还做了一些不大为人知晓的实验，如证明一只漂浮的中空木船在空腔盛满水时不下沉的实验和用一根绳子掩蔽恒星以证明恒星直径被肉眼夸大了的实验。③ 伽利略正是在观察和实验基础上纠正了亚里士多德有关天文学和力学方面的许多错误的结论。

伽利略不仅认可亚里士多德的归纳程序，而且认可其演绎程序。他认为一般原理通过演绎得出一些新的事实必须得到实验的确证。实验在对于理论的检验中起着决定性的作用。他说，我深深懂得，只要一次单独的实验或与此相反的确证，都足以推翻这些理由以及许多其他可能的论据。④ 在强调实验重要性的同时，伽利略还注意到通过观测和实验获得的资料存在不同程度的误差，为了提高观测资料的可靠性需要对其收集方法做批判性评价。他指出："切记，在测算诸如土星或者恒星那样极其遥远的距离时，观测者在使用天文仪器上只要产生一点最最微不足道的误差，就会使定位由可能的有限远变为不可能的无限远。在测算月层以下和靠近地球的距离时，就不会出现这种情况……所谓仪器测算上的误差……必须根据仪器实际测量

① ［美］约翰·洛西：《科学哲学历史导论》，邱仁宗、金吾伦、林夏水等译，56页，武汉，华中工学院出版社，1982。
② 转引自孙世雄：《科学方法论的理论和历史》，205页，北京，科学出版社，1989。
③ ［美］约翰·洛西：《科学哲学历史导论》，邱仁宗、金吾伦、林夏水等译，58页，武汉，华中工学院出版社，1982。
④ 转引自孙世雄：《科学方法论的理论和历史》，212页，北京，科学出版社，1989。

出的度和分的数目来定。"①伽利略在天文学和物理学方面的成功与实验方法是分不开的。他关于实验方法的思想大致有以下几个方面。

第一，把实验方法看作发现知识和证明知识的重要手段。在伽利略看来，实验方法在科学理论的获取和检验中起着至关重要的作用。我们可以通过改变实验的测量条件，撇开次要因素的干扰，抓住问题的实质。他在力学方面的重大成就都是通过精心设计实验取得的。伽利略还认为科学实验不应该是偶然的和无计划的，而是在具备进行实验的理论概念之后，为了证明它才去做的。因此，他很注重用实验来检验理论，把实验看作达到真理的重要手段。

第二，创立理想实验。所谓理想实验是便于在头脑中设计研究的一种绝对纯化的实验。理想实验虽然是在思维中进行的，但它是建立在真实的实验条件之上的。只不过它在思维中绝对排除了真实实验无法排除的次要因素的干扰，把研究对象置于绝对纯化的理想状态之下，便于把握问题的本质。伽利略的惯性定律就是运用理想实验得出的。

第三，重视理论思维和科学仪器在实验中的作用。伽利略不仅善于运用理论思维指导实验的设计和实验结果的分析，而且十分重视科学仪器的作用；认为科学仪器在实验中能帮助人们克服感官的局限性，提高认识能力。

第四，把实验方法与数学方法结合起来。伽利略既强调通过观察和实验确立自然现象的因果关系，又注重对获得的经验资料进行推理和计算并做出假定性的说明和定量描述，从而把实验方法与数学方法结合起来，促进科学方法论的发展。

继罗杰·培根和伽利略之后，对实验方法做出贡献的是弗朗西斯·培根。弗朗西斯·培根是英国哲学家、国务活动家，又是心理学、教育学、法学、历史学等方面都有所建树的学者。然而，对世人影响较大的是他在哲学方面所做的贡献。他是以经验为手段，研究感性自然的经验哲学的开拓者。马克思对他给予了高度评价，称他为英国唯物主义和整个近代实验科学的真正始祖。

弗朗西斯·培根的科学思想和科学方法来源于对以前科学思想和科学方法的批判。他指出以往的学术有三种毛病，"即无谓的钟情、无谓的争论和空洞的想象"，它们造成了"柔弱的学术、好争辩的学术和幻想的学术"。② 他尤其对经院哲学肆意歪曲亚里士多德的研究方法进行了猛烈批判；认为亚里士多德的逻辑方法不能帮助

---

① 转引自周昌忠：《西方科学方法论史》，70 页，上海，上海人民出版社，1986。
② 转引自周昌忠：《西方科学方法论史》，75 页，上海，上海人民出版社，1986。

人们获得科学成果，而只能用于日常的诡辩。为此，他极力主张从自然和经验出发发展新的科学方法，以反对经院哲学空洞烦琐的抽象思辨。他的未完成的著作《伟大的复兴》旨在对科学重新表述。其中，第二部分《新工具》是他提供的方法论，表明他要用新的方法代替亚里士多德的《工具论》中所讨论的方法。他正是通过对亚里士多德研究方法的批判，发展了实验方法。他认为，运用亚里士多德的归纳法从观察中得出一般原理容易导致错误；要避免错误，不能只局限于被动的观察，而是要扩大科学认识的经验基础，运用实验方法。他指出："一般说来，要窥探大自然的奥秘，除了实验之外，别无其他门径可入。"[1]他认为只有通过精心设计和巧妙安排的实验才能揭示人的感官无法把握的自然界的一些内在过程。他说，感觉所决定的只接触到实验，而实验所决定的则接触到自然和事物本身。[2] 因此，他认为，人们需要的是有目的、有计划地运用精密的工具所进行的实验，而不是盲目的、偶然的经验。他在对实验方法进行系统的研究之后，确定了实验方法的原则，即实验八法：变化法（改变实验对象的各个方面）、重复法（重复进行实验）、倒转法（就一实验的反面情况再做实验）、转移法（不同实验方法加以转移）、消除法（消除某些因素的干扰）、应用法（将一种实验方法应用于另一种实验）、连接法（将单个无用的事物结合起来）、偶获法（用理性对待偶然实验）。他虽然不像伽利略那样亲自设计和参加实验，但他是一个科学实验的倡导者。他不仅对科学实验的必要性和重要性做了充分的论述，而且确定实验方法原则，对实验工作避免盲目性和偶然性有着重要的指导意义。

二、归纳方法论

弗朗西斯·培根从实验方法论出发，进一步发展了归纳方法论。他认为运用实验方法获得的经验材料必须借助归纳方法上升为一般原理。亚里士多德的归纳过程中只依靠简单枚举归纳法和直觉归纳法，这两种方法都是通过直觉得出原理，显然是靠不住的。他正是发现了亚里士多德归纳法的不足，并以此为出发点，提出了科学归纳法，把归纳法发展到了新的水平。

弗朗西斯·培根在《新工具》中提出了他的归纳法。他的归纳法主要由两个方面构成：①三表法和排除法；②逐步归纳的严格程序。三表法是指利用肯定表、否定

---

① 转引自周昌忠：《西方科学方法论史》，78 页，上海，上海人民出版社，1986。
② 北京大学哲学系外国哲学史教研室：《十六—十八世纪西欧各国哲学》，17 页，北京，商务印书馆，1975。

表和比较表收集例证的方法。他把那些实质虽有差异但具有某种同一性质的例证收集起来列入肯定表。比如，对"热"的研究，不论是固体或液体，还是天上或地下的物质，只要具有热的性质（如太阳光之热、物体摩擦之热、天然温泉之热等）都一一列入肯定表；把一切不具有热的特性但与具有热的特性的物体十分类似的物体（如与太阳类似的月亮、与火焰类似的磷火等）列入否定表；把不同情况下具有不同程度的热的情况的物体列入比较表。排除法是在对以上三表整理的例证做综合的观察、分析、比较的基础上，把某些性质排除掉的方法。这些性质是，在给定的性质存在的例证中，它却不存在；而在给定的性质不存在的例证中，它却存在；或者在这些性质中，给定的性质减少，它却增加。培根认为，要进行真正的归纳，首先必须认真填写以上三种表格。

弗朗西斯·培根所说的逐步归纳的严格程序是指运用归纳法从个别事物逐步上升到普遍理论的一种循序渐进的程序。其包括以下四个步骤：第一步是通过观察和实验收集事实。在这里，他更多强调的是实验方法，强调通过实验发现自然，而不是进行简单的观察。第二步是通过三表法对感性材料进行整理。第三步是通过排除法淘汰次要的、非本质的因素。第四步是从事实中抽出原理。①

弗朗西斯·培根认为不能容许用归纳法从具体事例一下子上升到普遍性很高的理论，而应该把归纳法建立在实验方法基础之上，从实验方法确定的可靠事实出发，通过三表法和排除法逐步渐进地上升到一般的理论。他认为他的归纳法是唯一的科学归纳法。应该承认，使归纳法系统化，并使它处于与演绎法同等重要的地位是培根较为重要的贡献。但是他的科学归纳法并不完善，他没有注意到探求因果联系。后来穆勒在弗朗西斯·培根三表法的基础上吸取了中世纪后期对归纳法发展的成果，建立了探求因果关系的穆勒五法，即求同法、差异法、求同差异并用法、共变法和剩余法，从而进一步发展和完善了科学归纳法。穆勒五法一直沿用至今。

从亚里士多德的简单枚举归纳法到弗朗西斯·培根的三表法再到穆勒五法，归纳法的可靠性程度虽然有了很大提高，但它还是一种或然性的推理。不论是简单枚举归纳法还是科学归纳法，都是在考察部分对象的基础上做出的概括。这种概括不具有必然性。例如，人类根据过去的经验"太阳每天出来"，由此归纳出"太阳每天出

---

① 余丽嫦：《培根及其哲学》，216 页，北京，人民出版社，1987。

来"这一结论，根据这一结论做出"太阳明天将要出来"的预言。这样使用不完全归纳法是否合理和有效呢？英国经验论哲学家大卫·休谟对此提出了疑问。休谟跟他以前的归纳主义者一样，强调归纳法，认为只有归纳法才能给人以新的科学知识。但是，休谟否认因果性和必然性的客观性，认为经验中只有先后相继关系而无因果和必然关系。因此，我们没有理由认为我们能从过去的事例推知今后的事例，过去经验的重复不能保证今后经验的必然重复。例如，"太阳每天出来"与"太阳明天将要出来"之间不具有必然的联系。也就是说，从经验事实中归纳出的概括不一定是必然的。休谟对归纳的责难被称为归纳的"合理性问题"或"休谟问题"。

休谟问题被提出后，归纳主义者对归纳法做了种种修补的回答。休谟本人试图用"心理习惯""信念"等心理学的办法解决归纳问题；认为归纳不能被证明，但它是人类生活的需要，由习惯和信念促成。这显然是错误的。英国科学家和哲学家约翰·赫舍尔提出把发现和证明区分开，认为发现就是定律和理论的提出。发现就是通过归纳和假说这两条迥然不同的途径从观察事实中得出定律和理论。证明就是定律和理论的确证，就是运用演绎从定律和理论推导出具体的结论，然后用观察和实验检验这个结论。与赫舍尔同时代的英国科学家和哲学家威廉·惠威尔主张把归纳与归纳逻辑分开。他认为科学家所运用的归纳并不是形式上可靠的推理，试图建立归纳逻辑是无效的。其问题在于归纳的结果是否可靠，不在于归纳的程序如何才能在逻辑上正确。归纳并非一种逻辑，而是一个发现的过程，是一种用理论对事实综合的过程。这一过程不是通过任何归纳程序实现的，它需要科学家的想象力和洞察力。

英国逻辑学家、科学方法论学家耶方斯主张用概率论改造归纳法。他认为既然归纳法的前提并不蕴含结论，前提真而结论并不必然真，仅仅是可能真，那么就可以把数学概率理论应用于归纳法。归纳的前提给予归纳的结论一定的逻辑概率，使归纳的结论只能是一个概率形式的结论，通过弱化归纳的结论使归纳法可靠。由于耶方斯最早用概率论改造归纳法并做出了重要贡献，因此他被认为是概率逻辑的开创者。20世纪，卡尔纳普等人建立了系统的概率逻辑理论，促进了归纳方法论的发展。

约翰·洛西指出，归纳主义是一种强调归纳论证对科学的重要性的观点。就其内容的丰富形式来说，归纳主义是关于发现的前后关系和证明的前后关系的结论。关于发现的前后关系，科学研究是通过观察和实验归纳概括问题。关于证明的前后关系，一个科学定律或理论仅当有利于它的证据符合归纳的格式时才被证明是正确的。① 显然，归纳主义是独尊归纳法、贬低演绎法的一种科学方法论倾向。弗朗西斯·培根、洛克、伽桑狄、穆勒等都是归纳主义的典型代表。

弗朗西斯·培根认为认识的来源是经验，认识的方法是归纳。科学原理是运用归纳法从经验事实中概括出来的。归纳法不仅是发现的工具，而且是证明的工具；而演绎法只能在证明中起作用，在科学发现中毫无用处。他对归纳法的过分强调以及对演绎法有意无意的贬斥，不能不说是他的科学方法的一个缺陷。

继弗朗西斯·培根之后，洛克和伽桑狄继续片面夸大归纳法的作用，把弗朗西斯·培根的归纳法推向了极端。19 世纪的穆勒犯有同样的错误，他认为科学发现就是运用他提出的五种归纳法从观察和实验事实中将经验上升为一般原理，科学证明就是运用归纳法获得科学定律和理论的支持。他还认为，在科学发现和证明中，演绎法毫无用处，演绎法不能产生新知识，因为三段论的结论已包含在前提中，从一般到个别也不能证明任何东西。穆勒不仅贬斥演绎法在发现和证明中的作用，而且轻视数学方法和假说方法。穆勒的归纳主义是一种倒退，因为在他之前已有了牛顿的归纳与演绎相结合、实验与数学相结合的科学方法论。

但是，弗朗西斯·培根和穆勒重归纳、轻演绎的归纳主义对西方科学方法论的发展有着深远的影响，是现代实证主义方法论的先驱。

三、演绎方法论

演绎方法论是与归纳方法论相对的一种科学方法论。伽利略提出的数学与实验相结合的方法论，不仅丰富和发展了古希腊的数学方法，为精密科学的发展奠定了方法论基础，而且开创了数学与理论思维相结合的传统。后来笛卡儿和莱布尼茨在此基础上用数学方法改造演绎方法，从而发展和完善了演绎方法。

与弗朗西斯·培根同时代的笛卡儿是法国数学家和哲学家，他在数学和哲学方面都有重大贡献。在数学方面，他把代数学方法应用于几何学，创立了解析几何。在哲学方面，他汲取了毕达哥拉斯、柏拉图和亚里士多德的思想，强调普遍原理和公理化方法的作用；认为感性只能提供模糊不清的东西，唯有理性才能提供清楚明白的观念。因此，笛卡儿在认识论上是西方近代唯理论的开创者，在方法论上是西

---

① ［美］约翰·洛西：《科学哲学历史导论》，邱仁宗、金吾伦、林夏水等译，153 页，武汉，华中工学院出版社，1982。

方近代演绎主义的始祖。他的主要方法论著作有《方法谈》《形而上学的沉思》等。

笛卡儿同弗朗西斯·培根一样，反对经院哲学的陈腐教条，倡导发展科学。不同的是，笛卡儿推崇理性解放。为此，他提出了与弗朗西斯·培根截然不同的一种新方法。笛卡儿认为知识是从一般原理出发通过演绎推出具体现象时获得的。作为知识基础的一般原理又是如何来的呢？笛卡儿认为，要获得知识，首先必须研究那些号称原理的第一原因。他运用怀疑法确定了获得第一原因的四条基本原则，即清晰原则、分解原则、顺序原则和全面原则。① 笛卡儿根据这四条原则得出的第一原因是"我思故我在"，他认为"我思故我在"能满足上述四条基本原则的要求，所以它是演绎体系的逻辑起点。他由"我思故我在"逐步演绎出一系列的力学定律。他也认识到从形而上学原理出发通过演绎只能得出一般定律，只依据一般定律人们不可能确定物理过程。因此他又提出应该把观察和实验包括在演绎的前提内，并主张用类比法提出假说。由于笛卡儿完全抹杀了一般原理的经验基础，将其归纳为天赋观念，因此他的方法有很大的局限性。

尽管如此，笛卡儿在演绎中运用数学方法，把代数作为演绎推理的工具，克服了传统的运用直观的几何方法进行推理的局限性。这是他对演绎方法的重大贡献。在笛卡儿之后，莱布尼茨进一步完善了演绎方法。莱布尼茨把笛卡儿清晰的概念作为演绎系统的出发点，他要求清晰的概念应该是简单完美的。用什么方法才能获得作为出发点的简单完美的概念呢？用概念分析和比较方法。莱布尼茨把一般原理归为上帝，认为只有上帝才是简单完美的概念。他从上帝演绎出单子，认为单子不占有空间，有灵魂，是一种精神性的实体，是构成世界万物的最终要素。② 单子的变化构成了物理学的各种定律。莱布尼茨同笛卡儿一样，认为知识来源于天赋观念。但莱布尼茨通过对概念的分析，使演绎系统的前提———一般原理变得清晰、简单，促进了演绎方法论的发展。

在莱布尼茨所处的时代，数学有了长足的进步。笛卡儿用代数学方法改造传统逻辑的思想在莱布尼茨那里得到进一步发展。莱布尼茨提出创建"普遍符号语言"的计划。这种语言的每一个符号表达一个概念，如同数学的符号一样。这就可以用符

---

① 北京大学哲学系外国哲学史教研室：《十六—十八世纪西欧各国哲学》，144 页，北京，商务印书馆，1975。

② 北京大学哲学系外国哲学史教研室：《十六—十八世纪西欧各国哲学》，483 页，北京，商务印书馆，1975。

号来代替自然语言进行推理。按照这个计划，科学知识用符号表达，科学知识由像数学概念和数学命题那样的天赋概念和分析命题组成，科学知识也用数学计算来获得和证明。① 莱布尼茨试图实现科学知识的数学化，并在用代数改造逻辑方面取得一定成就，因而被公认为是数学逻辑的奠基人。

演绎主义是演绎方法的极端发展，笛卡儿和莱布尼茨都是演绎主义者。他们把演绎看作科学发现和科学证明的唯一方法。他们贬低归纳法和实验方法在科学认识中的作用，认为感官是不可靠的，唯有理性才能达至必然真理。莱布尼茨甚至提出"两种真理"理论，把真理分为两类：理性真理和事实真理。从演绎法得来的是理性真理，它是运用数学方法和逻辑规则推理而来的，是普遍必然的真理。从归纳法得来的是事实真理，它是从实际的事物和现象中归纳而来的，只具有偶然性而不具有普遍性和必然性。莱布尼茨认为，只有理性真理才称得上是科学的真理。由此可见，演绎主义者片面地夸大了演绎方法的作用，走向了与归纳主义相反的另一个极端。

四、假说演绎方法论

所谓假说演绎方法论是在科学研究中首先对某一事物提出假定性说明，然后通过检验推导出一些结论而建立科学理论或定律的一种方法论。假说演绎方法亦称假说方法，是随着近代自然科学的兴起而产生和发展的。16世纪至17世纪，一批科学家如玻义耳、惠更斯和胡克等都把假说演绎方法作为自己建立理论和定律的重要手段。一批科学家和哲学家如笛卡儿、洛克和莱布尼茨等不仅在自己的科学活动中运用了假说演绎方法，而且从哲学上讨论和研究了假说演绎方法论。由于那个时期的自然科学主要处于分门别类的研究阶段，对于假说在科学活动中的重要性的认识远不及实验、归纳方法及数学、演绎方法。18世纪，由于牛顿理论的影响，归纳方法和演绎方法居于统治地位，使假说演绎方法没有受到重视，遭到一批哲学家的批评。进入19世纪后，自然科学由分门别类的研究进入收集整理阶段，假说演绎方法重新被认识。在康德、惠威尔和耶方斯等科学哲学家的倡导下，假说演绎方法才得以确立和发展。

假说演绎方法的确立和发展经历了一段曲折的过程。牛顿的力学体系建立后，对牛顿理论体系的反思一直是认识论和方法论研究的重要课题。哲学家通过对牛顿

---

① 周昌忠：《西方科学方法论史》，143～144页，上海，上海人民出版社，1986。

理论体系的研究纷纷建立了自己的认识论和方法论。康德哲学就是其中之一。康德是德国科学家和哲学家，他的哲学是为了捍卫牛顿理论体系而建立的。他认为归纳主义者忽视了牛顿理论体系中演绎的严格性，片面强调经验方法；演绎主义者则过分强调牛顿理论体系中的演绎推理，忽视了其理论的经验基础；二者都没有公正地对待牛顿的方法。康德既不同意笛卡儿和莱布尼茨的天赋观念，又不同意洛克和穆勒把理论只局限在经验的范围。他试图调和归纳主义和演绎主义，在二者之间寻找一种新的方法。于是就诞生了康德的方法。康德的方法是由批判哲学和先验方法两部分组成的。他的批判哲学是为了回答休谟问题，为牛顿的科学提供了一定的哲学基础。康德不同意休谟的观点，确信作为必然知识的经验自然科学的有效性。在他看来，数学和物理学中这种必然知识的存在是显而易见的。比如，欧氏几何学知识和牛顿力学知识都是具有这种必然性的绝对真理。那么自然科学知识的必然性是从哪里来的呢？康德不同意休谟把必然性归为心理上的习惯或信念。为了说明知识的必然性，他把知识分为如下两类。①后天知识（经验知识）。康德认为科学的对象是"物自体"。物自体对感官的刺激形成感觉材料，感觉材料经过认识加工获得的知识就是后天知识。这类知识不具有普遍性和必然性，因而不是真正的科学知识。②先天知识。这类知识不能从经验中获得，是先验的（如时间、空间是先天知识），具有普遍性和必然性，但不是科学知识的形式。真正的科学知识只能是这两类知识的综合。康德由此说明了知识系统的形式。在他看来，知识系统形成的过程是，物自体对感官的刺激形成的感觉经验，经过时间、空间这种先天知识的整理形成知觉；知觉经过统一性、实体性、因果性和偶然性等联系形成经验判断；经验判断用理性原理组织形成统一的知识系统。① 康德通过上述理论试图调和自 17 世纪开始的归纳主义与演绎主义的斗争。尽管康德的理论充满着矛盾，归纳法与演绎法的关系并不是他所主张的那种调和关系，但是其复杂的认识体系同时包含经验论方法和唯理论方法，汲取了归纳法与演绎法的精华。他认为知识始于经验，但要形成知识系统还必须运用理性方法。因此，他的科学认识程序采用了观察、实验、归纳、演绎、公理、综合等多种方法。遗憾的是，康德的认识体系在当时并未得到公认。直到 19 世纪中叶惠威尔对康德的认识程序做了重大改进，假说演绎方法论得以确立。

惠威尔通过对科学史的分析认为，科学认识是一个确立假说和检验假说的过程。

---

① ［美］约翰·洛西：《科学哲学历史导论》，邱仁宗、金吾伦、林夏水等译，111 页，武汉，华中工学院出版社，1982。

首先通过对事实的分解和对观念的阐明形成基本的事实与概念，其次用新的概念来捆绑事实形成假说，最后运用演绎方法从假说推出结论回到现象中去，由此对假说进行检验。惠威尔的科学认识程序是对牛顿理论系统的最好总结，因而受到科学哲学家的高度评价。

惠威尔对假说演绎方法的重要贡献主要体现在两个方面。首先，惠威尔提出了建立假说应满足的条件。惠威尔认为，一个新的假说应能解释原有理论能解释的事实；应能解释原有理论不能解释的事实；还应能预言原有理论不能预言的现象和事实。其次，他提出了检验假说的要求；认为只有当假说演绎出的结论与观察事实吻合且假说的预言得到证实时，假说才能被接受。

惠威尔之后，耶方斯把假说演绎方法作为一种独立的科学方法加以研究；认为假说不是从事实中归纳出来的，它有着复杂的思维机制，需要很强的独创性。假说要运用演绎论证而不是运用归纳论证，要通过演绎证明它与其他一些得到充分确证的定律没有矛盾，证明它的一些推论与所观察到的一致，从而得到证明。耶方斯由此进一步支持和发展了惠威尔的假说演绎方法论。

惠威尔和耶方斯倡导的假说主义的根本点是，在科学研究中为了解释现象，科学家必须首先创造性地提出假说，然后从假说出发演绎出可由经验检验的结论。假说主义者试图克服归纳主义和演绎主义的片面性，以假说为先导把归纳和演绎适当地结合起来，既强调猜想对形成假说的作用和演绎论证的重要性，又把经验作为假说的最终判据。因此，19世纪，假说演绎方法在科学研究中的重要作用逐渐被人们认识。人们都相信，只有采取假说，并用观察实验材料来检验和修正假说，才能最后构成定律或理论。

但是，假说主义者片面强调猜想在形成假说中的作用，否认事实与假说之间的逻辑联系，使假说与事实之间存在一条不可跨接的裂缝。这是假说主义存在的理论困难。看来，无论是归纳主义、演绎主义还是假说主义都有其合理性与片面性。要想正确地探索科学认识过程，必须走辩证综合的道路。

第三节 现代科学时期

现代科学时期是从20世纪初开始的。这一时期发生了深刻的革命，出现了以相对论、量子力学为标志的现代自然科学。随着现代自然科学的发展，许多哲学家和科学家对科学方法的反思达到了前所未有的程度，产生了现代科学方法论。如果说在近代科学时期对科学方法论的考察在很大程度上是同认识论结合在一起的，那么现代科学方法论则是一个独立的研究领域。它的产生和演变是在汲取近代科学方法论的成果基础上通过现代各个不同的方法论流派彼此竞争来实现的。现代科学时期几个主要的方法论流派按其活动时期的次序可划分为逻辑实证主义、批判理性主义、科学革命结构论、科学研究纲领方法论和多元主义方法论。下面对这几个方法论流派的产生和演变加以考察。

一、逻辑实证主义

逻辑实证主义也称逻辑经验主义，起源于奥地利科学家和哲学家石里克于 20 世纪 20 年代创立的维也纳学派。维也纳学派所倡导的逻辑实证主义是现代科学方法论中第一个正统的方法论流派。

逻辑实证主义的思想来源于休谟和马赫，其直接的理论先驱是罗素和维特根斯坦。而实现一切传统思想的综合使其成为一个独立的方法论流派则应归功于维也纳学派的领袖石里克。从逻辑实证主义的发展来看，其大体经历了如下三个阶段。

第一个阶段是形成阶段。1922 年，石里克应邀担任维也纳大学"归纳科学的哲学"讲座的教授。他的周围聚集了一大批哲学家和对哲学感兴趣的科学家，其中有纽拉特、弗兰克、哥德尔、哈因等。1926 年，卡尔纳普应石里克的邀请来到维也纳，他后来成为该学派一位很有影响力的人物。由这批哲学家和科学家组成的维也纳小组主要探讨科学的认识论和方法论问题，研究如何加强哲学与科学的协调关系。1928 年，维也纳小组的成员成立了马赫学会，其宗旨是传播并发扬科学的世界观。1929 年，他们发表了学术宣言《维也纳学派的科学世界观》，强调三点：①把形而上学当作无意义的排除在科学之外；②不存在作为基础的或作为普遍科学而与经验科学相并列或凌驾于之上的科学；③逻辑与数学的真命题具有重言式的性质。该宣言的发表标志着逻辑实证主义的形成。

第二个阶段是鼎盛阶段。20 世纪 30 年代至 40 年代是逻辑实证主义发展的鼎盛阶段。随着学术宣言的发表、学术刊物《认识》的创办、学术丛书《统一科学丛书》和《科学世界观论丛》的出版以及一系列国际学术会议的召开，维也纳学派成为一个有国际影响力的学派，推动了逻辑社评主义的传播。其他国家形成了逻辑实证主义的许多支流，其中影响较大的有以赖欣巴哈和亨普尔为代表的柏林学派、以艾耶尔为代表的英国学派和以塔尔斯基为代表的波兰学派。20 世纪 30 年代末，维也纳学派解体。该学派大部分成员以及欧洲大陆其他国家的许多代表人物先后移居美国。在美国，他们组成了新的学术团体，创建了逻辑实证主义的活动中心。

第三个阶段是衰落阶段。20 世纪 50 年代以后，由于自然科学和科学史的新发展，逻辑实证主义的正统观点不断受到冲击。批判理性主义者波普尔认为科学理论不可能最终得到经验证实，只能证伪。历史主义者库恩、费耶阿本德等对逻辑实证主义的基本观点发起了全面的抨击。至此，逻辑实证主义不得不修改或放弃某些陈旧的教条，使正统的逻辑实证主义丧失了原来的影响力而日趋衰落了。

逻辑实证主义作为第一个现代科学方法论流派虽然衰落了，但它对现代科学方法论的形成和发展有着重要贡献。其主要贡献在于它极大地增强了哲学的方法论意识。石里克认为哲学是一种逻辑分析方法，"哲学的任务是分别明确的思想与含混的思想，发挥语言的作用与限制语言的乱用，确定有意义的命题与无意义的命题，辨别真的问题与假的问题，以及创立一种精确而普遍的'科学语言'"①。逻辑实证主义正是通过对科学语言的分析认识科学理论，运用现代逻辑研究方法论，使科学方法论开始成为一个独立的研究领域。逻辑实证主义关心的是科学知识的基础是什么，科学理论的结构是怎样的，用什么方法才能获得确实可靠的知识等问题。

逻辑实证主义继承了休谟的经验主义传统，汲取了马赫的实证思想以及罗素的逻辑主义和维特根斯坦的反形而上学的观念，提出了证实原则，把可证实性作为判定一个命题是否有意义的标准。在逻辑经验主义者看来，证实原则是指一个命题的意义是由它可能被证实的方式决定的，而该命题的被证实就在于它被经验检验。按照这个原则，能被经验证实的命题就是有意义的，因而也是科学的。反之，不能被经验证实的命题就是无意义的，因而也是非科学的。由此可见，证实原则与意义标准是联系在一起的，是科学与非科学的分界标准。从这一观点出发，逻辑实证主义提出，分析命题和综合命题是有意义的，而传统哲学的形而上学命题是无意义的。科学知识是由分析命题和综合命题组成的一个理想的逻辑系统。所谓分析命题就是关于概念和命题之间逻辑关系的命题。所谓综合命题就是陈述经验事实的命题。逻辑实证主义强调经验事实对命题的完全证实。但是，科学命题的普遍性如何能被个

① 洪谦：《维也纳学派哲学》，5 页，北京，商务印书馆，1989。

别经验的有限性证实呢？现代自然科学的发展表明，许多理论和定律是不能被经验完全证实的。为此，逻辑实证主义者不得不放宽证实原则。卡尔纳普区分了直接证实和间接证实，认为不能得到感觉经验的直接证实，只能在直接经验基础上通过演绎推理得到间接证实；并通过对这一问题的分析得出了"不可能有绝对的证实，只可能有逐渐的确证"[1]这一结论。

　　逻辑实证主义把经验看作科学知识的基础，并以此为根据，力图解释科学理论和直接经验之间的联系。为此，卡尔纳普提出了科学理论结构的"两层语言模型"，把科学理论看作由观察术语和理论术语组成的公理化系统。观察术语是由描述可观察对象（如颜色、水、铁）的陈述组成的。理论术语是由描述不可观察对象（如基因、电场）的陈述构成的。在这里，卡尔纳普强调观察与理论的严格区分，认为二者应通过对应规则联系起来。有了对应规则，理论术语就能演绎推出可由经验直接检验的观察术语，从而使自身有了经验的基础。但是，随着实验手段的不断完善，越来越多的理论术语成为观察术语。观察术语与理论术语的严格区分是不可能的。针对这种情况，亨普尔对卡尔纳普的模型进行了改造。亨普尔认为一个成熟的科学理论由内在原理和连接原理两个基本要素组成。"前者将阐明理论及定律所需要的那些基本实体与过程，这里所说的定律正是那些基本实体与过程所遵从的。后者将指明理论所设想的过程如何联系于我们已知的经验现象，从而使理论可以说明、预言或逆断这些现象。"[2]他以气体分子运动论为例来阐明他的观点。在气体分子运动中，内在原理是关于分子的运动和碰撞以及由此产生的它们的动量与能量变化的各种规律。它包括三方面：内在实体——理想分子，内在过程——分子的随机运动，内在规律性——统计规律。连接原理包括如下两方面。①气体的温度与其分子的平均动能成正比。②不同气体直达容器壁的扩散率与该气体分子数量和它们的平均速度成正比。借助这两个连接原理，可从气体运动论导出玻义耳定律。亨普尔认为，一个理论是通过连接原理接受检验的；连接原理把理论与经验联系在一起，使理论具有经验的内容。亨普尔的理论与卡尔纳普的理论有很大的不同，尤其是它极大地模糊了观察术语与理论术语的严格区别。但是他们的理论也有着明显的相似之处，亨普尔的理论实际上是一种改进了的"两层语言模型"。

---

[1]　洪谦：《逻辑经验主义》上卷，76 页，北京，商务印书馆，1982。

[2]　[美]C. G. 亨佩尔：《自然科学的哲学》，陈维杭译，82 页，上海，上海科学技术出版社，1986。

逻辑实证主义利用观察陈述对理论陈述的支持来说明科学理论的确证性程度，认为归纳确证法是说明和评价一个理论的唯一正确的方法。因此，逻辑实证主义方法论实际上是一种归纳方法论。但是，逻辑实证主义者在对待归纳法的问题上不同于传统的归纳主义者。首先，他们不把归纳法用于科学的发现，而仅仅把它用于科学的证明和辩护。其次，他们不把归纳法看作完全可靠的方法，认为它是一种概率意义上的逻辑演算。这样，归纳法在证明的评价问题上，只需证明理论是否具有最大的正确概率就够了。按照这种概率论的归纳逻辑，一个理论得到观察陈述支持的概率越大，它得到确证的程度就越高。一个理论如果得到高度的确证，就应该得到承认和接受。科学发展就是这种得到高度确证的理论在新领域扩展，或被归化和合并到更全面的理论中。因此，逻辑实证主义建立的是一种静态的科学发展模式。在这个模式中，科学被看成是一种累积的事业，科学是逐渐地扩展的。旧的理论不是被抛弃，而是被归化到更全面的理论中。由于逻辑实证主义只注重科学知识的静态分析，不关心科学理论变革的动态过程，也不注意科学史上的具体事例分析，因此遭到批判理性主义和历史主义各学派的批评。

二、批判理性主义

批判理性主义是西方科学方法论的一个重要流派，诞生于 20 世纪 30 年代，其创始人是波普尔。

波普尔出生于奥地利的维也纳。1918 年，他进入维也纳大学，学习哲学、数学、物理学、心理学、医学。1928 年，他以《论思维心理学的方法问题》一文获哲学博士学位。1937 年，他任新西兰坎特伯雷大学哲学讲师。第二次世界大战后，他移居英国。1949 年，他任伦敦经济学院逻辑和科学方法论教授，1969 年退休。

波普尔的学术生涯大致可分为三个时期：①20 世纪 30 年代主要研究科学方法论。其代表作是《研究的逻辑》，后改名为《科学发现的逻辑》。在这一时期，波普尔已经认识到逻辑实证主义的证实原则是错误的，普遍的科学命题不可能由有限经验事实证实，因为尚未发现的事实中还存在证伪的可能性。他在反对实证主义方法论的基础上提出了一种独特的证伪主义方法论。②20 世纪 40 年代主要研究社会哲学。波普尔在新西兰坎特伯雷大学讲授哲学，研究的课题侧重社会和历史的政治领域。他把证伪主义方法论应用于社会科学的研究。其代表作是《历史决定论的贫困》和《开放社会及其敌人》。③20 世纪 50 年代以后着重深化科学方法论，并重点研究本体论问题，提出了"三个世界"的理论。这一时期的代表作有《猜想与反驳》《客观知识》以及与澳大利亚神经生理学家艾克尔斯合著的《自我及其脑》。

波普尔是当代西方科学哲学家，他的研究涉及人类知识的各个重要领域。但是，较有影响的是他的科学方法论思想。

波普尔的证伪主义方法论是建立在证伪的分界原则和反归纳法的基础上的。从20世纪30年代起，他就极力反对逻辑实证主义的观点，认为逻辑实证主义把有意义的等同于科学的，混淆了分界问题和意义问题。比如，形而上学不是科学，但并非没有意义。形而上学不仅对科学理论的建立有启发作用，而且可以转化为科学，成为科学理论的前驱。[①] 导致混淆分界问题和意义问题的根本原因是逻辑实证主义的证实原则。因此，波普尔极力主张抛弃证实原则，提出了证伪原则，把可证伪作为科学与非科学的分界标准。可证伪性指的是逻辑上可以被经验证伪的性质。一个理论只有在逻辑上有可能被证伪，才是科学的，否则就是非科学的。根据这一原则，在逻辑上有可能被证伪但至今尚未被证伪的理论，如相对论和量子力学，是科学的。历史上已被证伪的理论如地心说、燃素说等，也是科学的，因为它们具有在逻辑上被经验证伪的性质。而分析命题、数学命题、形而上学命题以及模棱两可的命题则是非科学的，它们不具有可证伪性。

波普尔把证伪原则作为科学与非科学的分界标准，是基于全称陈述与单称陈述之间逻辑关系的不对称性。他说，这个不对称性来自全称陈述的逻辑形式。因为，这些全称陈述不能从单称陈述中推导出来，但是能够和单称陈述相矛盾。[②] 不论看到多少只白天鹅都不能证实"凡天鹅皆白"的理论，但只要看到一只黑天鹅就可否证它，这就是逻辑上的不对称性。它是波普尔证伪主义的逻辑起点。证伪用的是演绎法，它是否定后件的推理，结论必然传递到前提上。因此，只要发现与全称陈述相矛盾的事例，就可证伪该陈述。而证实用的是归纳法。波普尔认为这种方法非常荒谬，因为个别有限的单称陈述不能证明严格的全称陈述。对于"凡天鹅皆白"这个全称陈述，要证实它，就必须对世界上所有的天鹅进行检验。这显然是做不到的。他从反归纳的立场出发，坚决反对借助概率演算来发展归纳推论的理论，认为使全称陈述从观察到确认的归纳推论也是根本不存在的。如果存在归纳推论，则必然也存在一种证明归纳推论的归纳原则。这种归纳原则应该是综合陈述，按照逻辑实证主

---

① 邱仁宗：《科学方法和科学动力学——现代科学哲学概述》，42页，上海，知识出版社，1984。
② ［英］K. R. 波珀：《科学发现的逻辑》，查汝强、邱仁宗译，15页，北京，科学出版社，1986。

义的要求，必须是由经验支持的。又因为这一原则是普遍陈述，所以这种支持并不是证实，而是确认。这样这个归纳原则必定是用归纳法推导得出的。为了证明这个归纳原则，就必须假定更高一级的归纳原则，于是就陷入了一种无穷的倒退。由此可见，严格的全称陈述有一个显著的逻辑特征，只能证伪，不能证实。

波普尔不仅把证伪原则视为科学与非科学的分界标准，而且把这一原则作为推进知识增长的重要手段。在他看来，科学的进步不像逻辑实证主义描述的那样，是不断归纳、证实、积累的过程，而是不断证伪、不断批判旧的理论，大胆猜测新的理论。没有证伪就没有科学革命，就没有科学知识的增长。波普尔把科学看作知识增长的动态过程，提出了科学发展的四段图式。[①]

$$P1 \rightarrow TT \rightarrow EE \rightarrow P2$$

其中，P1 代表问题；TT 代表试探性理论；EE 代表排除错误；P2 代表新的问题。波普尔非常重视问题在科学知识增长中的作用。他认为，科学始于问题，而不是逻辑实证主义所说的始于观察。因为观察渗透着理论，观察事实的陈述和观察事实的确证都必须借助理论，所以观察不是科学的起点。同时理论也不是科学的起点，因为理论是为了解决问题而提出的。只有问题才是科学的起点。问题出现后，科学家就要提出各种试探性理论用以解决问题。试探性理论不是从过去积累的经验材料中概括出来的，而是大胆猜想的产物。在各种试探性理论提出后，这些试探性理论就要接受严格的批判和检验，即寻找反例进行反驳和证伪。当试探性理论被经验证伪后，又产生了新的问题。这样又从新问题到新理论，以及新理论再被证伪，科学正是如此从旧问题向新问题发展的。这就是波普尔提出的科学发展的模式。这一模式强调科学知识的增长是一个动态的不断革命的过程，从而打破了逻辑实证主义累积式的静态模式。

波普尔认为每一理论的可证伪性程度是不同的。容易被证伪的理论，其可证伪性的程度就高；不容易被证伪的理论，其可证伪性的程度就低。从逻辑上看，一个好的理论应当是可证伪度高的理论。理论表述的内容越普遍，它所提供的信息量越大，可证伪度就越高；理论表述的内容越精确，它的可证伪度就越高。可证伪度是波普尔理论评价的重要标准，但不是唯一的标准。理论在接受逻辑检验之后，还必须接受经验的检验。只有当理论或由之推导出的预言经受了观察实验的严格检验，

---

① ［英］卡尔·波普尔：《客观知识——一个进化论的研究》，舒炜光、卓如飞、周柏乔等译，298页，上海，上海译文出版社，1987。

并得到了确认，才可被称为真正进步的理论。当然，波普尔更强调可证伪度标准。他认为可证伪度高的理论是有意义的和重要的；即使它遭到经验的反驳，对科学发展提出了问题，也有助于科学的进步。

波普尔的证伪主义方法是一种对理论进行检验、进行批判和革命并最终把它证伪的方法。他认为现代自然科学革命表明了科学的精神是批判的，即不断推翻旧理论，不断产生新发现。而科学发展是理性的活动，无须新的经验参与。他从批判理性主义出发，揭示了科学发展的动态过程，并由此使科学发现居于科学方法论研究的中心地位，大大推动了现代科学方法论的发展。但是，他的方法论同样存在局限性。由于他看不到逻辑实证主义的合理性，完全否认可证实性划界标准是科学的必要特征以及归纳法在科学研究中的作用，片面夸大演绎法，过分强调证伪、批判和革命性，因而他的方法论是不符合科学实际的。后来库恩等的学说在很大程度上就是克服这种局限性而产生和发展起来的。

三、科学革命结构论

历史主义学派兴起于 20 世纪 60 年代初，它是在对批判理性主义的抨击中产生和发展起来的。历史主义对批判理性主义的指责集中表现在三个方面。第一，只注重在理性中寻找科学知识的发展模式，把科学知识的进步归结为"理性重建"，违背了科学发展的实际进程。第二，理论既不可能被经验证实，也不可能被经验证伪。这是因为观察渗透着理论，观察陈述本身就是易谬的。所以，当理论与观察事实相矛盾时，应当抛弃的并不一定是理论。第三，科学知识是由相互联系的命题组成的一个整体，因此检验面对的是整个科学理论，而绝非孤立的基本命题。检验常常不是抛弃理论，而只是修改和调整理论。第四，不存在统一的必须遵守的方法论原则。科学方法不是固定不变的，而是随着科学理论的更替而演变的。历史主义立足于科学史的研究，注重探讨科学发展的实际进程，对批判理性主义的批评击中了其要害，以至于 20 世纪 60 年代以后逐渐取代了批判理性主义，成为一支很有影响力的方法论流派。历史主义的主要代表人物有库恩、拉卡托斯和费耶阿本德。拉卡托斯和费耶阿本德的观点将在后面论及，这里主要讨论库恩的观点。

库恩是物理学家出身的科学哲学家。他 1922 年生于美国俄亥俄州辛辛那提市，青年时代就学于哈佛大学物理系。1947 年，他为了准备关于 17 世纪力学起源的演讲而接触了科学史，研究了伽利略、牛顿以及亚里士多德等的力学理论，研读了克瓦雷、迪昂等的科学史著作，形成了新的科学史观。1949 年获得物理学博士学位后，他在当时哈佛大学校长、科学史学家柯南特的指导下从事科学史的研究。后来他又从科学史的研究转到科学哲学的研究。研究领域的转变使他广泛阅读了科学史、科学哲学、心理学等方面的著作。其科学哲学思想深受汉森、图尔明、皮亚杰、奎因等人以及格式塔心理学的影响。1958—1959 年，库恩应邀去加利福尼亚州的一个行为科学高级研究中心工作。在那里，他有机会同许多社会科学学者交流思想。这使他逐渐跨越了科学史、科学哲学以及社会学之间的鸿沟，从而把科学史研究成果和社会学研究方法引入科学哲学的研究。1962 年，他经过多年精心研究的代表作《科学革命的结构》发表了，该书在科学哲学界引起了强烈反响。虽然褒贬不一，但整个科学界都感受到了这本书引起的震动。从此，库恩驰名于科学哲学界。库恩的其他著作有《哥白尼革命：西方思想发展中的行星天文学》《必要的张力：科学的传统和变革论文选》以及《黑体理论和量子的不连续性 1894—1912》。

库恩在他的代表作《科学革命的结构》中，从科学发展的实际历史出发揭示科学发展的真实过程，建立了一种新的科学发展模式。

库恩认为，逻辑实证主义把可证实性作为科学的标志，批判理性主义把可证伪性作为科学的标志，这些都不能正确回答什么是科学。他认识到科学的整体性，把范式作为科学与非科学的分界标准。所谓范式是指从事同一个特殊领域的研究的学者所持有的共同的信念、传统、理性和方法。范式有两个显著的特点：一是它可以把一大批坚定的拥护者吸引过来；二是它能指导这些拥护者进行解难题活动。因此，范式对科学研究者既有心理上的定向作用，又有实际工作上的指导作用。据此，库恩把有无范式的存在看作区分科学与非科学的标志。范式是库恩科学革命结构方法论中非常重要的概念，其重要性不仅表现在它是划界标准，而且表现在新旧范式的更替是科学革命的标志。库恩认为科学革命就是旧范式向新范式的过渡。

与范式紧密相连的是"科学共同体"概念。库恩指出，"范式"一词无论是在实际上还是在逻辑上，都很接近"科学共同体"这个词。一种范式是，也仅仅是一个科学共同体成员所共有的东西。反过来说，也正由于人们掌握了共有的范式才组成了这个科学共同体，尽管他们在其他方面并无任何共同之处。[1] 库恩认为，要完全弄清楚范式，首先必须认识科学共同体。所谓科学共同体是指某一特定研究领域中持有

---

[1] ［美］托马斯·库恩：《必要的张力：科学的传统和变革论文选》，范岱年、纪树立等译，291页，北京，北京大学出版社，2004。

共同观点、理论和方法的科学家集团，也就是指在共有范式下组成的科学家集团。这一科学家集团的成员受过大体相同的教育和训练，因而有共同的探索目标和评判标准。科学知识实质上是科学共同体的产物，因为范式的产生、形成以及更替是与科学共同体成员的创造、拥护以及叛离活动联系在一起的。

库恩在范式概念基础上建立了科学发展的动态模式，可表示如下。①

前科学—常规科学—危机—革命—新的常规科学—新的危机

前科学是尚未形成范式的时期。在前科学时期，科学家各持己见，对某一问题的解释存在相互争论。例如，牛顿以前的光学就是这样。在牛顿提出光的微粒说以前，对于光的本质的见解众说纷纭。有的人认为光是物体和眼睛之间介质的变化；有的人认为光是介质同眼睛发射物的相互作用；还有人把光看作从物质客体发射出来的粒子。直到18世纪牛顿提出了微粒说，认为光是物质粒子，为光学提供了第一个范式，光学也就从前科学时期进入常规科学时期。

范式的形成标志着科学的成熟。"有了一种规范，有了规范所容许的那种更深奥的研究，这是任何一个科学部门达到成熟的标志。"②有了范式就意味着科学从前科学时期进入了常规科学时期。在常规科学时期，科学家在范式的指导下进行解难题活动。难题不同于问题，因为难题有个解，而有的问题可能根本不存在解。在范式的指导下，科学家满怀信心地集中精力解决范式所规定的理论和实验两个方面的难题。解决难题是为了保护和发展范式，而不是否定范式。因此，随着难题的解决，范式的结构更加完善，内容更加丰富；范式在理论和实验上与自然界更为一致。在这个时期，科学是渐进发展的，是一种累积的事业。库恩认为常规科学时期有时会出现反常现象，即范式无法解决的难题。他认为反常现象的出现并不表示"证伪"了一个理论或范式，只是对它提出了一个反例。科学家对反常现象并不介意，不是像波普尔所认为的那样，一出现反常现象，就抛弃理论，而是把反常现象看作实验仪器的问题或自己对解决难题的无能。但是，随着反常现象的频繁出现，范式陷入了危机。这时科学家对范式开始怀疑，对它的信念逐渐动摇，导致原范式的定向作用失效。因此，危机给科学共同体带来分裂，使科学研究变得类似于前科学时期，导

---

① ［英］A. F. 查尔默斯：《科学究竟是什么？——对科学的性质和地位及其方法的评价》，查汝强、江枫、邱仁宗译，102页，北京，商务印书馆，1982。

② ［美］T. S. 库恩：《科学革命的结构》，李宝恒、纪树立译，9页，上海，上海科学技术出版社，1980。

致各学派之间相互竞争。要解决危机，必须进行革命，抛弃旧范式，建立新范式。要建立新范式，就需要批判精神与创造精神。在这里，库恩不同意波普尔的科学精神就是批判精神，科学研究始终必须坚持批判和革命的观点；认为科学只是到了危机和革命时期才具有批判性。库恩认为，在革命时期，科学的发展是突变和飞跃，是新旧范式的更替。在科学经过一场革命后，新的范式诞生，新的共同体形成。于是科学便进入了新的常规科学时期，在新的常规科学时期之后又伴随着新的危机。科学就是按照这种模式不断循环发展的。

库恩认为，在常规科学时期，科学家的思维方式是收敛性的，收敛性思维具有保守性。这是科学家集中精力解决难题所需要的，同时也是维护和发展范式所需要的。在革命时期，科学家的思维方式是发散性的，发散性思维要求科学家思想活跃、具有开放的性格。这是建立新范式所需要的。由以上这两种思维方式形成的互相牵引的"张力"，决定着范式的发展和更替。这种张力是科学前进的动力。

库恩非常重视革命在科学中的作用，革命导致了新范式代替旧范式。由于新范式能消除反常现象，其解难题能力比旧范式强，因此其显示出科学在进步。但是，这并不意味着新范式比旧范式优越。他认为新旧范式之间是不可比的，不存在客观的合理的标准。库恩把新旧范式的更替看作"格式塔"转换、世界观演变，因而认为没有在范式之间评判谁优谁劣的统一标准。理论的选择和科学进步的标准只能是因科学共同体而异。这样，库恩在范式的选择上有着浓厚的相对主义色彩。

由此可见，库恩的科学发展的动态模式既注意科学发展的渐进性，又强调科学发展的革命性，弥补了波普尔过分强调革命性的缺陷，因而更符合科学发展的实际。但是，库恩的模式也存在一些缺陷。由于他强调范式之间的不可比性，不承认科学的进步是逐渐逼近真理的过程，把理论的选择、科学的进步看作非理性的，因此他遭到来自各方面的批评。同时他也遭到了另一位历史主义代表人物拉卡托斯的批评。

四、科学研究纲领方法论

在拉卡托斯看来，逻辑实证主义和波普尔的证伪主义把注意力集中在证据的支持和反驳上，不能揭示科学的合理性，且与科学发展的实际历史不符；而库恩的科学革命结构方法论没有为理论的选择提供客观的标准，陷入了非理性主义。拉卡托斯肯定科学史与科学哲学的直接关系，试图从历史的角度动态地、全面地考察科学发展的进程。同时他又把科学发现的逻辑与发现的心理学和社会学严格区分开，提出了一种肯定科学理论的内在整体性结构的"科学研究纲领方法论"。拉卡托斯因此被誉为新历史主义的第一位代表。[1]

拉卡托斯是匈牙利数学哲学家和科学哲学家。他出生在匈牙利的一个犹太商人的家庭，原姓利普施维茨。拉卡托斯从小喜欢数学，1944 年毕业于匈牙利德布勒森大学。在第二次世界大战期间，他参加了抵抗运动，并加入了匈牙利共产党。战后他到了布达佩斯，成为卢卡奇的研究生；1947 年任匈牙利教育部秘书，是匈牙利高等教育工作的实际负责人；1948 年获博士学位，1949 年去莫斯科大学学习；1954 年在匈牙利科学院数学研究所从事翻译工作；1956 年定居英国，在英国剑桥皇家学院开始其学术生涯。他从 1960 年起在伦敦经济学院任教，自此成为波普尔的学生和同事。1972 年，拉卡托斯接替波普尔任该院哲学、逻辑和科学方法系主任，并兼任《英国科学哲学杂志》主编；1974 年病逝。

拉卡托斯的主要著作有《证明与反驳——数学发现的逻辑》《证伪与科学研究纲领方法论》《科学史及其理性重建》《波普尔论分界和归纳》等。1978 年，剑桥大学将拉卡托斯生前的主要哲学论文汇集成两卷出版。第一卷《科学研究纲领方法论》收集了他关于科学哲学的五篇重要的论文；第二卷《数学、科学和认识论》收集了他关于数学哲学等方面的一些重要论文。

拉卡托斯早年从事数学哲学的研究，把数学看成是一门准经验的科学，认为数学同经验科学一样遵循着波普尔的猜想与反驳的发展模式。《证明与反驳——数学发现的逻辑》就是他研究数学哲学的重要成果。20 世纪 60 年代，拉卡托斯的研究方向转向科学哲学。在波普尔的影响下，他成了一位批判理性主义者。1962 年库恩的《科学革命的结构》一书发表，历史主义的观点给予他深刻的影响。他开始原则性地修改波普尔的观点，并吸收库恩的合理思想，建立了科学研究纲领方法论。

拉卡托斯的科学研究纲领方法论的出发点是批判波普尔片面强调理性重建和库恩片面强调历史再现的方法论，试图克服两者的片面性，建立理性重建和历史再现相结合的方法论。拉卡托斯认为，波普尔是一个朴素的证伪主义者，朴素的证伪主义者有两个与科学史不符的弱点：①检验是理论与实验之间的两角的战斗，以便在最后的对抗中只有理论和实验相对峙；②这一对抗的唯一有趣的结果是（结论性的）证伪，即（唯一真正的）发现是对科学假说的反驳。[2] 而科学史表明，检验至少是两

① 江天骥：《当代西方科学哲学》，20 页，北京，中国社会科学出版社，1984。
② ［英］伊·拉卡托斯：《科学研究纲领方法论》，兰征译，43 页，上海，上海译文出版社，1986。

个对立的理论和实验的三角战斗；某些有意义的实验结果不是证伪，而是确证。为此，拉卡托斯提出了自己的精致证伪主义，把证伪看作相互竞争的理论和实验的多方面的复杂关系，而不只是理论与实验的单一关系。这样证伪不再单纯取决于与理论不符的实验结果，而是最终取决于更好的、更能预见新事实的理论出现。他还用宽容原则取代朴素证伪主义过于严格的原则。拉卡托斯同意库恩的观点，认为理论与事实不符只是反常现象，而不是证伪。反常现象不是理论本身的错误，而是观察陈述或支持这一观察陈述的起否证作用的辅助性假设有问题。应当允许科学家去证明不是理论有问题，以化不利为有利。在拉卡托斯看来，对朴素证伪主义做了上述改进之后，就能避免波普尔所遇到的责难。从发展了的精致证伪主义出发，拉卡托斯提出了科学研究纲领的概念。

所谓科学研究纲领就是一个既可以从反面又可以从正面来指导未来科学研究，从而使科学理论具有某种连续性的结构。它包括硬核、保护带两个部分以及正面启发法、反面启发法两条规则。

硬核是科学研究纲领的基本原理和定律，它构成科学研究纲领的基础，反映科学研究纲领的本质。一切科学研究纲领在其硬核上有明显区别。[1] 牛顿力学纲领的硬核是运动三定律和万有引力定律；哥白尼天文学的硬核是太阳中心说。拉卡托斯认为，每一个科学研究纲领的硬核在保护带的保护下具有坚韧性和不容反驳性。如果硬核遭到反驳，整个科学研究纲领就会遭到反驳，改变硬核就是放弃科学研究纲领。拉卡托斯的"硬核"概念同库恩的"范式"概念有许多共同之处，它们都具有不可反驳性，都是理论系统的核心，都对整个理论系统的兴衰起决定作用。但两者有很大的区别。库恩的"范式"较庞杂，是非理性的；拉卡托斯的"硬核"较简洁，而且是理性的产物。

保护带是硬核外围的部分，是由许多辅助性假说和初始条件构成的。它随时可以调整和更新，其功能是通过调整和增设辅助性假说以消除硬核面临的危机，保护硬核免遭反驳和证伪。

正面启发法是关于如何改变、发展科学研究纲领，如何修改、完善保护带的指导方针。它包括一组部分明确表达出来的建议或暗示，以说明如何改变、发展科学研究纲领的"可反驳的"变体，如何更改、完善"可反驳的"保护带。正面启发法激励

---

① ［英］伊·拉卡托斯：《科学研究纲领方法论》，兰征译，67页，上海，上海译文出版社，1986。

科学家通过增加、修改和完善辅助性假说来积极地发展科学研究纲领。反面启发法是禁止把反驳的矛头指向硬核的方法论规则。它禁止我们将否定后件式对准这一硬核。相反，我们必须运用我们的独创性来阐明甚至发明辅助性假说。这些辅助性假说围绕核形成了一个保护带，而我们必须把否定后件式转向这些辅助性假说。① 反面启发法要求科学家竭尽全力发挥聪明才智解释反常现象，排除干扰，维护硬核。拉卡托斯通过对科学史例的分析，强调正面、反面启发法在科学发展中所起的重要作用。

在上述科学研究纲领的基础上，拉卡托斯提出了如下一个新的科学发展的动态模式。

科学研究纲领进化阶段—科学研究纲领退化阶段—新的进化的科学研究纲领证伪并取代退化的科学研究纲领的阶段—新的科学研究纲领的进化阶段……

如何判定科学研究纲领的进化与退化呢？拉卡托斯认为，其客观标准是理论的经验内容。如果经过调整辅助性假说后，一个科学研究纲领的经验内容增加了，即能对经验事实做出更多的解释和预言，那它就是一个进化的科学研究纲领，否则就是一个退化的科学研究纲领。科学研究纲领的进步包括理论上的进步和经验上的进步。理论上的进步是指经过调整保护带后，它在理论上比调整前能做出更多的预言；经验上的进步是指理论上的预言部分地得到了实验的确证。一个科学研究纲领如果不能解释反常现象，不能积极地预言新的经验事实，那它就是一个退化的科学研究纲领，就得抛弃。因此，是否能预见新的经验事实是拉卡托斯用来区别科学与非科学的标准。任何理论凡能预见新的经验事实就是科学的，否则就是非科学的。

拉卡托斯的科学研究纲领方法论把科学的进步建立在人类理性的基础上，既注重理论的连续性，又强调理论的变革。他认为新理论不仅继承了旧理论原有的经验内容，而且增加了新的经验内容，因而新理论比旧理论更进步。但是，拉卡托斯的科学研究纲领方法论也存在缺陷，即理论的选择和科学进步的评判标准有些含糊不清。一方面认为一个好的科学研究纲领是理论上和经验上都更进步的纲领；另一方面又认为退化和进化的科学研究纲领之间可以相互转化。那么，什么时候才能明确断定一个科学研究纲领是毫无希望的已退化了的纲领呢？拉卡托斯认为只有事后才知道。这实际上是在选择和评判标准上悬而未决。正是这一点受到不少批评，费耶阿本德认

① ［英］伊·拉卡托斯：《科学研究纲领方法论》，兰征译，69 页，上海，上海译文出版社，1986。

为他仅仅提供了"口头装饰品"。

五、多元主义方法论

1975 年，费耶阿本德的《反对方法：无政府主义知识论纲要》出版后，被认为是继库恩 1962 年出版的《科学革命的结构》一书之后又一本在西方科学哲学界引起轰动的著作。费耶阿本德在这部代表作中批评了当代西方科学方法论的代表人物和科学方法的准则，认为当代西方科学方法论是用一套超历史的标准来理性地规定科学，用简单图式来重建科学史，由此引出一套超历史的规范作为科学方法论。这根本不符合科学发展的实际。科学本质上是一种无政府主义事业，不存在发现和发明的机械程序或万无一失的方法。如果说存在什么标准，只有一条，"怎么都行"。

费耶阿本德出生于奥地利的维也纳，第二次世界大战后在魏玛学院学习戏剧；1947 年进入维也纳大学攻读历史学、物理学和天文学专业；1951 年获博士学位后向哲学家维特根斯坦求教，因维特根斯坦的去世而转至波普尔门下。20 世纪 50 年代，他站在波普尔的立场上批判逻辑实证主义的方法论。后来，费耶阿本德逐渐转向批判波普尔，并进而反对一切科学进步的合理性观点和方法。20 世纪 50 年代以后，他曾在英国、奥地利、美国和德国的一些大学任教。他的主要著作有《反对方法：无政府主义知识论纲要》《自由社会中的科学》《实在论、理性主义和科学方法》《经验主义问题》等。

费耶阿本德的代表作充分表达了他的没有一种固定不变的模型用以指导科学研究的方法论思想。他认为，逻辑实证主义信奉一元方法论，把归纳法看作唯一正确的；波普尔的证伪主义也是信奉一元方法论，把演绎法看作唯一正确的；甚至库恩信奉的也是一元方法论，因为他要求科学家在常规科学时期保持一种收敛性思维，并把在范式指导下的解难题传统看作区分科学与非科学的唯一标准。由于一元方法论要求用一套固定的规范发展科学，费耶阿本德认为这是一条可怕的教条，必须彻底摒弃。他还认为，科学不是按照一种理性方法发展的，今日形成科学基础的思想之所以能够存在，是因为有偏见、奇想和激情这些非理性的东西；而这些非理性的东西恰恰又是反对理性的。因此，科学应排除理性，抛弃一种固定的研究程序和模式。在科学史上，没有一条认识论规则是不曾被违犯的，不管它看起来多么有道理，也不管它有多么充分的根据。科学史上理论的建立如哥白尼的日心说、量子理论的建立"都是依靠一些科学家不受某些'显而易见的'方法论规则束缚才能完成的"①。费耶阿本德由此得出结论:"科学是一种本质上属于无政府主义的事业。理论上的无政府主义比起它的反面,即比起讲究理论上的法则和秩序来,更符合人本主义,也更能鼓励进步。"②鼓励进步的唯一原则是"怎么都行"。在这里,他所说的无政府主义事业强调科学不是按固定模式发展,不是受理性法庭所规定的;所谓"怎么都行"就是主张多元主义方法论。

费耶阿本德不仅用方法论的多元论来反对方法论的一元论,而且用理性的多元论来反对理性的一元论。理论被经验事实证伪就得抛弃代以新的理论,这就是理论的一元论。费耶阿本德认为,当理论与经验事实发生矛盾时,理论不是被轻易抛弃,而是可以承受住与经验事实不一致的压力而继续存在。这是因为理论有能力得到改进和发展,这就是理论的韧性。根据韧性原理,某个理论面对反常现象时不是被抛弃,而是使用其他一些理论解释反常现象;结果理论越来越多。这就是理论的增生。理论的增生不但为原有理论提供更多的外部批判标准,而且有利于理论之间的相互竞争,从而加速科学革命,促进科学的进步。因此,费耶阿本德认为科学的发展不是用新理论来取代旧理论,而是理论的韧性和理论的增生相互作用的结果,不能把它们割裂开来。为此,他批评库恩把常规科学时期与革命时期截然分开;认为常规科学时期一个范式具有独裁性。他认为,库恩提出的在常规科学时期理论只有韧性没有增生,到了革命时期理论才有增生的观点是不符合实际的。理论在任何时候都是多元的,只有多种理论并存、相互竞争才能加速科学的发展。

在理论的选择与评价问题上,费耶阿本德认为,相互竞争的理论之间"不可通约",即不可比,也就不存在统一的、客观的评价标准。因为观察总是要受到理论的"污染",观察是否真正支持一个理论,不是由事实本身的"确凿性"决定的,而是由评价者不同的世界观和自然观决定的。持有同一个理论的不同的人会有不同的评价,因此理论的评价不可能存在客观的标准。

不难看出,费耶阿本德的多元主义方法论有许多发人深省之处。但是,他继承了库恩的非理性主义,并把它发展到了极端;认为科学不排除理性就不能进步,要

---

① 邱仁宗:《科学方法和科学动力学——现代科学哲学概述》,177 页,上海,知识出版社,1984。

② [美]保罗·法伊尔阿本德:《反对方法:无政府主义知识论纲要》,周昌忠译,导言 1 页,上海,上海译文出版社,2007。

取消科学发展的规律；否认理论评价的客观标准，抹杀科学与非科学的界限；把科学与宗教等同起来。不能不说这些观点是非常错误且近乎荒唐的。

以上论述了 20 世纪 20 年代至 70 年代几个主要的方法论流派。它们基本上反映了现代科学时期西方科学方法论产生和发展的过程。这几个流派都有自己独到的科学方法论见解，它们对科学方法论的发展做出了重要贡献，也对包括教育学科在内的社会科学研究产生了重要的影响。同时各流派都存在严重的片面性甚至错误。但是，随着自然科学本身的发展以及科学方法论各流派的相互竞争、取长补短，将会带来科学方法论的新发展。随着科学不断分化基础上不断融合的悄然兴起，以系统科学方法论和复杂思想为代表，向经典的自然科学方法论以及社会科学奔向自然科学的潮流提出了严峻的挑战；新方法论思想的锐利锋芒及综合视角也为社会科学研究及教育研究的范式形成与更新提供了丰富的思想资源。

思考与行动

1. 从科学方法与方法论的历史演进过程中，你能得到哪些概括性启示？

2. 为什么说"科学技术是第一生产力"？怎样理解教育、科技、人才具有全面建设社会主义现代化国家的基础性、战略性支撑作用？

3. 从本章中任选一位对科学方法论有贡献的学者，对其方法论思想做出评论，并谈谈其对教育研究的借鉴价值。

进一步阅读的书目

1. 周昌忠：《西方科学方法论史》，上海，上海人民出版社，1986。

2.［美］约翰·洛西：《科学哲学历史导论》，邱仁宗、金吾伦、林夏水等译，武汉，华中工学院出版社，1982。

3. 邱仁宗：《科学方法和科学动力学——现代科学哲学概述》，上海，知识出版社，1984。

4.［挪］G. 希尔贝克、［挪］N. 伊耶：《西方哲学史——从古希腊到二十世纪》，童世骏、郁振华、刘进译，上海，上海译文出版社，2004。

第二章　社会科学研究概观

习近平同志指出："一个国家的发展水平，既取决于自然科学发展水平，也取决于哲学社会科学发展水平。一个没有发达的自然科学的国家不可能走在世界前列，一个没有繁荣的哲学社会科学的国家也不可能走在世界前列。坚持和发展中国特色社会主义，需要不断在实践和理论上进行探索、用发展着的理论指导发展着的实践。"①

自然科学在其漫长的研究历程中积累了很多研究成果。蕴藏在这些研究成果之中的科学研究方法论精髓正日益向现代人文、社会科学领域渗透。作为社会科学族中一个成员的教育科学要尽快走向成熟并形成中国特色，就必须在其研究过程中充分汲取自然科学方法论精髓，用发展着的研究方法论指导发展着的教育实践。同时也要看到，人类教育活动具有深厚的、源远流长的人文传统，而且晚近形成的社会研究的新规范也正在或将要成为教育科学研究的新规范。由于自然、社会和人类精神活动毕竟是性质不同的研究领域，适合自然的研究方式与规范，未必完全适合人文科学与社会科学领域；适合其他社会科学领域的，也未必完全适合教育科学领域。本章将从人文科学与社会科学的比较入手，考察社会科学的特质，讨论社会科学研究的实证倾向及其面临的难题，进而探讨社会科学领域的范式变革及其对教育研究的影响。

第一节　人文科学与社会科学的比较

////////////////////////

社会科学是从人文科学中独立出来的，因而既在研究对象和基本方法上具有不同于人文科学的独特性，又存在深刻的同一性。

---

① 习近平：《在哲学社会科学工作座谈会上的讲话》，2页，北京，人民出版社，2016。

一、关于学科的分类

对人文科学和社会科学做异同分析，涉及学科分类这一较为复杂且易于引起争论的问题。对此，《美国百科全书》《法国拉鲁斯百科全书》《苏联大百科全书》、联合国教科文组织于 20 世纪 70 年代出版的《社会科学和人文科学研究中的主要趋势》等均有论述，且各持一端。这里不准备展开讨论。本书较为赞同《美国百科全书》的划分方式，将人类知识分为四种：①研究无生命世界的物理科学；②研究生命世界（无社会文化）的生物科学；③以科学方法研究人类社会现象及问题的社会科学（如政治学、经济学、军事学、法学、教育学、史学、民族学、社会学、语言学等）；④以人类的信仰、情感、道德、审美为研究对象的人文科学（神学、哲学、文学、美术、音乐舞蹈、戏剧等）。

二、社会科学独立地位的确立

严格来说，人类的社会活动和精神生活是分不开的。人类的社会行为背后总是能发现除功利动机以外的诸如信仰、审美、传统习俗等精神因素。但是，为什么会出现人文科学与社会科学的分野呢？这种分野实质上指的是什么？这是问题的关键。为此，有必要追溯一下历史。

人文科学的原意是与神学对立的世俗学问，包括对人和自然的认识成果。它后来演变为狭义和广义两种，狭义专指拉丁文、希腊文、古典文学，广义泛指一切社会现象和文学艺术研究。17 世纪以前，有关人文科学和社会科学的内容基本上散见于神学或哲学之中，处于未分化状态。当时的多数学者都是百科全书式的人物。他们对社会文化问题的论述常常是集哲学、神学、史学、文学艺术于一体，包含着个人经验、感受、猜测、思辨、理想等复杂成分，在研究方法上以思辨论证、经学注释等非客观、非科学的方法为主。

17 世纪到 18 世纪中叶一般被认为是社会科学诞生的酝酿时期。其间令人瞩目的是自然科学在物理学、天文学、数学、化学、生物学、医学、植物学、动物学方面均取得卓越成果，产生了一大批声名显赫的学者。相比之下，社会科学仅有其基本雏形，主要是一些杰出的思想家在政治和社会哲学方面做出重要贡献。首先要提到的是英国哲学家霍布斯，他的著作《君主论》堪称社会契约论的先声。尽管他在此书中仍采取了哲学家惯用的推论方式，即先下一些对人性和自然律的假定，再从这些假定发展出整套理论，但他使用了极严密的逻辑和心理分析方法来解剖社会状况和政治本质体系的关系。此外，18 世纪上叶的法国社会和政治思想家孟德斯鸠在其代表作《论法的精神》中，对政府的形式及结构和各种社会、地理及人文条件之间的关系做了探讨，尤其详细地对人口、气候、地理位置、宗教、道德、商业及社会制度等因素影响政府的形式及运作的过程加以分析。可以说他是现代政治社会学的开创者和奠基人。在此时期，可与上述两位学者相提并论的还有洛克、卢梭、休谟等人。总之，这些学者的研究可以说已具有相当程度的科学精神，但在具体方式上还没有脱离推论性的和臆测性的讨论模式，仍带有较浓厚的哲学思辨气息。他们的理论为后来的学者提供了可验证的命题，但真正接受经验性的判定则是 18 世纪中叶后的事。

　　社会科学在 18 世纪中叶后发生了显著的变化，这便是趋向于归纳性和经验性的探讨，从而使社会科学理论和社会现实发生相互印证的关系。于是社会科学家逐渐地脱离了以往那种冥想的、推论的研究方法，进入了用从经验世界中收集的资料来验证理论的阶段。此后，经过百余年的发展，到 19 世纪末，具有现代意义的社会科学便打下了稳固的基础。诸如伏尔泰的社会进步观、亚当·斯密的《国富论》、马尔萨斯的人口论、黑格尔的历史哲学、穆勒的逻辑学、边沁的功利主义、孔德和圣西门的实证论及实证哲学、斯宾塞的社会演化论、马克思的历史唯物论，以及达尔文的进化论，均系在此时期内孕育和发展。其间社会科学的成就主要反映在确立社会发展的基本观点、社会科学研究的基本原则、社会科学研究的方法以及实现社会科学内部的学科分化。所谓社会发展的基本观点主要是指斯宾塞关于社会演化的理论。18 世纪以前，学者对社会起源和社会现象的解释基本上存在两种：超自然的神学解释和社会契约论的观点。而斯宾塞、孔德、马克思等则将人类社会视为不断发展变化的客观现象，这是理论观点上的突破。这种新观点的确立显然有利于社会科学的发展，甚至是其发展的前提条件之一。所谓社会科学研究的基本原则是指客观性原则的确立，而这一原则可以说是将社会科学与人文科学分离开来的主要界标之一。其实，17 世纪和 18 世纪的学者也都有这种倾向，只是在孔德的实在论和圣西门的实在哲学提出之后才扎下根基。孔德被多数现代社会科学家尊为社会学的创始人。他受圣西门的影响，认为社会科学研究应该先把社会现象与社会道德和形而上学价值问题区别开来。孔德将社会事实作为社会科学研究对象，认为可以通过客观观察发现各种事实之间的关系及法则。这就如同自然科学研究寻求自然界的各种关系、规律一样，不过是社会现象更为复杂而已。将人类社会视为不断演进的客观现象，进而又将这些客观现象与形而上学问题区别开来，确立客观性的研究原则，极大地促进了社会科学研究方法的发展。马尔萨斯、孔德、斯宾塞、亚当·斯密等的研究已经运用了一些数学及早期统计性的分析。由于交通、印刷业的发展，各国学者逐渐得知其他国家和社会的情形。于是比较研究法也用来验证社会科学研究结论的普遍性。此外，穆勒发展了几种重要的逻辑和实验方法，如同一法、互异法、共变法、剩余法。这对社会科学研究的精密性有较大影响。而达尔文在收集资料及建立其理论过程中所应用的严密科学方法，对后来的社会科学家尤其是人类学家，更产生了积极的示范和启发作用。同时，在社会科学范围内，各种学科也逐渐分隔开来，向着独自的方向发展。先是东印度公司学院于 1805 年聘请马尔萨斯任历史、商业和财政的教授；1825 年，牛津大学设立第一个经济学教授席位；1828 年以后，剑桥大学也步牛津大学之后尘创设经济学教授席位；1843 年，民族学学会在英国成立；1863 年，人类学学会在英国成立；1884 年，牛津大学设立人类学教授席位。社会学首次获得独立的学科地位，一般认为是 1891 年芝加哥大学成立时实现的。政治学、心理学也在 19 世纪末成为独立学科。

三、社会科学与人文科学的异同

通过以上简短的历史回顾，我们看到了社会科学从人文科学中分离出来的过程。首先是研究重心的转移，继而是产生独特的研究原则和方法，同时有一批代表人物和代表作，最后组成专门的研究组织和教育组织，并有相应的专业学刊。至此，经过 100 多年的不断努力，社会科学取得了不可否认的独立地位，从哲学及其他人文科学中分离出来，形成了与自然科学、人文科学三足鼎立之势。我们可以将社会科学与人文科学的异同点归结如下。

其一，社会科学与人文科学均有其自身相对独立的研究对象。社会科学注重研究社会结构、社会组织、社会活动及人类的社会行为，而人文科学则注重研究人类的信仰、情感、道德伦理、审美意识。

其二，两者根本的区别在于方法上的不同。社会科学基本的方法论原则是力求研究的客观性，即理论陈述必须与现实相符，理论命题必须受到社会现实的检验。而人文科学显著的方法特征是主观陈述，着重于评价性的分析、论述及特殊性的表现。它的理论命题当然也不能与社会现实相悖，但不依赖社会现实印证。

其三，以上两点可以作为人文科学与社会科学的显性界标，但在此背后，它们之间还存在深刻的同一性或者说在根本上无法分割的成分。它们虽说是分别研究人类及人类社会的不同侧面，但是在现实社会环境中这些不同侧面往往交织在一起。人类的信仰并不只在宗教活动中起作用，在政治活动、社会交往中更有顽强的表现；人类的审美意识也不只限于艺术创造和艺术欣赏活动，当人类转换为其他社会角色时也会有意或无意地表现出来。这就使人类在研究社会科学问题时不得不经常面对一些人文因素的影响。这也就是在一些社会科学内部仍继续保留一些人文科学分支的原因，如政治哲学、教育哲学、历史哲学、哲学人类学等。

第二节　社会科学研究的实证倾向及其面临的难题

社会科学研究形成自己独特范式的过程，是一个不断自我否定、自我更新的过程。它最初受自然科学研究中实证主义范式的影响较大，并渐渐形成一种新的传统。这里借用库恩所提出的"范式"这一术语来描述社会科学在 20 世纪初形成的研究传统。本节将对这种"范式"的基本内容进行阐述，具体包括社会科学研究的基本假定、社会科学研究的基本原则，然后介绍具有实证倾向的社会科学研究所面临的难题。

一、社会科学研究的基本假定

社会科学研究的基本假定是为大多数学者所赞同的。当他们设计某项教育实验时，当他们就某一地区的人口异动做大规模调查并力图寻求原因、做出解释时，当他们将自己的研究成果与同行交流或向学生讲授时，当他们用相同的方法印证同行的研究结论时，实际上他们已经在一些假定的前提下开展工作。

这些基本假定主要有以下四条。

其一，社会科学家所研究的对象，即人类行为及社会现象，都有一定的活动规律可循。

其二，人类行为及社会活动的规律可以通过客观观察及在此基础上的理论分析而揭示出来。

其三，社会科学研究成果可以经由社会科学家用相同的社会科学方法相互印证其正确与否。

其四，社会科学研究成果可以用确切的文化符号表述、解释，以便进行同行交流并进行知识的积累和传授。

前两条是基本信念。无此信念，就既无动力，也会失去研究的意义。第三条是使这种研究活动建立基本评判机制并使其健康发展的前提条件。第四条是使这种研究成果为文明社会所接受（社会化），并作为人类知识财富得以延续的保证。

二、社会科学研究的基本原则

称其为原则，当然表明的是从事社会科学研究时不能违背的硬性规定。但我们更愿意视其为人们在从事社会科学研究时所刻意追求的科学精神。这体现了社会科学作为独立的学科群所具有的基本规范，或者也可视为在研究社会问题过程中是否科学的显性界标。这些原则包括如下几方面。

其一是客观性原则，或称价值中立原则。该原则要求研究者研究工作的程序是客观的，即一旦研究展开，就应客观地收集资料，并客观地分析、解释其结果；其间不容许带有价值偏见的成分。

其二是操作性原则。该原则要求在研究中所使用的概念术语应有明确的可操作性的语义规定，能够进行定性或定量的测量。

其三是公共性原则。该原则要求研究工作的程序、方法、成果均能用明确的文化符号表达清楚，以保证同行专家能依照研究报告的内容了解整个研究过程。

其四是检验性原则。社会科学研究不仅要有公开性，而且要能够被检验，即同行专家在相同的研究条件（边界条件、约束条件等）下，依照相同的程序和方法能够重演研究过程，并得到同样的结果。该原则还规定，社会科学研究成果来源于对经验事实的研究，同时也一定包含能为经验事实所检验的命题。一旦与经验事实不符，或为新的经验事实所否决，则要考虑重新修正原来的研究成果。

其五是系统性原则。社会科学研究一方面要有中心概念和可以为实证性材料检验的命题，另一方面要有能够将这些分离的命题联系起来的理论构架。这样才能使各项研究成果逐渐累积成一个知识系统，从而获得对研究客体的整体认识。

其六是解释性原则。社会科学研究的根本目的是要探索人类行为和社会运动的规律，解释其中大量为什么和怎么样的问题，即揭示其中的因果联系，使其成为认识未来的知识基础。

以上论述的客观性、操作性、公共性、检验性、系统性、解释性六项原则，基本囊括了现代社会科学研究的科学精神和工作规范，更具体地刻画了社会科学与人文科学的界限。然而，上述原则基本脱胎于自然科学研究规范。以自然科学认识之"规矩"能否画社会科学认识之"方圆"？这些原则在实际的社会科学研究过程中究竟能贯彻到何种程度，倒是值得重点讨论的问题。

三、具有实证倾向的社会科学研究所面临的难题

与人类对自然的卓越认识相比，人类对自身的认识可能会显得肤浅。如前所述，社会科学已有多年独立探索的历史，但还存在以描述和思辨为主要研究特征的现象。造成这种现象的原因有很多，但从根本上讲，是由社会领域的特质导致的。现将社会科学研究中一些经典的难题进行略述。人们对这些难题解答的正确性直接关系到研究原则执行的彻底性。

（一）研究对象的复杂性影响研究的精确性

社会科学研究对象是人类行为和社会现象。人类不同于物理世界的物体，也不同于生命世界中无社会文化的生物体，而是有学习能力和情感意志的理智动物和社会动物。在现代文明社会，随着工业化、都市化的变迁，个人与社会、个人与他人的联系日趋复杂，个人扮演的社会角色不断增加，往往集公民、经济法人、社团成员、同事、下属、上司等于一身。因此，当人们要研究其中一种角色的行为时，总是要涉及许多极为复杂的相关因素。由这些复杂易变的个体所组成的家庭、企业、社团，以及再由这些群体单位组成的社会和国家，其内在结构与活动方式就更为复杂，涉及的内生变量和外生变量就更多。这些复杂的变量在不同情景中以不同的组合方式出现，错综复杂，变幻莫测。另外，这些社会个体和社会组织还会在环境信息的刺激下不断改变或调整自己的各种活动方式。

研究对象的复杂性带来的第一个难题就是难以控制研究对象和环境变量。社会科学研究的根本目的是探索人类行为和社会现象之间的各种因果联系。当我们力图研究某种行为与某一因素的关系时，我们总是需要将其控制在一定范围内，减少其他因素的干扰，以其中一者为自变量，不断操纵其变化，以观察记录研究对象的变化情况，从而达到研究目的。但是，由于人的各种自我特性如学习能力、情感意志等，当我们控制其他环境变量(改变其原来的活动情景)时，作为研究对象的人就开始发生心理和行为上的反常变化，或进入调整过程。这显然破坏了观察的客观性，因为这种具有控制性的观察手段本身干扰了研究对象。于是，我们

所得到的研究结论只是适合控制环境中的情形而不适合原来的自然环境。如果不做这种控制条件的工作，那么在自然环境的多因素作用下，难以区别导致这种行为的主要因素，至多只能将其区分到一个相当模糊的程度。这必然影响到研究的精确性。

研究对象的复杂性导致的第二个研究难题是难以进行精确的定量描述。从 17 世纪开始，数学的方法被引入社会科学领域，但景况并不乐观。控制论创始人维纳在谈到社会经济学方面的努力时，认为收集一个时期的社会经济方面的数据比收集可靠的物理数据要困难得多：对于一些模糊的量，如果给以任何意味着精确的数值的内容，那是既无用处，也是不老实的；而任何想把精确的公式应用于这些不准确定义的量的企图，都只是胡闹和浪费时间。维纳的描述也许太过于悲观，但不可否认社会科学研究在精确化的努力过程中确实碰到种种困难。比如，统计学方法在社会科学研究中运用的真正困难不在于是否能获得关于社会的统计数据，而在于究竟需要什么样的数据，在于能否通过这些数据的分析得到正确的结论。①

正如约翰·齐曼所说："我们对特定社会事件所作的描述，本身并不客观，很大程度上依赖于历史、偏见、地方习惯和所用程序。没有一种统计分析能将浩繁的资料恢复其本来面目，并从中构画出它们理应表示的社会现实。"②任何一个荒谬绝伦的观点都能找到确凿的统计数据来证明自己的正确性。这一颇有讽刺意味的现实迫使我们思考：用数据和公式来揭示社会本质的真正的逻辑的认识论机制是什么？

实际上，只要我们不再坚持把社会领域看作与自然界完全同质的东西，就可以摆脱精确化和形式化的苛求而另辟蹊径。查德提出了模糊性概念。在他看来，"当系统的复杂性日益增长时，我们做出系统特性的精确而有意义的描述的能力将相应降低，直到到达这样一个阈值"；"一旦超过它，精确性和有意义性就变成两个互相排斥的特性"③。精确和模糊是一切物质都具有的特征。当我们把这一认识推广到社会现象时，就会惊异地发现，社会历史现象是属于一种和自然界不同的、模糊特点更具普遍性的物质运动系统。社会现象的本质主要反映在模糊性上，因此社会科学所表达的社会规律往往具有模糊性特点。模糊理论及其模糊方法在社会科学研究中的

① 陶远华：《理智的困惑：当代社会科学的哲学困境及其认识论研究》，7 页，北京，东方出版社，1989。

② ［英］约翰·齐曼：《知识的力量——科学的社会范畴》，许立达、李令退、许立功等译，259 页，上海，上海科学技术出版社，1985。

③ 转引自陈贻源：《模糊数学》，14 页，武汉，华中工学院出版社，1984。

运用无疑给社会科学带来了希望。①

（二）研究参照系的主观性影响研究的客观性

人类在观察各种事物时首先要确定它的各种量度，建立一个参照系。由于人是以自我为中心来观察世界的，因此这个参照系的坐标原点就是人自身。人类总是以自己的利益、好恶和自我特性来观察和衡量世界。世界的一切都将在人类生存的意义上被评判，并在量度上同人类做比较。对待人类以外的自然界，人类的观测角度、方法和价值观是基本一致的。所以，自然科学有它统一的前提和法则。② 但是，当人类转而研究自己的问题时，原来用以观察自然界的参照系就失去了意义，坐标原点同时成了被观测的动点，衡量的尺度同时又成了被衡量的对象。于是，统一的人类认识整体被分割成不同的利益主体。以不同的利益主体为中心观测世界所得出的结论当然会五花八门，有时还大相径庭。这里利益的认识论效应问题发生了：研究者只有站在一定的利益立场上，熟悉和体验一定利益集团的内在和外在环境，才能深刻认识该利益主体（包括研究者本身）。保持中立，不可能真正认识社会。然而，每个研究者都是一定利益的承担者和代言人，不可能真正全面地认识社会对象。③这样每一个研究者都不可避免地陷入了一种两难境地：太"投入"，会失去认识的客观性和全面性；太"超然"，又达不到认识的准确性和深刻性。

（三）研究过程中的主客体相互作用带来的"测不准"问题

在观测源和观测对象处于同一个能量级别，相互之间存在能量和信息交换时，"测不准"定理均可成立。在社会科学研究过程中，研究者在考察社会现象时总是以现实的人的面目出现，而被考察的社会现象又是以现实的人为其活动主体的。人对人的观察要通过相互接触来实现，但接触本身就会使研究对象改变原有的行为方式，使研究者无法了解研究对象在未被接触时的状态。观察显然是在决定观察对象行为的诸要素中加入一个无法替代同时也无法排斥的因素。另外，如果研究者不与研究对象发生物质、信息和能量的交换，不干扰研究对象的存在状态，不熟悉研究对象生存的环境和文化规则，就不可能获得关于研究对象的任何真实的感性材料。于是，

---

① 陶远华：《理智的困惑：当代社会科学的哲学困境及其认识论研究》，9页，北京，东方出版社，1989。

② 陶永谊：《人类重新寻找自己在自然界中的位置——谈自然科学与社会科学走向统一》，载《社会科学评论》，1985(11)。

③ 陶远华：《理智的困惑：当代社会科学的哲学困境及其认识论研究》，4页，北京，东方出版社，1989。

发生在微观认识领域的"测不准"现象，在社会认识领域以其更为复杂和深刻的形式出现了。[①] 对社会活动现象进行的观察、调查和实验中都会不同程度地产生这种"测不准"问题，影响了人们从中获得实证材料的真实可靠性。为解决这一难题，人们发明了单向自然观察、无记名问卷、单盲和双盲实验设计、将中介变量(前述因相互作用而添加的因素)纳入处理等提高研究效度的方法。且不谈这些方法能否从根本上解决问题，单就设计和实施这些方法本身就已大大提高了社会科学研究的复杂与困难程度。

（四）政治及其他社会文化因素对研究者自主性的制约

政治是人类各种关系的综合的最高表现形式，没有哪一个学者能够完全无视政治的存在而从事科学研究。由于自然科学研究对象本身和人类生活是异值的，因此在近代，自然科学研究的大部分领域早就摆脱了政治的控制。但在社会科学研究中，由于研究主体和客体都直接地处于一定的政治关系之中，因此政治的因素不仅是作为认识的环境，而且是直接作为一个内在的不可排斥的因素参与社会认识过程。可见，社会科学研究不可能游离于政治关系之外。贝尔纳认为只要社会上存在强权政治，社会科学就永远是腐朽的、堕落的社会科学。在他看来，只有当社会完全摆脱政治的束缚，社会科学才会有真正的发展，才能成为真正意义上的科学。这种观点无疑是社会科学研究中那些失败者和怯懦者聊以慰藉的"乌托邦"。[②] 科学的态度应该是正视政治因素的不可排斥性，而且有必要深入研究政治因素在认识过程中起作用的具体机制。比如，政治因素在作为否定性规范时是怎样制约研究主体的；作为一种观念甚至转化为一种心理状态时，它又是怎样影响研究者的主体性发挥，导致研究者放大或减弱、排斥或选择某些有关信息的；还有当政治因素作为直接的研究对象时，它又是怎样与研究主体发生相互作用的。应该说，政治因素对认识过程有着积极和消极两个方面的作用。

除政治因素外，社会伦理、传统习俗、宗教禁忌等种种约束也使社会科学研究在某些特殊领域受到阻挠。比如，弗洛伊德的性心理分析、金赛等对性行为的研究、人口密度与暴力行为以及战争状态下的人际关系等研究，都可能因触动人们的敏感

---

① 陶永谊：《人类重新寻找自己在自然界中的位置——谈自然科学与社会科学走向统一》，载《社会科学评论》，1985(11)。

② 陶远华：《理智的困惑：当代社会科学的哲学困境及其认识论研究》，16 页，北京，东方出版社，1989。

神经而进展困难。

第三节 社会科学领域的范式变革及其对教育研究的影响

建设教育强国是中华民族伟大复兴的基础工程。2020 年，习近平同志在教育文化卫生体育领域专家代表座谈会上指出，要优化同新发展格局相适应的教育结构、学科专业结构、人才培养结构，完善全民终身学习推进机制。党的十九届五中全会明确指出，建设高质量教育体系，到 2035 年建成教育强国。总之，加快推进教育现代化，迫切需要教育科研更好地探索规律、破解难题、引领创新。为此，从社会科学领域的范式变革中获得借鉴与启示，既是必要的，又是可能的。

一、诠释—理解范式和社会批判范式相继出现

针对实证主义范式对社会科学领域的不适应性，诠释—理解范式坚持从精神科学、人文科学的特质出发建立研究的基本假设和运作规范。狄尔泰认为："我们不能只是靠着把自然科学家们的研究方法直接移植到我们人文科学的领域中来，这丝毫也不表明我们就成为大科学家的真正门人。我们必须使自己的知识适应于我们的研究对象的本性，只有以此为基点，才是科学家们对待他们的研究对象的方式。"[①]他认为人文科学要研究"总体的人"，而不是机械地把人的行为"肢解"。自然科学适用于"经验"的方式，而人文科学则要用"体验"的方式，要全身心地融入客体。这样，"理解"和"诠释"就构成人文科学（或精神科学）的独特方法论。第二次世界大战后兴起的德国文化教育学流派继承了狄尔泰的思想，主张从人的历史和存在分析入手对人的精神、心灵等内在世界加以体验、理解和诠释。

无论是在本体论上还是在认识论上，解释学范式都采取了对实证主义的反抗态度。在本体论上，它反对实证主义的原子论，反对对人及生活化整为零的"肢解"，而强调其整体性。它假定人的行为是一种有意义的行为，研究就是要揭示行为背后的意义，形成共识性的理解，而不是揭示其因果关系。在认识论上，它认为主体与客体分离是不可能的，主客体的关系是一个互为主体、相互渗透的过程，主体对客

---

① 邹进：《现代德国文化教育学》，26 页，太原，山西教育出版社，1992。

体的认识实际上是主体和客体在互动的关系中对客体的重新建构。因此，在方法论上，它特别强调研究者深入现场，在尽可能自然的环境下和研究对象一起生活，了解他们所关心的问题，倾听他们的心声；同时，对他们自己所使用的方法进行深刻的反省，注意自己和研究对象的关系对研究的影响；然后在这一基础上对研究对象的意义解释系统进行再现和建构。

在教育研究中，诠释—理解研究范式有如下几个特点：①它反对经验—分析研究范式忽视师生主体性的地位和价值，把复杂的教育现象肢解，以发现教育现象之间的因果法则的做法。它认为这种研究范式牺牲了教育现象的时间性、历史性和社会性。教育现象代表着师生两类价值系统与整个社会价值体系的复杂关系。教育研究是对价值系统的互动关系予以整体性和深入的理解，把握表面现象背后的意义和价值。②它强调采用质的研究方法（或定性的方法），诸如个案分析、参与式观察、人种志等方法，来诠释或理解教育现象；强调主体和客体的互动和融合，客体在和主体的积极互动中被重新建构；否认研究过程中的价值中立。③它强调教育研究的主题不在于外显的教育行为和现象，而在于深入解析教育现象背后的意义，重视师生交互作用的过程及其对学习活动的影响。④它强调教育研究的任务是对主体和客体或互为主体的理解，建立共识性的法则。因此，教育研究所构建的理论与实践的关系包含实践者的责任，形成了以实践为主的辩证关系。这是一种实践理性观。

20 世纪 60 年代后期，所有发达工业化国家都陷入了文化危机。这对科学的认识论是一个极大的冲击。反理性主义、反主流文化的思想在滋长。在教育研究领域，一些学者吸收了法兰克福学派的批判理论，提出了批判教育学的主张，并把它发展成一个学派。在教育研究中，哈贝马斯的批判理论在德国及欧美少数地区已有相当的发展和影响。社会批判研究范式多从宏观方面分析教育与社会的关系，因此它在宏观教育社会学研究中运用较多。

社会批判研究范式的理论基础是批判理论。批判理论本身是在对实证主义和解释主义批判吸收的基础上形成的。和解释主义一样，批判理论也认为主体和客体不可分离。但和解释主义不同的是，批判理论不认为主体只是在互动关系中了解和认识客体，而认为由于主客体双方都有可能受到社会不公正意识形态的压抑，研究应该是一个主客体共同演化成长、摆脱虚假意识、达到知识领悟的过程。在这个研究过程中，它肯定理解的意义和价值，更强调以批判的反省来代替生命经验（可能是错误意识形态）的重构。因此，研究者不仅应该尊重研究对象的意见，而且应该让研究对象参与到研究中，为双方自身的解放乃至社会的全面进步而努力。批判理论认为，实证主义把一切现存的东西都当成"事实"而加以接受，排除了思维的批判性和否定性，实际上起着维护现实的消极作用。解释主义虽然强调人的主体意识，但只是着眼于重现或体验过去的情景，而没有着眼于批判。批判理论在认识论上提出了"否定的辩证法"，并把它作为研究的根本方法。批判理论的任务就是唤起大众自我反省和主体求得解放，即启蒙和解放。

经验—分析研究范式和诠释—理解研究范式多注重研究教育的具体过程和教育中的人际关系。它们虽也研究教育的社会条件，但都是止于描述和阐释，而不做批判研究。批判理论认为，教育不是社会现状合理化的工具，而是促进社会改革和进步的催化剂。批判的教育研究就是想从教育与社会的关系中了解教育活动背后可能存在的意识形态，然后通过教学活动来启发教育者及学习者的批判意识，进而通过教育实践来改造社会及提升自我。

在教育研究上，社会批判研究范式的基本特点可以归纳如下。

①对教育的研究除了要把握教育过程自身的整体性外，更要注意它与社会关系的整体性。

②教育研究的主题不是表面的教育事实，而是这些教育事实背后的意义。同时，要承认教育活动中冲突、矛盾和对立的事实，要以社会冲突为基本线索来考察教育现象。

③教育研究的任务不只是描述和阐释动态的教育过程，还是发展教育者与学习者的解放意识。就理论与实践的关系而言，社会批判研究范式倡导的是一种批判理性观。在这种理性观下，实践不是一种技术性行动，而是批判的思想加上自觉的行动。

④在研究方法方面，社会批判研究范式以辩证法统合解释与理解、量化与质性的研究。依照社会批判研究范式建立的具体研究方法，目前使用较多的是行动研究。此类方法着眼于变革教育实践，积极征得研究对象的参与，提出双方都认可的改革意见和对策。

二、进行范式整合的种种尝试

社会批判研究范式在基本的前提性假设上推翻了实证主义研究范式直接用于教育研究的可能性，但在具体方法上并不排斥实证的方法和量化的努力。我国也有论者认为，定性研究范式实际上是有机统合了哲学研究范式和定量研究范式的，并不拒斥后二者的具体方法，而是在思维方式转换的前提下为我所用。① 这里说的哲学研究范式就是前述类推和演绎的方式，定量研究范式、定性研究范式分别指实证主义研究范式和人文科学所逐渐发现和确立的自然主义的、诠释—理解的、社会批判的研究范式。

还有一种观点认为教育研究的各种范式在合理的适用范围内可以并存，并且各种范式之间吸收、融合的趋势比较明显。类推—演绎、经验—分析、诠释—理解和社会批判的诸种范式在教育研究的历史上曾各领风骚一段时间，研究范式之间也曾试图否定过对方。从未来的趋势看，相互的竞争还会存在，但为某一种范式所独占已不可能；各种范式在自己的范围内"和平共处"，显示自己的作用。由于教育学要以相关学科为理论基础，因此类推—演绎的研究范式在研究一些哲学层次的理论、元理论方面仍将发挥作用，但它已退出对具体教育问题的研究。其他三种研究范式参照哈贝马斯的划分则适合于不同的研究主题等。三种研究范式的基本特征比较如表 2-1 所示。②

表 2-1　三种研究范式的基本特征比较

研究范式	研究主题	实践目的	知识构成	理性方式
经验—分析	工具行为	预测和控制	法则性知识	技术理性
诠释—理解	互动与语言	诠释与理解	解释性理解	实践理性
社会批判	权力	启蒙与解放	批判的分析	批判理性

20 世纪，经验—分析的研究范式和诠释—理解的研究范式争论时间较为持久。在赫尔巴特提出建立普遍妥当的科学教育学时，就有施莱尔·马赫怀疑按照自然科学的范式构建科学教育学的可能性。狄尔泰等继承施莱尔·马赫的思想，提出诠释—理解的研究范式。20 世纪 70 年代，这场争论的烽烟再起，布雷岑卡再次反对精神科学的研究范式。不过，从布雷岑卡的观点看，他虽然坚持科学实在论的立场，但他并没有完全恪守经验科学的立场，而是有选择地接受了人文研究范式的价值导向。诸如，在事实与价值上，把关于价值的陈述列入教育科学的研究对象；在价值中立上，提出教育科学只能要求有限的价值中立；在检验方法上，从证实、证伪方法退到合理拒绝，保证部分为真，从而在获取知识上不再追求普遍的法则性知识，

①　李雁冰：《试论三种教育研究范式及其转换背景》，载《宁波大学学报(教育科学版)》，2000(1)。
②　冯建军：《西方教育研究范式的变革与发展趋向》，载《教育研究》，1998(1)。

而只追求统计性的法则性知识。可以看出，布雷岑卡是在向严格的经验科学立场有分寸地妥协和让步。当代的批判教育理论家卡尔也试图调和经验—分析研究范式和诠释—理解研究范式之争。他提出，教育研究根植于对教育实践的看法中，在这个意义上是解释的；教育研究为实践者实际采用的种种解释提出系统连贯的挑战，在这个意义上是科学的。可以看出，卡尔试图使教育研究既是解释的，又是科学的。只不过它的重心仍在于解释而已。

也有论者认为，立足科学主义定量研究与人文主义定性研究二者之间对立互补的辩证关系，探求教育研究方法论的整合之路，是当代教育研究方法论构建的主导方向。论者通过对教育教学现象的本体论进行纵横两个维度的考察，区分出教育科学研究、教育哲学研究与教育应用研究三种类型，并论证了各自的适用域界和有效操作层面。[①] 从功能上看，教育哲学研究一方面对教育科学研究的过程和成果进行形而上学的理性批判和价值选择，揭示教育科学研究的哲学依据和前提；另一方面为教育目的的确定提供直接的价值依据，为课程的编制、教学模式的建构、教学方法的选择提供价值参照。教育科学研究致力于事实和规律的描述与发现，仍以追求客观性、普遍性和必然性为首要标准。教育应用研究是对教育教学过程内部各组成因素的直接研究，是对教育发展可能形态的研究。它奠基在教育教学的可能性、潜在性和可塑性之上，是以追求价值意识的现实实现为根本目的的。从适用性上看，教育哲学研究适用于教育现象的精神价值层面；教育科学研究适用于教育现象的物质—环境、生理—心理、社会—文化层面；而教育应用研究则以对教育过程的纵向解剖结构的分析为依据。这三种研究各有所属、各有所长、相互作用，充分发挥其内在的学术优势，形成整体性的学术张力，推动教育研究的动态发展。在由这三种研究构成的整个结构中，教育科学研究的内部存在互释现象；教育应用研究的内部诸因素之间存在相互制约性；教育哲学研究和教育目的更是内在地交织在一起。同时，教育科学研究、教育应用研究和教育哲学研究之间从本体论意义上讲构成了一种逻辑的圆环，使本体的各种层面在整个研究的过程中均有相应的方法论依据。我们不难发现，这个圆环并不是在同一平面内呈封闭状态，而是在立体的架构中呈螺旋上升趋势。在这个结构中，不存在固定不变的起点和终点，而只有连续不断地向前发展。

---

① 潘庆玉：《试论教育研究方法论的整合》，载《山东师大学报(人文社会科学版)》，2001(4)。

三、系统科学方法论和复杂范式的兴起

（一）系统科学方法论对范式变革的启示

20世纪40年代末至70年代末诞生了以系统科学为代表的横断学科群。系统科学也是一个总称，主要包含一般系统论、信息论、控制论、耗散结构论、协同论、突变论和广义进化论等学科。这些学科之所以被称为系统科学，是因为它们都以世上存在事物的基本结构形式"系统"为共同的研究对象，从不同侧面去揭示系统的构成、结构及演化，系统的内部关系及其与环境的相互作用过程等。对于在实证主义研究范式中被强化或被绝对化的线性思维及脱离具体情境的因果关系分析方式来说，系统科学无疑带来了思维方式上的突破和超越。教育研究领域引入系统科学方法的尝试，自20世纪80年代初开始，在流行过一段时间以后，至今仍绵延不绝。理论研究方面出现了《教学信息论》《教育信息学》《教育控制论》等新的分支学科著作；实践研究方面从区域性教育发展战略及规划研究到学校管理的各个层面，从课程内容体系构建到具体学科的教学过程反馈与调控，都不断有新的研究结果面世。然而，教育研究对系统科学方法论领悟到何种程度、应用到何种程度、取得何种意义上的效果，却是值得探讨的问题。下面先从系统科学方法论的结构谈起，再比照教育研究应用的一些案例来简略地分析这一问题。

系统科学方法论是一个内容丰富的整体性结构。从层次上划分，系统科学方法论可以分解为宏观层次的系统观点、中观层次的系统概念和微观层次的系统模型。系统方法论层次结构示意图见图2-1。

系统科学方法论结构的三个层次是相互联系、层层推进，同时又是相互作用、相互影响的关系。这一建构有助于突破自然科学与社会科学之间的分离状态，使二者在方法论层面彼此连接、相互贯通。图2-1中特别要说明的是，系统概念的框架虽具有较强的适切性，但在具体的研究过程中还必须与各门学科特殊的经验和假设有机地结合起来。然而在教育研究应用中，这种结合还做得很不充分。查阅近年教育类期刊，直接借用系统科学概念，如系统、结构、功能、信息反馈、整体、要素、层次等的现象比较普遍。有些文章的"借用"则只是一种比喻而已，如说"语文是一个开放系统"。在明确表示运用系统科学方法或方法论的文章中，较多的是图2-1所说的宏观层次的系统观点意义上的运用，如结构功能、整体优化、信息反馈等，包括将系统观念表述为原则，如整体性原则、结构性原则、反馈原则等，阐述如何在这

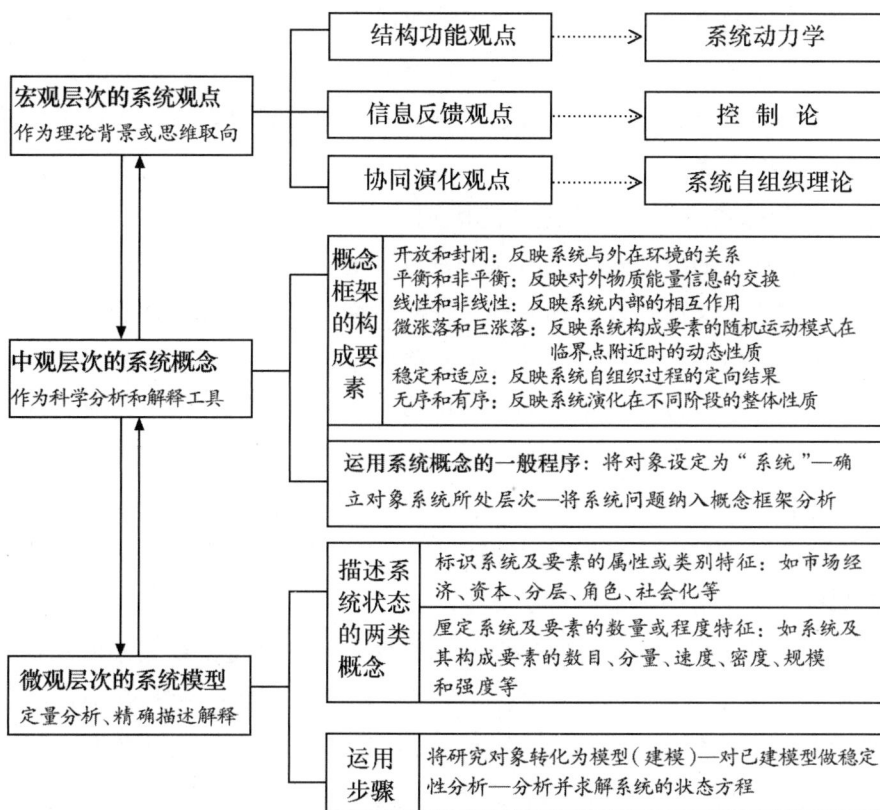

图 2-1 系统方法论层次结构示意图①

些原则的指导下开展实践活动或研究。也有在微观层次的系统模型意义上运用系统科学方法的例子，但为数不多。比如，一项关于区域基础教育发展规划的研究表明，研究者采用系统分析法进行研究，其基本步骤是开展调查研究，确定目标体系，建立数学模型，模拟试算和政策分析。在调查研究的基础上，研究者形成了区域基础教育发展规划模型的总体结构图。该结构图包含招生子模型、分班子模型、学生流子模型、教师需求子模型、教师拥有子模型和经费子模型六个子模型。这样既有利于深入研究，又能从全局的观点来协调各方面的关系。②

　　概言之，在教育研究中，在观念、原则这个层面运用系统科学方法论比较多，但也停留在一般性谈论，尚未在中观层次的系统概念上运用；将教育学科特有的经验与假设纳入系统概念框架，则更有简单套用的问题。微观层次的系统模型的运用

---

① 钟明：《论系统方法论的结构》，载《江海学刊》，1997(5)。
② 高云庆：《区域基础教育规划的系统分析方法》，载《甘肃高师学报》，2000(6)。

上也有不少尝试。这些尝试部分地证明了量化研究在教育这一复杂系统研究中采用的可行性。尽管系统科学方法论还未完全定型为一种研究范式，但它有力地冲击了长期以来人们习以为常的简单因果关系思维和单一线性思维，也为人们进而接受复杂思想的洗礼准备了条件。

（二）复杂范式及其与简单范式的区别

如果说实证主义研究范式的突出问题是过分地强调以简驭繁、化曲为直以及价值中立，那么自然主义研究范式和诠释—理解研究范式还以丰富性和主观性，并强调以理解的和体验的方式去解读研究对象及研究结果。系统科学方法论通过对研究对象内部不同层次要素及其关系、部分与整体、结构与功能、系统与所处环境之间的仔细区分，又使模糊笼统的研究对象变得清晰起来，不过似乎又只是关注系统的显在性、有序性。20世纪80年代以来复杂思想的兴起又使众多的研究者开始关注作为研究对象的系统及其运行过程中的种种潜在的、无序的、偶然的、非线性的因素，更加直面研究对象本身的丰富性与复杂性。

当传统的科学研究范式的还原论思想和线性思维方式变得令人不能忍受时，美国的一些科学家聚集一起，从经济学、人类学、物理学、生命科学等不同学科角度，对复杂现象展开了富有生气的研究。他们意识到，股市狂跌，古代物种灭绝，生命的本质与发生，大脑如何产生感情、思想和意识等这些问题的答案似乎无人知晓。它们都属于一个系统，即复杂系统。也就是说，许许多多独立存在的因素在许许多多方面进行着相互作用。这些无穷无尽的相互作用使每个系统作为一个整体产生了自发性的自组织。这些复杂的、具有自组织性的系统是可以自我调整的。每一个这样自组织的、自我调整的复杂系统都具有某种动力。这种动力使它们与计算机集成电路块和雪花这类仅仅只是复杂的物体有着本质上的区别。复杂系统比它们更具自发性，更无秩序，也更活跃。在近二十年中，混沌理论已经动摇了科学的根基。它使人们认识到，极其简单的动力规律能够导致极其复杂的行为表现。然而混沌理论本身仍然无法解释结构和内聚力，以及复杂性系统自我组织的内聚性。但复杂性系统具有将秩序和混沌融入某种特殊的平衡的能力。它的平衡点——常被称为混沌的边缘——便是一个系统中的各种因素从无真正静止在某一个状态中，但也没有动荡至解体的那个地方。[①]

在系统科学中，前三论（系统论、信息论、控制论）关注的是一个稳态系统中要

---

① ［美］米歇尔·沃尔德罗普：《复杂：诞生于秩序与混沌边缘的科学》，陈玲译，1～5页，北京，生活·读书·新知三联书店，1997。

素(部分)、关系、层次的相互作用，没有考虑无序的问题；后三论尤其是耗散结构理论，把时间引入系统，通过考察它的平衡态、非平衡态和远离平衡态，来研究系统发生及多态演变问题，开始把注意力转向无序、不稳定、多样性、非线性关系等问题。有志于复杂问题研究的许多学者如莫兰，关注事物原始的发生和变化。比如，从生命的发生、人的起源等开始，重新发现了偶然、无序、噪声、不确定性的作用，把这些一直被科学界排斥的现象加以弘扬。偶然性或无序性岂止是不可消除的，它与稳定性、有序性既对立又互补，既冲突又合作，作为组织的必要条件构成这个世界的"两重逻辑"，广泛存在于宇宙、生物界和人类社会历史中。比如，宇宙在爆发的沸腾中形成了星体，生物组织从内部退化和衰变的过程中得到自我更新的好处，人类历史上充满战争、危机。一个进化着的社会就是一个"自我摧毁"以便自我重建的社会。① 莫兰还以不复杂的方式指出了通向复杂性的挑战的不同途径，颇有启发意义。

　　第一条途径是无序性和偶然性的不可消除性。它们存在于宇宙中并在宇宙的演化中起着作用。我们一方面要确认这一点，另一方面只能理解由无序性和偶然性的概念得出的不确定性。第二条途径是对发展到极限的、可以称为普遍主义的抽象化的反动。这种普遍主义的抽象化在自然科学中消除个别性、地点和时间性。第三条途径是错综化的途径。人们看到的生物现象和社会现象表现出不计其数的相互作用、相互反馈的关系，这是一种连强大的电子计算机也无法进行计算的无比的错综复杂性。当我们开始设想在有序、无序和组织三个概念之间互补的但在逻辑上对立的这种奥秘的关系时，第四条途径也出现了：来自噪声的有序。这意味着有序的或者说有组织的现象可以产生于紊乱无序的动荡或湍流中。正是在这个意义上，有关有序、无序和组织之间的奥秘关系引起人们的理智思考。第五条途径关系到组织问题。组织存在于由不同成分构成的一个系统中，因此它同时具有统一性和多样性。这要求我们不要把"多"化解为"一"，也不要把"一"化解为"多"。如果把生物组织和社会组织特有的复杂性考虑进来，我们还可以说：组织同时是无中心的(以无政府的方式通过自发的相互作用运转)、多中心的(拥有几个控制和组织的中心)和一中心的(同时还有一个最高的决策中心)。我们当代的文明社会同时从这三个基点出发进行自我组织：一个控制和决策中心(国家、政府)，多个组织中心(省的、市的、企业的、政党的等权力机构)以及群体和个体之间自发的相互作用。此外还有反映复杂性的全息原

① ［法］埃德加·莫兰：《复杂思想：自觉的科学》，陈一壮译，198 页，北京，北京大学出版社，2001。

则、回归原则以及在观察活动中向观察者返回等途径。①

为了清晰地比较简单范式与复杂范式，我们用表 2-2 来呈现。

表 2-2　简单范式与复杂范式的比较②

简单范式	复杂范式
①普遍性原则，排除局部性或特殊性 ②消除时间上的不可逆性，消除事件性和历史性的东西 ③把总体或系统的认识还原为组成部分的认识 ④把对组织的认识化归为对组织固有的有序性原则的认识 ⑤处于对象之上和之外的线性因果性的原则 ⑥有序性作为绝对的解释的最高原则，决定论是普遍的、完美的，随机性只是表面的 ⑦对象孤立或脱离环境 ⑧对象与知觉或认识主体绝对分离的原则 ⑨观察者或认识者与对象之间相关联的科学认识中可以消除任何有关主体 ⑩通过量化和形式化消除具体的存在物和存在活动 ⑪自主性是不可理解的 ⑫形式逻辑作为理论的内在的真理标准是绝对可靠的，矛盾出现必然意味着错误 ⑬把清晰和明确的概念在单值逻辑的推理中加以联结	①普遍性原则有效但不够，增加局部性和特殊性的补充和不可分离原则 ②承认和融入时间的不可逆性，使历史和事件参与到任何说明和解释中去 ③孤立基本单元是不可能的，把对部分的认识和整体的认识连接起来 ④组织（自组织）问题是不可回避的 ⑤复杂因果性原则，自组织中的内外因果性原则 ⑥根据各项的两重性逻辑关系考察各种现象，融入组织问题和随机事件 　　有序→无序→相互作用→组织 ⑦区分对象与环境，但不分离 ⑧建立关于主体的科学理论是可能的和必要的 ⑨从自我产生和自我组织的理论出发，引进和确认存在物与存在活动的范畴是可能的 ⑩从自我产生和自我组织的理论出发，确认自主概念是必要的 ⑪形式逻辑（在复杂的形式系统的内部）有限度，矛盾或逻辑困境是现实的一个前所未知或更深奥领域的征象 ⑫以两重性逻辑和通过宏大概念进行思考，以互补的方式把可能是对立的概念连接起来

教育研究领域也十分敏感地捕捉到复杂思想的方法论精神。近几年来，教育研究工作者既从理论研究上运用复杂范式展开对教育系统、教育问题、教育规律和学生观的再认识，又在改革实践中以复杂思维视角从课程体系、课堂教学、班级建设、

---

① ［法］埃德加·莫兰：《复杂思想：自觉的科学》，陈一壮译，139～146 页，北京，北京大学出版社，2001。
② ［法］埃德加·莫兰：《复杂思想：自觉的科学》，陈一壮译，266～277 页，北京，北京大学出版社，2001。

校园文化、网络教学、综合实践活动、教师培训以及教育组织管理和教育评价等诸多方面展开研究。正如我国学者指出的那样，当今关于复杂事物和复杂性的研究已异军突起，复杂科学将成为 21 世纪科学家园中的崭新一族。而教育理论的研究则完全可以列入这一族。在某种意义上，它还可能是人世间复杂问题之最……教育是一种人类社会所特有的更新性再生系统。从这个角度看，人类社会还有什么会比这还要复杂呢?① 教育研究工作者应感受和意识到加入复杂性研究的迫切性，积极地行动起来。

当我们深切地意识到教育要顺应社会转型和知识转型而进行一种转型变革的时候，作为变革的设计者、研究者和参与者，我们自身的思维方式和研究方式也面临着一场深刻的转型变革。

思考与行动

1. 为什么说加快构建中国特色哲学社会科学，归根结底是构建中国自主的知识体系? 为什么说没有自主知识体系，学科体系、学术体系、话语体系就如同无本之木?

2. 社会科学研究的实证倾向对教育研究有何影响?

3. 试用系统科学方法或复杂思想分析一个教育研究实例。

进一步阅读的书目

1. 叶澜:《教育研究方法论初探》，上海，上海教育出版社，1999。

2. [法]埃德加·莫兰:《复杂思想:自觉的科学》，陈一壮译，北京，北京大学出版社，2001。

3. [美]米歇尔·沃尔德罗普:《复杂》，陈玲译，北京，生活·读书·新知三联书店，1997。

4. 苗东升:《系统科学精要》，北京，中国人民大学出版社，1998。

5. [德]马克斯·韦伯:《社会科学方法论》，杨富斌译，北京，华夏出版社，1999。

---

① 叶澜:《世纪初中国教育理论发展的断想》，载《华东师范大学学报(教育科学版)》，2001(1)。

第三章　教育研究概述

　　教育研究是一种以科学的理性精神来考察人类社会的教育现象，并通过一定干预试图改变教育的原有结构或性状，以满足主体的教育价值需求的一种科学认识与实践活动。作为一个学科领域，教育研究无疑属于社会科学研究。因而，第二章所述社会科学研究的基本假设前提及研究规范在原则上适用于教育研究。但是，教育研究的对象、过程及方式与其他社会科学研究相比，又有自身的特殊性。本章将在社会科学研究的一般规范和教育研究的特质这两个认识的前提下，讨论教育研究的对象、性质和意义等。

　　党的二十大报告提出，要以中国式现代化全面推进中华民族伟大复兴。那么在教育领域，则要以中国式教育现代化来建设中国特色的教育强国，并实现"科教兴国"的战略愿景。无论是建设中国特色的教育强国，还是实现"科教兴国"的战略愿景，都需要以适切研究对象的理念和方法来支撑合理而科学的研究过程，进而为中华民族伟大复兴做出教育领域应有的贡献。

第一节　教育研究的对象、性质和意义

一、教育研究对象及其特殊性

（一）有关教育研究对象的歧见与共识

　　讨论某一研究领域，首先要弄清楚的问题是研究什么。对此，人们的回答并不一致。概括起来，大体有如下几种见解。①

　　　　①教育研究的对象是人。

　　　　②教育研究的对象是教育现象及其规律，如一般教育学教科书均对教育学

---

① 　叶澜：《教育研究及其方法》，2～3页，北京，中国科学技术出版社，1990。

的研究对象作如是观。

③教育研究的对象是教育存在。所谓教育存在包括两个方面：一是实践形态的存在，二是理论形态的存在。

第一种见解包含合理的成分，因为教育是培养人的活动，人是教育和自我教育活动的主体，教育研究对象必然包括人。但是，人并不是教育研究的全部对象。如果把教育研究对象仅限于人，那么研究的结果仅仅说明了教育的对象而不是教育。这种提法显然混淆了教育对象和教育研究对象，使教育研究与其他以人为对象的学科（如文学、人类学、心理学）之间缺乏区分度。

第二种见解有两点不足：一是教育现象的提法排斥了已经存在的形形色色的教育理论，没有看到教育理论本身亦是教育研究的重要对象；二是笼统地提规律，模糊了研究目的与研究对象之间的界限。规律是隐藏在现象背后的本质联系，是人们力图认识的对象，也是研究活动最终要达到的目的。确切地说，揭示教育活动的客观规律是教育研究的目的和永无止境的任务。人们在研究过程中得出的有关客观规律的认识（科学规律或规律性认识）才是教育研究的对象之一。王道俊、王汉澜的《教育学》新编本（人民教育出版社 1989 年版）对教育学做了更明确的界定，即教育学就是研究教育现象和教育问题，揭示教育规律的科学。这就把研究对象和研究目的明确地区分开来。

第三种见解较为全面而准确地指出了教育研究所涉足的对象领域，不仅从教育实践和教育理论两个方面的存在形态做了概括，而且指出两者关系是源与流的关系，即实践为源、理论为流。二者之间存在的交互作用也是教育研究对象的组成部分。

三种见解虽存在分歧，却也不乏共识。这共识就是注重本原性的对象，即教育实践活动。基于这一点，无论我们是否把理论形态界定于教育研究对象中，都无法在实际上回避对理论的研究。既是研究，就必然会以特定的理论为指导，从实践研究中概括提炼出理论问题，并在进一步的研究过程中不可避免地涉及对已有理论的反思或再认识。

然而，问题在于：某一学科的研究者所针对的实际领域往往同时也是其他学科研究者涉足的领域。譬如，教育实践与教育理论同时也是心理学、社会学、文献学、科学学等多种学科研究指向的领域。那么，教育研究所特有的对象何在？或者说该怎样更准确地表述教育研究对象呢？

根据国外一些学者的看法，研究者的活动所针对的实际领域是研究客体，而研究主体与研究客体之间的中间环节才是研究对象，这里的研究客体和研究对象不是一回事。前述第三种见解所指称的教育存在也只能说是教育研究的客体；研究对象包含在其中，并不是全部。那么，什么是研究主客体之间的中间环节呢？从研究活动的一个相对完整的周期看，这个中间环节是以发现和提出问题为起点，以解决问题并提出新的问题为终点的一种理性的探究过程；问题贯串始终且引起研究主体与研究客体之间的相互作用。所以说，问题是联结研究主客体的中间环节，特定性质的问题是特定学科研究的对象。

据此，我们可以把教育研究对象界定为教育研究者所意识到或预见到的教育问题。教育问题以及研究者探究教育问题时特有的学科角度、研究指向或侧重点，是教育研究区别于其他研究的特质所在。

（二）教育研究客体和研究对象的特殊性

叶澜在《教育研究及其方法》一书中将教育研究对象的基本特征概括为六点：教育系统的人为性、教育系统的实践性、教育系统中主客体的复合性、教育系统结构的层次性、教育系统的自控性与它控性、教育系统效果的滞后性和隐蔽性。应该说这种概括是恰当而全面的。正如前文所说教育存在是教育研究的客体，因而以上六个基本特征应是教育研究客体的基本特性。这里需要进一步明确的是作为研究对象的教育问题的特征。

1. 复杂性

教育问题来自教育这一复杂的人为系统（或称人为事物）。它与各行各业、千家万户、男女老少都有不同程度的联系。这种多因素、多变化的广泛联系再加上人的价值与愿望参与其间，就使任何一个教育问题的提出及其解决被纠结在复杂的因果关系中。一因多果、多因一果、多因多果、亦因亦果的事例举不胜举。这就使我们无论是提出一个问题、试图厘清其线索，还是解决一个问题、试图做出归因分析时，不得不以复杂的眼睛、复杂的头脑去观察和思考任何一个教育问题。即令我们从局部按逻辑简单性原则加以深究，但最终还要把这一问题及研究结论放回到复杂的教育系统中去。

2. 整合性

在教育研究活动中，研究者所着手剖析的任何一个教育问题都很难被简单地归于理论问题或者实践问题、历史问题或者现实问题。比如，以升学率为基本导向的应试教育模式改造问题既涉及教育目的、教育价值、教育思想等一系列理论问题，又牵涉教育内容、教育方法、教育技术等诸多实践问题。并且，片面追求升学率，既有历史传统文化的积淀，又受制于现实社会条件的诸多因素。当前的教育改革研究越来越倾向于学者、教师和行政人员三方面的协作研究，倾向于多学科专家共同参与。这正是教育问题的整合性特征的反映。

3. 二难性

综观教育研究活动的历史与现实，存在大量悬而未决的二难问题，如社会本位与个人本位、教师中心与儿童中心、兴趣与努力、自由与纪律、科学逻辑与心理逻辑、减轻负担与提高质量等。限于社会历史条件和人们的认识深度，人们对二难问题的研究策略往往是在某些时期某种条件下侧重或突出某一方面，还在某些时期某种条件下侧重或突出另一方面。于是，不断地有人把"深刻"推向"片面"，而后又有人矫枉过正，最后一次又一次地在更高、更深一层的意义上谋求互补。

4. 开放性

教育是一个开放系统，不可能也不应该在完全封闭的状态中自我发展。这里所谓开放既包括对域外教育的开放，也包括对一定教育所处的特定社会大环境开放。因而，所产生的教育问题也具有开放性。人们通常说的"不能就教育论教育"，就是出于对教育问题开放性的考虑。但是，开放与封闭总是相对的，教育活动系统也具有在相对封闭条件下自主运行和自我完善的特性，所以也不能排除这种可能性：把教育看作一个相对独立的系统，暂且抛开外界环境条件，置教育于一个理想的状态中，探讨其内在结构、特点和规律。比如，要研究基础教育由应试模式向素质模式的转型，除寄希望于外在环境优化外，还有大量的微观机制的文章可做。当然，从局部着手是要以从全局着眼为前提的。

教育研究对象的特性远不止于此，还有待于我们在研究实践中逐步加深认识。

二、教育研究的性质

要了解教育研究的性质，必先弄清楚教育研究对象的性质。教育是人类重要的社会实践活动。一般地说，教育研究要以教育活动为对象。一切以影响人的身心发展为直接目标的人类实践活动均可称为教育活动。在这种生动、丰富、多变的基本活动中，人们逐渐形成有关教育的意见、观点、思想、理论和学科等，是人类教育活动多方面的"认识成品"。它们可能是粗浅的、常识性的、零散的，也可能是深刻的、科学的、系统的。叶澜教授将它们称为教育观念型存在，而把它们所赖以产生的直接的、基本的教育活动称为教育活动型存在。除了这两类存在以外，还有对教育研究活动及教育学科本身发展性问题的研究的产物，叫作教育研究反思型存在。相对于这三种存在，就有三类教育研究，即教育观念研究、教育活动研究、教育研究之研究(或称为教育学科元研究)。本书所讨论的教育研究主要是教育活动研究，也兼及一些教育观念研究，一般不涉及教育学科元研究。这是由于它作为大学本科教材的特定功能所决定的。

教育活动研究直接指向教育活动。教育活动的性质和特点可从如下方面加以归纳。

第一，教育活动是人为的社会实践活动。这是相对于自然界发生的各种现象和物质运动而言的教育活动的特殊性。人为的性质决定了教育研究不可能回避人们从事这一活动的需要、愿望和价值取向等问题，决定了并不存在所谓不含价值的教育事实。

第二，教育活动以人为直接对象，以影响人的发展为直接目的。这是相对于其他人为社会实践活动而言的教育活动在对象与目的维度上表现出来的特殊性，把人作为活动指向的直接对象。这就把教育活动与一切以物为对象(生产或消费、传输或交换)的活动区别开来，也与直接生产和消费精神产品的活动区别开来。

第三，教育活动具有双边、共时、交互作用性和要素关系的复合性。教育者与学习者这两类教育活动主体，以教和学的内容、方法、手段等为中介发生双边活动，并形成"人—人"关系、"你—我"交往关系，表现出教育活动主体的复合关系。教师和学生不仅自为主体，而且互为客体。加上教育内容作为师生的共同客体，这样客体也具有复合性。

第四，教育活动具有预测性与活动过程中的动态生成性。教育活动不仅预设目的，而且对过程也预先决策和计划，如对教育事业发展的决策与规划、一堂课的设计和教案的编写等。正是因为有了预先的决策和计划(预测性)，教育者预先选择的教育目的才有可能通过教育活动实现。然而，有些变化和可能性是难以预料和事先考虑的。尤其是师生双方在教育情境中的相互作用会产生哪些可能性，是无法在事前充分预测的。当这些非预期的可能性或结果出现时，就需要进行调整。总之，动态生成性与预测性同等重要，是教育活动的一个重要的特殊性，常被研究者忽视。

第五，教育活动的本质是在特殊的交往活动中有目的地使社会对学习者的发展要求向学习者的现实发展转化，使学习者的多种潜在发展可能向现实发展转化。[①]

上述关于教育活动性质的概括有助于我们进一步认识教育研究的性质。过去人们习惯于将一种研究从学科属性上归于自然科学或社会科学，从对象上归于价值研究或事实研究，从功能上归于发展理论的研究和解决实际问题的研究。在自然科学、社会科学正朝着相互渗透方向发展的当下，这种两分式的归类已经显得机械和无意义了。我们可以从教育研究对象——教育活动的性质和教育研究的目的任务出发，做出如下判断：教育研究是事理研究，即探究人所做事情的行事依据和有效性、合理性的研究。它包含两大类型的研究：作为行事依据的研究，可称作基本理论研究；作为有效性和合理性改进的研究，可称作应用研究。

事理研究的突出特点在于它的综合性。事理研究既不像自然科学那样以说明外在于人的事物是什么为直接任务，也不像精神科学专事说明主体"我"的状态、变化、性质以及为什么会如此。它以人类自己所创造、所从事的活动为研究对象，既研究事由与事态、结构与过程、目标与结果等一系列与事情本身直接相关的方面，也研究如何提高活动的合理性、效率、质量与水平，是一种既要说明是什么，又要解释为什么，还要讲出如何做的研究，包含价值、事实和行为三大方面。且这三大方面呈现出过去、现在和未来三大时态，涉及活动主体与对象、工具与方法等多方面错综复杂的关系。所以，只有用综合的方法才能承担如此复杂的研究任务。

事理研究的另外一个特点是动态性。它关注人作用下的事物间的转化。这里不仅有形态的结构的转化，而且有物质与精神、不同主体、实践阶段与水平、人所在的外部世界与内部世界、社会与个体之间等多方面、多形态、多时态、多事态、多主体的多重多次转化。其复杂性质是任何物质形态间和任何精神形态间的转化都不可比拟的。

三、教育研究的价值

毫无疑问，教育研究应当是科学的研究，但不能将其视为自然科学那种性质的科学，而是关于事理的科学。

（一）科学研究的价值

"科学技术是第一生产力"这个命题越来越成为现代人的共识。科学研究早已不

[①]　叶澜：《教育研究方法论初探》，313～321页，上海，上海教育出版社，1999。

是象牙塔中可望而不可即的奢侈品，它越来越接近生活并给人们带来直接的益处。且科学作为一种精神力量渗透于生产力的各要素（劳动对象、劳动工具和劳动者主体）中，成为推动生产力发展、国民经济增长的首要因素。就是哲学、社会科学也早已摆脱了"建国君民"之术的局限性，日益成为人们从事社会管理、解决各种社会问题的不可缺少的工具。人口问题、家庭问题、伦理问题、犯罪问题、城市问题，都迫切需要哲学、社会科学对它们进行系统研究并提出各种可供选择的解决方案和建议。社会科学的社会职能扩大了，像经济科学、管理科学、行为科学、心理学在这方面的功能尤其突出。概括地说，科学研究的社会价值主要表现在深化认识和改善实践两个方面。

1. 深化认识的价值

科学研究帮助人们深化认识的这一价值，主要是通过揭示事物的性质和规律表现出来的。一是发现并揭示规律，二是对已有的反映规律的学说或原理不断进行检验。

规律是事物发展过程中的本质联系和必然趋势。科学研究就是以寻求各种事物之间的必然联系、揭示隐藏于现象背后的本质为自己的任务，不仅揭示事物的本质和规律，而且将其准确客观地陈述出来。

但是，科学研究也不会在已有的学说或原理上停步不前，它必须随着条件的变化和情境的转移而不断对已有的学说或原理不断进行检验，考察在新条件、新情境下规律存在和起作用的真实性，从而使人们对规律的描述更准确、对本质的刻画更深入。

2. 改善实践的价值

科学研究不仅有助于人们弄清楚"是什么"和"为什么"这类问题，即认识问题；还能帮助人们解决"怎么办"的问题，即实践问题。认识问题的明确是人们决定如何行动的前提。行动的有效途径和有效方式可以通过科学研究去探寻。现代兴起的工程问题研究能有力地帮助人们把理论（尤其是应用理论）转化为操作技术，并与人们的生产实践和社会事务活动相结合，变成改造自然和社会现实的物质力量。自然科学研究早已形成包括基础研究、应用研究和发展研究在内的多层次结构体系，可以保证知识形态的理论转化为现实的生产力；当代社会科学研究也在应用过程中开始形成一套社会技术。所谓社会技术即在经验和理论的基础上总结出的调查和研究社会问题、管理和控制社会过程的一系列手段和方法。有了这套技术，并且在理论的正确指导下实施，将使社会科学研究的实践价值得到更充分的实现。

（二）教育研究的意义

在教育研究中，深化认识的价值表现为深化对教育活动的综合生成和动态转化过程，揭示其特点及一般规律，既推动教育理论的建设，也指导教育的应用研究。改善实践的价值则表现为运用事理研究揭示一般规律和改进教育活动实践，寻找有效的教育内容、教育方法、教育途径等，努力提高教育质量。此外，教育研究还有其独特的价值，那就是培养教育研究者主体——教师队伍，提高教师的科研意识和科研能力。这样，我们可以把教育研究的意义大致归纳为如下三个方面。

1. 改善教育实践

改革开放以来，各级教育的实践模式，包括办学模式、管理模式、教学模式、教育模式、师生关系模式等，因环境、对象、内容等因素的变化发展而被要求更新。要为教育的新观念、新模式、新方式找到科学根据，就必须通过科学研究。以教学模式为例，近10年我国各地小学教师自发的或自学的、有理论工作者指导或独立探索出来的许多富有成效的教学新模式，如目标教学、学法指导和愉快教学等，无一不是长期大量实践研究的结晶。

2. 推进理论建设

人们一般认为中小学教育的实践性强，研究往往偏于应用。但实际上中小学教育是典型的教育现象。对其开展研究的意义不仅在揭示某一学段的特殊规律，还在于从中提炼一般教育原理。比如，研究教材知识结构、教学过程结构与学生认知结构三者的内在联系。从知识到能力的内在转换机制、课桌椅排列方式与学生集体观念养成、师生关系类型与学习积极性、教师期待与学生成绩等成对因素之间的因果关系或相关关系的研究，均可以抽取中小学教育的典型场景或有意控制一些条件、"锁定"一些因素来验证和修改一些研究假设。总之，无论是揭示培养中小学生的特殊规律还是揭示培养人的一般规律，在中小学教育这片广阔天地是大有可为的。

3. 提高教师素质

中小学教师是中小学教育的基本力量，其素质高低直接关系到中小学教育的质量。传统的师范教育仅仅着重学科训练和教学规范，轻视科学研究能力的培养。欧洲一些国家至今都不主张中小学教师从事教育科研。瑞士心理学家皮亚杰早在1965年就批评过大学缺少对中学教师的教育学训练的现象。美国较为重视中小学教师的教育科研，认可那些在教育科研上显示实力并做出一定成绩的教师。苏联对中小学教师开展教育科研则一向持积极态度。苏联教育杂志上经常发表普通中小学教师的论文，教育理论家与第一线教育工作者结合搞科研的现象十分普遍。苏联教育家苏霍姆林斯基生前一直任一所普通中学校长，一生边实践边从事教育科研工作，著述颇丰，影响甚广。合作教育学派的实验教师也因其锐意改革、敢于向传统教育学挑战而闻名全国，并引起国际关注。

尽管各国对小学教师应否参加教育科研的看法不尽一致，但行业劳动的技术含量日益提高相应要求从业者具备科学的头脑和开拓进取意识，已无疑是大趋势。从我国中小学现实看，我们正处于改革时代，这个时代要求教育面向现代化、面向世界、面向未来。要以改革推动教育事业发展，首先就要以科研来引导改革方向、加大改革力度、提高改革效益。所以说，时代要求教师从经验型转向学者型、专家型。教师要掌握教育科学，其道理如同厨师要懂营养学，工艺师要懂美学一样地不证自明。

教师劳动本是一种创造性劳动，但年复一年、日复一日，容易滋生匠气和惰性。只有坚持科学理论的指导，保持探究的精神和革新意识，才能在平凡中品尝出不平凡，才能从教育科研成就中发现自身价值，进而激发起继续开拓创新的愿望。正如有人曾说，实验的学校是最好的教师进修学校。

第二节　教育研究的过程与规范

一、教育研究过程的概貌

教育研究如同任何领域的研究，是一个不断地发现与证明的过程，也是不断地发现问题、解决问题并提出新问题的过程。为简明起见，先将教育研究过程的主要阶段、活动内容及各阶段的基本要求列表如下（见表 3-1），然后重点讨论教育研究准备阶段的选题与设计。

表 3-1　教育研究过程的主要阶段、活动内容及基本要求

主要阶段	活动内容	基本要求
准备阶段	选择课题；查阅文献；提出假设；制定方案	慎重、周密
实施阶段	收集资料，形成科学事实；分析事实或旧有理论，形成新的理论；撰写研究报告	尊重事实 有批判，有突破 观点与材料一致
总结与评价阶段	撰写研究工作报告；鉴定和评价成果	总结反思，着眼于未来研究

（一）问题的发现与课题的确定

1. 课题的来源与类型

（1）课程的来源

申报课题在若干年前似乎只是高等学校和科研机构专职研究人员的专利。而今，它在中小学已成家常便饭，"国家级课题""省级课题"也不是那么高不可攀了。有心人也许会想一想：他们从哪儿得到这些课题的？下面就来谈谈课题的几个主要来源。

①纵向来源的课题。纵向来源的课题一般称为"纵向课题"，是指由国家和省级等科研主管部门发布（或招标）、个人或集体申报、有关部门及专家审查批准的项目。这些课题大多由一些基金组织资助。项目执行过程中要由有关管理部门和基金组织实施监督的检查；项目结题时也要由这些部门组织专家鉴定。我国教育的纵向课题主要来自由教育部设在中国教育科学研究院的全国教育科学规划领导小组办公室负责组织审批的五年一度的规划项目。这些项目所需的经费由国家哲学社会科学基金、中华基金等共同承担（并非全部经费）。此外，还有教育部一些司局如直属司、社政司、师范司等也拨出一些专项经费来资助某些热点问题研究。近些年来，各地教育科学规划办相继成立，也组织实施一些地方规划课题。

纵向课题在内容上大多与社会热点问题有关，偏重解决较为重大的实践问题和一些应用性较强的重大理论问题。

②横向来源的课题。这类来源的课题通常也称委托课题（或"横向课题"），是指由一些企事业单位或非直接的上级部门委托实施研究的项目，如由国家移民局委托某科研小组实施的"三峡库区移民心理与对策研究"，由某国有大型企业委托某教授实施的"企业子弟学校管理体制改革研究"，由某县政府委托某大学教育理论队伍实施的"科教兴县发展战略研究"等。横向课题也十分重视项目研究的应用性，资助额度一般要比纵向课题大。

③研究者自选课题。这类来源的课题是非常重要的研究资源，许多有价值的选题及成果出于其中。绝大多数的硕士论文和博士论文都属于自选课题；许多中小学教师在看似平凡的长期实践中悟出深刻道理或闪现灵感火花而自觉地展开的教育教学研究，也属于自选课题。这类课题可能涉及很专、很深的理论前沿问题，也可能针对很现实、很具体的实际操作问题。

当然，三个来源的划分只是相对的，三者之间也是可以转换的。比如，在组织申报国家的规划课题前，一般要向不少专家征询选题意向，以便编制课题申报指南。

这样，许多本来只是属于自选课题范围的题目，因为被编入指南而成为纵向课题。

（2）课题的类型

粗略地划分，课题主要有如下几个类型。

①理论性课题和应用性课题。理论性课题又称为基础性研究课题。它主要包括那些以研究教育现象及过程的基本规律、揭示青少年身心发展以及影响因素间的本质联系、探索新的领域等为基本任务的课题。

理论性课题是不可能都在同一层面上展开的。根据课题对理论不同程度上的突破与发展，课题可以分为三级。

凡是那些对构成教育科学理论体系具有全局性影响的核心概念、基本范畴和基本原理等做突破性研究的课题都属于一级课题。教育史上一些大教育家选择的都是此类课题，如夸美纽斯的《大教学论》、赫尔巴特的《普通教育学》、杜威的《民主主义与教育》等。近年来，国内教育理论界关注的教育本质问题、教育与人的全面发展的关系问题、教育与社会经济发展的关系问题、教育的主体性问题等，都属于一级课题的研究。

一级课题是难度较高的研究课题。这类课题具有开创性，又涉及全局。它要求研究者有较强的批判思维能力、较高的专业理论修养和较宽的知识面。

凡是对教育科学某一领域中已形成的概念、原则做进一步探讨（或使它更完善，或使它更具体细致）的课题均可列入二级课题。它所要达到的目标不是对理论的根本性突破，而是补充性的发展；它所涉及的不是全体，而是局部。比如，赫尔巴特的弟子们在发展赫尔巴特学派理论方面的研究就属于这类课题。近些年来，国内关于教学过程优化理论的研究、思想品德教育模式构建的研究，以及教学过程中掌握知识与发展能力的关系的研究等课题，都属于二级课题。

选择二级课题，一般要求研究人员对该领域内的基础理论有透彻的了解，知其长，又知其短。只有这样，才能通过研究达到补充、完善理论的目的。三级课题指对教育理论中个别原理、概念等做出修正或更详细说明的研究课题。比如，对教学中启发式原则形成、发展以及基本思想的阐述，对政治思想教育中正面引导原则的分析，以及对教育史上某个教育家或某种教育观的分析和评述等，就属于这类课题。

三级课题涉及的范围较小，是对个别理论问题的探讨，所以与前两级课题相比难度较低。

应用性课题主要包括那些为基础理论寻找各种实际应用的可能性途径的课题，

是以改造或直接改变教育现象和过程为主要目的的。与理论性课题等级相对应，应用性课题也分为三级。

第一级的应用性课题探讨的是涉及教育实际的某些全局性问题。这类课题要求能提出前人未提出过的解决问题的方法，并能在全国范围内推广，对教育实践的发展具有直接的推动作用。从近年的研究实践看，全国招生制度改革的研究、中国教育法的制定、学生品德评价方法的改革、教育评价的研究等都可算是一级课题。

研究教育领域中某一方面或某一部门、地区提出的实际问题的课题属于第二级的应用性课题。这一级课题研究的目的主要是寻找在一定条件下解决某些实际问题的科学、有效的方法。比如，山区或少数民族地区如何实施义务教育法，中学语文教学方法改革研究，犯罪青少年的教育问题，教师工作的评价问题等就属于这类课题。这些课题都不涉及应用性的基本原理、原则和一般方法本身的研究，主要涉及的是这些原理、原则或方法在某一地区或领域的具体应用。

第三级的应用性课题是与个别实际问题的解决相关的。它的研究成果应用的范围更小，大多局限在与该课题研究条件接近的范围内，提出的解决问题的方法也较多局限在一些操作性问题上。比如，为某课程设计的一系列高质量的教案、某些教师的富有特色的工作经验总结、关于学生的个案研究、校史编写等就属于这类课题。正如理论与实践经验不可分割一样，理论研究与应用研究之间的区别只具有相对意义，很难把二者截然分开；它们间理想的关系是相辅相成。

②承续性课题、再生性课题、热门性课题、创见性课题和开拓性课题。承续性课题是进一步研究他人已经提出的问题，在他人已经取得的成果的基础上更有深度或广度的课题。例如，他人已经分析了社会发展的需要、应试教育的弊端，得出要开展主体性教育这样一个结论。怎样开展主体性教育以及中小学主体性教育有什么区别与联系的研究课题就属于承续性课题。

再生性课题是为了比较而研究的他人曾经提出与完成过的课题。这类课题不是简单地重复他人已经弄清楚的问题，而是在不同的时间、地点等条件下，对他人已经完成的课题及其规定的同类对象进行再调查与再研究，如暗示教学法、纲要信号法、发现法、探究—研讨法等的引进。这类课题本身没有创造性，但具体开展后独立得出的结论，同他人研究的结论有比较意义，也使旧课题在新的背景下获得再生。开展再生性课题研究，使用与他人相同的方法，可以检验他人的研究结论。

热门性课题是比较及时地反映社会热点问题或学界热点问题的课题。一旦有人提出这类课题，往往就有许多人响应。这类课题容易引起人们注意，竞争性强，可能会形成更大的社会影响与效益。例如，学法指导、创造教育、整体改革、心理辅导、素质教育等都是近些年来教育研究的热门课题。

创见性课题是直接用新观点揭示的课题。这类课题不以问题的形式出现，而往往以通则或准则性假设的形式出现。也就是说，这类课题本身就是一种关于特定事物及其属性的陈述。在研究课题中，创见性课题所占的比例较大。我们可以在他人曾经研究过的领域提出崭新的见解，形成新的课题。

开拓性课题是研究从未有人涉足的对象领域的课题。开拓性课题在研究对象与范围方面具有填空白的性质。这类课题适用于研究新情况与新问题，以及长期被人忽视的早已存在的情况与问题。

以上所述课题类型是根据不同维度划分的，两大类之间可能存在交叉现象。比如，热门性课题既可能是理论性课题，又可能是应用性课题。理论性课题中有的可能是创见性的，而有的可能是再生性的，应注意避免孤立地或割裂地看待课题类型划分。

选择课题总是和发现问题联系在一起，没有问题就没有进行研究的必要，研究就是为了解决问题。选题从其本身的含义来讲，是指经过选择来确定所要研究的中心问题。选题是研究的第一步，应选择那些值得研究而又有条件研究的问题作为课题。

2. 发现问题的思维策略

教育科学发展的历史可以说是研究问题发展的历史，是问题的不断展开和深入的历史。就研究者本身而言，在自己研究领域内发现和提出一个有科学意义的问题，本身就是认识的成果。能否提出有质量的问题是能否进行高质量科研的关键。选题的质量高低决定研究价值的大小，决定研究的成功与否。正如爱因斯坦所说，提出一个问题往往比解决一个问题更重要，因为解决一个问题也许仅是一个数学上的或实验上的技能而已。而提出新的问题、新的可能性，从新的角度去看旧的问题，都需要创造性的想象力，而且标志着科学的真正进步。这个见地是深刻的，并告诉我们真正的科学研究始于问题。

（1）发现问题的前提

发现问题的首要前提是研究人员要对自己所在的领域有一定的了解并保持经常的关注。机会总是偏爱那些有准备的头脑；对于头脑一片空白的人来说，问题往往与他擦肩而过。从事教育研究的人需要经常阅读教育方面的报纸、杂志，出席一些教育方面的学术会议，以便及时了解当前国内外教育理论界和实际工作者关心的问题，尤其是热点问题。这既有助于研究者把握教育研究的时代脉搏，又可以使研究者的头脑经常处于激活和开放状态。当然，阅读不限于教育科学领域信息。研究越深入，就越可能在涉猎其他领域时获得灵感与启示。

发现问题的另一重要前提是研究者具有好思索、不安于现状的性格。安于现状、把一切现存的都看成是合理的人，绝不会有改革的意向和发现的冲动。尤其对那些不以研究为专职的中小学教师来说，他们容易被繁重的工作、琐碎的事务消磨掉理论兴趣和探索热情。所以他们要保持探索的精神就需要付出更大的意志努力。总之，实践只有对爱思索和善于思索的人才是创造之源。

（2）发现问题的具体策略

叶澜在《教育研究及其方法》一书中介绍了数种发现问题的思维策略。现简述如下。

①怀疑的策略。怀疑是对已有结论、常规、习惯行为方式等的合理性做否定的或部分否定的判断。怀疑必然引起人对事物的重新审度，会在原以为没有问题的地方发现问题。

怀疑不是胡乱猜疑，而是有依据的。作为怀疑的依据有两个方面：一是事实与经验，二是逻辑。

作为怀疑依据的事实与经验总是与现有结论或常规不一致甚至相悖的。比如，我国的教育学著作中通常都无条件地承认学校教育对学生发展起主导作用。但在现实中，我们也发现在青少年品德发展的过程中，家庭背景、社会风气也发挥作用。有时学校教育在他们面前显得十分苍白，远不是在起什么主导作用。由此，我们可以对"学校教育对人的发展起主导作用"一说提出一系列疑问：学校教育究竟能否对人的发展起主导作用？是有条件的，还是无条件的？是在一切方面起主导作用，还是在某些方面起主导作用？是在人发展过程的任何阶段都起主导作用，还是在某个阶段起主导作用？等等。

逻辑是检验理论合理性的有效工具。对理论的逻辑推敲可以从推敲概念，尤其是一门学科的基本概念做起。对于一时十分流行的概念也应仔细推敲。比如，用"第一课堂"与"第二课堂"两个概念来表述学校课堂内外的活动是否科学？它有什么价值？"教师主导"与"学生主体"是一对范畴吗？等等。通过怀疑发现问题的人一般都具有批判性思维的品质。正如爱因斯坦所描述的那样，他们对陈旧过时的观念往往有一种不可遏制的挑战的冲动，而且具有一种内心的精神上的自由。

通过怀疑提出的问题，经过研究后，有两种可能的结果。一种结果是部分或完全证实了研究者的怀疑，自然这是令人兴奋和满意的结果。另一种与此相反，研究的结果证明研究者怀疑错了。这是令人扫兴和遗憾的结果。但是，研究者大可不必为此沮丧，甚至从此丧失怀疑的勇气。

②变换思考角度的策略。与怀疑不同，变换思考角度不是把思维的利剑指向原有的结论，而是从与得出原有结论不同的角度或不同的层次认识原有的研究对象，以形成关于研究对象的新认识。它需要摆脱原有的思维定势和已有知识的影响，另辟蹊径。

思考角度的转换是多类型的。第一类转换是在同一层次上的转换。从思考问题的一个方面转向另一方面，如历来抓学校工作，都把教学放在第一位；在教学中又把几门主要学科的教学放在第一位，音乐、体育、美术等所谓副科一向不被重视。第二类转换是在两个不同层次上的转换。有的是从较抽象转化到较具体，如研究教学中传授知识与培养能力的问题，相当长的一段时间里停留在一般性目标问题的讨论上。美国教育学家布卢姆把这个问题的研究推进到对知识与能力做出分类的具体水平上，并对教学过程中的情感目标和操作性目标也做出分类，提出了教学目标分类学的理论。也有的是在较具体的层次上的转换。比如，苏联教育家巴班斯基对教学过程最优化的研究就是一例。他努力用系统优化的理论做指导，寻找教学过程各因素、各阶段、各方面的最佳组合。第三类转换是把研究的重点放到事物与事物之间、同一事物不同发展阶段之间的结合部。这往往是人们容易忽视但又有可能开发出新课题的地方。比如，幼儿园与小学、小学与中学、中学与大学各阶段的教育如何衔接等问题就属于这一类转换。第四类转换是通过比较的转换。这种比较可以是纵向的历史比较，如近代中国课程与现代中国课程的比较；也可以是横向的区域比较，如城市中等教育结构与农村中等教育结构的比较等。善于通过转变思考角度发现新问题的人往往表现出具有灵活性和严密性等思维品质。

③类比与移植的策略。它是通过与其他学科研究对象类比和借用其他学科的思维方式，来发现本学科研究的新问题。这种思维策略的特点是从别的学科研究中获得启发，找到发现的"工具"。

夸美纽斯在17世纪完成的著作《大教学论》，就是在把教育现象与自然现象做类比的基础上，根据自然规律提出了一系列教学原则。夸美纽斯的依据为：人是自然的一部分，人的成长遵循自然规律，教育是模仿自然的艺术，故教育应遵循自然规律。比如，把教育看作有机体，移植病理学原理，开展教育病理学研究等。还有人们发现教育具有系统的特点，因此可用系统论来重新认识教育现象，构建教育理论。以上种种说明，由于教育现象的复杂性和综合性，通过移植其他学科的思维方法和与其他学科研究对象做类比而提出新问题的可能性是存在的。

善于用这种策略来发现问题的人在思维品质上往往表现为较强的迁移性和概括性。他们较善于发现表面看来不甚相近的事物间的相似之处，能在较抽象的层次上对它们进行概括、比较，从而为思维的由此及彼架起了桥梁。此外，这样的人一般知识面较宽。

④探究与体察的策略。前面说到的三种策略都与对事物的已有认识有关。探究与体察的思维策略要求面向实际，从对现象的思考中提出新问题。

南京师范大学附属小学的教师设计了一种新型的实验课——听读欣赏课。这种课的设计除吸取国外的暗示教学理论外，还从教师在实践中遇到的两件事情中受到启迪。一件是一位教师的侄女学语文的事。当孩子还在幼儿园读大班的时候，父亲便经常在灯下给孩子讲《365夜》中的故事。孩子听得入迷，好多故事都能背，有时听完之后还禁不住要翻开书看。父亲见女儿很想看书，就试着让她看着书上的文字听他读。不久，他发现女儿无意中认识了不少字，就尝试着让女儿跟着自己读，有时遇到容易读的地方就让她独自读。这样，不到一年的时间，女儿居然能独立阅读《365夜》中的故事了。另一件是他们在家访时了解到家长经常播放配乐故事给孩子听的事。孩子听得津津有味，从小就喜欢语文。教师从这两件寻常小事中受到启发，他们设想：如果把听录音跟读文字材料结合起来，配上音乐，让"听"来激发"读"的兴趣，激发学生的感情；利用"听"的能力迁移，更有效地提高"读"的能力和识字能力，同时又让"读"巩固并提高"听"的效果，不就可以全面提高学生听、说、读、写的能力了吗？

生活在一个丰富、多变的现象世界中，只要善于问几个为什么，就会发现许多值得研究的新课题。对于一些司空见惯的现象，我们的探究应指向其背后的实质。像瓦特提出壶盖为什么会动，牛顿提出苹果为什么落地那样，我们也可以提出学生为什么要做作业，教师为什么要打分数等问题，通过深究弄明白教与学的一些内在机制。探究与体察的策略要求研究者具有敏锐、深刻的思维品质。只有敏锐，才能及时捕捉到有价值的现象；只有深刻，才能发现深藏在现象背后的本质。

3. 确定课题的步骤与方法

如果说发现问题需要发散性思维，要求"举一反三""数一见百"，那么确定课题就需要集中性思维，能够"百里挑一"。在发散到一定程度之后，就需要逐步聚集焦点，从必要性到可行性一步一步仔细论证。

①分析课题价值，确认研究的必要性。这一步是对某一问题值不值得研究的考虑。我们对一个问题着手研究之前，应能大体上估计出对它的研究有无理论价值，有无实际价值，或者是否兼而有之。理论价值主要表现在学术上可否填补空白，学界会不会承认它的重要性，其成果能否出版。实际价值则涉及是否有助于改进教育行为，同行会不会感兴趣，应用起来有没有真实的效益。概言之，基础性研究侧重发现新知、深化认识的学术价值；应用性研究侧重转换理论、直接指导实践的社会价值；开发性研究则要看它们带来多大的经济效益，即经济价值。

在确认有价值之后，还须进一步确认其价值的大小。如前所述，理论性课题和应用性课题均可根据价值大小划分为三个级别。这里应避免一个误解：三个级别的课题价值有大小，但并不意味着与研究者的水平高低相对应。只能说，越是涉及全局，就越要求合作攻关并需要有高水平的专家学者领导攻关。实际工作者、理论工作者和行政管理人员均可在不同层次不同类型的课题中各得其所、各显其能。

②考察主客观条件，确认研究的可行性，客观估价研究者的知识结构、研究能力和兴趣。知识结构指研究者的各种知识的组织形式，如专业基础知识、其他学科知识的程度和水平。研究能力包括思维能力、选用各种研究方法的能力及写作表达能力。仅仅精通和爱好一门专业的"专才"所从事的课题一般不要过多涉及其他专业内容；知识广博、兴趣广泛的"通才"从事跨学科项目，较为有利。具有多向性、逆向性、求异性思维的研究者做探索性的课题研究较为合适；而习惯于从事实出发思考问题的人能在应用性课题研究上取得成就。研究者对方法的掌握程度影响着对研究规模和主要研究方法的选择。兴趣对于科研来说具有特殊的价值。兴趣是生活的向导，也是科研入门的向导、研究持续的动力。研究活动较之其他实践活动更需要发挥主体的主观能动性。浓厚的兴趣可以激发研究者超常的毅力、智力、灵感，使研究者思路畅通、忘我工作。否则，强迫自己做不喜欢的事，难以调动积极性。

课题研究应分析资料信息来源、设备工具状况、经费以及可借助的力量。没有资料，研究寸步难行。课题研究的完成只能够达到所占有的资料能够支撑的高度。

对于某些课题，活资料比死资料更重要。活资料的掌握有利于研究者动态地把握事物的发生、发展及变化趋势，对研究具有前瞻性意义。设备工具包括观察和实验设备、处理信息资料的设备、交通设备等；经费对于研究的规模是有影响的；可借助的力量包括物力与人力两方面，其中人力包括可求教的导师、专家和可合作的同人。

课题研究应考虑研究者的工作性质和环境。在某种程度上，研究者的工作性质和环境决定了选题的范围。这是因为工作性质和环境制约着选题的动机和时间、精力、物力等各种条件。一位小学教师研究基础理论问题并非完全不可能，但至少会使自己面临极大的困难；如果选择有关师生关系优化、转变后进生策略、教学方法和教学组织形式改革等方面的课题，就有得天独厚的条件，并能从理论与实践两方面获得收益。

（二）文献检索及课题论证

在发现并初步确立自认为有价值的选题之后，研究者就应当从文献检索和课题论证中寻找支持。文献检索有助于确认这一选题是值得研究的，课题论证则是利用专家的见识和智慧确认开展这项研究的必要性和可行性。

1. 文献检索的意义与步骤

（1）为什么要重视文献检索

首先，文献可以告诉研究者在本领域内已做了哪些工作。借助查阅有关文献，要收集现有的与特定研究领域有关的信息，对所要研究的问题做出系统的评判性的分析。要了解该课题所涉及的领域内前人或他人的主要研究成果，达到的研究水平，研究的重点，研究的方法、经验和问题。还要了解哪些问题已基本解决，哪些问题有待于进一步修正和补充，在此问题上争论的焦点是什么，从而进一步明确课题的科学价值，找准研究的真正起点。

其次，文献可以帮助研究者更具体地限制和确定研究课题及假设。找准研究的起点之后，要形成一个可以集中精力研究的具体问题并不容易。换句话说，要选择适合研究者的兴趣和物力的、便于操作并有希望取得明显效果的研究变量，往往不是轻而易举的。这就需要从更详细的文献资料中，通过筛选和比较进一步缩小研究范围，找出比以往同类研究更集中的变量范围，形成更凝练、更准确的研究假设。

最后，文献可以提供一些可能对当前研究有益的研究思路和方法。文献资料反映了国内外研究的学术思想和最新成就，是研究者了解科研前沿动向并获得新情报、新信息的有效途径。通过查阅文献资料，研究者可以了解国内外最新的理论、手段和研究方法，从过去和现在的有关研究成果中受到启发，使研究范围内的概念、理论具体化，而且为更科学地论证自己的观点提供有说服力的、丰富的事实和数据资料，使研究结论建立在可靠的材料基础上。

总之，研究者充分占有材料，可以避免重做前人已经提出正确观点的研究，把握研究中可能出现的差错，并为解释研究结果提供背景资料。

（2）文献检索的基本步骤

对于部分小学教师来说，文献检索是一件很少问津的工作。面对浩如烟海的文献资料，究竟从何处着手呢？

下面是对文献检索一般步骤的简略描述。

①确定与课题相关的关键内容（关键词或词组）。

②确立合适的索引或修正系统的材料来源。

③确定与研究有关的潜在的标题。

④有选择性地将材料按内容或重要程度排序或分类。

⑤对相关的信息做摘要或总结，并写出文献评论。文献评论包括限制和确定研究课题及假设、与当前研究有关的思路和方法、该领域研究者已做的工作等内容。

（3）怎样写文献综述

在正式的课题申报中，我们往往需要写一个文献综述。这个工作当然是在文献检索之后进行的。写文献综述既是为课题评审人提供重要的参考信息，也有助于研究者自己进一步厘清思路。

当研究者觉得一篇报告可以利用或至少大部分内容是可以利用的话，就应将有关的信息综合起来并将它们写进文献综述中。文献综述的长度可以依据正在准备的研究报告的类型而定。查阅的文献的数目应比文献综述的数目大得多。文献综述可以涉及 6～8 本报告，有时会少些。这并不意味着研究者只读过 6～8 本报告。其实许多内容他们可能都已读过，但只有相关的材料才会被提及。如果不考虑文献综述长度的话，研究者应尽可能在文献综述中包含最新的信息。这并不是指过去的信息是不相关的，而是文献综述应超前于时代的。如果没有一份参考材料是近 10 年来的话，那么有关研究的任何一份文献综述都肯定是值得怀疑的。

2. 课题论证的步骤和内容

文献查询与文献综述本身就是课题的一种自我论证。文献综述表明了研究者对国内外同类或相关研究了解多少，把握得是否准确。但是，仅有自我论证是远远不够的。为确保课题的研究价值和效益，我们还应做正式论证。

对课题做详细的正式论证具有如下意义。

①确认课题的研究价值，明确研究方向。

②完善课题方案，明确保障条件。

③为参加课题研究的教师提供一个集思广益、取长补短的环境，达到带着问题学习教育研究理论方法的目的，初步认识课题研究的规范。

④使科研管理部门更充分地了解到各个课题研究的条件，进而为今后保证重点、建立更完善的体系、进行科学管理提供更具体的依据。

正式论证的内容主要围绕以下问题展开。

①研究问题的性质和类型。

②研究的目的、意义（理论价值和实践意义）。

③与课题相关的国内外研究现状，预计可能有所突破的方面。

④分析研究的可能性、基本条件及能否取得实质性进展。

⑤研究策略、步骤及成果形式。

⑥论证报告的格式、语句等写作上的问题。

（三）假设的提出与表述

当选定课题并经论证而将课题确立下来之后，我们就必须提出理论构想，导引进一步的研究。理论构想主要是通过建立明确的研究假设，准确地表述研究课题并按确定的目标确定研究方法。能否提出一个好的假设，不仅关系到研究的科学化水平，而且关系到能否取得好的研究成果。

1. 假设及其作用

假设是依据一定的科学知识和事实，对所研究的问题的规律或原因做出的一种推测性论断和假定性说明，是在研究之前预先设想的、暂时的理论。也就是说，假设是课题选定后，根据事实和已有资料对课题设想出的一种或几种可能答案或结论。

所有假设都具有假定性和科学性。所谓假定性是说假设具有推测的性质，即这种判断所陈述的事实或联系是现实中暂不存在或未被确认的，或虽曾见于彼处却未见于此处的；假设对未知的构想是由已知推断而出的，有可能被实践证实，也有可能被证伪。假设又并非臆断，它总有一定的科学事实或经验事实做依据，在选题过程中又经过了论证。因而，假设又具有科学性。

由于教育研究是在活生生的教育活动中开展的，因此教育研究不能像自然科学研究那样创造出"纯化"状态，既能在完全隔绝的状态中开展，也不能消除学生的已有经验的差异。所以，教育研究不能做到高度精密的控制，从而也无法保证在结果与假设之间做出精确的描述，只能大致地说明对人的有利与有效。相应地，教育假设更偏重"求善"（求得改善），推测研究的价值事实。

假设在表述上还应具有明确性和可检验性。假设要以叙述的方式说明两个或更多变量之间可期待的关系。概念要简单，表述要清晰、简明、准确，条理分明，结构完美。假设命题的本身在逻辑上是无矛盾的。并且假设必须是可检验的，一个原则上不可检验的假设是没有科学价值的。由于教育研究的假设是对教育事实或现象间的关系所做的推测性假定，要使假定变成理论，关键在于它所预期的事实为研究及以后的实践所证实。因此，原则上的可检验性是假设的必要条件。

假设的作用主要表现在如下几方面。

①假设为研究活动指明方向。假设的基本功能在于引导研究，起着纲领性作用。假设能帮助研究者明确研究的内容和方向，通过逻辑论证使研究课题更加明确，并按确定目标确定研究方法和收集资料，指导研究的深入发展，以避免研究的盲目性。一旦有了明确的假设，研究者就可以根据假设验证的要求，在特定范围内有计划地设计和进行一系列的观察研究、实验研究；而假设一旦得到观察、实验的支持，就会发展成建立科学理论的基础。

②假设是教育科学探索的必经阶段。假设是建立和发展科学理论、正确认识客观规律的正确途径和有效手段。由于在事实、经验与新的理论之间并不总是存在逻辑通道，研究者在长久对一个重大问题的思索中，时常能借助灵感、顿悟等非逻辑思维方式得到解决问题的某种假设，实现"柳暗花明又一村"的转折。一个假设如能被证实，它将成为新的理论（或新理论的"一分子"）或者引出新的问题并刺激人们提出新的假设、开始新的研究；一个假设如果未被证实或完全证实，研究活动则将持续进行下去。

③假设可以提高研究活动的新颖度和预见性。科学的本质在于求新。而假设正是研究者对"未知""未有"领域的一种试探，是新事物、新认识出现的前奏。当然，在科学昌明的当下，要找出严格意义上的完完全全的"新"是很困难的，但广义的"新"可以从不同角度不同层次来理解。例如，在不同学科领域、不同地域之间的迁移是一种"新"；把已有的因素加以重新组合是一种"新"；把某种口号、理论变成现实也是一种"新"。假设也是一种走在行动之前的思想、一种先于事实的猜想，是研

究者从思想观念上对未来的洞察和把握。所以假设能使研究活动更富有预见性。

事实证明，一个好的假设是探讨教育问题、发现教育规律、形成科学的教育理论的前提，是进行教育研究的核心。

当然，一个好的有价值的假设的提出是要经过一个过程的。研究者要在研究过程中不断修改、完善假设。

2. 假设的基本类型①

(1)归纳假设和演绎假设

按照假设的形成逻辑，教育研究的假设可以分为归纳假设和演绎假设。

①归纳假设。归纳假设是人们通过一些个别经验事实材料的观察、调查得到启示，进而概括、推论提出的假设。

在一项名为"六课型单元教学法"的研究中，研究者通过对1万多名各类中学生的学习方法的调查，尤其是300多名优秀生的学习方法特点的深入研究，将学生的"八环节系统学习方法"在心理活动上概括出"十条学习规律"，并将"八环节系统学习方法"和"十条学习规律"作为中学生学习的本质学情。以此为依据，研究者将现成教材分成若干单元，将每单元按照自学课—启发课—复习课—改错课—小结课五种前后紧密联系的课型进行教学，以提高教学质量，达到优化教学的效果。

②演绎假设。演绎假设是从教育科学的某一理论或一般性陈述出发推出新结论，推出某特定假设。它是根据不可直接观察的事物现象或属性之间的某种联系的普遍性，通过综合和逻辑推演而提出的理论定律和原理的假设。比如，北京师范大学冯忠良教授的"结构—定向教学实验"依据能力、品德的类化经验说和学习的"接受—构造"说以及教育的系统论观点和教育的经验传递说，推出结构—定向教学实验研究的一系列假设。

又如，在一项在小学进行的"综合构建数学教学新体系"实验中，按照现代哲学、美学、心理学所揭示的儿童智力结构、意志结构、情感结构立体镶嵌、全面发展的规律，研究者构建生成学习理论，提出语言符号镶嵌结构教学模式。这项研究的假设是工具操作与语言符号相结合，构建操作语言镶嵌结构而实现从感性认识到理性认识的飞跃。

(2)方向性假设和非方向性假设

假设还可从有无方向性的角度划分为方向性假设和非方向性假设。

---

① 裴娣娜：《教育研究方法导论》，108～111页，合肥，安徽教育出版社，1995。

从操作上定义，研究假设陈述的是研究者所假定的两个（及两个以上）研究变量之间可能存在的某种相关关系或因果关系。比如，有人认为传统的横平竖直的课桌椅排列方式不利于学生在课堂上的交流，因而提出研究假设：马蹄组合式的课桌椅排列方式可以使学生在课堂上更好地交流，从而不仅提高学生的学习质量，而且有利于学生的交往能力形成。又如，研究者通过数学教学过程中语言的培养来促进学生思维能力的发展。研究发现，准确地掌握数学概念是发展数学思维的基础；多角度思考复杂的数学问题时要求用较复杂的语言加以表达，探讨语言与思维发展的关系。这类研究形成的假设都是研究假设。

方向性假设和非方向性假设二者的区别在于：方向性假设指出相关或差异的特点，如思维能力上男生的推理能力比女生强；非方向性假设只简单地指出哪里存在一个相关或差异，如思维能力上男生、女生有差异。

比如，"整体优化教育"实验的目的是探索一条从儿童实际出发，综合设计和组织教育过程，力求以不超过规定的时间和能力，取得尽可能好的教育效果的途径。其假设是在整体性观点指导下，运用综合性的方法，综合设计和组织教学过程，使教育教学效果可以高于目前一般教育教学工作所能达到的水平，使儿童得到最优发展。这是非方向性假设，往往是当研究者对所研究对象的内在关系不甚了解，凭已有知识经验只能肯定研究对象内在诸变量之间相关，但不能肯定是什么样的相关时提出的。又如，关于集中学习与分散学习两种学习方式在运动技能学习与语言学习中的不同效果的研究、关于惩罚与奖励在个性形成中的作用的研究、家庭教育对儿童智力发展影响的研究等的假设就是非方向性假设。

（3）描述性假设、解释性假设和预测性假设

按假设的性质和复杂程度，假设可以分为描述性假设、解释性假设和预测性假设。做这样的区分，其实也是对假设形成发展三阶段的一种刻画。

①描述性假设。科学探索的最初阶段描述认识对象的结构，向我们提供关于事物的外部联系和大致的数量关系的推测，是关于认识对象的大致轮廓的外部表象的一种描写。

例如，画出几何图形中的线段，研究学生对图形认知结构的心理特征。这一研究带有实证研究的特色。调查结果表明，初学几何的学生在分析观察复合图形时，在认知结构上可能具有"顺序""对称""封闭"及其组合的某种认知特征。这种特征对学习效果起着积极的作用。统计表明，在该实验中，认知特征较显著者的相对误答

率低；相反，认知特征不显著者的相对误答率较高。从几何教学的经验中归纳出假设命题，即学生认知图形是存在结构性心理特点的；不同认知结构对学习效率有不同影响。

②解释性假设。它是揭示事物的内部联系，指出现象质的方面，说明事物原因的一种更复杂、更重要的假设，是比描述性假设高一级的形式。在教育研究中，解释性假设是从整体上揭示事物各部分相互作用的机制，揭示条件与结果、研究主体的最初状态和最终状态的因果关系原理。

③预测性假设。它是对事情未来发展趋势的科学推测，是基于对现实事物的更深入、更全面的了解提出的更复杂、更困难的一种假设。比如，要探明当前我国实行的"三胎"政策对今后50年我国社会结构和社会关系会产生哪些影响、导致哪些变化，就要依据大量的事实和数据来对未来教育结构及发展格局提出科学预测。这是一项比较复杂而困难的研究课题，要求我们不仅要对当前的人口构成和社会经济发展条件下的社会结构和社会关系非常了解，而且要对西方由于人口出生率下降引起的社会各方面变化有所了解。仅仅具备这些知识对于确定一个长期的科学预测还是不够的。确定科学预测的关键性问题是找出研究对象未来发展的决定性因素，揭示这种决定性要素对社会的影响以及社会对研究对象未来发展的各要素的反作用。

预测性假设主要用于全国范围内的、具有战略意义的某些综合性课题的研究。比如，在未来社会及未来生活发生变化的情况下，人的学习会发生哪些变化，教育或学校会相应发生哪些结构性、形态化的改变等问题，都需要以多学科交叉的视野、多团队协作的方式来协力攻关。

3. 假设的表达方法

如前所述，假设就是对所要研究的变量之间的关系如因果关系、相关关系的一种假定性描述。假设所描述的变量必须是明确的、可操作的，其关系的假定才是可被检验的。为了避免掺杂进一些与概念无关的或模棱两可的意思，导致表述上的含混模糊，我们有必要对假设的命题进行语义分析，推敲每一个概念及联结词，从而把课题变成可以测量的概念和可以经受检验的命题。

（1）研究变量

变量是与常量相对的概念。常量只有一个不变的值，如校名、人名、具体的时间值。变量则具有两个以上的值，如性别、年龄、抽象名词等。当某一对象的组成成分在性质、数量上可以变化，并且可以操纵或测量，那么这些变化的特征就可以作为研究变量。比如，一群学生可以有学业、成绩、智力、动机、兴趣等不同的特征，这些特征就可以称为变量(或称纬度、因子、分类标准)。

一个具体的教育研究课题往往涉及多个变量及其相互关系。所以，确定研究计划时必须依据研究目的详细列出研究所涉及的变量，并加以具体确定和认真选择。

研究变量依其相互关系可分为自变量、因变量和无关变量三种。

自变量是由研究者主动操纵而变化的变量，是能独立地变化并引起因变量变化的条件、因素或条件的组合。在教育实验中，自变量一般是我们所关注的教材、教法、教学手段或教学组织形式等。

因变量是由自变量的变化引起被试行为或者有关因素、特征的相应反应的变量，是一种结果变量。因变量通常与教育目的有关，如知识的掌握、能力的增进、品德及其他优良个性品质的形成等。

无关变量又称控制变量，泛指除自变量以外一切可能影响因变量数值而对研究起干扰作用的因素。说它无关，是指它与自变量无关，与研究目的无关。但由于它会对研究结果产生影响，因此需要在研究过程中加以控制。

(2)因变量的确定

确定因变量主要包括如下两方面的工作。

首先是列出研究的主要变量。研究中由于自变量的变化，相应变化的因素可能是很多的，因此有必要在若干可能产生的效果中有所倾斜，以确定研究重点和目标。比如，以五年为一周期的小学整体改革实验的总体效果可概括为三个"一"：一批合格的学生、一套有效的教育模式、一支教育管理人员和实验教师队伍。其中，第一个"一"是主要的，教育总是以培养人为根本目的。有了第一个"一"，后两个"一"便是必然引出的副产品。

其次要确定加以测量和检验的反应指标。这里可采用抽象定义和操作定义两种方式。

所谓抽象定义是指研究变量共同本质的概括。比如，在卢仲衡的数学辅导实验中，因变量是学生的自学成才能力。抽象定义要对自学能力的概念、自学成才能力的结构进行界定，做出明确说明。整体实验需将学生发展质量分出知识、技能、智力、品德、个性和体质六个方面。发展学生主体性的实验需抽象出主体的自主性、主动性、创造性等行为表现特征。抽象定义是操作定义的基础。

操作定义是指变量的较精确与不含糊的定义，以操作的方式表示，标明因变量是能被觉察和测量的。从本质上讲，变量的操作定义就是关于用什么办法测量以及如何测量变量的描述。

以下是操作定义的几个例子。

学习能力：斯坦福—比奈智力量表的 LM 项目中的分数。

发散思维：砖的用途测试的分数。

概念理解能力：要求准确表述 5 个概念的内涵以及确定回答所用的时间。

操作定义不仅是为了满足交流的需要，而且是教育研究所必需的，同时也是如何测量变量所必需的。比如，在提出"学生偏爱非命令式的教师，而不喜欢命令式的教师"的假设之后，研究者必须提出这样的问题：我所说的"偏爱"是什么意思？"非命令式"和"命令式"的教师又指什么？对这几个问题的回答就要采取操作定义的形式。"偏爱"在操作上可以解释为学生对某位特殊教师比对其他教师更为喜爱；可以要求学生把他们的全体教师按喜爱的程度排列成序。对"偏爱"的操作定义的侧重点不同，就会引起测量方法的不同。"偏爱"的第一种操作定义要求把"特殊教师"与其他教师进行相比，而后一种操作定义则要求对全体教师进行两两相比。

在对研究变量及其操作定义有了简单了解以后，我们来说明研究变量与假设表述的关系。假设是一种推测或对问题答案及回答情况的一种猜测。一般地说，假设具有理论的某些特征。假设从操作上讲是对所欲研究的变量之间因果关系或相关关系的假定。下面就列举几个假设以供参考。

假设 1：在无形的强化条件下，中班儿童较低班儿童的学习有显著的优良成绩。

自变量：在同一种条件下中班儿童对低班儿童。

因变量：学习的进度与质量。

假设 2：在小学年龄组中，超出平均身高的儿童相比低于平均身高的儿童往往被同班同学选为班长。

自变量：超出平均身高的儿童对低于平均身高的儿童。

因变量：被同班同学选为班长。

假设 3：优秀或较好的教师特有的感性认识部分地取决于他对教育的态度。

自变量：教师对教育的态度。

因变量：优秀教师或较好的教师特有的感性认识。

假设 4：开放型的课堂教学有利于学生主体性的发展。

自变量：开放型的课堂教学。

因变量：学生主体性的发展。

一般认为，一个规范表述的假设至少应具备以下标准。

①说明两个以上变量间的期望关系。

②假设必须是可检验的，即表述的语义是明确的、可操作的，不至于造成歧义。假设的语义模糊就无法检验。

③必须是陈述句，而不能是疑问句。当然，可以是肯定陈述，也可以是否定陈述；可以是全称肯定或否定，也可以是单称(部分)肯定或否定。

（四）研究方案的形成

研究设计初步完成并得到确认之后，更为大量而细微的工作就是形成研究方案。形成研究方案主要包括确定研究对象、选择抽样方法、选择研究方法和手段、制订行动计划。

1. 确定研究对象

确定研究对象的首要任务是明确对象总体和分析单位。

总体是指所要研究的对象的所有个体单位构成的全体。在特定的研究中，其总体的大小是由课题内涵决定的。假若课题是要研究某校某年级后进生产生的原因，那么该校该年级中符合后进生定义的所有学生便构成研究对象总体；如果课题是当代中国青少年理想调查，那么中国所有青少年便构成研究对象总体。

分析单位是研究采用的基本单位。在教育研究中，分析单位是多种多样的。分析单位可以是个人。比如，对青少年各种状况的研究和对教师状况的研究往往以个人为分析单位。分析单位也可以是群体或组织，如学校、城市、正式或非正式的学生团体等都可以作为分析单位。不同性质的总体和研究目的要求采用不同的分析单位。

2. 选择抽样方法

要想得出可靠的研究结论，去考察研究对象的全部或整体当然是比较理想的了。然而，限于人力、财力和时间要求等诸种条件，除少数微型研究外，如对某校某班后进生产生原因的调查，绝大多数不可能穷尽研究对象的全部，而只能采用从研究对象总体中抽取一部分有代表性的样本进行研究，然后将研究结论推广到研究对象总体。

样本是从总体中提取出来用以研究的一部分分析单位。例如，从某城市的几所学校抽取 100 位教师进行素质调查，这 100 位教师就构成了一个样本。样本是总体的缩影，是用以估计或推断总体全面特征的依据。我们直接研究的对象是样本，实际研究的对象是总体。按统计惯例，单位数达到或超过 30 个的样本称为大样本，低于 30 个的样本便称为小样本。书面调查通常采用大样本；而教育观察或实验因投入高、风险大，故常采用小样本。

抽样的方法有很多，大致可分为两类：概率抽样和非概率抽样。

概率抽样是多种多样的，通常有简单随机抽样、分层抽样、整群抽样等。通过概率抽样，我们可以得到近似总体的样本。

当研究者不要求样本必须代表总体，只求从中找到答案，并不企图把这些答案推广到总体范围时，就可以用非概率抽样来选择研究对象。这类方法通常有偶然抽样、质量抽样、定标抽样和雪球抽样等。

3. 选择研究方法和手段

正像教学要选择恰当的方法和手段一样，教育研究也需要精心挑选得心应手的工具。由于教育研究可供选择的方法有很多，研究者不能盲目地赶时髦，流行什么选什么，而只能是从"方法总是服务于特定的研究目的"这一认识出发来选择合适的研究方法。

概略地讲，如果研究目的是形成新的科学事实，且研究对象又是活动形态的，我们就应该选择观察、调查、实验等方法。如果研究对象是文献形态的，我们就应选择文献法和内容分析法。如果研究目的是形成新的科学理论，我们就应选择归纳演绎等理论研究方法。

进一步来说，研究题目所指向的研究对象特定项目，也是选择具体方法的依据。譬如我们研究的是分析单位的意向（以人为分析单位的研究常以意向为对象），希望考察课堂上教师对学生的态度或者家长对子女上大学的期望，那就适用调查法而不宜用观察或实验法；倘若研究的是分析单位的行为，如退学、弃教、从事第二职业、攻击行为等，那么最佳选择就是观察法；假若研究者希望弄清楚这些行为产生的原因或者期望出现某些积极状态等，那就可以设计实验来研究。

各种研究往往还需要使用特定的工具，如选择观察法需要使用观察记录表，选择调查法需要使用问卷或谈话提纲，选择实验法需要使用试题或量表。在没有现成可用的工具时，就要特定编制。

4. 制订行动计划

行动计划一般称工作计划，是建立在研究设计基础上，对如何实现某一研究设计的行动规划、时间规划、组织形式规划和经费规划。行动计划的主要内容是划分工作阶段与程序，明确每一阶段的工作任务和要求，计算每阶段需要的工作时间，确立研究的组织形式，列出研究人员之间的分工职责与合作项目，规定对研究工作开展状况的检查时间与方法，以及研究成果的形式、评价与鉴定、研究经费的预算等。行动计划是对整个研究过程的全面规划，应建立在对研究活动的系统分析基础上寻求最佳组合。

行动计划的完成意味着研究准备阶段的构思部分基本结束。在进入实际研究前，研究者往往还有一些具体的工作要做，如基本的研究经费的筹措，物质、技术设备的添置，参与研究的、不熟练工作人员的培训，对具体研究对象或环境的初步了解。这些工作的完成都将为研究工作的顺利开展创造条件。

二、教育研究的基本规范

（一）教育研究的操作性原则

尽管教育研究的客体和对象有着其特殊性，但社会科学研究的客观性、操作性、公共性、检验性、系统性、解释性六条原则的基本精神仍适合教育研究，只是需要从其特殊性考虑，在某些方面加以适当变通或补充。

1. 客观性原则

教育活动的人为性决定了教育研究不能绕过人的意志和价值标准，表面看来似乎难以保持价值中立。但客观性原则强调的是研究者在收集、描述和解释事实的过程中，不能为了证实假说而任意剪裁、有意忽略甚至歪曲实证材料。人们一般更愿意使假说得到证实。比如，有的人认为教育实验只能成功，不能失败。殊不知，假说的证伪也就宣告了实验失败，但实验失败并不就意味着教育失败。就针对这种倾向而言，倒是更需要提倡一种承认证伪的勇气。

2. 操作性原则

从理论上讲，任何事物和现象都可以构造出操作定义，即描述出被定义事物的可观测到的特征。因此，教育研究也应遵循这一原则。只不过，教育研究的客体中这种多变的、综合的复杂因素参与其间；而且常常就是直接以人的思想、行为、态度（如"热爱""拥护""关心"等）为观测对象，增加了构造操作定义的难度。尤其像情感信息这种整合的、流动的、夸张的因素，要准确而详尽地描述其可观测特征就更为困难。这就需要在陈述教育研究变量的特征时，注意把状态与情境、动机与效果、行为表现的频次与条件等联系起来详加说明。

3. 公共性原则

这条原则在国内执行应该是不成问题的，因为学者群对教育中的许多基本概念术语尚有基本共识。但需强调两点：一是对于一些尚有争议的或语义模糊的概念如智力因素、非智力因素、整体改革、愉快教育等，在研究报告中必须自我定义并将这一定义贯彻到底。二是对于一些与国外学者在释义上不一致的概念，如"知识"在国外有些学者那里被解释为"识记"；"教学"在英语文献中是 teaching-learning 这一复合词或为 instruction 等，在国际交流中也应特别注意详加辨析。

4. 检验性原则

检验性原则的核心是重复操作以便验证。教育研究不可能像自然科学研究那样将检测性原则贯彻彻底，这是因为进入教育研究程序的各种因素、条件或场景不可能异时异地原样重复，也就不可能得到完全相同的结论。所以，教育研究只能以概率的方式加以陈述和印证，表现在文字上就不可避免地要用"基本""部分""相当"之类的修饰词做程度限定。

5. 系统性原则

这条原则要求研究活动具有中心概念、可检验命题以及具有统整作用的理论构架。这几点对教育研究来说不应该有什么例外，故不多叙。

6. 解释性原则

解释性原则要求研究者揭示事物之间的因果联系。这也是教育研究应当发挥的功能。但需明确两点：一是不同类型研究在解释性上应有不同要求。比如，观察与调查主要是以获得事实为目的，重点是对观察到的事物因果联系做出客观的描述和中肯的解释。而一些改革性和建设性的实验除要说明因果联系外，还应以此为基础，陈述其效用及产生的条件。二是解释的方式上不应以精确的定量描述来苛求，应允许（在许多场合下也只能）以模糊的概率描述加上定性分析来表述研究结论。

（二）教育研究的伦理原则

教育研究的内容主要涉及学生、教师、学生家长和其他人的一些行为、思想等方面。在了解这些人的各种特征时，一些研究可能会对他们的生活产生一些影响；其中就包括一些负面的影响。为此，研究者必须遵守一些伦理规范。这些伦理规范既应符合普遍道德原则，也应考虑到研究活动自身的特殊要求。主要体现在如下方面。

1. 尊重研究对象和参与研究者的权利

教育研究往往需要选取一些学生、教师、学生家长和其他人作为研究对象或者参与研究者(如实验教师使用某种新的教育方法、应用某种新的教育理念,校长和教研人员作为一项研究的组织者和培训者)。无论研究多么急需、多么紧迫,首先要考虑到尊重这些人的若干权利,不能有违法律赋予的人身自由。在这方面,他们的主要权利如下。

①有私人不参加协作权。

②有保持不署名权。

③有保密权。

④有要求实验者承担责任权。①

研究者应自觉尊重研究对象的这些权利,因为有些研究对象(尤其是未成年人)可能没有清晰地认识到自己拥有这些权利。一旦研究者要求这些人参与研究活动,就可视为研究者已经承诺尊重权利。为此,应让研究对象或参与研究者了解将要研究的内容对于他们来说意味着什么,包括使他们正确理解研究意图、研究内容与他们的关系、他们需要付出的时间和需做出的努力、他们可能要承担的压力。例如,若要进入他们的学习或工作情景,就需要协商或预先声明研究者对所获信息的态度和将会采取的措施。在很多研究中,需让研究对象明白:研究者本人主要从学术研究的角度来收集和处理信息,而不会对他们当下的利益、地位等造成影响(尤其是负面影响),以免对研究对象造成不必要的心理压力。若要公开有关的个人信息,需征得相关信息提供者的同意。

2. 审慎解释研究成果

研究者在获得研究结果后需要向公众做出合理的解释;有时候还需要向研究对象或合作者做出解释,以免造成误解甚至误导。

一般来说,公众对科研工作者经过认真努力而形成的研究成果有一种信任感,也乐于成为这些研究成果的使用者。越是这样,科研工作者就越应本着高度的责任感,审慎地解释研究成果或结论。错误的结论、不真实的成果和不合适的推广应用,都有可能造成难以估量的后果。研究者应详尽解释研究成果有效性的条件和范围,不能因为私利或其他原因曲解研究结果,骗取公众信赖;教育行政部门或教师在推

---

① 郝德元、周谦:《教育科学研究法》,16~17 页,北京,教育科学出版社,1990。

广某项研究成果前，应以科学的验证为依据，并以对自己所在地区、学校和师生实际情况的正确分析为基础；媒体在宣传介绍研究成果时也应实事求是，不能为追求新闻效应而夸大其词。

在向研究对象或合作者解释研究结果时，研究者也要有高度的责任感。这是因为研究结果与他们的学习或工作有密切关系，很有可能会造成一些影响，包括罗森塔尔的研究所揭示的"期望效应"。若对学生或教师某些方面的成就做出评价，就需要对该评价结果的适用条件和限制性因素做出解释。例如，在对一个班上的学生进行智力或某项能力测验之后，可能需要向学生、家长和教师解释为什么要对此测验结果予以保密，否则可能会引起误会。而对于该校主持相关课题的负责人，则可能要让其知道结果，同时要让其理解如何解释结果、为什么要在适当范围内承担保密的责任。

3. 避免给研究对象造成伤害

在收集资料或实施某些研究措施时，要避免让研究对象受到人身的、社会的、心理的伤害，包括避免让他们承受不利的压力和负担。为此，研究者要多从对方的角度考虑相关的影响。例如，某研究者希望发现处理学生行为的三种方式——表扬、批评和无评价对学生学习的影响效果，于是确立三个小组分别采用一种处理方式：第一组有好的行为就表扬，有不好的行为不予批评；第二组有好的行为不表扬，有不好的行为给予批评；第三组有各种行为都不予评价。这个研究过程就涉及一定的伦理问题，至少第二组学生有可能承受过量的压力和负担。此外，研究者在向有关人士提供一些调查信息时，应该考虑到调查对象可能受到的影响。例如，在一个实验班中进行智力测查或其他能力测查后，应防止测查结果使教师或其他同学对某些学生产生偏见或不良预期，尤其要防止有些学生因测试得分较低而受到歧视。

再如，在德育研究中，有意让某组学生说谎或让某些学生看不合适的读物或影视作品，显然是违背伦理原则的。若要了解这些方面的信息，不一定非得采用主动干预变量的实验法，可以考虑采用问卷调查或访谈调查等方法了解已经存在的一些事实，还要从伦理规范的角度考虑调查内容和提问方式。如果让学生进行某方面的学习（如使用某种学习方法），结果证明这种措施是不科学的，甚至对他们的发展（尤其是学习态度、思维能力和知识结构等方面的发展）是有负面影响的；此时造成的影响已经难以逆转。所以，研究者应该在实施研究之前就审慎地选择研究内容，同时在研究方案中设计一些防范和补救措施。这不仅是科学研究的规范，还是一种伦理要求。

在实际的教育研究过程中，每一个研究者都应该自觉地遵守这些伦理规范，并逐步将这些要求转化为一种研究信仰和职业品质。当然，具体的研究场景往往是复杂的，研究者如何处理相关的问题也并不是几条规范就能简单地规定的。即使是同样的伦理问题，也可能因为研究者与研究对象和合作者的个人关系而以不同的方式得到不同性质的处理。这就需要研究者本人提高自己的研究水平和个人修养，灵活而不失原则地开展研究。

第三节　教育研究方法的类型

要正确地运用研究方法、有效地开展研究活动，教育研究方法的分类是必不可少的。在此我们先介绍一些教育研究方法的常见分类，再谈谈我们的看法。

一、教育研究方法的常见分类

李秉德先生在其主编的《教育科学研究方法》一书中将教育科学研究的各种方法划分为三个层次：作为方法论的马克思主义认识论及逻辑学是第一层次；独立应用于教育科学研究的那些主要的具体方法为第二层次，如调查法、实验法、经验总结法等；为这些方法服务的那些辅助性的具体方法和技术如统计法、表列法、图示法等为第三层次。这种分法厘清了方法体系的纵向线索，但横向块面上各种方法之间的界线仍不清晰。

为便于广大教师在从事教育研究的过程中更简明地了解在什么时候用什么方法，叶澜按研究过程的阶段来区别不同的研究方法，即确定课题的方法、研究设计的方法、形成事实的方法、形成理论的方法、成果评定的方法。

还有研究者按对象命名方法，如历史研究法、现状调查法、未来预测法、个案研究法等；或按研究活动开展需要的场地指称方法，如野外式研究法、书斋式研究法、实验式研究法；或以方法对条件控制的严密程度为标准，分出理性研究法、自然研究法等。

日本学者村井实等把教育学定义为研究教育问题的科学，故不以学科命名方法（如心理学方法、社会学方法），而是以问题性质为标准，把整个教育科学划分为理论研究、实证研究、实验研究和历史研究四大领域。[①]

二、教育研究的综合式分类

前述几种分类均有各自的依据和道理。当人们从不同角度着手研究时，不难从中找到一种方便的类型。为使读者对教育研究及其方法有一个整体的把握，也为了涵盖本书后面各章涉及的各种方法，本书采取一种综合的角度对教育研究这个整体做多侧面的且深入其实质的剖析，以便形成对这一方法体系的立体认识。具体地说，就是依据所研究问题的不同性质分出教育价值研究与教育事实研究；依据研究的不同目的分出纯粹研究与应用研究；依据研究过程中描述和解释的不同方式分出定性研究与定量研究。

（一）教育价值研究与教育事实研究

教育价值与教育事实是两个不同的研究领域，引发出完全不同的两类问题，即教育研究中的事实问题与价值问题。对这两类问题所采用的不同研究方法，是教育研究方法中根本的分野。也有将这两类问题简单归结为"是什么"和"应该是什么"的问题。

休谟在他的《论人的本质》中就提出了一个人不能从"是"中推出"应该是"这个命题，即认为纯事实的、描述性的论述本身只能赋予或暗示着其他事实的、描述性的论述，而永远不会产生标准、伦理见解或做某些事情的规定。这个命题被贴切地称为"休谟的铡刀"，意思是他在价值领域和事实领域之间做了一刀切的逻辑区分。

休谟的这一命题提出后，不断受到来自学界的各种批评，因为在研究过程中问题没有那么简单。研究者在选择问题时总是受到其自身的知识背景和价值倾向的影响，为研究事实问题而选择研究方法时要受到其研究规范的限定，其中包括学术价值观与信念。比如，波普所举的那个例子：当人们观察了100只天鹅发现其均是白色时，便得出天鹅是白色的这一结论。这显然是一项有关事实问题的研究，通过客观的观察而归纳出结论。其中渗透的价值因素在于研究者坚信这种基于客观观察而澄清客观事实的方法的正确性。而另外一个不持有这种信念的研究者则可能会反驳说，这种基于观察的归纳是有限的，因而也是靠不住的。因为人们不能观察到天下所有的天鹅，相反的事实随时可能出现，这种方法在根本上就值得怀疑。

---

① ［日］大河内一男、［日］海后宗臣等：《教育学的理论问题》，曲程、迟凤年译，194页，北京，教育科学出版社，1984。

对教育领域中事实问题的研究通常采用科学研究方法。例如，研究某一地区小学生的毕业合格率问题时，第一步工作是客观描述现状，即依照严格的统计数据分别计算出各学区的毕业合格率，进而描述毕业合格率在各学区的分布情况，然后对这种现状做更进一步的研究，揭示出导致这种分布状况的原因，给出理论上的解释。而对教育领域中价值问题的研究基本上采用理性思辨的分析方法。例如，中学生应有的道德观念是什么，这是一个典型的教育价值评判问题。不同社会制度的国家、不同文化传统的民族、在各个不同的历史发展时期以及研究者本人的价值取向，都会对这类问题的研究产生影响。

由此可见，断然将事实问题与价值问题分开研究，仅有休谟的论述还不够。于是，有人又做了更进一步解析式的讨论，即将价值问题进行分解，分为描述性特征的价值判断和评价性特征的价值判断。前者涉及研究问题及内容的选择、观察的方式及真实性标准、研究贯彻的逻辑准则、研究资料的选择标准、统计分析的加权原则等；后者指的是对世界状况的意义评断，包括某种人类行为的合理性及其社会影响。

现在我们将上述讨论引入教育研究进程，将人类共同的基本道德准则、本民族在长期历史进程中形成的伦理习俗、本土与外族的差异、传统与现代的冲突、"代沟"现象等因素进行综合研究。而基本方法是进行理论分析，就"善恶""好坏""赞成或反对"进行说理争辩，在此基础上确立中学生道德教育的基本目标和内容。

上述例子是对教育研究中事实问题和价值问题的解释。停留在这种解释上，也就停留在"休谟的铡刀"的认识水准上，显然是不够的。下面结合例子就在事实问题研究中的价值问题进行讨论。

在"毕业合格率"这个例子中，毕业合格率的标准问题、统计指标的设置问题、统计手段的可靠性问题、后期解释性研究贯彻的逻辑准则问题，都摆脱不了"价值阴影"，但都属于与研究方法有关的价值问题，与评价性特征的价值问题有根本的区别。

（二）纯粹研究与应用研究

纯粹研究的目的在于不断深入认识和理解人类教育活动，揭示其中一些带有规律性的东西，弄清楚教育活动与其他社会活动的关系、教育自身的运动特性、教育对社会文化的选择塑造作用、教育对个体发展的影响。总之，这种研究以认识为基本研究目的。纯粹研究可进一步分为描述性研究和解释性研究。

描述性研究是纯学术研究的基础，以澄清教育活动的客观现状为目的，通过观察、访谈、统计抽样等方法来描述其存在的状态和发展的过程，完成对其表象的理解。解释性研究是要通过对教育活动表象的进一步研究，对其内在的因果联系有所认识，对所研究的问题进行概括和抽象，以理论的形式来阐明这类教育现象有其现状的原因，并在此基础上预先做出其今后发展趋向的分析，最终目的是建立教育理论。

描述性研究相对来说较为简单，易于理解；而解释性研究则相对来说要复杂得多。这是因为后者涉及教育理论这个教育研究中的基本问题。

教育理论的基本构成是教育概念和教育变量，它们相互联系而形成的陈述即命题。教育概念是对一类教育事物的抽象概括，或是对教育事物某些共有特征的抽象，如教师、学生、升学率、智商等。教育变量是指在教育研究的连续观察中具有一种以上数值的概念。在连续观察中含单一数值的概念被称为恒量。一个命题可以是一个公理、一个假设、一个定理、一种经验概括，或者是一个假说。所谓教育理论是由一组教育命题相互联系而形成的。如下为教育命题举例。

命题 1：增加教育投入能多培养专业人才。

命题 2：增加专业人才能促进经济发展。

命题 3：增加教育投入能促进经济发展。

这一组命题是人力资本理论的基本内容。教育理论具有如下几个特征：其一，具有解释功能；其二，运用理论模式预测未来；其三，具有可检验性；其四，能将零散的知识整理成系统的体系，便于积累。

应用研究是将纯学术性教育研究的理论成果应用于解决教育实践中的问题，诸如提高教育管理效率，寻求最佳教学效果，教育如何促进经济社会的发展等。

应用研究与社会科学中的其他应用研究一样，需要投入的人力资源、资金、资料都远远超过纯学术研究。因此，从事这类研究需要组成一定规模的课题组，申请到所需要的研究经费和设备，拟订详细的研究计划和工作计划，并附上一份资金预算方案。应用研究的目的在于直接指导教育实践，改善教育环境和教育工作方式，提高教育质量和效率。但在应用研究过程中总是发现许多新的问题，反过来促进纯学术研究的发展，同时也对纯学术研究的理论成果起到检验、筛选的作用。

（三）定性研究与定量研究

定性研究注重不同教育事物、教育活动、教育行为的意义及其特性，而不关心它们在数量上的变化。在研究过程中，研究者多采用非控制的方式深入教育行为产生的自然情境中观察。许多研究者还花费相当多的时间到与教育行为有关的学校、家庭、街道等场所进行研究。他们特别关心事情发生的情境，认为在发生行为的情境中观察行为，才是可靠的研究方法。而且他们还认为，某一情境只有放在整个教育的历史关系中才能得到理解。例如，研究某个作文成绩特别好的学生，不仅要看他在作文课堂上的表现，而且要观察他在其他课堂的行为特征以及他在学校的课外活动中的表现，甚至包括考察他的家庭环境（父母的职业、家中的图书收藏、家庭其他成员对他学习的关心程度和方式等）。定性研究的这种特征决定了它只能选取较少的样本进行研究。

定量研究与定性研究的区别在于，后者对影响研究对象行为的因素种类及其意义较为关注，而前者则关注这些因素在数量上的变化对研究对象的影响。定量研究有两种：一种是在非控制条件下对宏观教育问题的研究，另一种是在控制条件下开展教育实验研究。定量研究追求深入的、精细的理解和解释。因此，研究者通常在选定研究变量后便采用控制性方式，测定变量的数值变化情况，由此得出其与因变量之间准确的因果关系。在研究宏观教育问题时，由于不可能实施控制，选择变量和测量工作的难度要大得多，因此其研究结果的系统误差较大，其准确程度相比微观实验条件下的研究要差一些。但无论如何，定量研究比定性研究在得到有较高确定性的结论方面显然有较大的优越性，这是毋庸置疑的。另外，定量研究在筛选变量、加权择优的过程中往往会损失部分信息；同时在实施控制的过程中会破坏原有情境，干扰研究对象，影响测量的客观性。这是定量研究难以克服的缺点。

事实上，就定性研究与定量研究而言，大多数学者在研究工作中已经将二者紧紧地结合在一起。定性研究将研究对象置于复杂的环境因素中进行研究，涉及面广，形成了开阔的视野。定性研究可以提供丰富的学术信息。但往往因样本数太小，有些研究缺乏普遍意义；还因为缺少准确的测量和数量分析，研究结论的精确性较弱，在指导实践方面缺少可操作性。而这些缺陷往往是定量研究可以弥补的。另外，从根本上说，任何定量研究在其开始阶段都必须做定性分析。变量分类、筛选变量这些工作本身就是定性研究。

总之，有关定性研究与定量研究这两种研究方法的学术讨论内容非常丰富。其中，美国学者博格丹和比克林有过出色的论述，他们总结了这两种研究方法的各自特征。定性研究和定量研究的特征见表3-2。

表 3-2 定性研究和定量研究的特征

定性	定量
与研究方法有关的术语： 人种学　　　　　现场观察 现场调查　　　　现象学 软资料　　　　　芝加哥学派 符号相互作用　　纪实 内部透视　　　　生活史 自然主义　　　　个案研究 人种方法论　　　生态学 描述性	与研究方法有关的术语： 实验　　　　　　实证主义 硬资料　　　　　社会事实 外部透视　　　　统计学 经验主义
与研究方法有关的主要概念： 意义　　　　　　理解 了解常识　　　　过程 分类　　　　　　协商顺序 情景定义　　　　实践至上 日常生活　　　　社会结构	与研究方法有关的主要概念： 变量　　　　　　效度 操作　　　　　　统计意义 信度　　　　　　重演 假设
研究方法的代表人物： 韦伯、布鲁默、库利、托马斯、加芬凯尔、休斯、M. 米德、戈夫曼、施特劳斯、沃尔科特、利科克、韦克斯、贝克尔、G. H. 米德、里斯特、格拉泽、富克斯、梅汉	研究方法的代表人物： 涂尔干、克林格、克隆巴赫、桑代克、格特曼、麦克唐纳、格拉斯、克拉斯沃尔、特拉弗斯、坎贝尔、贝尔斯、罗西
理论属性： 符号相互作用　　文化 人种方法论　　　唯心主义 现象学	理论属性： 结构机能主义　　逻辑经验 唯实论，实证论　系统论 行为主义
学术属性： 社会学　　　　　人类学 历史学	学术属性： 心理学　　　　　社会学 经济学　　　　　政治学
目标： 提出敏感的概念　有根据的理论 描述复杂的现实　提高认识	目标： 检验理论　　　　指示变量之间的关系 证实事实 统计描述　　　　预测
设计： 引申，灵活，一般　设计是一种预感，以至于你也许知道如何着手做	设计： 有结构的，预定的，正式的，具体的　设计是一项详细的操作计划

续表

书面研究的提出： 概要　　　　　　不广泛考察大量文献 推测　　　　　　研究方法的一般阐述 提出可能与研究有关的领域 经常在收集一定资料后再提出		书面研究的提出： 广泛　　　　　　考察大量文献 中心问题详细而　在收集资料前就 具体　　　　　　提出 过程详细而具体　阐述假设	
资料： 描述性　　　　　人们自己的话 个人文件　　　　官方文献和其他物品 现场记录 照片		资料： 定量　　　　　　可操作的变量 用数量来表示　　可统计 计算、测量	
样本： 小的　理论抽象　非典型的		样本： 大的　　　　　　随机抽样 分层抽样　　　　控制无关变量 控制分组 精确	
技术或方法： 观察　　　　　　现场观察 考察各种文献和物品　漫谈		技术或方法： 实验　　　　　　准实验 普查研究　　　　有组织的观察 有组织的交谈　　数据设备	
与被试的关系： 移情作用　热情的接触　强调信赖　被试即朋友 平等		与被试的关系： 约束　　　　　　疏远 短期　　　　　　被试—研究者 保持分离	
工具和手段： 磁带录音机（研究者经常使用的工具） 抄录器		工具和手段： 项目表　　　　　计算机 问卷　　　　　　量表 索引　　　　　　测验分数	
资料分析： 不断发展　　分析归纳　模型、主题、概念 不断比较的方法论归纳		资料分析： 演绎　统计学　在资料收集终了时进行	
运用该研究方法会出现的问题： 耗时　　　　　　程序不断标准化 剔除资料困难　　难以研究大量被试的 信度		运用该研究方法会出现的问题： 控制其变量　　　强制性 抽象概念具体化　效度	

思考与行动

1. 相比自然科学研究和其他社会科学研究，教育研究的独特性何在？

2. 研究我国教育现代化的目标与战略，需要运用哪些研究方法和方法论？

3. 根据自己的见闻或生活经历，构思一个教育研究的选题，并作初步的研究设计。

4. 评述一篇研究报告的选题与设计。

进一步阅读的书目

1. 叶澜：《教育研究方法论初探》，上海，上海教育出版社，1999。

2. ［美］梅雷迪斯·M. 高尔、［美］沃尔特·博格、［美］乔伊斯·J. 高尔：《教育研究方法导论》第六版，许庆豫等译，南京，江苏教育出版社，2012。

3. ［美］伯克·约翰逊、［美］拉里·克里斯滕森：《教育研究：定量、定性和混合方法》第 4 版，马健生等译，重庆，重庆大学出版社，2015。

4. ［美］阿巴斯·塔沙克里、［美］查尔斯·特德莱：《混合方法论：定性方法和定量方法的结合》，唐海华译，重庆，重庆大学出版社，2010。

5. ［英］刘易斯·科恩、［英］劳伦斯·马尼恩、［英］基思·莫里森：《教育研究方法》第 6 版，程亮、宋萑、沈丽萍等译，上海，华东师范大学出版社，2015。

6. ［美］约翰·W. 克雷斯威尔：《研究设计与写作指导：定性、定量与混合研究的路径》，崔延强译，重庆，重庆大学出版社，2007。

第四章　教育观察研究

通过观察收集外部世界的信息，是人的基本能力。但是，本章介绍的教育研究中的观察是指运用于教育研究中的一种特定的研究方法。教育研究中的观察是收集非言语行为资料的初步方法。它是指人们依据一定的研究目的，通过感官或借助一定的仪器，利用某种量表有计划地观察学校教育情境中的教育现象，从而收集信息资料并依据这些资料进行研究的一种研究方法。这有助于在教育研究中做到知行合一、学以致用，在更高境界的学术创新中增强对教育研究与发展的信心，促进人类命运共同体的建设。

本章将讨论教育观察的发展及其特点、定量观察等内容。

第一节　教育观察的发展及其特点

/////////////////////

一、教育观察的发展

教育研究中的观察作为一种研究方法，是从别的学科中借鉴过来的。早在20世纪二三十年代，观察就在其他学科中广泛运用。比如，自然科学实验中的观察、动物学研究和心理学研究中的观察等都被用来作为研究的方法，用于本学科的研究，并取得显著成果。例如，苛勒在1913年至1917年，在喀麦隆腾奈列夫岛上对大猩猩进行观察研究。又如，从1914年开始，英国人类学家马林诺夫斯基在新几内亚进行田野研究工作，在梅鲁岛和特洛布里恩群岛与土著居民共同生活了两年多，采用包括观察在内的研究方法开展人类学研究。

观察在其他学科的成功诱发了人们不断把观察引进教育研究领域的尝试。但是，在这期间，教育研究中对观察的运用，还只是零星的、没有取得正统地位的试验，事实上也没有取得可以骄傲的成就。到了20世纪五六十年代，观察终于迎来了它的新时代。此时，观察已经开始大量在教育研究领域中施展身手了。

1950 年，贝尔斯开发了交互作用分析的 12 类编码的行为表，用以对教育情境中的人物进行系统的行为观察。不过，当时主要是针对社会活动小组的观察研究。英国课堂研究专家霍普金斯 1993 年在《教师课堂研究指南》中指出："这种完全依赖观察表、编码量表和项目清单的研究方法来自北美，但是系统课堂观察在英国也有强大的传统力量。"[①]

二、教育观察的特点

在教育研究中，许多正式问题与假设的形成都离不开日常观察。与日常观察相比，作为研究方法的观察有两方面的特点。其一，它有明确的观察目的。在每天的教育活动中，活动对象是多种多样的，同时各有其独特的个性。所以活动的方式、过程和结果呈现出纷繁复杂的状态。对这些活动进行观察，只有选择明确的观察目的，才能把握观察的重点，对复杂的现象进行取舍，进而控制观察的过程，使观察的结果更为系统、有序，便于据此做进一步的归纳总结。其二，它有系统的计划。它强调对观察活动的时间、空间、顺序、过程、对象、记录方法等都有预先的系统的计划、安排和准备。系统的计划能使观察效率大大提高，从而保证观察的科学性。

进一步来看，观察既有其优点，也有其不足。因此，研究者需要结合具体研究项目的需要来精心设计、灵活取舍，并将观察与其他方法相互结合，共同服务于研究目的。

（一）教育观察的优点

观察的优点是简便易行；获得的资料的可靠性较高；有时还可以获得一些意料之外的资料。具体来看，其优点有如下三个方面。

1. 收集非言语行为资料

观察研究就收集非言语行为资料而论，明显地优于调查研究、实验研究或文献研究。调查研究在发现一个人对某个特定问题的意见方面，是优于观察研究的。不过，问到回答者关于自己的行为时会遇到各种各样的困难，包括回答者故意否认一定的行为，或者回忆不起来。而在观察研究中，在场的观察人员则可随时发觉不断发展变化的行为。观察人员可做现场笔记，将行为的突出特征记录下来，甚至可以

[①] David Hopkins，*A Teacher's Guide to Class Research*，Buckingham，Open University Press，1993，pp. 107-108.

用录像将其整个行为过程录下来。在调查研究中，所有关于行为的资料（除了发生在访谈过程中的极少数行为外）都是间接的或第二手的。

观察允许深入研究整个的人，观察人员常在预备性研究中运用观察。一个观察人员常常计划进行一项调查，却不熟悉他的回答者，从而不清楚究竟什么问题是重要的。通过一次初步的观察研究，研究人员就会发现研究所需的适当特征，包括回答者自己可能不知道的某些行为。同样，观察尤其是非结构式观察，是一种非常灵活的方法，便于观察人员集中关注那些重要的变量。

观察人员常常同观察对象一起生活相当长的一段时间。因此，他们之间的关系往往比在调查中访谈员与回答者之间建立的短暂而过于正式的关系更为亲密和随和。这种直接的关系使观察人员有机会更详尽地发现观察对象真正喜好的是什么。

当然，这样也存在一种危险性，即观察人员和观察对象之间由于频繁的接触，往往容易产生过度的爱憎等情感。这种感情的萌发可能破坏观察的客观性。因此，对于一个局外人看得很明显的某些事，观察人员由于同观察对象过于密切的接触，可能注意不到，甚至拒绝相信某些他们所做的事情。这种情况的出现就会影响观察问题的信度和效度，值得注意。

2. 行为产生在天然环境里

观察的另一主要优点是行为产生在天然环境里。观察研究的一些支持者认为，同其他主要的资料收集技术相比，观察较少反应性。实验研究严重地依赖人工环境，调查研究则依赖对一套有限问题的言语回答。这两种方法都会在它们所试图研究的资料中产生偏误，以致资料成为该方法的产品，而不单纯是对一种现存经验现实的测量。观察研究不像调查研究或实验研究那样是在有限的、人工环境里开展的。尽管如此，也并不能排除观察研究产生偏误的可能性。有观察者在场，他们的活动和资料的记录中便会有偏误存在。所有这些使观察存在偏误的现实可能性。

3. 注重纵贯分析

在教育观察中，不必像访谈人员那样与访谈对象每天争夺宝贵的时间进行访谈，也不像实验人员那样必须强使被试处于实验环境中。观察人员能够在天然环境中进行研究，从而能够进行比调查或实验为期较长的研究。这个优点是显而易见的。研究对象可能会对很久以前发生的事件记忆不清，而观察人员是在事件正发生的当时对它们进行研究的。这样，在观察中，观察人员能有充足的时间对趋势进行研究，从而能够说明偶然事件和平常事件之间的区别。

（二）教育观察的不足

观察也存在其不足之处，对此做以下四点分析。

1. 缺乏控制

观察是发生在天然环境里的。由于是在天然环境里，观察人员往往对可能影响观察效果的外部变量难以控制。

观察由于其简便、灵活，能够深入研究大范围的问题，获得大量的资料。这种资料常常难于以系统的方式进行编码和分类。就这点而论，有些类似调查研究中开放性问题的答案。在这种情况下，观察人员可能面临较多需要誊抄的材料，需要详细地说明逐日发生的事情，却无法充分地综合资料，以得出同假设有关的结论。

与调查人员相比，有些观察人员倾向于采用非定量的研究。他们所寻求的是一种较带情感性的资料，与观察对象之间的关系则更是人与人之间的关系。观察人员往往对情感的主观分析较感兴趣（如"她看来精神不错"），而不那么关心从某种量表得来的定量分数。许多观察人员认为较为可取的不是将人的情感归纳为可输入电子计算机的数字，而是观察一个人，对有关人的情感做主观的评价，并以书写形式记录这类资料。这样得到的资料将不是数字，而是引语和回忆，犹如下面所假设的例子。

> 瑶玲是个多愁善感的人。她能体谅别人，她没有非常多的朋友，因她是个羞怯且具有内向性格的人。她独自消磨大部分时间。她的主要活动是阅读。她的幻想尤其丰富。

但是，也有一些观察人员相信，对观察对象的行为或行为结果的数量观察记录，也是可能得出某种假设的途径。比如，有研究者对课堂中教师与学生的互动进行观察研究，在测验后根据测验分数将实验班学生分为学业成功组或学业欠佳组。这样就可以将学业成功组学生的课堂互动状况与学业欠佳组学生的课堂互动状况加以对比，从而考查学生的课堂互动状况与学业之间有无相关关系。①

2. 样本数小

可以肯定地说，观察研究倾向于使用一个比调查研究小和比实验研究大的样本。从理论上讲，研究中若有足够的观察人员，可以选择较多的研究对象。然而，由于观察一般进行得深入，资料常是具有主观性的，难以量化，两个或更多观察人员所

---

① 沈贵鹏、戴斌荣、宋素珍：《初中课堂口头言语互动研究》，载《教育理论与实践》，1994(1)。

收集的资料不能相互对比，而且对非结构式观察的可信度不易检验。此外，观察一般需要用比调查或实验更多的时间；而调查和实验一般只用 1 小时左右。一次研究的时间过长，又投入许多观察人员，会使观察的信度问题复杂化，而且也意味着每个观察人员必须进行长期观察。这显然是件既费时又花成本的事。由于观察的样本数小，以及观察得来的只是表面性的和感性的材料，因此也容易使观察结果带有片面性、偶然性。

例如，据《吕氏春秋》记载，孔子周游列国，潦倒于途，好几天没吃饭。他的学生颜回出去弄回了一点米来煮给他吃。等到饭刚要煮熟时，孔子看见颜回从锅里抓起一把饭吃了，孔子假装没看见。过了一会儿，饭煮熟了，颜回端着饭给孔子吃。孔子站起来说："今天我梦见我死去的父亲，饭是干净的话，我来祭奠他。"颜回说："不行，我刚才看见有烟灰掉进锅里，觉得扔掉可惜，就把它抓起来吃了。这饭不干净了。"孔子听了感叹地说："我所相信的是眼睛啊，可眼睛也不是完全可以信赖的。我所依靠的是心啊，可心也还不是完全可以依靠的。弟子们要记住，认识了解一个人真是不容易啊！"这个例子说明观察虽然有直接性和可靠性，但有时往往具有表面性、片面性和偶然性。

3. 须获准进入

许多观察是在自然环境中进行的。观察可以在一所学校、一个学术社团、一个学生组织机构、一所幼儿园或一个青少年活动中心里进行。观察人员常常在研究的获准上遇到困难，当然也有一些可以解决的办法。比如，有些研究可由暗中参与的观察者进行，而不为该组织的任何人所知。观察人员在日常活动过程中，必须使他人看不到他们在记笔记，因为记笔记是会引起怀疑的。这样，他们就必须依赖自己的记忆力，并在夜里写现场笔记，或使用某种秘密的记录方法，如一架隐藏的录音机等。尽管如此，观察人员常有某些研究还是需要得到最高负责人允许的。即使能获得允许开展研究，观察人员也会受到一般工作人员的怀疑。

4. 研究敏感性问题缺乏匿名性

为研究敏感性问题而进行观察的可信度如何，尚缺乏系统的考察，但至少可以说，访谈是不如问卷调查可信的，而观察中更难于保持一个观察对象的匿名性。关于某些敏感的行为，观察人员在场是不可容忍的，只能采取间接了解的方法，否则就什么资料也不可能得到。

观察可根据不同的标准进行不同的划分。根据观察者对观察对象所处的环境的控制与否，观察可分为自然观察和实验室观察。自然观察是指观察的环境一般为一个自然场所，是在自然发生的条件下，观察者对观察对象不加变革和控制的状态下进行观察的方法。实验室观察是指在实验室里，在一种控制情形下进行观察的方法。实验室观察的根本特点在于它不仅要有明确的实验目的和严密的实施计划，而且必须精确地测量观察对象，必须严格地控制一个或一个以上的变量，并观察这种控制对其他变量的影响，从而发现观察对象内部的因果关系和相互关系。

根据观察者是否让观察对象觉知，观察可分为隐蔽观察与公开观察。隐蔽观察是指观察对象不知道他们被观察的方法。公开观察是指观察对象能见到观察者，知道他们正被观察的方法。显然，隐蔽观察可能更利于观察者收集到自然、真实的信息，但是它在研究伦理上面临挑战。更为严重的是，它可能会侵犯观察对象的法定权利，因而运用时需要谨慎再三。公开观察的主要问题是，它可能是反应性的。观察对象由于知道自己正被观察而不自在，甚至有意或无意表现出观察者"希望"观察到的行为。这就产生所谓"研究效应"，影响研究的信度，严重时可能完全导致研究无效。

根据观察的过程结构性安排，观察还可以分为结构观察、准结构观察和非结构观察。结构观察的运用像调查要力图检验假设一样，需要一个标准化的手段。这种手段是一个用作观察的项目清单而不是问卷表，一般是使用某种检验单（check list）来记录行为的次数。而且这些数字一般必须立即记录下来。总之，这种全结构研究是具有详细的观察计划、明确的观察指标体系以及有系统的一种可控制性的观察。准结构研究（semi-structured study）是用一个结构观察手段（如贝尔斯的方法），进行一项在自然场所里的研究（如一个现场研究）。教育研究人员若希望掌握结构观察所提供的严密性和用数量表示的能力，但又不希望伴有人工性，就可采用准结构观察。非结构观察指没有周密的观察计划、观察提纲和明确的观察指标体系的方法，限于对观察对象做一般性的了解。

根据观察者对观察时间的取样不同，观察可分为时间取样观察或事件取样观察。时间取样观察是指在选定的一定时间内进行观察，对观察对象在这一时间段或这一时刻发生的各种行为表现和事件做全面的观察和记录的方法。这种观察可以随机选取时间，也可以选择可能发生典型行为或事件发生相对集中的时间。事件取样观察是指对某种与研究目的有关的、预先确定的、有代表性的行为或现象的背景、起因、经过、结果、持续时间等方面进行观察和记录的方法。

根据观察者是否亲身观察，观察可分为直接观察或间接观察。直接观察是指直接通过观察者的感官考察观察对象活动的方法。它的优点是可以获得直接、具体而真实的第一手材料。而且观察者的主动性强，能根据观察目的及时调整观察内容，从而及时抓住许多重要的细节，包括观察对象的情绪反应、语气强弱等表现。不过，由于直接观察是通过人的感官进行的，人的感官认识事物时的局限性自然也会制约这种观察的使用效果。间接观察是指观察者借助一定的仪器、设备考察观察对象活动的方法。

此外，根据观察者是否参与到观察对象的活动中并充任其中的角色，观察分为参与式观察和非参与式观察。根据对观察对象信息接收的形式，观察可以分为定量观察和定性观察。

下面我们将重点对定量观察和定性观察进行介绍。

第二节　定量观察

一、定量观察的特点

定量观察是按照事先设计的一套明晰而严密的计量系统实施观察的方法。定量观察被称为系统化的、结构性的、标准化的观察。[1] 这种观察有明确的观察对象（主要是通过抽样技术选取学生或教师）、有严密逻辑性的观察项目系统、确定的观察程序和记录单位，还有物化的观察记录工具。对于有的定量观察来说，还要对某些影响观察对象的因素加以控制（采用实验法的思路），或者在需要观察的事件、时间等方面有严格的抽样技术上的要求。

定量观察的长处是能系统地、高效地获得大量真实的、确定的观察资料，容易进行观察记录，而且便于对观察结果进行系统的定量处理和对比分析。它的短处是对观察设计人员和观察者的理论和技术要求较高，同时观察过程比较呆板、缺乏灵活性。例如，我们要考察在课堂教学过程中某个小组四名学生之间的交往活动的次数分布（见表 4-1），就可以确定观察时间、场所、观察人员，并且通过编制一个观察记录表来保证观察的结构更为合理。

---

[1]　吴康宁：《课堂教学社会学研究中的现场观察》，载《教育研究与实验》，1998(1)。

表 4-1 四名学生之间的交往活动的次数分布

学生	A	B	C	D
A				
B				
C				
D				

注：表中可采用画记号的方式进行记录，如写"正"字。

有的定量观察还采用了实验观察的形式，即在人工控制的环境中进行系统的观察。这里就用到了后面将要讨论的实验研究的思路。例如，给被观察的学生提供 6 根火柴棒，看他们能否摆成 4 个等边三角形（要求每边都由一根火柴棒构成），然后观察他们的整个操作过程和结果。

二、定量观察中的结构式观察

教育研究中的全结构式研究（completely structured study）施行于一个实验室里。这种在实验室施行的全结构式研究，要求实验室达到一定的标准化，要求实验室的条件在所有时间内都保持一致，以便在不同时间对不同的组在观察种类上做对比。在某些观察中，所研究的现象的性质（因变量）被假定不受人工环境或各种特征的影响。虽然被观察的人们中有些人可能在特征上不同，可因年龄、性别和肤色而有区别，但所有无控制的变量均被假定对研究的行为是没有影响的。

三、定量观察的实施步骤

（一）确定观察内容

观察内容必须具备两个基本条件：一是准确地反映、体现或说明观察目的；二是能够被操作，即观察人员能据此观察到应该观察的行为或事件。因此，确定观察内容并形成合理的内容体系，一方面要准确地理解观察目的和相关概念的内涵与外延；另一方面要明确界定所要观察的内容在具体场景中的实际表现，包括行为表现、事件发生发展的标志等。例如，要观察学生主动学习的情况，首先就应准确地理解什么是主动学习，其内涵和外延是什么；其次要将抽象的概念用具体的行为表现来体现，即主动学习的具体表现是什么。我们既可以按空间的分布确定学生在课内课外主动学习的具体行为特征，又可以按时间的顺序确定学生在一天或一个单元的学习生活中主动学习的具体行为。比如，对于五年级学生而言，上课时能认真听清教师和同学的话，积极主动地回答问题，并敢于主动地提出自己不懂的问题，表达自己的意见；根据学习的需要，积极参加小组的学习和讨论，相互检查，熟悉小组和集体活动的形式；等等。

（二）选择观察方式、观察对象和记录方法

在明确观察内容之后，就要解决怎样观察的问题。其中，至少需要确定三方面的选择，即观察方式、观察对象和记录方法。

1. 选择观察方式

不同类型的观察各有其优缺点，而具体的观察内容和相关的客观条件也各不相同。这就需要结合这两方面的情况，选择有利于获得科学结论的观察方式，充分体现不同观察方式的优点，而克服其缺点。

2. 选择观察对象

以进入课堂开展观察研究为例，选择需要观察的学生大致有如下两种方式。

其一，将出现特定行为的人选为观察对象。例如，如果要观察了解一节课中的师生个体言语交往行为，其中只有一位教师讲课，那么教师这一方面无须另作选择，学生这一方面则是根据是否出现个体言语交往行为来选择的。也就是说，所有与教师进行言语交往的学生都是观察对象。

其二，将具有某些特定属性的人选为观察对象。例如，可以根据具体研究需要，将个性比较外向的学生、个性比较内向的学生预先确定为观察对象，即"目标学生"；类似地，还可以把若干干部学生与群众学生、学业好与欠佳的学生选为观察对象。显然，这就可以用到我们在前文中提到的抽样方法。这里有可能出现的一个难题是确定目标学生的数量问题。人数太少，则难以获得全面系统的研究资料；人数太多，则一两个观察者很难开展研究。在这方面，英国学者高尔顿等提出的一套办法值得借鉴。他们在观察学生的课堂行为时，预先按成绩确定了 8 个目标学生，其中"优生"与"后进生"各 2 名(男生、女生各 2 名)，"中等生"4 名(男生、女生各 2 名)。为了在形式上能公平地观察所有目标学生，观察者每学期应观察 3 天，每天上午与下午各观察一段时间。其中，上午的观察有时在中间休息之前，有时在此之后。在每段观察时间里，每个目标学生被连续观察 4 分半钟，教师则被连续观察 19 分钟。这样，教师与学生便能够轮流从各段观察时间的开头、中间和结尾被观察。[1]

---

[1] 吴康宁：《课堂教学社会学研究中的现场观察》，载《教育研究与实验》，1998(1)。

3. 选择记录方法

一般来说，中小学教育研究中用到的记录方法主要有等级式、频率式、实录式、是非式、符号式等，可以将这些方法综合起来运用。定量观察主要用到如下几类记录方法。

①时间取样记录法。以时间为选择标准，专门观察和记录在特定时间内所发生的行为，主要记录行为呈现与否、呈现频率及其持续时间。例如，有研究者对小学低年级学生上课时注意力集中情况进行了观察研究，见表4-2。[1]

表4-2 小学低年级学生上课时注意力集中情况

时间	行为记录	比例(%)
开始到5分钟	全班学生踏实认真书写，没有任何声音动作	100
5分钟后	3人开始看别人的作业，并提出别人的书写毛病	7.8
6~10分钟	7人开始有动作或开始发愣，有的玩铅笔、橡皮等学习用具	18.4
10分钟后	20人开始有动作、发愣，有的开始出声音	52.03
13分钟后	6人完成作业	15.79
20分钟时	14人完成作业(24人未完成作业)	36.84
又延续5分钟后	又有20人完成作业(4人未完成)	52.65

初步分析：一年级学生在完成一些重复性记忆作业（如字词抄写、生字书写等）时，最佳完成时间为10~15分钟。在这段时间内，学生有较强的注意力，以认真态度完成作业；符合这一特点布置作业，能达到较理想的效果。

②行为核对法。它也称为清单法、查核清单法。这就是将要观察的行为项目排列成清单式的表格，在这些行为项目旁边标明是否出现这两种选择，然后通过观察检查核对这些行为是否出现；只要某项行为出现，就立刻标记。行为检核表的编制方法与后面所说的观察项目系统的创建方法类似，这里就不再展开探讨。

③等级评定法。这一记录方法要求观察者在一段特定时间内注意观察对象的表现。这段时间可以短到只有5分钟，长至60分钟。在观察结束时，观察者对于在该期间需要研究的行为表现做出评估，按照一个等级标准进行评定。例如，针对班级内的情感—态度气氛予以观察、积分。[2] 情感—态度气氛的课堂整体记分见表4-3。

① 裴娣娜：《教育研究方法导论》，191页，合肥，安徽教育出版社，2000。
② 中央教育科学研究所比较教育研究室：《简明国际教育百科全书·教学(上册)》，158~159页，北京，教育科学出版社，1990。

表 4-3 情感—态度气氛的课堂整体记分

范例:
(1)按下列评定为教师对班级的态度打分:

非常好	大部分时间很好	不好不坏	偶尔不好	很不好
5	4	3	2	1

例如,如果你感到教师对班级的态度非常好,就应该打"5"分
(2)按下列评定为班级学生打分:

班级非常高兴或满意	大多数学生在大多数情况下感到高兴或满意	约半数学生在多数情况下感到高兴或满意
5	4	3

学生偶尔感到高兴或满意	班级很不高兴或满意
2	1

例如,如果你认为班级在大部分时间里感到满意,但不总是这样,你应该打"4"分

再如,中小学教育普遍应用的评课表就采用了类似的方式。用这样的评课表来听课,当然涉及许多研究方法(包括行动研究法、实验研究法)的应用;但从观察研究的角度看,这就是采用了等级评定法,包括在一些项目上给出等级分数的做法。例如,小学数学新授课评课表(部分)见表 4-4。

表 4-4 小学数学新授课评课表(部分)

评价项目	权重	评价内容	评价标准	评分
组织与准备	5%	1. 迅速组织学生进入学习状态 2. 精心设计和组织复习内容 3. 学生学习积极主动,参与率高 4. 时间控制在 3~5 分钟	优:4.5~5 分 良:4~4.4 分 中:3~3.9 分 欠佳:0~2.9 分	

(三)编制观察记录表和观察记录代码系统

1. 编制观察记录表

观察记录表的内容因观察方式的不同而有所不同,其主要设计难点是行为事件的记录内容因不同的研究目的、不同观察类型而不同。例如,若采用时间取样观察,则对在特定时间观察的目标行为都应尽可能全面地观察并记录下来。弗兰德斯师生互动观察类目系统(见表 4-5)是运用时间取样观察记录与解释师生之间相互作用的成功范例。该系统主要观察记录课堂教学中师生的言语交往情况,以了解师生在课堂中的活动水平和地位。研究者事先对课堂上教师与学生的言语行为进行了分类,把教师和学生的言语各分成两类,即做出反应与主动发起;此外,还有一种停顿,即在观察期间师生均没有言语交往。

表 4-5 弗兰德斯师生互动观察类目系统

教师言语	
做出反应	1. 接纳情感：以平和的方式接纳与厘清学生的积极或消极的态度、语气；其包括预料到并唤起学生的情感 2. 表扬或鼓励：表扬或鼓励学生的行动或行为；其包括开玩笑以消解紧张感，但不伤害第三者，或者点头同意，或者说"是吗"或"继续下去" 3. 接受或利用学生的想法：厘清、发展或拓展学生的看法；但若教师所说的更多是自己的看法则归入范畴 5 4. 提问：基于教师的看法提出内容或程序方面的问题，以期学生回答
主动发起	5. 讲授：示明内容或程序方面的各种事实或观点；表示自己的看法，做出自己的解释，或引证权威（不是学生）的观点 6. 指令：给予指示、命令或要求，以期学生遵从 7. 批评学生或维护权威：明言正告，以使学生的不可接受的行为变为可接受的行为；阐明自己所采取的行为的理由；强调自身的绝对权威
学生言语	
做出反应	8. 反应性说话：由教师引发交往，或要求学生阐述，或营造情境
主动发起	9. 主动性说话：由学生主动说话；学生表明自己的看法，引出一个新的话题，自由拓展自己的观点与思想方法，如提出一些有创见的问题或超越现存的结构
停顿	
	10. 沉默或混乱：暂时中止谈话，短时间的沉默；或短时间的混乱使观察者无法了解交谈内容

研究者为表 4-5 中的 10 种反应分别规定了代码，以便观察时能迅速、准确地记录。这项观察研究要求观察者每隔 3 秒钟记录一次师生活动的情况，一共要求记录 5 分钟。表 4-6 是师生言语交流记录表。

表 4-6 师生言语交流记录表

1分钟																			
2分钟																			
3分钟																			
4分钟																			
5分钟																			

运用这个记录表既可以计算教师、学生的各类反应的频率和比例，也可以了解各类反应之间的比例，如师生言语数量的比例，教师言语、学生言语在所有言语活动中的比例，学生言语与沉默时间的比例等。

在类似的研究中，根据具体的研究目的，还可以设计专用的观察项目清单。例如，为了弄清楚我国学校课堂交往主体的状况，有研究者设计了如表4-7所示的观察项目清单示例一。如果想同时了解交往过程的"启动者"与"受动者"的情况，则可利用表4-8所示的观察项目清单示例二。在具体记录时，可以为每个项目设计一个记录符号。①

表 4-7　观察项目清单示例一

师生交往	生生交往
教师与学生个人交往 教师与学生小组交往 教师与全班学生交往	学生个人与个人交往 学生个人与小组交往 学生个人与全班交往 学生小组与小组交往 学生小组与全班交往

表 4-8　观察项目清单示例二

师生交往	
教师启动与学生个人交往 教师启动与学生小组交往 教师启动与全班学生交往	学生个人启动与教师交往 学生小组启动与教师交往 全班学生启动与教师交往
学生交往	
学生个人启动与个人交往	学生小组启动与小组交往
学生个人启动与小组交往	学生小组启动与全班交往
学生个人启动与全班交往	全班学生启动与个人交往
学生小组启动与个人交往	全班学生启动与小组交往

2. 编制观察记录代码系统

为了让不同的研究者同时达到更为快速、准确记录的目的，就需要编制标准化的观察记录代码系统。表4-9为师生交往的符号代码系统。

表 4-9　师生交往的符号代码系统②

代码符号	行为特征内容
A	学生举手
B	学生举手并被教师提问

---

① 吴康宁：《课堂教学社会学观察中的现场观察》，载《教育研究与实验》，1998(1)。
② 董奇：《心理与教育研究方法》，228 页，广州，广东教育出版社，1992。

续表

代码符号	行为特征内容
C	学生举手并被教师提问，只回答了一个字
D	学生举手并被教师提问，回答一般
E	学生举手并被教师提问，回答良好
F	学生举手并被教师提问，回答很好
G	学生没有举手，但被提问
H	学生没有举手，但被提问，只回答了一个字
I	学生没有举手，但被提问，回答一般
J	学生没有举手，但被提问，回答良好
K	学生没有举手，但被提问，回答很好
L	学生没有举手，但被提问，不作回答
M	学生问一个问题
N	学生没经教师允许，自己讲话

所谓观察记录代码系统是研究者为方便记录有意义的、可以观察和处理的行为类别或行为单位而编制的一套符号系统，也就是在行为类别或单位与符号之间建立起对应的关系。编制并熟记观察记录代码系统，在实施观察时就可以用少量简单的符号代表相对应的行为类别或单位，从而达到快速、准确地记录观察结果的效果。

（四）训练观察人员

未经严格训练的观察人员都有可能在观察、记录的过程中产生较多错误。所以，要使观察结果可靠、系统，有必要在收集观察资料之前对观察人员进行挑选、训练。对观察人员的培训主要包括：准确理解观察目的，熟悉所用的观察方法的特点、观察过程和观察技巧，学会对观察时发生的意外事件进行处理，学会快速、准确地记录观察结果等。在必要的情况下，应在知识培训的基础上进行实践培训，以保证观察人员形成基本的观察技能，从而有效地进行观察和记录，为下一步研究的成功打下坚实的基础。有学者提出，只有当不同观察人员的观察达到80％以上的一致性时，才可以正式开始进行观察。

（五）实施观察并整理资料

在设计上述内容的同时，还要逐步考虑各项内容在整项观察中的地位、与其他部分的关系。最后，在上述设计的基础上，形成一个系统的观察计划。然后，据此计划实施观察，精确记录观察结果；对观察结果进行统计分析，形成研究结论。

第三节　定性观察

一、定性观察的特点

定性观察是在一个真实的情境中对观察对象所做的开放性观察的方法。定性观察事先并不编制系统的观察项目清单，而只是有一个大致的观察主题、观察思路或注意方向。同时，在观察过程中，观察的内容、重点、范围也有可能会随着研究者与现场人员之间的互动或现场活动的发展而产生变化。在这样一个开放、可变的观察过程中，观察者对观察对象尽量做详尽且原本的（而不是转述的）记录，并在观察后根据会议对记录加以补充与完善。如果有必要，观察者可以采用录音、录像等手段记录相关信息。

相对于其他研究方法（尤其是定量观察）来说，定性观察主要有下面几种特点。①可以了解到更为真实的信息。观察者深入现场，可以从多方面直接了解现场的情况，不容易因为他人转述现场情况而产生偏差。②可以获得更为完整的资料。观察者在现场中可以直接了解有关事情的前后发展过程、其与各种因素之间的联系、背景资料，尤其是了解当事人的表现。这些丰富的视角和途径不仅保证了信息的多样性、真实性，而且保证了对现场的理解具有贯穿行为、文化、思想多层面的作用。③可以进行多次观察。在必要时，观察者可以对教育教学活动进行反复多次的详细观察，尤其是针对一群比较稳定的学生或教师。重复观察可以防止一次性获得的信息停留于表面的情况，便于研究者更深入地了解实际情况。

另外，定性观察也有其局限性。主要包括如下几方面。①易受观察者的主观因素的影响。因为所具备的知识、经验、情感等方面的背景不同，不同的观察者对待观察对象、行为或事件往往都有一定的主观态度或看法，从而形成一定的或明或暗的期待。这样，观察者在观察过程中容易观察到自己认为本该出现的事件，而其他事件则较易被忽视。②观察结果的代表性不够强。在具体观察时，一方面，由于所观察的行为或事件发生在自然环境里，观察者往往对可能存在的干扰因素难以控制；另一方面，选取观察的范围和内容不一定能代表更多乃至全部的观察对象或更长时间发生的行为与事件。所以，定性观察虽有直接性和可靠性的优点，但其在反映客观事实方面往往具有表面性、片面性和偶然性的缺陷。因此，要使教育研究取得更好的效果，运用定性观察时还需结合其他研究方法。

二、定性观察的实施步骤

（一）确定观察范围

在确定研究的问题之后，为了通过定性观察获取研究资料，观察者需要更具体地考虑观察所面对的问题，即根据观察的需要而设计的需要通过观察活动来回答的问题。例如，有人以"社会规范认同学习中的随机性教学"为研究课题，试图探讨随机性教学规律，为提高日常教学环境中的德育效能提供理论与实验依据。其中，对课堂上或学生活动中的随机教学进行观察，就成为一个具体的观察问题。根据这一问题，观察者确定的观察范围之一就是学生集体活动中的师生互动行为。其中一个片段如下。[①]

一块糖的分量

秋季的远足活动开始了。活动中还穿插了有奖知识抢答赛。答对一题，奖励泡泡糖一块。气氛紧张而活跃。当主持人吴老师问"亚特兰大奥运会于几月几日开幕"时，被试 D 用微弱的声音回答："7 月 19 日。"吴老师没听清，追问道："你说几号？"这时 D 身旁的一位老师响亮地回答："她说 7 月 16 日。"吴老师说："答对了，请上来领奖。"D 面带羞涩，上去领取了一块泡泡糖。

这时，台下开始窃窃私语："她刚才答的是 7 月 19 日。"吴老师思索片刻，问："她刚才答的是几号？"同学们有的说是 16 号，有的说是 19 号。吴老师接着说："还是请 D 同学自己来说吧，我相信她。"

吴老师以一种信任、期待的目光注视着 D。D 慢慢站起身，红着脸说："我刚才答的是 7 月 19 日。"D 接着走上前，把糖还给吴老师。

这时，吴老师立刻向同学们倡议："让我们为××同学的诚实鼓掌，这一份奖品应该奖给她的诚实。"当 D 在一片掌声中再一次接过这块糖时，泪水夺眶而出。

（二）制订观察计划

在确定观察范围后，为了保证观察研究的高质量，观察者需要制订观察计划。

---

① 　王健敏：《社会规范认同学习中的随机性教学研究》，载《教育研究与实验》，1997(3)。

观察计划主要涉及观察的具体对象、范围、内容、时间、次数等问题。此外，一个重要方面就是选择观察方式。具体来说，定性观察主要是采用自然观察而非实验观察，此外还需考虑是采用直接观察还是间接观察，采用参与观察还是非参与观察。

另外，还可以进一步考虑的两个问题如下。

①在采用自然观察时，需要考虑是选择隐蔽观察还是选择公开观察。在隐蔽观察中，观察对象不知道他们正在被观察；在公开观察中，观察对象能见到观察人员，知道自己正在被观察。隐蔽观察和公开观察所产生的效果是不同的。隐蔽观察能了解到自然、真实的情况，但是不容易达到隐蔽的要求。因为观察对象的行为在时间、空间的分布上不可能是固定不变的，所以观察者为了全面了解观察对象的情况就必须与观察对象相隔不远。而较长时间内这样做会被观察对象发觉，观察者也会作为一名参与者参加观察对象的活动。这对观察对象的行为必然会有所影响。如果采用公开观察，观察对象知道自己正在被观察，其行为很可能有反应性的变化，从而不再完全是自然的、真实的表现。

不过，对于中小学教育工作者而言，这一问题有望得到较好的解决。中小学科研主要是结合教师的日常实践进行的。而在学校活动中，教师之间、教师与学生之间往往形成了比较稳定、熟悉的人际关系。因此，中小学教育工作者即使当着被研究的教师、学生的面进行直接观察，也可能不会使教师、学生产生不自然的表现。当然，稳定、熟悉的人际关系是否确实能够使观察对象真实地表现自己，还取决于这种人际关系的性质是否民主、自由。

②若采用参与观察，又需在参与者的观察和观察者的参与之间做出选择（不一定是两极择一）。参与观察在参与程度上是有差异的，所有的参与观察研究都介于参与者的观察和观察者的参与之间。参与者的观察是一种比较理想的观察水平，即观察者成了被观察对象接纳的成员，观察对象不会因为观察者在场而改变其典型的行为表现。一般地说，在中小学里，教师在参与学生的活动时进行的观察或观察者在参与教师、学生的活动时进行的观察，还难以达到这种程度。例如，教师在和学生一起参加游戏、春游、研究性学习时对学生进行观察。观察者的参与则是指这样一种情况：观察者虽说也参与观察对象的活动，但不被观察对象接纳，仍被观察对象视为局外人。在这种情况下，观察对象虽不拒绝观察者参与活动，但他们会出现与平时不一样的表现，从而使观察结果的真实性受到影响。又如，观察者以合作研究者的身份听一些教师的课。在课前、课后，双方可以有较多的交流，因此也能比较熟

悉。尽管如此，观察者在和这位教师一起参加班会时，教师还是会竭力维持其良好的形象，而不展现平时可能常有但可能有损其形象的情况（如训斥学生）。既然所有的参与观察都介于这两者之间，那么就存在一个具体的观察究竟居于何种水平的问题；这个问题是所有观察者必然遇到的问题。一个观察者经过一段时间的多方面的努力，希望将其观察水平提高到更接近参与者的观察而不再局限于观察者的参与，就要让观察对象放心，让他们明白这些研究会给他们带来正面的影响，而不会给他们带来伤害。

（三）设计观察提纲

尽管定性观察具有很大的开放性和可变性，但是在制订观察计划之后，观察者应编制具体的观察提纲，以便将观察内容进一步具体化，从而保证观察质量。观察提纲应遵循可观察原则和相关性原则，涉及那些可以观察到的、对回答观察问题有实质意义的事情。观察者可以先确定自己希望观察的具体内容，然后将这些内容进行分类，分别列入观察提纲。这样的观察提纲具有一定的开放性和变通性，因此与定量观察中的观察项目系统有着本质不同。通常观察提纲主要涉及以下六方面的内容。

①"谁"：有谁在场？他们是什么人？他们的角色、地位和身份是什么？有多少人在场？这是一个什么样的群体？在场的这些人在群体中各自扮演什么角色？谁是群体的负责人？

②"什么"：发生了什么事情？在场的人有什么行为表现？他们说话或做事时使用了什么样的语调和动作？他们相互之间的互动是怎么开始的？哪些行为是平时的常规？哪些是特殊表现？不同的人在行为上有什么差异？在观察期间他们的行为是否有所变化？

③"何时"：有关的行为或事件是什么时候发生的？这些行为或事件持续了多久？事件或行为出现的频率是多少？

④"何地"：这个行为或事件是在哪里发生的？这个地点有什么特色？其他场合是否也发生过类似的行为或事件？它们与别的场合发生的行为或事件有何不同？

⑤"如何"：这件事是如何发生的？事情的各个方面相互之间存在什么样的关系？有什么明显的规范或规则？这个事件是否与其他事件有所不同？

⑥"为什么"：为什么这些事情会发生？对于这些事情，人们有什么不同的看法？人们行为的目的、动机和态度是什么？（显然，这个问题需经过一定的推论，而不能

完全通过观察回答。)①

（四）实施现场观察

对于中小学教育研究来说，许多研究是由教师本人独立开展的。但也有许多研究是由一组合作者尤其是教研员及其他人员参与的，他们可能需要在现场观察之前及过程中面临一些问题，若不及时处理就会影响研究成效。

要做到进入现场实施观察，观察人员必须解决两个问题：①证明自己的身份和要进行的观察是合法的；②进入现场的要求不被拒绝，最好能在得到允许的基础上取得有关部门人员的积极配合。在此基础上，观察人员要与现场有关人员建立友善关系。在现场观察中，这可能是较为困难而较费时间的一步了，但这一步又是获得有效信息所不可缺少的。因此，观察人员必须保持足够的耐心和毅力，不能焦虑，一定为进一步的研究而执着地完成建立友善关系的过程。例如，利用开始一个阶段的观察研究，让现场的有关领导、教师和学生看到：该研究是本着客观、中立的态度进行的，他们绝对不会因此而受到任何负面影响。另外，该研究可以为他们改进工作和学习提供很好的帮助，并可能取得更有意义的成果，从而让更多的人受益。同时，观察人员还可以通过交谈、相互帮助等活动与现场中的有关人员建立和谐的关系。需要特别注意的是，任何一个组织、团体或单位往往会形成一定的氛围甚至"亚文化"。为了顺利地、深入地进入现场，观察人员在有些场合下有必要通过各种方式、各种活动了解、熟悉并置身于这种氛围或"亚文化"中，以加强与现场有关人员的联系，取得更高效的合作与支持。

在获准进入现场之后，就要正式实施观察并做记录了。在观察和记录的过程中，若观察人员不需要或未能被观察对象接受，而又不想引起观察对象的任何反感或反常行动，那么观察人员不能在现场做笔记。不过，他们可借助有用的记忆术或记忆线索、依靠记忆来做事后记录。一个观察者即使已被观察对象接纳并与他们建立了友善关系，也不要引人注目地做现场笔记，否则极有可能引起观察对象的行动失常，从而导致观察结果失真。大多数有经验的观察人员所选择的做法是，当场在笔记中记下简要但关键的信息，包括关键的字、重要的引语或短语和记忆线索，事后再全文写下他们的现场记录。有时可能在现场使用录音、摄像设备，过后再将这些设备所记录的信息抄写下来并整理成现场记录。

---

① 转引自陈向明：《质的研究方法与社会科学研究》，238页，北京，教育科学出版社，2000。

观察人员在做现场笔记的过程中，应尽量做到：①观察过后尽可能快速地记笔记，因为在短时间内被遗忘的信息数量很少，而随着时间的流逝越来越多的信息会被忘掉。②将现场笔记尽快予以整理并尽可能地打印成文。这样做既可以较迅速地得到正式的现场记录，又较宜于阅读。而且当研究工作需要较多份数的记录时，这种方法比手写更为可取。③现场笔记至少制成两份。一份记录打印成文以便复制；而原始的一份保留备查，以便以后压缩、重新组织和重写。总之，观察人员的现场笔记应该尽可能地全面、具体，足以使观察人员本人和其他研究人员在一段时间之后能根据这些笔记将被描述的事件重新描绘成一幅尽可能真实、生动的画面。一个富有经验的研究人员已养成对观察到的重要细节不记不罢休的良好习惯。观察人员的现场笔记要妥善收藏，因为这是非常宝贵的第一手材料；对于一个观察人员来说，丢失观察信息是一种失职行为。

（五）整理观察资料

在完成上述步骤并顺利地退出现场之后，观察人员就需要对观察所获得的资料进行整理、分析。经过观察所获得的资料是生动的、丰富的，但也往往是复杂的、不够系统的。要从中探讨出某些规律或形成一些科学性的认识，就必须整理、分析这些资料。观察资料的整理和分析主要包括审核资料、资料归集、初步整理资料和进行描述统计等步骤。以此为基础，再形成一些正式的观察笔记或观察报告。

其中，观察笔记应该包括如下内容。

①对现场情况的描述。它要具体写清楚发生了什么事，何时发生，有些什么言行，谁说（做）和向谁说（做），以及周围环境伴随着发生了什么变化。尽量避免用抽象的形容词或副词归纳，要尽可能写出行为的详细过程和涉及面，以便掌握行为发生的原始情况。

②原先忘记而现在又记起的情况。这方面的情况主要有两种。一种情况是原来就认为很重要却未及时记下的信息。之所以没有及时记下，只是由于工作紧张忙碌而被打断，或者还有更为重要的信息必须首先记录。另一种情况是某些早先发生的、在当时似乎不够重要而认为不值得记录的事情，借助新发生的事件而产生较重要的结果，因而现在才被认为很重要。例如，一位教师听到一名学生讲到附近某地方很好玩。这在当时并未引起这位教师的特别关注。可是，紧接着下午这名学生与他的两个要好的同学旷课了。这位教师意识到上午所听到的那句话的重要性，并推想这几名学生很有可能到那个地方去了。

③分析意见。这是在观察过程中观察人员所进行的对所发现的资料的分析和推论，包括对观察到的行为或事件的重要性的估计、对资料的组织、分类及其理由等。

④个人印象和感觉。在实施观察时，观察人员的主观因素固然可能会对观察效果产生负面影响，但它也可引导观察人员去理解观察对象的真实思想感情，从而使观察人员能够分析和解释观察对象的行为与观察到的事件。这一点在参与观察中表现得更为充分。在参与观察中，观察人员和观察对象之间的关系有一个较长时期的发展过程。这种关系所包含的不仅有观察人员的思想感情，而且有观察对象的思想感情；同时，作为一个参与者的观察人员不仅是一个研究者，也是他们自己研究的对象之一。因此，他们的感想和行为本身就是资料的组成部分。观察人员应将他们在观察过程中以及观察之后的感觉和思想感情记录下来，并且保证有关个人思想感情的笔记始终同其他观察得来的资料分开记录。

要求观察者记录他们自己的个人印象和感觉，还有一个重要的考虑，即观察人员应学会分析自己的思想感情并对可能产生的偏见做出预防，以利于提高他们本人的科研能力。

⑤关于进一步研究所需的信息的笔记。这部分包括待做的事情，如有待于进一步了解的情况和其他有待于观察的对象的资料记载。

思考与行动

1. 教育研究中，观察作为独立应用的方法与作为其他研究方法的辅助方法有何异同？

2. 设计一份观察提纲或观察表，选择一个合适的教育或生活场景展开实地观察，并写出一份简要的观察报告。

3. 评述一份观察研究报告(或某综合性研究报告中的观察部分)。

4. 讨论：为了分析某班学生的课堂交往行为表现，有研究者提出学生的课堂交往行为表现观察项目表(见表 4-10)。请分析：①设计的项目之间的关系是否合理？②所选的观察指标是否合适？

表 4-10　学生的课堂交往行为表现观察项目表

行为	主动	中间状态	被动
提出问题	1a 能及时主动地提出遇到不懂的问题	1b 未及时提出不懂的问题，但在随后的学习中能注意去解决这些问题	1c 不懂装懂，或不知道自己哪些地方没有理解

续表

行为	主动	中间状态	被动
提出新的见解	2a 主动地提出自己独到的见解	2b 虽然有自己独立的见解，但不敢公开提出	2c 没有独立的见解，盲从别人的意见，或者无所适从
小组活动	3a 主动地为小组活动提出建议，或主动地组织小组活动	3b 能参与小组活动，但不能主动发起活动	3c 只有在小组成员的督促下才参与小组活动，或盲目服从分配

进一步阅读的书目

1. ［美］梅雷迪斯·M. 高尔、［美］沃尔特·博格、［美］乔伊斯·J. 高尔：《教育研究方法导论》第六版，许庆豫等译，南京，江苏教育出版社，2012。

2. 陈向明：《质的研究方法与社会科学研究》，北京，教育科学出版社，2000。

3. 杨小微：《小学教育科学研究》，北京，北京师范大学出版社，1998。

4. ［美］丹尼·L. 乔金森：《参与观察法》，龙筱红、张小山译，重庆，重庆大学出版社，2009。

应用实例

实例 1：论课堂观察 LICC 范式：一种专业的听评课①

课堂研究由来已久，历史上也出现过多种类型，如记录式、回忆式、测量式、描述式、解释式等。然而，从研究范式的角度来看，在常规科学时期占主流地位的、能提取出范式的要素的课堂研究类型似乎不太多。本部分试图陈述一种新出现的课堂研究范式，旨在推进人们对学校教育主阵地——课堂做进一步的关注与研究。

一、从传统听评课到课堂观察：专业化的需求

听评课始于何时？笔者尚未考证。但毫无疑问，听评课已成为我国中小学教师一项重要的专业业务活动。据笔者不完全调查，一般来说，我国学校规定教师一学期的听课节数在 10～20 节。不过，可参照的日本、新加坡的学校在这方面都没有给教师做如此硬性的规定。

日本学校一学年有三个学期，小学教师一般每月参加听评课 1～2 次。由于刚开学或学期结束，学校一般不开展听评课活动。因此按学年算的话，一学年大概有 7～8 次。而只有在热衷课例研究的初中，教师才会做到一个月参加听评课一次，一般的学校就很难说。高中几乎没有听评课活动。

---

① 崔允漷：《论课堂观察 LICC 范式：一种专业的听评课》，载《教育研究》，2012(5)。

新加坡学校没有明确规定每学期的听评课节数，只有如下两条规定与之有关：①教师每年需参加 100 小时的专业发展活动，主要形式有阅读与教学相关或其他专业领域的书籍；上培训课、参加研讨会和讲座等；教师之间听课、观课与议课；进行教研活动，如行动研究。②学校安排相同科目、相同年级的教师每周有一小时时间用来共同议课、备课。

如果听评课节数不能说明多少问题的话，那么教师是如何开展听评课这项专业活动的？作为专业人员的教师所从事的活动是否具有专业性？这可能是我们更需要探讨的问题。当前，我国中小学教师参与同伴间的听评课，所花时间较多，所获效果有限。究其原因，是专业化程度不高。这主要体现为"三无"：听课，无合作的任务，无明确的分工；评课，无证据的推论，基于假设的话语居多；听评课，无研究的实践，应付任务式的居多。① 鉴于听评课活动中存在的上述"去专业"现象，我们是否需要用一种专业的思维来思考教师同伴间的听评课，以改善教师日常的专业活动呢？

笔者所参与的团队经过五年多的努力，在他人研究的基础上，构建了一种教师同伴合作研究课堂的听评课模式——课堂观察 LICC 范式。② 我们的假设及基本观点是，课堂教学是一种专业实践，因此我们需要从简单思维走向复杂思维，摒弃简单化的理论思维即分解思维，用复杂的实践思维来审视听评课活动。课与人（教师与学生）是二合一的，世界上不存在没有"人"的课。因此我们需要从对立思维走向理解思维；就课论课不涉及人的思维，我们用理解、体谅、多元、支持的态度来对待他人的课。听评课是教师同伴合作实践的重要活动之一，因此我们需要"从业余的思维走向专业的思维"，摒弃那种"无须知识基础""谁都可以听评课""随意点评"的做法，倡导那种理解课堂、重在合作、关注学习、基于证据的听评课。

二、课堂观察 LICC 范式：一种新的课堂研究范式

"范式"这一术语的广泛传播以及人们对此的普遍认同，不仅源于库恩在其经典著作《科学革命的结构》中对"范式"概念的提出，还源于"范式"一词对于科学革命结构变更的经典诠释。库恩认为，科学知识的增长以及科学家如何通过自己的研究促进这种增长。这些研究领域里司空见惯的事情都不是偶然发生的，而是有科学发展模式的。这种模式就是前范式科学—常规科学—革命科学—新常规科学。表征每一

---

① 崔允漷：《论指向教学改进的课堂观察 LICC 范式》，载《教育测量与评价（理论版）》，2010(3)。
② 参见沈毅、崔允漷：《课堂观察：走向专业的听评课》，上海，华东师范大学出版社，2008。

阶段的核心就是"范式",从一个阶段发展到另一阶段必须经历一种"格式塔"的转换。尽管库恩的本意在于用"范式"一词来解释科学革命结构,并提出了科学革命结构的间断模式;认为科学的发展是以范式的转换为标志,但赋予了范式一词以元理论判据意义上的内涵,从而使范式一词成为一种广泛适用的划界术语。①

那么,到底什么是范式呢?或者说范式的本质究竟是什么?英国学者玛斯特曼将库恩在《科学革命的结构》一书中所使用的多范式的含义分为三个主要部分:形而上学范式或者元范式、社会学范式、人工范式或构造范式。② 鉴于这一术语的多义性,库恩又撰写了《再论范式》一文,将"范式"的含义诠释为科学共同体在专业领域所达成的共识。如果从库恩坚持常规科学的中心地位这一立场出发,进行哲学上的推论,就可以得出:范式就是指某一科学共同体采用基本一致的思考方法来研究同一领域的特定问题。③

据此,我们可以得出"范式"所指涉的三大核心要素:共同体是科学范式形成的基本的实体要素,它可以是有形的,也可以是无形的,只要拥有共同的信念;问题域是研究信念的寄托和载体,亦是科学范式得以形成的保障;解题方法或思考方法是共同体对话的基础,也是产生可比性的科学成就的前提条件。我们按照这三个要素来分解课堂观察 LICC 范式。

(一)信念:教师课堂观察合作体

教师的专业事务可以分两大类:一类是个人实践,另一类是合作实践。课堂观察不是教师个体的业务活动,而是一个合作体的专业实践。课堂观察主要不是教师的自我观察,也不是教师个体随意去"观"别的教师的课,而是指有组织、有准备、有程序地开展的专业活动。其关键在于什么样的团队或小组才是合作体。笔者研究发现,一个合作体必须至少拥有四个元素:有主体的意愿、可分解的任务、有共享的规则、有互惠的效益。④ 尽管库恩在描述科学共同体时非常强调共同的信念,但笔者以为,在实践中提炼出来的主体的意愿可能会更通俗、更容易被接受。不仅如此,笔者还在合作的技术与可持续方面提出了一定的要求。这样的合作体就不像库恩的共同体"可以是有形的,也可以是无形的",而是强调任务驱动的、持续合作的

① 郝德永:《课程与文化:一个后现代的检视》,73 页,北京,教育科学出版社,2002。
② [英]玛格丽特·玛斯特曼:《范式的本质》,见[英]伊雷姆·拉卡托斯、[英]艾兰·马斯格雷夫:《批判与知识的增长》,周寄中译,73~115 页,北京,华夏出版社,1987。
③ 崔允漷:《范式与教学研究》,载《课程·教材·教法》,1996(8)。
④ 崔允漷、郑东辉:《论指向专业发展的教师合作》,载《教育研究》,2008(6)。

研究团队。它可以是正式建制的组织，如备课组、教研组等，也可以是自愿组合的组织。

(二)问题域：课堂教学的解构

课堂观察，言下之意，就是观察课堂。然而，课堂是什么？是教师的教吗？为什么我们的听评课习惯都是听评教师的行为呢？笔者从实践中演绎出课堂的四个要素(见图 4-1)：学生学习(Learning)、教师教学(Instruction)、课程性质(Curriculum)和课堂文化(Culture)。课堂观察 LICC 范式的命名就是基于这样的考虑。

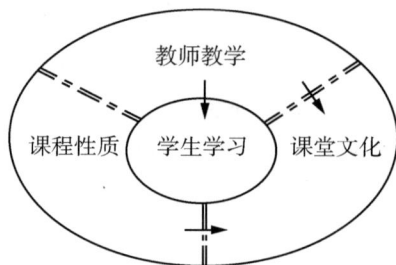

图 4-1　课堂的四个要素

其中，学生学习是课堂的核心，另外三个是影响学生学习的关键要素。图 4-1 的箭头表明各要素间的关系。出于观察的需要，遵循理论的逻辑，将每个要素分解成 5 个视角，再将每个视角分解成 3~5 个可供选择的观察点。这样就形成了课堂的"4 要素 20 视角 68 观察点"(见表 4-11)。这为我们理解课堂、确定研究问题、明确观察任务提供了一张清晰的认知地图和实用的研究框架。①

表 4-11　课堂的"4 要素 20 视角 68 观察点"

学生学习 (L)	(1)准备 (2)倾听 (3)互动 (4)自主 (5)达成	以"达成"视角为例，有三个观察点： •学生清楚这节课的学习目标吗？ •预设的目标达成有什么证据(观点、作业、表情、板演、演示)？有多少人达成？ •这堂课生成了什么目标？效果如何？
教师教学 (I)	(1)环节 (2)呈示 (3)对话 (4)指导 (5)机智	以"环节"视角为例，有三个观察点： •由哪些环节构成？是否围绕教学目标展开？ •这些环节是否面向全体学生？ •不同环节、行为、内容的时间是怎么分配的？
课程性质 (C)	(1)目标 (2)内容 (3)实施 (4)评价 (5)资源	以"内容"视角为例，有四个观察点： •教材是如何处理的(增、删、合、立、换)？是否合理？ •课堂中生成了哪些内容？怎样处理？ •是否凸显了本学科的特点、思想、核心技能以及逻辑关系？ •容量是否适合该班学生？如何满足不同学生的需求？

---

① 崔允漷：《论指向教学改进的课堂观察 LICC 范式》，载《教育测量与评价(理论版)》，2010(3)。

续表

课堂 文化 (C)	(1)思考 (2)民主 (3)创新 (4)关爱 (5)特质	以"民主"视角为例，有三个观察点： •课堂话语(数量、时间、对象、措辞、插话)是怎么样的？ •学生参与课堂教学活动的人数、时间怎样？课堂气氛怎样？ •师生行为(情境设置、叫答机会、座位安排)如何？学生间的关系如何？

按照库恩的说法，范式的科学成就旨在为科学共同体的继续研究"开拓广阔的天地，提供各种各样的问题"①。上述提到的 68 个观察点并不是要求每堂课都需要观察 68 个点。它只是说明课堂是非常复杂的，充满着丰富的信息。我们通过解构课堂，一是为观察者开展课堂观察提供知识基础或问题基础。二是让观察者认识到个人的能力是有限的，课堂观察需要"合而作之"。正如医生碰到个人处理不了的病情就需要会诊一样。

(三)解题方式：课堂观察的程序

在明确了主体层面的合作体和内容层面的问题域后，范式的最后一个要素就是解题方式。在库恩看来，运用这一层面的范式能使常规科学解决疑难问题的活动得以完成。所以，范式可以"提供概念上和实验上的工具"②。

一个范式需要借助一定的研究方式、方法、工具来解决疑难的科学问题；作为听评课的新型范式和一项专业的研究活动，课堂观察同样需要借助一定的研究方法和研究工具。它在研究方法层面有两层意思。其一，课堂观察遵循可观察、可记录的原则，通过解构课堂，将研究问题具体化为观察点，将课堂中连续性事件拆解为一个个时间单元，将课堂中复杂性情境拆解为一个个空间单元，透过观察点对一个个单元进行定格、扫描，收集、描述与记录相关的详细信息，再对观察结果进行反思、分析、推论，以此改善教师的教学、促进学生的学习。其二，课堂观察的有效实施需要借助三个阶段的持续活动——课前会议、课中观察、课后会议。课前会议主要是让教师陈述内容主题、学情分析、教学目标、教学环节、学习结果检测等，以便观察者确定有针对性的观察点。课中观察主要是观察者根据自己的任务开发课堂观察工具，以便自己收集更可靠的证据，并根据课堂观察工具选择观察位置、观

---

① Kuhn，T. S.，*The Structure of Scientific Revolution*，Chicago，University of Chicago Press，1962，p. 10，p. 37.

② Kuhn，T. S.，*The Structure of Scientific Revolution*，Chicago，University of Chicago Press，1962，p. 10，p. 37.

察角度进入实地观察，收集那些可以作为关键性证据的课堂实录，或记下自己的思考。课后会议主要关注定量或定性分析、有效学习的证据、资源利用的适宜性、预设与生成以及教师的自我反思等；最后围绕课前会议确立的观察点，提出指向教学改进的、有针对性的建议和对策。

三、课堂观察 LICC 范式的贡献与局限性

如果从范式的视角去审视传统的听评课，那么它大概可以归为前范式时期。这是因为范式的要素没有被清晰地表现出来。课堂观察 LICC 范式生长于传统的听评课，目前已在实践中产生了广泛的影响。教师普遍认为这是一种有效的课堂研究范式。那么，它的贡献到底在哪里？它给课堂研究领域带来什么样的进步呢？

（一）课堂研究范式

课堂一直是人们关注或研究的领域。课堂研究已经出现过许多范式。每种范式都在坚持自身的信念，创造或丰富关于课堂的知识。就目前而言，比较活跃的课堂研究范式见表 4-12。从范式的三要素来看，每种范式在信念、问题域与解题方式上都存在一定的分歧，但这在社会科学领域也是常见的。

表 4-12　课堂研究范式

类型	信念	问题域	解题方式
叙事或描述范式	教师个体或专家个体；解释主义	课堂事件	用故事的方式叙述或描述有意义的事件
话语或解释范式	专家个体或共同体；解释主义	课堂话语	利用对课堂话语的分析与阐释，揭示话语背后的意义
观察或评论范式	教师共同体；科学实用主义	从多个视角观察课堂中可观察、可记录的现象	用科学研究的方法描述或解释课堂问题的解决，通过评议反馈行为改进的建议
技术或分析范式	专家个体或共同体；科学实证主义	根据录像分析课堂语言与行为	利用语言、行为编码的分析，揭示课堂的真实性与客观性

课堂观察 LICC 范式隶属观察或评论范式，它坚持科学实用主义，强调教师间的合作，倡导基于证据的研究，推崇评论中的对话与分享，指向教学行为的改进，以促进学生学习的改善与教师专业的发展。正因为它具有这样的特性，所以它能够在课堂研究范式中占有一席之地。

（二）课堂观察 LICC 范式的贡献

在库恩等看来，在自然科学领域，范式的贡献在于促进知识的增长。如果我们在社会科学领域讨论范式，那么我们不仅要关注知识的增长，还要关注参与者——人的发展。依此看来，课堂观察 LICC 范式至少有如下几方面的贡献。

1. 丰富了有关课堂的知识

课堂观察 LICC 范式的成就之一是将课堂分解为"学生学习""教师教学""课程性质"与"课堂文化"4 个要素。其中，"学生学习"占据中心地位，其他 3 个要素都是影响学生学习的因素。每个要素被分解成 5 个视角，每个视角又被分解成 3～5 个可供选择的观察点。这种对课堂的解构极大地丰富了人们对课堂的认识，也为开展课堂观察提供了强有力的知识基础。

2. 提供了一套程序与技术

课堂观察 LICC 范式规定了课堂观察的程序，即课前会议、课中观察与课后会议，保证了研究的针对性与延续性，克服了传统听评课的随意、零散、肤浅等问题。同时，它还提供了观察点确定、观察与记录工具的开发、数据处理与推论、课例编制等技术，体现了教师研究的专业性。

3. 改善了学生的课堂学习

课堂观察 LICC 范式的专业性就在于，课堂观察的对象主要不是教师教学而是学生学习，所有的观察点都是为改善学生的学习而设计的。因此，课堂观察直接的受益者是学生。五年多的实践证明，课堂观察为学生的课堂学习创造了更适宜的环境，使教师的教学更有针对性、更有效率，使学生的成绩得到了明显的提高。

4. 促进了教师的专业发展

以浙江余杭高级中学生物学教研组为例，一个平均年龄不到 30 岁的 9 人教研组通过 4 年来的课堂观察，在教研系统组织的论文评比中获奖论文有 39 篇。其中，省、市级一等奖 6 篇；发表论文 18 篇，包括核心期刊 14 篇。究其原因是开展课堂观察把写论文的方式改变了：从坐而论道"写"论文变成了起而行之"做"论文。

(三)课堂观察 LICC 范式的局限性

任何研究范式既是历史的，也是过程的。毫无疑问，课堂观察 LICC 范式在课堂研究领域做出了重要的贡献。然而它也存在不能回避的问题。

就信念而言，课堂观察 LICC 范式主要倡导的是教师同伴间的合作，旨在将教师的日常工作赋予研究品质，或者说将教师带入研究状态。因此，共同体的成员参与研究的目的是出于实用，即解决大家所遇到的现实问题，而不是通过规范的研究产生新的理论。如此看来，这种知识很可能是个人的、本土的、零散的，而不是公认的、普遍适用的、系统的。就问题域而言，该范式强调的是实践的、现场的、具体的问题，而不是理论的、普遍的、抽象的问题。就解题方式而言，没有现成统一的工具或方法，证据的可靠性在很大程度上取决于开发或使用工具的人。这样的证据有可能是不够严密的，因此其可靠性也是一个问题。

（四）期待新范式的出现

在库恩看来，当某一科学范式在科学研究领域中确定其统治地位时，它必然通过一种运行机制来维护这种范式的尊严与权威。这就决定了范式的排他性、保守性以及僵化、专制的特征。

库恩的范式理论宏观而清晰地揭示了自然科学革命的结构，但不完全适用于解释社会科学领域的研究范式。不同于自然科学研究范式成为常规科学后的霸权专断和独领风骚，"对于社会科学或教育学来说，相抗衡的范式共存是一种自然的和相当成熟的标志"[1]。

课堂观察 LICC 范式作为课堂研究的一种取向、视角、方法、逻辑，无疑只是该研究领域内的一种范式。我们相信会有更多的新范式出现。其一，课堂至今仍然是一个"黑箱"，充满着未知和神奇。从社会科学研究范式的共存视角出发，需要有不断的"另一种"共同体或信念的出现，用新的方法解决新的问题。"社会科学的危险或许就在于因单个范式而造成的对新问题反应的迟钝以及对知识的垄断，从而走进'趋同情结'的误区。"[2]其二，崇尚由外而内、理智、技术取向的课堂观察 LICC 范式所固有的局限性，使其无法面对课堂的温情、心灵深处、背后的意义甚至真正的实在。我们真诚地期待着新的范式的出现。

实例 2：世界银行课堂观察工具的功能[3]

世界银行开发名为"教学"（简称 TEACH）的课堂教学质量监测工具，旨在提升教学实践反馈的个性化、标准化和规模化使用，从而推进各国从国家层面实施课堂教学质量提升行动。

TEACH 目前的版本主要面向小学阶段一到六年级的课堂。除了对学习时间进

---

[1]　崔允漷：《范式与教学研究》，载《课程·教材·教法》，1996(8)。
[2]　崔允漷：《范式与教学研究》，载《课程·教材·教法》，1996(8)。
[3]　闫温乐、施若蕾：《课堂观察工具：摒弃还是发展？——基于世界银行课堂观察工具 TEACH 的讨论》，载《比较教育学报》，2022(2)。

行三个"快照"的观察之外，课堂教学实践部分的质量是 TEACH 课堂观察（见表 4-13）的重点，被划分成 3 个主要观察的领域：课堂文化、课堂教学和社会情感技能。这些领域一共有 9 个对应的要素，指向 28 种行为。根据观察期间收集的证据，这些行为的特征为低、中或高，这些行为得分被转化为可以量化教学实践的 5 分制。

表 4-13　TEACH 课堂观察

领域、要素、行为	分数		最终分数
A 课堂文化			
1. 支持性学习环境	1　2　3　4　5		
1.1 教师尊重所有的学生	低　　中　　高		
1.2 教师对学生使用积极的语言	低　　中　　高		
1.3 教师及时回应学生的需求	低　　中　　高		
1.4 教师在课堂上未表现出性别偏见和性别刻板印象	低　　中　　高		
2. 积极行为期望	1　2　3　4　5		
2.1 教师为课堂活动设定明确的行为期望	低　　中　　高		
2.2 教师承认积极的学生行为	低　　中　　高		
2.3 教师关注期望中的行为，正面引导不良行为发生改变	低　　中　　高		
B 课堂教学			
3. 课堂引导	1　2　3　4　5		
3.1 教师明确阐明课程目标，并将课堂活动与课程目标联系起来	低　　中　　高		
3.2 教师能清晰地解释课程内容	低　　中　　高		
3.3 教师在课堂中建立与其他内容知识或学生日常生活相关的联系	低　　中　　高		
3.4 教师给出清晰的示例	低　　中　　高		
4. 检查理解程度	1　2　3　4　5		
4.1 教师通过提问、提示或其他策略来确定学生的理解水平	低　　中　　高		
4.2 教师在学生独立或小组作业时提供监督和帮助	低　　中　　高		
4.3 教师根据学生的情况调整教学	低　　中　　高		
5. 反馈	1　2　3　4　5		
5.1 教师提供具体的评论或提示，以帮助学生澄清误解	低　　中　　高		
5.2 教师提供具体的评论或提示，以帮助学生确定正确性	低　　中　　高		
6. 批判性思维	1　2　3　4　5		
6.1 教师提出开放性问题	低　　中　　高		
6.2 教师布置思考任务	低　　中　　高		
6.3 学生提出开放性问题和执行思考任务	低　　中　　高		

续表

领域、要素、行为	分数		最终分数
C 社会情感技能			
7. 自主性	1　2　3　4　5		
7.1 教师为学生提供与学习目标直接相关的选择	低　　中　　高		
7.2 教师为学生提供在课堂上参与课堂活动的机会	低　　中　　高		
7.3 教师鼓励学生积极参与课堂活动	低　　中　　高		
8. 毅力	1　2　3　4　5		
8.1 教师认可学生的努力	低　　中　　高		
8.2 教师对学生的不足持有积极的态度	低　　中　　高		
8.3 教师鼓励学生设定目标	低　　中　　高		
9. 同伴协作	1　2　3　4　5		
9.1 教师通过同伴互动促进学生的协作	低　　中　　高		
9.2 教师促进学生的人际交往技能发展	低　　中　　高		
9.3 学生通过同伴互动相互协作	低　　中　　高		

　　首先，TEACH 具有教育系统诊断和促进教师专业发展的双重功能。一方面，世界银行希望 TEACH 不但能揭示课堂上发生了什么，而且能够大规模使用，从大数据的角度来帮助改善教师教学方面的政策，从而提升教学质量。另一方面，世界银行希望 TEACH 能够帮助教师得到有针对性和个性化的评估与反馈，改进他们的课堂实践。因此，世界银行开发 TEACH 的内在逻辑是要兼顾教育系统诊断与促进教师专业发展双重功能。教育系统诊断的功能主要体现在 TEACH 的工具设计和人员培训、数据分析等操作层面，旨在为国家层面上大规模推广使用提供可能性。据了解，巴基斯坦的旁遮普省政府正式将 TEACH 作为其政府教学监控系统的一部分。① 这也表明 TEACH 已经在实现其预期用途。促进教师专业发展的功能主要体现在 TEACH 的本体内容，即观察课堂的模块、指标和行为，旨在对教师教学实践形成有效反馈。越来越多的证据表明，课堂观察可以为教师教学提供有针对性的、个性化的评估和指导，提高学生的学习效果。目前 TEACH 已经在乌拉圭、阿富汗、巴基斯坦、菲律宾、坦桑尼亚、圭亚那和越南部分地区使用。使用后发现，通过 TEACH 评估后，那些教学实践表现更好的教师，教学分数每增加一个标准差，学

---

① Molina，E.，Fatima S.F.，& Ho，A.D.，et al.，"Measuring the Quality of Teaching Practices in Primary Schools：Assessing the Validity of the Teach Observation Tool in Punjab，Pakistan,"*Teaching and Teacher Education*，2020(3).

生考试分数增加 0.12 标准差。这是在控制包括班级规模、教师学科知识等诸多变量之后得到的结果。①

其次，TEACH 的开发首要考虑普遍适用性与可行性，聚焦在课堂教学的普遍适用性经验，选取主要的、不容易受到教学设施和国家文化等外在影响的要素，重点观察三大领域。每一个领域都有背后的理论和研究支撑。第一个领域是课堂文化。这里的课堂文化主要指教师创造一种有利于学习的课堂环境。这个部分的观察重点不是观察教师纠正学生的负面行为，而是观察教师创造的环境利于学生学习的程度。鼓励教师多关注符合期望的行为，不过多关注不良行为，即不要因为批评少数犯错的学生而影响到整个课堂环境氛围。这部分的设计主要吸取了以伯内特为代表的学者对课堂文化的研究成果，要求教师为学生创造一个积极的课堂环境，鼓励学生达到较高的学术和行为标准，可以对学生的学业成就产生长期、积极的影响。② 第二个领域是课堂教学。它是指教师以加深学生理解、鼓励批判性思维的方式进行课堂教学。这里的重点不在于具体内容的教学方法，而在于观察教师在知识点转换时，是否和在多大程度上通过多种方式检查学生的理解程度。鼓励教师为学生提供要求他们积极分析和思考的任务，鼓励学生进行批判性思考，提出开放性问题或完成思维任务。这部分的设计主要基于有效教学的研究成果。有效教学是教师以吸引学生的方式清晰地传递教学内容，及时检查学生的理解程度，并且通过让学生参与各种活动来促进学生思考和发展批判性思维。③ 第三个领域是社会情感技能。这里的社会情感技能包括自主性、毅力和协作。鼓励教师培养学生的社会情感技能，为学生提供做出选择和在课堂上扮演有意义角色的机会；承认学生的努力，将失败和挫折作为学生学习过程的一部分，鼓励学生对自身暂时的不足持积极态度，促进学生发展毅力；培养学生的人际交往技能，如视角把握、移情、情绪调节和社会问题解决等。学生通过同伴互动相互协作，展示社交和协作技能。这部分的设计基于社会情感技能的研究成果。在过去 10 年，人们越来越意识到社会情感技能本身是学校的重

---

① Bruns，B.，"*Measures of Effective Teaching in Developing Countries*，"2022-03-19.
② Spilt，J. L.，Hughes，J. N.，& Wu，J. Y.，et al.，"Dynamics of Teacher-Student Relationships：Stability and Change across Elementary School and the Influence on Children's Academic Success，"*Child Development*，2012(4)，pp. 1180-1195.
③ Leyva，D.，Weiland，C.，& Barata，M.，et al.，"Teacher-child Interactions in Chile and Their Associations with Prekindergarten Outcomes，"*Child Development*，2015(3)，pp. 781-799.

要成果之一。社会情感技能的发展在学业成就中起着重要作用。①

最后，TEACH 注重使用方法的易获取和易掌握。弗吉尼亚大学教学高级研究中心教授萨拉·里姆-考夫曼表示："在 TEACH 之前，缺乏可以系统使用的、开放资源的、灵活有度的、易于学习的观察方法。因此，课堂教学成为国际社会努力改善教育的主要绊脚石。"②可见，对于课堂观察工具而言，方法的容易获取、容易学习、灵活学习十分重要。TEACH 主要面向中低收入国家，在以下几个方面注重降低使用门槛。

①观察实施的人员方面。世界银行团队在整个国家推广 TEACH 时，只需要三个核心人员，分别是负责人、编码员和数据分析员。其他观察员则不需要掌握复杂的分析技术，只需要根据观察表进行观察即可。三人组成的核心团队接受世界银行 TEACH 团队的培训，在培训完成后经过评估证明可以使用 TEACH 工具在本国独立开展大规模的观察员培训。世界银行团队给予远程支持。这一举措已经在莫桑比克、巴基斯坦、菲律宾和乌拉圭的 1000 多个教室进行了试点，并对来自 11 个中低收入国家的教学视频进行了测试。对培训数据的分析表明，培训仅 4 天后，90％ 的参与者通过了观察可靠性考试。值得注意的是，这些参与者都是这些国家招募的本土观察员。他们的教育水平与本国普通公民相当，而且以前没有进行课堂观察的经验，部分有教育专业背景。③

②观察的时间单位方面。一些课堂观察工具将观察的时间单位划分到秒，且一堂课要捕捉多个以秒为单位的片段。研究证明，捕捉的时间片段越短，对观察员的操作阻力越大，直接影响到观察和评价。因此，TEACH 的课堂观察时间仅仅分为两个部分，每个部分持续 15 分钟。第一个部分从教师进入教室那一刻开始。值得注意的是，在每次 15 分钟的观察之后，TEACH 要求观察员用 10～15 分钟对第一个 15 分钟的观察进行评分。这样做是为了防止观察员对刚刚的 15 分钟片段有所遗忘。例如，在一节 45 分钟的课上，第一个部分在预定的上课时间开始，时长为 15 分钟。然后观察员停下来（即使上课还在进行），花 15 分钟对第一部分进行评分。然后，观察员花剩余的 15 分钟观察后面 15 分钟的课堂。上课结束后，观察员再花 15 分钟对

---

① Longobardi, E., Spataro, P., & Rossi-Arnaud, C., "Relations between Theory of Mind, Mental State Language and Social Adjustment in Primary School Children,"*European Journal of Developmental Psychology*，2016(4).

② Bruns, B., "Measures of Effective Teaching in Developing Countries,"2022-03-19.

③ Bruns, B., "Measures of Effective Teaching in Developing Countries,"2022-03-19.

第二部分进行评分。观察员应始终将每个观察片段记录在评分表上。如果是线上观察，则只需要观察两个 15 分钟即可。

③观察数据的分析方面。世界银行团队在官网提供了一系列免费的工具包，并对参与国家的人员使用详细的脚本和培训指南进行培训。世界银行团队会把一些数据收集的程序翻译成多种语言，并使用自动化程序清理和分析数据。这些数据收集的程序和分析数据的程序都是免费获得的，并且只需要短时间培训即可操作。数据分析完之后，会自动生成分析报告的模板。

实例 3：定性观察案例①

一、整理后的课堂观察记录

教师提问："有谁知道海水为什么看上去是蓝色的？看看哪个小朋友肯动脑筋，积极举手发言。"话音刚落，将近三分之二的学生举起了手，并且都看着教师。所有中队干部学生和小队干部学生都举了手。

靠着观察者的这位留着小分头的学生此前五次提问都举了手，但均未被指名发言。这次他将手举得更高，几乎站了起来。

没有举手的学生大多目不正视教师，表情较为紧张。

教师此时似乎并不急于指明回答，而是一边观察全班学生，一边说："有谁知道呢？"不过，教师的目光好像并未在举手的学生身上停留，而是基本上一直在那些未举手的学生身上移来移去，神情显然不太满意。就这样足足持续了六七秒钟。

终于又有四五个学生举起了手。但他们手举得既不高，神情也不坦然，给人一种不太自信的感觉。

"嗯，不错！连小霞同学今天也积极举手发言了。好！小霞，就请你说说，海水为什么是蓝色的？"

二、观察者的关注点

这些干部学生真的都知道吗？若真的都知道，似可说明这些干部学生比其他学生知道得多？若并非都知道，说明干部学生比其他学生更注意"积极回应"教师的要求？

教师为何不叫这个举手最积极的学生发言？这是一个怎样的学生？是他平时不太讨教师喜欢，还是经常答错问题？

为什么他们都目不正视教师？是一般的难为情，还是慑于教师的权威？

----

① 吴康宁：《课堂教学社会学研究中的现场观察》，载《教育研究与实验》，1998(1)。

　　教师似乎在等待着什么，而且是在未举手的学生身上等待着什么。从本节课的进度来看，似无多少时间余地可等。那么为什么一定要等呢？为什么神情不大满意呢？这与教师的课堂控制观有无联系呢？

　　这四五个学生真的想出答案了吗？他们的举手是教师"勉强"的结果吗？为什么其他未举手的学生最终没有举手？这四五个学生是怎样的学生？

　　教师为什么要说"连"呢？这个名叫小霞的学生是一个怎样的学生呢？

第五章　教育调查研究

教育调查研究是在研究宏观的、大范围内的教育问题时通常采用的基本方法，在整个教育研究方法体系中占有非常重要的地位。本章将介绍该方法的基本原理和运作技术，重点阐述问卷调查与访谈调查这两种类型的教育调查。

第一节　教育调查概述

//////////////////

调查是指人们在某种方法论的指导下，借助一定的手段和方式，对某种或某几种社会现象和社会问题进行考察，通过对收集到的各种事实和资料的分析处理，进而得出某种结论或推论的研究方法。习近平同志指出，通过深入实际调查研究，把大量和零碎的材料经过去粗取精、去伪存真、由此及彼、由表及里的思考、分析、综合，加以系统化、条理化，透过纷繁复杂的现象抓住事物的本质，找出它的内在规律，由感性认识上升为理性认识，在此基础上作出正确的决策。由此，调查研究是对客观实际情况的调查了解和分析研究，目的是把事情的真相和全貌调查清楚，把问题的本质和规律把握准确，把解决问题的思路和对策研究透彻。①

调查的历史十分悠久，可以追溯到公元前3000年古埃及为修建金字塔而进行的人口和财产调查。据传我国也在公元前21世纪的大禹时期进行了第一次人口调查。在此之后，尤其是秦汉以后，历代王朝更是重视人口的调查，并且设置了专门查访和处理民间事务的机构及人员。这些都可以认为是调查的开端。在西方中世纪时期，英国国王威廉于1806年派遣官吏在英格兰各地所进行的人口及财产调查和基于调查编订的《末日书》，堪称古代社会调查的典范。但总体说来，古代的调查还只是调查的萌芽时期。这个时期调查的主要特点是目的简单、手段单一，多为机械的统计，

---

① 习近平：《谈谈调查研究》，载《学习时报》，2011-11-21。

缺乏系统科学的分析。当时的调查主要是官府为征赋课税、招募兵丁而进行的。

现代调查研究是随着社会的现代化进程，尤其是西方各国工业革命的相继爆发而产生的。自第一个资本主义国家在欧洲诞生以后，各国新兴的资产阶级相继发动革命，迅速变自给自足的、封闭的小农生产方式为高度协作的、以机器生产为主要特征的、开放的社会大生产。由于工业的发展带来了资本主义经济的繁荣，城市尤其是工业化城市的兴起使城市人口迅速膨胀，而贫富之间的分化更使丧失了土地和一切财产的城市劳动者处于极为贫困的境地。犯罪率的急剧上升、公共服务设施的奇缺或不良，使各种社会问题日益突出、各种矛盾日趋尖锐。这一切若不能及时解决，都得阻碍社会迅速而协调地向前发展。正是在这种历史背景下，人们越来越希望社会调查有助于这些矛盾的化解和问题的解决，而数学和统计学的发展又为现代科学的社会调查提供了有效手段。

起源于工业化社会的现代社会调查最初可大致分为两大类：一类是为了适应政府了解社会生活、控制社会变化、加强社会管理的需要而进行的现代人口普查。这种政府统计调查的发展尤其是政府各级统计机构的建立，使社会调查日益职业化，并成为政府管理不可缺少的有效手段。另一类是由西方慈善机构和其他职业团体进行的专门的社会调查。这类调查涉及的领域甚广，重点是对于社会不良现象的调查。其主要目的是掌握社会舆论、国民意向，了解社会不良现象产生的原因、影响的范围及程度，从而引起政府对这些问题的关注。尽管上述两类调查因主体及对象不同而略有区别，但二者本质上讲可谓是殊途同归，即都是为政府加强宏观调控以促使社会协调发展这一宗旨服务的。

一般来讲，调查的主要功能是对社会现象及社会问题产生的原因，影响的规模、范围和程度，可能产生的后果进行有效诊断，从而为确定适宜的公共政策提供依据。科学研究尤其是人文科学研究中也经常运用调查研究方法，其主要目的是为论证某种假说而搜寻事实依据。

调查与其他研究方法相比，具有用途广泛、方式灵活、适应性强等特点。大到具有数以亿计分析单位的全国性人口普查或跨国调查，譬如发展中国家的国民文化素质调查、经济贫困国家儿童的营养状况调查等，小到只有一个分析单位（某一个体）的某种特定行为产生的原因分析，如某学生学习成绩不良的原因分析，都可以采用调查的方法来开展研究。并且，随着现代技术手段特别是电子计算机技术的发展，调查更是成为社会管理和科学研究的有效方法之一，任何现代国家都会不可避免地使用这种建立在现代数理统计学科知识基础上的现代调查研究方法。科学研究中也是如此。许多学科诸如社会学、政治学、人类学、心理学、教育学等都将调查作为基本的研究方法之一。

尽管调查作为一种社会管理和科学研究的有效途径和手段早已为人们所熟知，但将现代科学的调查方法引入并广泛运用于教育管理和教育科学研究领域，也不过是几十年前的事情。本章旨在探讨教育管理及教育科学研究中如何应用调查研究及与此有关的一些基本的技术问题。调查是一种具有很强的综合性的研究方法，本章重点探讨与问卷调查和访谈调查有关的问题。实际上，这种区分是相对的。一个具体的社会调查或教育调查过程往往是各种具体调查技术的有机综合。一些比较复杂的调查项目尤为如此。因此要适应新形势新情况特别是当今社会信息网络化的特点，需要进一步拓展调研渠道、丰富调研手段、创新调研方式，学习、掌握和运用问卷调查、统计调查、抽样调查、专家调查、网络调查等方法，并逐步把现代信息技术引入调研领域，提高调研的效率和科学性。①

教育调查一般要经过选择课题、提出假说、确定对象、制定方案、编制工具（包括设计问卷和访谈提纲）、实施调查（包括发放与回收问卷和实际访谈等）、整理分析资料、得出结论或推论这样一个完整的过程。其基本规范与用其他方法进行研究的过程大体一致。

第二节 问卷调查

//////////////////

问卷调查通常是在同一时限或基本上是同一时限内向某一总体的有代表性（有时这种代表性是假定的）的调查对象问某些同样的问题。这些问题有时是邮寄给调查对象，有时是调查者到调查对象家中、单位或其他地方问；有时是通过电话问；有时则是把调查对象集中到某一场所（如学校的教室里）让其作答，然后将结果收回。一般来说，调查是采取抽样方式进行的。

问卷调查与文献分析和观察相比较，其特点有三个方面：①几乎在同一时限内进行，尽可能迅速收集到各种资料；②有一系列固定的相同的问题；③对回答做系

---

① 习近平：《谈谈调查研究》，载《学习时报》，2011-11-21。

统分类，从而便于做定量对比。不过，在实际调查中，无论是所问问题本身，还是调查对象的回答，都是富于变化的。

无论采取什么方式进行调查，拟定要调查的问题并将其巧妙地结合在一起是至关重要的。因此，在这一节中，我们将重点讨论问卷设计方面的问题。

一、问卷的设计

问卷作为收集资料的重要工具，是进行调查的基本前提。问卷的设计将直接决定着问卷调查的结果。

对于问卷，学术界至今尚有不同认识。有的人认为，问卷一般是指通过邮寄等方式送给调查对象，并由调查对象在无调查者的直接帮助的情况下自行填写的一种表格；而有的人则认为，问卷不仅包括前面这层含义，而且指不直接交给调查对象，而是由调查者将问题说给调查对象听，并由调查者自己填写问卷。在此我们持后一种观点。

在问卷调查过程中，调查者欲使问卷调查更为科学、完善、准确、有效，必须对问卷调查过程中可能导致误差的原因给予充分估计，并将其逐一列举出来，以便采取一些补救方法。以下列举一些问卷调查中经常遇到的问题及补救措施。

①如果调查对象担心我们的调查是否合法，那么我们可运用一篇写得很好的卷首语或导言来进行补救。

②如果调查对象担心我们的调查结果公开有损其切身利益，最好的补救办法可能是去掉一些不必要的敏感性问题，或把一些必不可少的敏感性问题置于问卷末尾或子样本中，并且竭力向回答者保证不具名。

③如果调查对象认为自己在做重复被试或者富有被调查的经验故意为难调查者等，拒绝与调查者合作的话，我们可能的补救措施是要尽量地避免对调查对象进行重复调查，以免调查对象拒绝合作或敷衍了事。如有必要进行重复调查，那么调查者首先应该特别申明，并竭力使调查对象确信下一轮调查对其而言是必不可少的，是其他任何人所无法替代的。在这种情况下，调查者可以向调查对象说明他们所选取的调查样本是一个不允许替换的科学样本。

④如果调查对象只是刻板地答题，即调查对象只按其认为应该如何回答便如何回答，而不管这些回答是否诚实的话，调查者可以采取前面第二条的补救措施。

⑤如果调查对象担心自己的回答会暴露自己见识短或文化低的话，我们可以采

取向调查对象解释答题没有对或错以及向他们申明不予具名的补救办法。

⑥如果调查对象多次推说自己时间太宝贵，因为许多事务而没有时间来做这些对他们来说是毫无意义的问卷，或者认为此项研究不适用于自己并且推荐一位较空闲的亲戚或同事、邻居替代他们答题的话，可采用前面第三条的补救措施。

⑦如果调查对象认为调查者所要调查的问题太一般化，不够明确具体，毫无意义，或者认为自己对调查者的问题不感兴趣以及从未想过所要调查的各种问题的话，补救办法是用一些比较具体的试探性问题去指导调查对象答题。

在问卷调查过程中，调查对象拒绝合作的原因除上述外还有不少，譬如回答范畴不充分或不适当，冗长多余的问题过多以及研究人员所提的问题不确切等。由此看出，我们前面列举的问卷调查过程中可能遇到的问题及补救措施显然是不完全详尽的。但我们可以说，它们将影响调查的信度与效度。

二、问卷的贴切性

设计问卷时关键的问题莫过于问卷的贴切性。在设计问卷前，研究人员必须保证操作定义与理论概念、样本与其由抽出的总体相一致。在问卷设计过程中，又须确保问卷所含问题能够合适地测量理论概念，以及确保调查对象能够恰当地回答这些问题。在这里，贴切性主要指如下三个方面。

（一）研究目标的贴切性

研究目标对于调查对象而言必须是贴切的。当我们对某项问卷调查所涉及的整个科学背景欠缺了解，或者对调查对象并不熟悉教育科学和教育调查这一情况不做考虑，主观想象、就事论事，就往往使研究目标含糊不清。在这种情况下，调查者首先应该向调查对象说明、解释并证实问卷调查的目的是合适的。因此，在问卷的扉页附上简短的封面信（或叫研究说明）是必不可少的。当然，有时候我们所进行的研究过于复杂，以致在扉页的简短说明中难以解释清楚；或者为保证研究的客观性而不能向调查对象透露我们的研究目的，这就需另想办法。

调查者必须记住，调查对象在被调查过程中一般是不计报酬的，而他们却需为调查付出极为宝贵的时间和精力。不过，有经验的研究人员都发现许多人愿意为值得花费时间的、有价值的研究提供帮助。

（二）问题对于研究目标的贴切性

在使调查对象对研究目的的贴切性确信无疑之后，还必须使他们确信问卷中所含的所有问题对于研究目标来说也是贴切的。因此，有经验的调查者对于问卷中包含的每个问题都会仔细考虑，反复斟酌，而不会将一些多余的未经仔细考虑的问题写进问卷中。但对于那些初谙教育调查、缺乏实际调查经验的调查者来说，这是一个易犯的毛病。

调查对象除了不愿意将宝贵时间花费在那些他们认为毫无价值的调查项目上之外，还存在一个明显的倾向，就是认为调查常常是一种自我的暴露。因此，尽管调查者费尽口舌或笔墨反复向他们保证，他们的回答没有对错之分，只代表一种意见，而且是匿名的，但部分调查对象还是认为问卷调查是一种测验，担心真实回答有可能被作为损害其切身利益的证据。为此，他们多半是按照既不至于暴露自己而又符合调查要求的想法去回答问题。更有甚者，他们在问卷的答案上评论调查者的调查以及问卷所含问题的贴切性。例如，有时会发现在反馈回来的答卷中，调查对象写道："我拒绝回答。"当然，问卷中的问题与研究目标不贴切，虽不是调查对象拒绝合作的唯一原因，但也至少是主要原因之一。

（三）问题对于具体调查对象的贴切性

同种问卷用于不同的调查对象（如男生与女生、教师与学生）时，每个问题对于特殊调查对象的贴切性，也是问卷设计中的一个重要问题。

在问卷调查中，有三种主要方法来保证调查对象不会被问到一个不适合于他们的问题：①对于不同总体分别使用两套或两套以上的问卷；②使用多样化的措辞，以便调查对象或访谈员能够挑选适当用语；③使用跳跃性回答或相倚性问题。其中，常用的是第三种方法，并且这三种方法可以结合使用。第一种方法的缺点在于花费较大；第二种方法容易导致混乱或错误，特别是调查对象在缺乏回答问卷的经验的情况下。例如，要进行一项有关儿童就近入学问题的调查，如果用第一种方法，我们可以设计两套问卷。一套是供学校教师（包括学校领导和其他职工）回答的，而另一套则供家长回答的。当然，可能有的调查对象既是家长也是教师，但我们可以采取一定的技术使其只答一种问卷。如果用第二种方法即采用多样化措辞，我们可以问"你（你的朋友）同意施行儿童就近入学的政策吗"。用第三种方法即采用跳跃性回答，我们可以这样说："若你同意施行初中生分层走班的政策，就请直接从问题10开始。"尽管如此，我们还是认为要引起对问题与调查对象的贴切性的足够重视。因为对相当一部分调查对象来说，不相干问题或对于他们来说是不适当的问题将会使他们感到难以回答，从而影响问卷的回收率。

三、问卷中易发生的措辞问题

（一）一问多答

在问卷设计中，所问的一个问题不要包含两个或两个以上的问题。例如，你赞同校长、教师轮岗交流政策吗？假若某个调查对象只赞同校长轮岗交流政策而不同意教师轮岗政策呢？显然，这样的问题会使调查对象犹豫不决，并且对调查的结果和调查者的水平产生怀疑，甚至会对自己成为这样低水平调查的调查对象感到不满。

如果问卷中必须包括带有"或""和"的问题，那么我们首先必须检查它们是否包括两个问题而只要求回答一个。其中，尤以带"和"的问题易犯一问多答的毛病。带"或"的问题多数情况下还是恰当的，尤其是当"或"字前后所涉及的两件事是彼此排斥的条件下。例如，假若你有孩子初中毕业，你乐意送他（她）到普通高中或职业高中去学习吗？这里显然普通高中与职业高中是排斥的，一个学生升入普通高中一般不可能再到职业高中去，这就不是一个一问多答问题。当然，这只能区分"乐意升学"和"不乐意升学"的两群家长。下面可继续向"乐意"者提出"你乐意将孩子送到哪一类学校（普通高中或职业高中）去学习"之类的问题。

（二）措辞含糊不清

虽然没有任何一位调查者会有意使问题含糊不清，但是问卷中问题表述含糊不清是常有的事情。有的是因为有些词本身就含糊，意义不够明确。例如，"学制"一词可能就不是人人都明确的。另外有的词可能只有受过高等教育或教育专业的人知道其义。词义还可能因其他一些文化传统、年龄层次不同而有所不同。如果调查对象是不等值的，就需要对措辞采取异常慎重的态度。

解决问卷中措辞含混不清问题的办法首先是要避免在问卷中使用方言、俚语和俗称。预防措施则是对问卷中每个问题都认真地措辞，并且在开展大规模的实际调查之前进行一次或多次预备调查，尽可能让年龄、受教育程度、民族地域差异程度明显的个体回答问卷所涉及的各种问题，看他们是否回答清楚。

问卷措辞含混不清给调查带来的危害还在于我们收到的答卷中对于某一问题的回答实质上是对于两个或两个以上问题的回答，并且这种回答完全依赖于调查对象对问题的不同理解。这种错误是令研究者感到困扰的，它往往不易被发现和纠正。因此它对一项调查的影响是毁灭性的，比调查对象根本不填写问卷或根本不回答某道题的影响还坏，因为后者很容易被发现。

还有另外一类与措辞含糊不清相似的问题，这些问题往往是因调查者缺乏知识造成的。例如，在一些问卷中，尽管没有使用模棱两可、含糊不清的用语，可它的含义是含糊不清的，也会使人难以回答。例如，向调查对象提出这样一个问题："你所在的学校与××学校有来往吗？"这样就会使那些过去与××学校有来往而如今已没有来往的学校的调查对象无法回答，同时也会使同一所学校的不同的调查对象答案各异、或有或无。为了尽量避免此类问题的发生，调查者可以进行一些准备性调查或试探性调查。

（三）措辞水准

问卷的措辞水准问题主要包括问卷中每个问题所使用词语的难度、语言的规范程度以及是否使用方言或俗语等。这在问卷设计中是一个异常复杂而又极端困难的问题，它不仅取决于我们所要调查的各个对象的受教育程度或文化知识水平及其他特点(譬如年龄、性别、职业、社会地位、个人经历、地理区域以及所在地的传统习俗、文化或亚文化背景等)，而且取决于我们调查者本身的各种特点(文化程度、个人经历、兴趣爱好、文字能力、处事风格等)。问题的不同措辞水准会极大地影响调查对象的回答，提问的关键或基本的一点是力求简洁。一个冗长的问题不仅会增加调查对象理解和记忆的困难，耗费其大量的时间以及影响他们的合作愿望，而且会更多地耗费调查者的时间、精力和经费，降低调查的效率和效果。这对于以邮寄问卷为主要方式的教育调查，以及依靠许多调查者进行的教育调查而言，尤为如此。

问题的措辞难度主要取决于调查对象的受教育程度或文化知识水平。像"机会均等"和"民主化"等一类词语用于受到高等教育或具有同等文化教育水准的人大概是合适的，而用于高中以下文化程度的人则可能是不恰当的。通常讲，调查问卷的措辞难度应比访谈问卷的措辞难度更小。这是因为问卷调查对象在读不懂这些词时，没有求助的对象。这里并不是说访谈问卷的措辞难度可以加大。即使在访谈问卷中，措辞难度也不宜超出调查对象的受教育水平。要尽量做到无须由访谈者来解释问题，因为他们对问题的澄清或解释、说明往往会使调查对象的回答带有倾向性，从而影响整个研究的信度和效度。

还有一个应引起重视的措辞问题就是能否使用方言、俗语或日常用语。许多调查者认为，他们应该用调查对象所熟悉的方言、俗语或日常用语来提问，以便最大限度地加强调查者与调查对象之间的亲密关系。或许这样做是无可非议的。然而，当我们决定使用这些用语、方言时应注意如下两点。一是这些用语的普通化程度。

如果问卷调查对象是同质的小群体，用方言或俗语来提问未尝不可。但假若我们在不同年龄、不同地域的总体中进行重复研究，使用这样的用语可能就会有麻烦。二是这些用语用于何种表达方式，即是用于书面表达，还是用于口头表达。正如一般人在公开场合和私下场合的举止有所区别一样，他们在书面表达和口头表达上也有很大区别。例如，一个人在谈话中可能说"我不晓得（不知道的意思）"，而在书面表达时会说"我不知道"。假如你在问卷中问这样的问题："你晓不晓得家长对学生就近入学有哪些意见？"那么调查对象就可能认为你的问卷俗不可耐而拒绝与你合作，尽管他们平时也是这样说的。据此，我们认为，教育调查作为一种研究教育的工具，其目的主要不是与调查对象建立一种亲密关系，而是为了收集切实可靠的信息。鉴于此，在调研过程中尤其是在问卷上应使用规范或较为规范的语言，而一般不使用不甚符合语言规范的方言、习语和俗语。

（四）问题的抽象程度

问题的抽象程度也会影响调查对象答题。因此，若有可能，必须设法使问题及答题的要求十分明确而具体。诸如年龄、性别之类本来就很具体的问题自不必说，像"陈胜吴广起义"或"康熙登基年份"这样的历史事件问题也是具体的。这种历史问题回答的主要障碍在于调查对象对于该事件是否了解及其记忆是否深刻。回答存在困难的是关于幸福、公正以及民主自由这类抽象概念的问题。譬如，可能调查对象了解公正的概念。而当我们问到有关我国学校中各种考试结果的公正程度这样的或类似的问题时，调查对象就会感到回答非常困难；即便作答，其可信度也是令人怀疑的。

问卷中的意见性问题回答起来尤为困难，调查对象可能在要求表达意见的问题后面写上"没有意见"。可能他们的确没有意见，也许他们从来就未曾考虑过这种问题。一般而言，采取的措施是经过试调查，将收集到的一种或几种意见尽列其上，使调查对象只需表态赞同与否或做出选择。

问卷中的敏感性问题常常导致标准化回答。例如，政治敏感性问题和道德规范性问题都易于导致标准化回答，即回答常常与社会要求相一致。所谓标准化回答就是应该怎么答，而不问它是否真实。举例说来，假若我们问家长："你的孩子经常撒谎吗？"他们通常会回答"不撒谎"，因为孩子撒谎极易使人想到是家长教育不当。家长担心从实回答会引来责难。为了鼓励调查对象真实回答一些敏感性问题，编写问卷时一定要注意讲究技巧。尽量使问题直截了当，或是在问题中暗示有某种观点和行为并不是异常的而是普通的。例如，对于孩子撒谎的问题，这样措辞可能更合适些："根据心理学研究，儿童常常出现各种撒谎行为，你的孩子也经常撒谎吗？"

（五）诱导性问题

调查对象可能因为被诱导而产生特定回答的倾向性。为了把这种可能性降至最低，问题一般要以中性的陈述方式提出来。例如，我们应问"你认为企业在缺少劳动力时是否可使用童工"，而不应该问"你认为企业无论在什么时候也不能使用童工，对吗"。使回答问题产生倾向性的另外一途径就是引证权威。例如，我们问"现代医学证明青少年近视的主要原因是看书姿势不正确，你同意吗"这样的问题，通常会使肯定回答的比例增加。

四、开放型问卷和封闭型问卷

问卷的种类有很多。依据问卷中问题回答是开放的或者封闭的，可把问卷分为开放型问卷和封闭型问卷两种。

（一）开放型问卷

所谓开放型问卷是指不事先给出问题选择答案而由回答者自己自由作答的一类问卷。举例如下。

①您认为有必要禁止使用童工吗？

②您对我国现行的教育制度有何看法？

③您对我国实施义务教育法的状况有何评价？

开放型问卷的优点在于：①可在没有弄清楚到底有多少种答案以及调查者希望了解调查对象认为哪种答案是恰当的情况下使用。因为开放型问卷很可能会得到许多意料之外的答案，所以在具有探索性的教育调查中，开放型问卷更能得到广泛应用。②可在潜在的回答类型或答案太多以至于无法全部列入问卷时广泛使用。因为一个问题的可供选择的答案过多，就有可能使调查对象感到厌烦而拒绝合作。但如果删掉其中的某些答案，又会使问题答案不完整并且有可能不符合所有调查对象的真实情况。③可使调查对象在无拘无束情况下充分表述自己的意见。这样可以使他们感到答案是自己得出的，从而增强其与调查者的合作意识。④特别可用于那些不能简化为几个小问题的复杂课题。

开放型问卷的主要缺陷在于：①开放型问卷的设计主旨是保证所有确切的答案都充分详尽地被包含在调查结果中，但它无法排除相当多的无价值的不确切的答案。

②得到的数据往往不是标准化的，容易因人而异并带有极大的主观色彩，难以编码。这将给调查资料的分析处理，尤其是用电子计算机处理带来巨大的困难。③开放型问卷要求调查对象具有较高的表达能力与写作技巧。这样使开放型问卷只能用于具有较高文化程度的调查对象。在一些复杂的综合性极强的探究性研究中，开放型问卷所列问题太一般化，以至于使调查对象难以明白它们的确切含义。④回答开放型问卷常会耗费调查对象更多的时间和精力，因而会使问卷的回收率降低。

（二）封闭型问卷

封闭型问卷也称定选型问卷，是一种已经明确给定问题且可选择答案的问卷。回答者可直接从中选择恰当的答案。

①您愿意当中学教师吗？

(A)很愿意　(B)愿意　(C)无所谓　(D)不愿意　(E)很不愿意

②您认为您所在学校的校长有水平吗?

(A)有水平　(B)一般　(C)没有水平

封闭型问卷的主要优点在于：①回答标准化，因而可以在不同的调查对象之间进行比较。②所问的问题及答案均具体而清楚，使调查对象易于回答，有助于提高问卷的回收率。③答案比较完整(在备有适当的答案的情况下)，因而使不相干的回答或无效答案降至最低，从而提高答案的可用度。④易于编码和处理结果，省时省力又省钱。⑤对处理一些敏感性问题的变量有独到之处。这些问题涉及调查对象的经济收入、受教育的年数、年龄等方面。对于这些问题，调查者常做开放型问题处理(譬如问"你去年的收入是多少")。从数据分析的角度看，这样做是无可厚非的，因为收入是定距测量变量。如果将其划分为封闭型问题则需要将收入进行排列(如从1000~3000元)。这样就会将间距变量变为序列变量，以至于信息失真。用封闭型问卷处理经济收入之类的敏感性问题的优点是，一旦调查对象拒绝在开放型问卷中写明其年收入的准确数字，他们也许愿意在预备好的几个年收入等级的栏目下勾出自己属于哪个等级。由此看来，对于一个以数字回答的变量，按有利于数据分析的观点来看，开放型问卷可能是恰当的；但如果调查对象只乐意以上述特定的方式合作的话，则封闭型问卷也许更好一些。

（三）两类问卷的比较

通过前面的论述，我们已经明确两种不同类型的问卷各有千秋。对于不能用几种简单的答案就能概括清楚而要详加讨论的复杂问题，使用开放型问卷比较恰当。

开放型问卷可用来了解调查对象独特的观点、思想。尤其是在试探性调查中，调查者还没确定究竟现象中的哪些特征与其调查有关，这时使用开放型问卷就尤为有利。而封闭型问卷则适用于答案是确定无疑的、易于区分的、数目相对不多的情况。封闭型问卷一般可以很快答完，它比开放型问卷所需的指导要少得多。这种特点在问卷调查和文化水平较低的调查对象中显得尤为突出。

不过，更多的问卷调查则是既有关于基本变量的封闭型问题，又有一些开放型问题。这样既可以尽量节省时间和费用，又可以不放过任何一种问卷所列答案之外的重要答案。

五、答案的格式

开放型问卷一般都在每道问题的下面留些空白的地方；调查对象可以将其回答写在上面。通常调查者是通过所留空白的大小来控制调查对象书写的内容，但应当尽可能为调查对象提供足够的空白，防止其将答案写到页边或背面。

封闭型问卷的答案较为复杂，下面讨论几种常用的格式。

（一）基本格式

在封闭型问卷中，每一道题都有两个或两个以上的变量，回答的格式要视变量属于何种类型（定名、定序、定距等）而定。拟定答案的格式时必须以清楚和条理化的方式向调查对象提供各种可能的答案。对于有确定答案的定名问题，通常的方式是列举各种选择的类型，如留空格打"√"或"×"，或者留数字、字母画圈。

在适当的横线上打"√"。

性别：男＿；女√

在适当的横线上打"×"。

性别：男×；女＿

在适当的方格内打"√"。

性别：男☑；女□

在适当的方格内打"×"。

性别：男□；女☒

在适当的字母上画圈。

性别：A 男；Ⓑ女

在适当的数字上画圈。

性别：①男；2 女

有时候，为使调查对象一目了然，调查者也将各种答案纵向排列。

您赞同儿童就近入学吗？（请在您认为合适的答案后打"√"）

很赞同（　　　）

赞　同（　　　）

无所谓（　　　）

不赞同（　　　）

很不赞同（　　　）

采用这种办法的缺点就是每道题所占地方太大，从而使问卷显得过长。

为了解决这种问题，有人建议使用表格把问题组合起来。这对于记录一个以上调查对象对某个简单问题回答的数据是尤为有效的。

请在表 5-1 中写出您班上学业表现较好的 5 名学生的姓名、年龄、性别、平均成绩，并将其语文成绩与数学成绩进行比较。平均成绩最高的列在前面，并在您认为合适的空格内打上"√"。

表 5-1　学生的学业表现评价

学生姓名	年龄	性别		平均成绩	语文成绩与数学成绩的比较	
		男	女		高	低

调查者必须切记，只有当要收集的信息确实为调查对象所熟知时，如上述表格中的各项，这种表格才是有效的。通常来讲，一份问卷是只供一个填写，不允许由两个或两个以上的人合用一份问卷。尤其征求意见的民意测验更是如此。这样可以避免不同调查对象的交叉影响，使答案带有一定倾向性。

（二）序列变量的答案格式

在教育调查中，有很大一部分问题是了解调查对象关于某种教育现象和教育问题的意见和态度的，它们常常是序列化的。序列变量的答案格式也像定名变量的答案格式一样，是在空白处或空格内、括号里打"√"或"×"，或者在数字及字母上画圈。不过，与定名变量的答案格式相比较，序列变量的答案格式的不同之处在于它通常带有主观性，即它必须由调查者决定。而定名变量的答案往往是由经验决定的。例如，若了解一所学校的教学质量问题，我们提问时可能要从最好到最坏之间来修正标准量度，即调查者必须决定教学质量这个变量从最好到最坏之间要有多少个层次。通常有如下这些等级。

（1）优、良、中、欠佳

（2）很好、好、一般、欠佳

除上面两种答案格式外，还有如下一些常用的序列变量的答案格式。

（1）非常同意、同意、中立、不同意、坚决不同意、无可奉告

（2）很经常、经常、有时、几乎没有、没有

（3）很真实、真实、部分真实、很少真实、不真实、不知道

（4）非常重要、重要、有点重要、不重要、很不重要、不知道

（5）十分相信、相信、有些相信、不相信、根本不信、不知道

......

除用这种序列化的程度词来表示序列变量的答案格式外，还有温度计式和依次排列式的答案格式。

温度计式是指用如温度计上的刻度的数字来表示序列变量的不同程度。

您认为教师应该在多大程度上决定教材的选择？请您根据图 5-1 在认为合适的刻度上做记号。

图 5-1 教师对教材的选择权

为了让调查对象表明"没有意见"或者既不倾向于同意也不倾向于不同意这类的回答，有时候可以将上面的刻度表稍做改动，即把零点置于刻度表的中央，然后在左边标负值，在右边标正值。图 5-2 为温度计式答案示例。

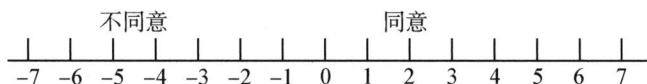

图 5-2　温度计式答案示例

依次排列式是指列出序列变量答案的各个主题,然后让调查对象根据自己的意见依次排列出来。

以下是办好学校的 5 种基本条件,请您按重要程度从 1(最重要)至 5(最不重要)依次排列出来。

　　——人员

　　——经费

　　——物资

　　——时间

　　——信息

不过,要提醒调查者注意的是,使用依次排列式时,我们自己列出答案要点的顺序可能会影响到调查对象的排列。要克服这种偏见,通常的办法是通过随机地或按汉语拼音顺序及笔画列出主题,或者在不同的问卷上改换排列顺序。

(三)定距量表

如前所述,定距变量按一般定义是连续的而不是离散的,会有大量的答案类型,往往数目过多且用封闭型问题不能容纳所有答案。当然,有时候调查者并不是对定距变量的具体数字感兴趣,而是想知道有关变量大致处于怎样的水平。譬如,学生或教师的年龄处于哪一组,教师的年收入处于哪一档。这样就可以减少封闭型问题的类型。这样做的优点是,不必让调查对象提供如经济收入之类敏感性问题的具体数字,从而有可能加强调查者与调查对象之间的密切合作。

年龄分组通常可以 5 年或 10 年的间距为一组,如 0~5,6~10,11~15,16~20,或 0~10,11~20,21~30 等。对于最大年龄组或最小年龄组可根据我们的研究课题做特殊处理、如 55+,-3,即把 55 岁以上或 3 岁以下的人都归为一组。

对于收入档次的间距一般依研究的需要做出规定,并且不一定需要等距,因为收入是常常变动的,需视具体情况而定。

六、问卷中问题的排列原则

问卷通常是由一系列的问题汇编而成的。问题的排列顺序是调查者必须重视的。

由于问题的排列顺序的不同，问卷的质量和效果不同。下面简单介绍排列问题的一般原则。

①问题的排列应由易到难。排在问卷前面的问题应该相对容易，否则就将对调查对象构成威胁或使其产生心理障碍，影响其正常答题。一般来讲，第一道问题应是调查对象无须多做考虑的问题。

②对回答后面的问题具有启发或奠基作用的问题可安排在前面。有些问题可能会引起调查对象对另外一些问题的联想、回忆或知识迁移，回答这些问题可以启发或帮助调查对象对其他问题的回答。当然这类问题应放在问卷的前面。

③问题的排列应具有逻辑性。人的思维是按一定的逻辑顺序发展的，调查对象在填写问卷时也不例外。为了切合人们思维的逻辑性，在设计问卷，特别是排列问题的先后顺序时，我们必须考虑问卷问题结构的内在逻辑性，不能跳跃性过大或颠倒重复。

④努力避免回答定势。为了符合调查对象的思维逻辑，问题与问题之间不要跳跃性过大。这只是问题排列应注意的一个方面。这里面也潜伏着危机，就是当我们考虑到有必要给问题一个适当的逻辑顺序的时候，就有可能产生一种回答定势。所谓回答定势就是不管问题的内容或正确的答案是什么，而只以某种特定的方式来回答问题的倾向。例如，我们前面列举的以社会赞许为标准来回答问题就是一种回答定势。在这种情形中，调查对象考虑的是怎样回答才会得到社会承认，而不是考虑自己对这个问题的真正看法是什么。当然这种回答定势可通过措辞技巧加以克服。另外，主要由问题的顺序引起的回答定势是以一种十分单调的方式提问或者问题答案的排列过分具有规律性。如 A，B，C，D，E 5 种答案，若连续 5 道题（甚至 3 道题）都宜选择 A 的话，那么许多回答者就有可能对后面的回答不假思索都选择 A。对此，调查者就应随意地安排问题或答案的顺序。尽管这样做有可能打断调查对象的思路，但能避免回答定势带来的负面影响。

⑤按照回答的需要安排量度项目。一份问卷包含若干量度标准相同（如同意与不同意、是与否、赞同与反对等）的问题是常见的。对于是将它们编在一起还是将其分开，各有支持者。有人主张将同类量度的问题编在一起，可以不必重复每个问题的答案种类。而有人主张将其分散排列的主要理由之一就是调查对象有可能从集中排列的问题中找到一种回答模式，或去猜测调查者的意图，然后再投其所好。

⑥将检查可靠性的成对问题分开。有时候调查者为了检查调查对象回答的可靠

性，常常有意安排一些成对问题，如先问"您认为不送处于义务教育学龄的儿童入学是违法的吗"，继之又问"您认为不送处于义务教育学龄的儿童入学是合法的吗"。这些问题安排得好，确实可以检查调查对象回答问题的可靠性。然而，若将成对问题安排在一起，会很容易被调查对象识破。因此，这种情况要尽力避免。至少有三条理由来说明不能让调查对象识破我们的安排：其一，调查对象若识破意图，他们就会故意使自己的回答前后一致，从而破坏巧设问题的目的；其二，调查对象若识破意图，有可能花大量时间去检查自己的答案，从而有可能中断答题；其三，调查对象若识破意图，有可能认为其与调查者宣称的回答无所谓对错的观点相矛盾，甚至拒绝与调查者合作。

⑦敏感问题和开放型问题宜放在问卷的后面。敏感性问题放在前面有可能引发调查对象的敌对情绪，导致其拒绝合作。而开放型问题则需要花费调查对象大量时间去思考，这样便有可能使调查对象望而生畏，中止答题。因此，宜将这两种问题置于问卷的后面。

⑧使问题活泼多样。为了保持调查对象对回答问题的强烈兴趣，在问卷尤其是费时较多的冗长问卷中使问题形式多样化是有益的。当然，这样做带来的负面影响是有时可能会使问卷更难回答。

⑨决定是否使用漏斗技术排列问题。国外一些社会学家主张采用一种漏斗技术的方法来排列调查问卷问题的顺序。依据这种技术，在问卷设计中，先要问范围广的问题，再问范围窄的问题；先问一般的问题，再问具体的问题；先问开放型问题，再问封闭型问题。这样就像漏斗一样，越来越细、越来越窄。这种技术的优点是，先问的是一些非威胁性问题（甚至是不相干的问题），从而使调查对象感到无拘无束。调查者还可以通过这种技术了解问卷中的各种问题对于具体的调查对象是否适宜，从而避免问一些不宜问的问题。不过，这些先问的问题也应是易答的，否则漏斗技术也难行得通。但一般还是认为先问一些易于回答的封闭型问题，然后再问敏感性问题和开放型问题更为合适。总之，无论怎样安排问题的顺序，都须以不令调查对象感到拘束为原则。这也是基本的原则。

七、相倚问题

所谓相倚问题是指要求调查对象根据对前面一个过滤问题或筛选问题的回答情况来作答的问题。例如，对于学生留级的研究，我们可以先问"你曾留过级吗"，然后接着问"你留过几次级"。这样后问的一个问题就是相倚问题。因为对它的回答需根据前面的回答情况来决定。值得调查者注意的是必须在过滤或筛选问题后面写明：若留过级（同意），请接着回答问题。若未留过级（不同意），请直接从其他题开始作答。

为什么要运用相倚问题呢？理由有二：其一是在调查研究过程中常常遇到样本在许多特征上不同质。例如，年龄、性别、婚姻状况、观点、意见、态度等方面都存在差异。而问卷设计的基本要求之一就是要使问卷中所有问题对于调查对象来说均是贴切的或恰当的。假如我们问卷中的许多问题对调查对象来说都回答"不知道"或"无法知道"，那么我们就无法进行资料的统计与分析。而解决这个问题的主要途径是运用相倚问题。其二，即便样本是同质的，但就许多以比较为主要手段的研究而言，就必须从不同的总体中抽取不同的样本加以比较。在这种情况下，要使问卷适合两组样本，有两种方法：要么针对不同调查对象设计不同的问卷，要么就在同一套问卷中设计相倚问题以符合不同的调查对象。不过，前面一种方法往往更花时间和金钱，这样比较起来后一种方法当然就可取一些。

编写相倚问题有多种格式。常见的一种是在每个答案后面写明：一旦该答案被选中，下一步应该回答的问题是哪一题。

你在读小学时留过级吗？

留　过──回答Ⅰ

未留过──跳到第 31 题

Ⅰ：留过几次？_____。

另一种编写相倚问题的格式是巧妙地运用箭头。

有的校长认为，一所学校的升学率不高，这所学校的质量也不高。您认为这种看法对吗？请您根据图 5-3 进行回答。

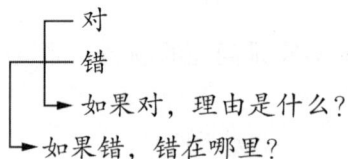

图 5-3　相倚问题的格式示例

也有的专家主张采用框格将相倚问题框出来的办法。

您是否愿意读师范?

愿 意( )

不愿意( )

如果愿意:您愿意读师范的理由是什么?

这种方法的优点是可以将相倚问题和非相倚问题明显分开,能清楚地标出框格中的问题是一个不必人人作答的特殊问题。但是,假若框格和箭头使用不当,如过多使用,就会使调查对象感到无所适从。

八、封面介绍词及问卷使用指南

在将一道道零散的问题汇编成问卷后,问卷设计的重要任务是编写封面介绍词及问卷使用指南。

封面介绍词对于问卷调查是至关重要的。它主要是向调查对象说明所进行的研究是合法、科学和正当的。它往往使调查对象决定是否与调查者合作。封面介绍词有两类:一类用于访谈调查并由访谈员直接向调查对象宣传,另一类则以一封信的形式附在问卷上一并寄给调查对象。后一类介绍词的末尾通常须有落款,包括调查发起单位或发起人所在单位的名称、日期,必要时可加盖单位公章。这样做的主要目的是证明调查是合法的、严肃的。

不论是哪一类封面介绍词,都应该包括如下内容:①说明调查者的身份;②说明本调查的重要意义;③说明调查对象客观回答问题的重要性;④向调查对象保证回答无所谓对错,他们的身份、姓名不会被透露,以及调查原始资料的处理是秘密的。下面给出一份供调查者宣传用的封面介绍词。

女士们,先生们,你们好!我们是××师范大学的研究人员。在这次调查中,我们恳请各位告诉我们,你们是如何看待当前的"双减"政策的。你们的意见对国家教育决策或者对我们的科学研究都极有价值。最后我们还将说明一点,你们的意见都是严格保密的,请你们无须担心它将会给您带来任何麻烦。

除此而外,封面介绍词还须强调填写问卷不会耗时较多。有的还须强调反馈答卷的重要意义。也有许多调查者在封面介绍词中提及会将研究结果寄给调查对象,并且一般都是在问卷的末尾由调查对象自由选择是否接收。不过这样做是费时又费钱的,但它的好处在于提高调查对象对问卷的信任程度及加强其与调查者的密切合作。

接着需要做的就是编写问卷使用指南。尤其是在邮寄问卷中，调查对象答题是在没有调查者的情况下进行的。而在一项访谈调查中，调查项目的主持人应该仔细地与访谈者研究问卷，直到他们全部理解为止。在这个研究过程中，主持人要解释、澄清有关问题，标出主要的难题，并且可事先编写出详细的指导单。这种指导单主要说明当调查对象回答某一方面的问题时，访谈者应做些什么。因此这种指南一般而言是每个问题各具特色的。它不是对访谈者的原则性要求，而是帮助访谈者解决疑难问题的。这些问题主要是一些过滤问题、相倚问题或跳答问题。

九、试测

试测是问卷设计的最后环节。这也是问卷设计的重要一环。因为在此之前所做的一切都只不过是设计出了一张问卷的初样。通过试测，我们才能发现问卷的缺点与不足，以便加以修正和完善。尤其对一些初学的调查者来说，他们更需要重视试测这一环，如有必要还可不止一次进行试测。

试测的对象通常是就近或我们熟悉的人，如亲戚、朋友、同事、同学等。在试测时，问卷的贴切性问题可稍有弹性，因为试测对象与正式的调查对象有时是存在一定差别的。

试测用的问卷的容量应比正式问卷稍大一些，以便为试测对象提出有关问卷的意见留有余地。例如，关于问题的措辞、顺序和多余的或令人误解的问题，以及不合适、不充分、多余或不清楚的答案等各方面的意见，均可写在问卷上面。为达此目的，调查者还可以特意邀请试测对象提出宝贵意见。

试测的方式和程序应与正式调查相一致，即如果正式调查用邮寄问卷的方法，那么试测也必须采用邮寄问卷的方法。在访谈调查中，访谈员应问试测对象关于各个问题的理解，并随时记下他们关于各个问题或问卷整体的各种意见。

试测完成后，调查者必须对试测所取得的各种资料进行分析。在分析这些资料时，调查者应侧重分析试测对象关于问卷的各种意见，而不是分析那些问题的具体答案。如果试测对象中有一部分或少数几个人认为某个问题或答案有问题，那么就应修改问题措辞或答案。

此外，调查者还须寻找到那些试测对象未加评论的问题的线索。对于邮寄问卷来说更须如此。对于某些问题，试测对象可能会写上"不知道""无法回答""与我不符"以及"无可奉告"等。如果某一问题的不回答率比较高，调查者首先应看看它是否是相倚问题。因为试测中样本太小、代表性差，所以有可能是试测对象都跳过了这道题。当然，也有可能是问题本身表述不清楚。

另外，还必须注意回答的格式。如果问卷中一系列问题的回答完全相同，或者试测对象都用同意或不同意这样的模式化回答，那么就应考虑这可能已经产生了一种主观化的回答定势。遇到这种情况，要么调整问卷中问题的排列顺序，要么直接向试测对象了解这样回答的原因，通过这两种途径使问题得到圆满解决。

至此，我们已经讨论了问卷设计的一系列方法与技术问题。当然，我们还有其他问题须加以考虑，如问卷的长短、印刷方式、纸张选择以及封面设计等。当然这些都是教育调查问卷设计时须严加注意的。

第三节 访谈调查

从上节的介绍中我们得知，问卷调查存在自身无法克服的缺陷。究其原因，几乎都是调查者与调查对象未能直接面谈。这一节我们将重点探讨可以克服问卷调查缺陷的另外一种调查方法——访谈调查。

一、访谈调查的优缺点

顾名思义，访谈调查是以谈话为主要方式来了解某人、某事、某种行为或态度的一种调查方法。访谈调查的一般程序是由访谈者把要调查了解的问题逐一讲给访谈对象听，由访谈对象根据访谈者的要求作答。与此同时，访谈者必须将访谈对象的观点意见及对访谈对象的印象详细记录下来，然后对这些访谈记录进行汇总分析，从而得出结论。

（一）访谈调查的优点

访谈调查的主要优点表现在以下四点。

其一，灵活性强。与问卷调查及其他调查方法相比，访谈调查的优点是灵活性强。访谈者可以根据访谈过程中的具体情况来灵活决定诸如是否需要进一步问一些与调查主题有关的其他问题，是否需要重复或进一步解释那些访谈对象不太理解的问题等。另外，灵活性还表现在访谈者可以为不同的访谈对象准备与之适合的一套问题。这就使访谈调查较其他方法具有更强的适应性。

其二，可以使用比较复杂的调查问卷或访谈提纲。由于有访谈者作为访谈对象的指导者，尤其是那些受过良好训练并富有访谈经验的访谈者，他们可以利用一些问卷或访谈提纲了解一些比较复杂的问题。而这在问卷调查中是难以办到的。

其三，可以克服问卷调查中问卷回收率低的缺点。在访谈调查中，一些由于种种原因不愿在问卷调查中作答的调查对象出于礼貌或者其他缘故却愿意向访谈者说出他们对调查的那些问题的观点、看法或意见与建议。另外，那些缺乏能力（如文化程度太低）而不能在问卷调查中独立作答的调查对象却可能在访谈者的指导和帮助下按要求回答各种问题。这样，访谈调查项目当然就无须再担心问卷回收率低的问题。

其四，可以通过多种途径来确定访谈对象的回答是否可信而有效。在访谈中，访谈者可以与访谈对象单独交谈，这样便有可能直接观察访谈对象的非言语行为，从而判定访谈对象的回答是否真实可信。同时访谈者还可以通过巧问问题来鉴别回答的真实可靠程度。

此外，访谈者可以控制问题的顺序，还可以了解访谈对象的自发性观点和意见，从而受到启发，使调查更加深入。

（二）访谈调查的缺点

访谈调查的缺点表现在如下三方面。首先是费用多、时间长，从而应用范围受到限制。一般来讲，每一次访谈调查开始前，都必须花费时间和财力对访谈者进行培训，使他们详细了解访谈调查的目的、内容、程序以及应该特别注意的各种问题。在访谈调查开始之后，由于访谈对象大多居住在离调查主办者较远的地方，这样就可能花一大笔旅费和耗费一段不短的时间。尤其是访谈方式在很多情况下是个别访谈，这就更需要增加费用和时间。由于这种缺点的存在，许多经费少、时间短而又规模大的调查项目不宜使用访谈调查。

其次是标准化程度低，难于统计分析。由于访谈具有极大的灵活性，对于不同的访谈对象可以问一些不同的问题，以使这些问题与每个访谈对象更贴切。因此，有时即便我们设计好了一整套访谈提纲，由于具体访谈情境的变化，也就不得不对访谈提纲做一定程度的调整或修改。这样一方面使访谈更适应每一个在年龄、性别、文化程度、风俗习惯及个性特征等各个方面都可能存在差异的访谈对象；另一方面则带来了标准化程度低的缺点，难以进行统计分析。

最后是极易产生偏差。访谈调查是访谈者与访谈对象的互动过程。在这个过程中，无论是访谈对象还是访谈者都极易导致产生各种偏差。从访谈对象这方面看，访谈中他们可能极易受到访谈者的性别、社会地位、年龄、服装、外貌、谈话中的表情甚至语调等许多因素的影响，从而可能导致产生偏差。有很多时候访谈对象的心境、访谈经验以及其他许多方面诸如文化程度等也会使其作答时产生各种偏差。有的访谈对象甚至有意制造一些回答的错误来让访谈者感到棘手，影响访谈结果的可靠性。再看访谈者这方面，他们也是极易产生偏差的。例如，有时候不小心漏掉了一些该问的问题和该记下的答案或意见。有的访谈者则有意或无意地删除了一些必须提问的问题或更改提问的措辞，或者问一些不相干、可有可无甚至带有偏见、自相矛盾的问题，而使访谈结果具有很大的随意性，出现一些显而易见的错误或偏差。还有些错误或偏差可能是访谈者缺乏经验引起的。譬如初次作为访谈者的人很可能在访谈过程中注意分配不恰当，有时候又忘了听导致漏记和错记……所有这一切都说明访谈调查容易产生各种偏差。

此外，访谈调查还有诸如没有足够的时间让访谈对象深思熟虑、不能保证访谈对象匿名、不能查阅有关资料以及易受环境的干扰等缺点。

二、访谈调查的种类

访谈调查有许多种类，并且依据不同的维度可以进行不同的分类。访谈调查按访谈中的提问方式可分为定向型访谈调查和非定向型访谈调查；按访谈时间或次数可分为一次性访谈调查与重复性访谈调查；按参加访谈的人数可分为集体访谈调查与个别访谈调查。此外还有一些特殊类型的访谈调查。

（一）定向型访谈调查与非定向型访谈调查

定向型访谈调查也称结构性访谈调查，是由访谈者按照事先设计好的访谈调查问卷或提纲依次向访谈对象提问并要求访谈对象按规定标准进行回答的一种调查方法。这种方法的特点就是访谈问卷或访谈提纲的标准化。无论是否给出了可选择的各种答案，但都是向所有的访谈对象问一些完全相同的问题。它的好处就在于结果的统计分析来得相对容易，因为它将随意性控制到了最低。

定向型访谈调查通常用于了解访谈对象某种特定的行为或态度，或者验证访谈者的某种理论假设。例如，我们要了解"2019年应届高中毕业生的升学志愿"的情况，就可以使用定向型访谈调查。

非定向型访谈调查正好与定向型访谈调查相对，是指事先不设计完整的调查问卷及详细的访谈提纲，也不规定标准的访谈程序，而是由访谈者和访谈对象就某些问题自由交谈，让访谈对象比较随意地提出自己的意见，不管访谈者想得到什么样的答案的一种调查方法。在非定向型访谈调查中，虽然也有访谈调查讨论的主题，但访谈者并没有要求所有的访谈对象按统一的格式和标准的程序作答。

非定向型访谈调查多用于某一特定的事件所引起的人们的态度或行为变化的个案研究等方面。

（二）一次性访谈调查与重复性访谈调查

一次性访谈调查也称横向型访谈调查，是指对人们在某一生活时刻或某段时期内的思想、态度及行为等方面情况进行的访谈一次性完成的调查方法。这种访谈调查方法通常用于就某个特殊问题进行调查研究或者在某一事件发生后人们对该事件的态度及该事件对人们行为产生的影响的调查研究。其特点是一次性完成，因此它所得到的结果多为静态信息。

重复性访谈调查也称跟踪访谈调查或纵向型访谈调查。顾名思义，重复性访谈调查指不是一次完成，而是要经过多次访谈才能完成的调查方法。这种调查方法主要用于随着时间的推移和其他环境条件的变化，人们在思想、态度和行为等方面所发生的变化的调查研究。

重复性访谈调查是一种深度访谈调查，具有较强的科学研究性质，且得到的结果更加深入和具有动态性。这种调查方法一般都耗时长、费用很高，并且对访谈者的素质也有更高的要求，因此多用于小范围的调查研究。

（三）集体访谈调查和个别访谈调查

集体访谈调查是指由一名或数名访谈者亲自召集一些访谈对象就需要调查了解的主题征求意见的一种调查方法。国内称这种形式的访谈调查为"调查会"或"座谈"。集体访谈调查运用得当可以节省调研时间，使调研视野开阔、更加深入，但若运用不当，又可能导致形式主义和走过场，很可能听不到不同意见。这是因为集体访谈调查的匿名程度最低。一般而言，大多数访谈对象在公开场合下发表意见都是极端保守的，他们经常会考虑他们的看法是否会对自己的切身利益或前途产生不良影响。由此，访谈者运用这种形式的访谈进行调查时要注意如下几点：首先要谦虚诚恳，不摆架子，以取得访谈对象的信任、理解与支持。其次，要有事先准备好的访谈提纲，紧扣访谈主题，因为集体访谈更容易导致漫无边际、偏离主题的交谈，使调查收不到预期的调查结果。再次，要有一些掌握集体访谈的技巧，如尽可能准确明了地说明调查的目的、意义和要求；有意识地创设一种自由、热烈、活泼的气氛，努力使访谈对象消除疑虑，使他们无拘无束，尽情畅谈他们的真实意见。最后，要做到"四快"，即耳快、脑快、口快、手快。耳快指在集体交谈的情况下善于听取每一个发言者的观点和意见；脑快指善于及时准确地反映并综合分析听到的各种意见；口快指访谈者应适时地提出各种引导性问题，从而使访谈对象离题不至太远，或使其能清楚明了、准确无误地按照访谈者的要求表述自己的真实观点及意见；手快指能及时地记下访谈对象的各种观点与看法，不发生漏记、错记的现象。同时，访谈者还应注意每次邀请参加集体访谈的人数不宜太多，而且要注意邀请那些熟悉访谈主题的并有独立见解的人来参加集体访谈。

个别访谈调查是指由访谈者对每一个访谈对象逐一进行的单独访谈的一种调查方法。其特点为：①访谈者与访谈对象之间易于沟通。②方式灵活，适应性强。③资料真实、细致全面。个别访谈调查多用于一些规模小及一些敏感性问题的调研过程，也常用于一些个案的研究。

必须指出的是，对于一些具体的调研项目而言，它们能使用的访谈方法常同时属于几种访谈调查类型，如集体的非定向型的一次性访谈调查或集体的定向型的一次性访谈调查等。从这一点来看，前面划分的访谈类型无疑是相对的。并且两种相对的类型之间有一些中间类型或权变类型，如在定向型访谈调查与非定向型访谈调查之间有半定向型访谈调查。

三、特殊类型的访谈调查

不同的学者从不同的角度来划分一般访谈调查与特殊访谈调查。例如，有的学者认为除结构型（定向型、标准化）访谈调查之外的一切访谈调查均为特殊类型的访谈调查。在本书中，我们把上述几种类型的访谈调查都称为一般访谈调查，而把上述几种类型（含其中的中间类型）之外的访谈调查称为特殊类型的访谈调查。特殊类型的访谈调查主要包括访问儿童和电话访谈。

（一）访问儿童

访问儿童是一种比较特殊的访谈调查。这里所指的儿童既包括学前儿童，也包括学龄儿童。

众所周知，儿童与成人相比，具有许多特殊之处。这就要求访问儿童时要有一些特殊的方法和技巧。要访问年纪较小的儿童，至少要对以下三个问题给予高度重视。其一是注意儿童的年龄、知识水平和理解能力。儿童与成人相比，他们掌握的词语是有限的，多具有具体的、形象的思维。这就决定了他们对抽象概念的理解能力是较弱的。因此，我们在访问儿童尤其是年龄较小的儿童，如幼儿园的儿童和小学低年级儿童时，应充分考虑到他们的领会能力和表达能力，否则难以达到预期的调研目的。其二是注意处理好与儿童的关系。前已述及，访谈调查是一种社会互动过程。但在访问儿童时，这种互动又有一些特色。通常儿童对成人都有依赖感，他们总是把成年人看作家长或教师，他们对成人来向自己了解情况感到十分惊奇，特别是那些出身于专制型家庭的儿童。因此，当成人向他们提问时，他们可能认为成人是哄骗或有意考他们，便由此产生不良情绪或故意向成人撒谎。另外，儿童易受成人的暗示，他们常观察成人（访谈者）的举止表情，而投成人所好，告诉成人一些不真实的意见。其三是考虑儿童的访谈经验和注意力的特点。一般来讲，较小年龄的儿童都缺乏参与访谈的经验。他们尽管经常与成人交谈，但他们交谈的对象是他们所熟悉的。而一旦他们被要求与陌生成人（如访谈者）交谈时，他们会因胆怯而不敢开口说话。即便是那些愿意与成人谈话的儿童，也会因缺乏访谈经验而不知所措。另外，儿童的注意力不能长时间地保持在同一活动上，容易从一个活动上不随意地转移到另一个活动上。

为了克服上述三方面可能给访问儿童带来的不良影响，一个最佳的办法是采取不直接提问法，即投射法。这种方法是把我们所要了解的问题融会在儿童喜闻乐见的活动中，如做游戏、看图画、讲故事、填句子、背诗词等。总体来说，做游戏、玩玩具更适合于语言表达能力较弱的学前儿童，而讲故事、填句子则更适用于学龄儿童。访谈者在访谈过程中必须注意儿童的年龄及个性特点。

（二）电话访谈

利用电话来进行的访谈调查就称为电话访谈。电话访谈的特点是快，能节约访谈时间。其次是廉，能节省调查费用。最后是比其他访谈类型的保密程度高。其缺点就是访谈时间有限，受电话线路或移动信号以及访谈对象的影响较明显。还有电话访谈中不能出示各种表格，不能观察访谈对象的非言语行为等。而这些都将影响资料的收集。尽管可以使用视频电话等技术看到对方，但是由于屏幕的局限性，难以较为全面且清晰地观察访谈对象的非言语行为。显然，电话访谈不是一种十分好的调查方法。如果只考虑尽快拿出调研结果，那么电话访谈将是不错的选择。

四、访谈的艺术和技巧

在前面的论述中，我们已反复提出这样一种观点，即访谈调查是访谈者与访谈对象之间的一种社会互动过程。因此，访谈对象是否接受访谈，访谈过程中的态度等都直接影响着访谈调查结果的全面及可靠性程度。正因为如此，我们在运用访谈调查时，不仅应该预备好科学、严密、可行的访谈调查问卷或提纲，尽量使访谈对象对访谈者的访谈内容感兴趣（即使访谈对每个访谈对象都合适或贴切），并且应该有一套高超的访谈艺术与技巧。当然，一个人的访谈艺术和技巧的形成并非一朝一夕之功，而是与访谈者的访谈经验相关的，是访谈者经过长期艰苦的实践磨练形成的。它融会了访谈者的个性因素，体现出不同访谈者的访谈风格。因此，真正的某一个具体的访谈者的访谈技巧与访谈艺术是难以用语言外化的。以下我们所谈的访谈艺术和技巧是指访谈者在访谈调查过程中遇到一些共同性问题时所使用的一般处理办法或技巧。

（一）接近访谈对象的方法

对于访谈者来说，他们要完成一项访谈调查计划，首先必须做的事就是接近访谈对象。与问卷调查一样，访谈调查必须有一个介绍词。不同的是，问卷调查的介绍词是印在问卷表的扉页上的，而访谈调查的介绍词是由访谈者自己介绍的。也许正因为如此，访谈者才感到访谈调查比问卷调查更难。

一般来讲，访谈者见到访谈对象时（无论是在其家里或者在其他什么地方），首先应做自我介绍，说明自己从哪里来，来做什么，叫什么名字，必要时还得出示身份证件、名片或单位介绍信，总之要让访谈对象明确地了解自己的来意。当这一步完成后，就可以引入正题了。不过，还是得像问卷调查那样，先向访谈对象介绍访谈的目的，为什么访谈他们，他们是如何被抽选出来的，他们在访谈中的重要性及本次访谈的科学价值及社会意义等，目的是让他们感到访谈并不是随意的和可有可无的。这样便可调动访谈对象的积极性，增强他们与访谈者的合作。

在接近访谈对象之前，访谈者也可以事先写信将访谈之事告诉他们，这样就可能使访谈对象早有思想准备。当然，有时候这种方法反而会弄巧成拙，让那些本来就不愿接受访谈的人借机拒绝。

在接近访谈对象时，我们必须注意使用肯定的语气。譬如，当我们到访谈对象的家门口时，如果对方不是太忙，我们便可以说"我希望能进去与您谈一件事"。但我们绝对不要说"我可以进去与您谈谈这件事吗""您有空吗""您可以接受我们的访问吗"等这类的话。因为如果这样说的话，就很可能被访谈对象拒绝。

开始访谈后，访谈者应尽可能主动、友好、健谈，必须设法让访谈对象感觉无拘无束、自由自在。为了达到访谈气氛的和谐，访谈者可以先谈一些其他方面的且是访谈对象感兴趣的话题，如家庭、业余爱好等。这样就不容易产生因为访谈者与访谈对象陌生而导致的尴尬或僵局。

（二）处理被拒绝的方法

访谈者在进行访谈调查的过程中经常会遭到拒绝。在这种情况下，访谈者不必气馁，而应及时地分析被拒绝的理由或客观原因，然后根据被拒绝的具体原因采取不同的处理办法。譬如，假使访谈者认为访谈对象不理解访谈调查的性质与目的，认为访谈是做无用功，那么访谈者就应该进一步解释，直到他们深信本访谈是有价值的，为访谈花点时间是值得的。而假如被拒绝确是因为某种客观原因，如生病、忙于其他紧急事务等，访谈者就应该彬彬有礼地告辞，然后再约一个访谈对象认为方便的时间。

（三）提问的方法

在访谈中，我们还必须讲究提问的技巧。一般而言，提问的方式有两种：一种是标准化提问，即用事先准备好的访谈提纲并且事先准备好的顺序依次提问。另一种是解释性提问。它是访谈者用口头语言进行提问的一种方式。因为其中有许多是访谈者根据访谈对象的特点所说的解释性的话，所以我们称其为解释性提问。这两种方法采用哪一种，由访谈者根据具体情况选择。

除了掌握这两种提问的方法之外，访谈者还必须注意一些提问时机。

①重复的时机。重复包含两层含义：一是重复问题，二是重复回答。重复问题的最好时机是在访谈对象回答问题犹豫不决或出现疑惑神情的时候。这个时候需要适时地重复问题。重复回答则多用于访谈者不能肯定自己是否已经正确理解了访谈对象的回答的时候，重复回答主要目的是更正记录错误。

②停顿的时机。当访谈对象开始回答后，访谈者可以利用恰当的停顿来表明访谈者正在听取访谈对象的意见，并且在等待访谈对象把话说完。

③使谈话更加深入的时机。有时候访谈者可能觉得有必要让访谈对象谈得更加全面深入细致的时候，可以说"请再说下去"或"能谈得更详细具体些吗"。这种话语既肯定了访谈对象的回答方向是正确的，又表明访谈者需要访谈对象提供更多的更详细的情况。

（四）引导访谈的方法

访谈调查一般是用统一的访谈提纲向访谈对象提问的。这样可以避免各种主观倾向性。因此，在访谈中提问的准确性是绝对必要的。也就是说，在访谈提问时应竭力避免对问题做进一步的解释，因为有时候细微的措辞变化可能使问题的含义发生大的变化。但是，在许多情况下，对问题做必要的、恰如其分的解释也是应该的。例如，当访谈对象不能理解访谈者提出的问题或者当访谈对象对访谈者提出的问题发生理解错误的时候，就必须进行恰当的解释，否则就不可能达到预期的访谈目的。在对访谈对象进行引导时，还必须注意如下两点：一是要尽量使自己提问时不带任何倾向性，因为倾向性有可能对访谈对象产生暗示作用。二是要注意灵活处理访谈对象拒不回答的情况。当我们遇到访谈对象有意回避某一问题时，我们就应该接着问后面的问题。如果我们在访谈对象有意回避或拒不回答的问题上纠缠的话，就可能导致双方对立甚至访谈失败。

教育调查是教育研究常用的方法之一，有着十分丰富的内容。本章所提供的只不过是教育调查的基本知识与技巧。读者若要灵活地运用，还需要长期的实践努力。

思考与行动

1. 什么样的教育研究适合运用调查？

2. 调查与观察有什么样的区别？

3. 请结合教育实践中的热点问题，设计一份小型调查问卷。

进一步阅读的书目

1. [美]弗洛伊德·J. 福勒：《调查研究方法》，孙振东、龙藜、陈荟译，重庆，重庆大学出版社，2009。

2. 陶保平、黄河清：《教育调查》，上海，华东师范大学出版社，2005。

3. 赵世明、王君：《问卷编制指导》，北京，教育科学出版社，2006。

4. 郝大海：《社会调查研究方法》第四版，北京，中国人民大学出版社，2019。

应用实例

义务教育阶段学生公正体验的实证研究
——基于学校内部公平数据库的报告①

一、问题提出

教育公平研究不能仅仅考虑教育公平的相关事实，还要考虑人们的主观感受。因此本研究聚焦学生的公正体验，将其作为研究学校教育过程公平的切入点。国内外相关研究往往从教育公平理论、学校教育活动单个维度或混合维度切入，已经触及教育过程公平的核心问题，但是仅仅从教育公正体验的角度设计研究方案，没将其置于学校教育背景与过程的完整框架下考察，只能描述学生教育公正体验的大致情况与个体背景的影响，缺少对学生公正体验影响因素的深入分析，难以贴近学校教育实践，难以为政府与学校提供科学的建议。

二、研究设计

（一）分析框架

本研究认为，所谓学校内部公平，前提是对学生基本受教育权利的尊重，实质是教育资源和学习机会的平等享有。本研究依据政治哲学的分配正义、持有正义、承认正义理论，结合学校教育的实际情况，确定了测量学校内部公平的分析框架（如图 5-4 所示）。平等对待重点关注学校日常生活中学生是否被教师与同学尊重，是否能够平等地获得学习资源与学习机会。差别对待关注的是学校能否根据学生的兴趣、能力的不同，为学生提供不同数量、不同层次、不同内容的资源与机会，满足学生发展的差异性需求。公正体验

图 5-4　学校内部公平的分析框架

关注的是学生在学校生活中拥有权利、获得尊重、享有学习资源与学习机会等方面的公平体验。

本研究将学生公正体验视作学校内部公平分析框架的结果变量；平等对待、差

---

① 李学良、杨小微：《义务教育阶段学生公正体验的实证研究——基于学校内部公平数据库的报告》，载《华东师范大学学报（教育科学版）》，2018（4）；杨小微、李学良：《关注学校内部公平的指数研究》，载《教育科学研究》，2016（11）。

别对待是学生眼中学校内部公平的相关事实，是学校内部公平分析框架的过程因素；学生所属学校、班级、家庭与个体等情况是学校内部公平分析框架的背景因素。基于此，本研究构建了学生公正体验影响因素的数据分析框架（如图 5-5 所示）。

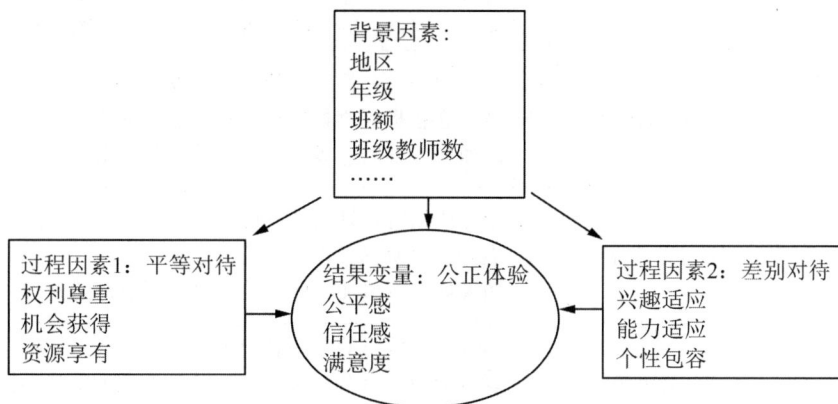

图 5-5　学生公正体验影响因素的数据分析框架

（二）调查工具

本研究的数据来源于华东师范大学教育学部资助项目"学校内部公平指数研究"数据库。问卷总体结构分为基本信息与学校内部公平测量量表两个部分，题项采用六点李克特量表计分。学校内部公平的测量样题见表 5-2。问卷 alpha 系数为 0.934，符合研究要求。

表 5-2　学校内部公平的测量样题

一级维度	二级维度	样题
A 平等对待	A1 权利尊重	a. 你曾参与过校级学生干部的投票选举 b. 老师不喜欢成绩不好的同学 c. 确定班级活动主题时，班主任会征求同学们的意见
	A2 机会获得	a. 班里每个同学都有机会报名参选班干部 b. 你可以自由选择学校的某些课程 c. 你可以选择自己喜欢的集体活动
	A3 资源享有	a. 学校分给某些班的老师比其他班级的老师优秀 b. 学校里的所有设备向每一个同学开放 c. 曾有因人数限制导致某些同学不能参加活动

一级维度	二级维度	样题
B 差别对待	B1 兴趣适应	a. 班级管理岗位的设置会考虑学生的兴趣和特长 b. 老师会根据同学们的兴趣布置不同的作业 c. 你能根据自己的兴趣在活动中选择不同的任务
	B2 能力适应	a. 某一课程学习特别好的同学可以免修或免考该门课程 b. 老师会根据同学们的成绩布置不同的作业 c. 老师会为难以完成活动任务的同学提供额外的帮助
B 差别对待	B3 个性包容	a. 学习成绩特别好的同学可以自主安排学习时间 b. 老师会鼓励同学发表不同的意见 c. 如果你不想参加某些活动可以得到老师的允许
C 公正体验	C1 公平感	a. 你觉得学校里的一些惩罚是不公平的 b. 老师对成绩好和成绩不好的同学的态度明显不同 c. 学校活动中你觉得班主任的任务分配很公平
	C2 信任感	a. 你觉得班主任能带好这个班 b. 在学习上遇到困难时你会向老师和同学求助 c. 集体活动中你觉得自己不受重视
	C3 满意度	a. 你为自己是这所学校的学生而感到自豪 b. 你在课上感觉很舒服 c. 你愿意参加集体活动

注：标号为 a 的题项隶属"管理与领导"维度；标号为 b 的题项隶属"课程与教学"维度；标号为 c 的题项隶属"班级与活动"维度。

（三）统计方法

本研究的统计分析均采用软件 SPSS 22.0。指数计算采用均值法，H 班级 X 指标项百分制标准值的计算公式如下。

$$S_x^H = (F_x \div M_x \div N_x^2) \div 6 \times 100$$

其中，S_x^H 为 H 班 X 维度的百分制指数值；F_x 为 H 班 X 指标下学生所有题目实际得分的总和；M_x 表示 H 班 X 指标下学生问卷的题目数；N_x 表示 H 班 X 指标下所有答题学生数。

（四）样本分布

样本选择方法为：全国进行区域抽样，东、中、西三个区域分别抽取若干的省（直辖市、自治区）；省（直辖市、自治区）内，依照农村、城市分层随机抽取若干学校；学校内，按照不同年级分层抽取不少于 1/3 的班级；以班级为单位发放学生问卷。问卷发放与收集均采用网络问卷的方式。以问卷填写学生数大于班级学生总数的 50％为标准筛选数据，获得 8 个省（直辖市、自治区）、18 所学校、131 个班 4427 名学生的有效数据。

三、数据统计结果与分析

（一）学生的公正体验及过程因素的总体情况

从表 5-3 中可以看出，公正体验指数的均值为 75.81，标准差为 16.74。其下涉二级指标的分布特征为：均值由大到小依次是信任感（81.67）、公平感（80.12）、满意度（65.63）；标准差由大到小依次为信任感（17.82）、满意度（16.32）、公平感（16.08）。综合可见，学生公正体验的整体情况良好，二级指标中公平感与信任感指数较高，满意度的指数较低，不同学生之间的公正体验存在较大差异，其中信任感指数的差异度最大。

表 5-3 学生的公正体验及过程因素指数的描述统计

维度	均值	标准差
A 平等对待	73.61	8.67
A1 权利尊重	76.35	8.26
A2 机会获得	73.03	8.87
A3 资源享有	71.44	8.98
B 差别对待	63.87	8.87
B1 兴趣适应	62.89	9.87
B2 能力适应	61.86	8.60
B3 个性包容	66.86	8.15
C 公正体验	75.81	16.74
C1 公平感	80.12	16.08
C2 信任感	81.67	17.82
C3 满意度	65.63	16.32

（二）学生公正体验的数据分布特征

1. 中西部地区学生的公正体验指数高于东部地区，但是中西部地区学生的满意度低于东部地区

对比东部地区与中西部地区学生的公正体验指数及其二级指标公平感、信任感、满意度的描述统计（如图 5-6 所示），总体上中西部地区的公正体验指数高于东部地区，但学生的满意度上东部地区要高于中西部地区；不同学生之间公正体验的差异

度上，东部地区大于中西部地区。

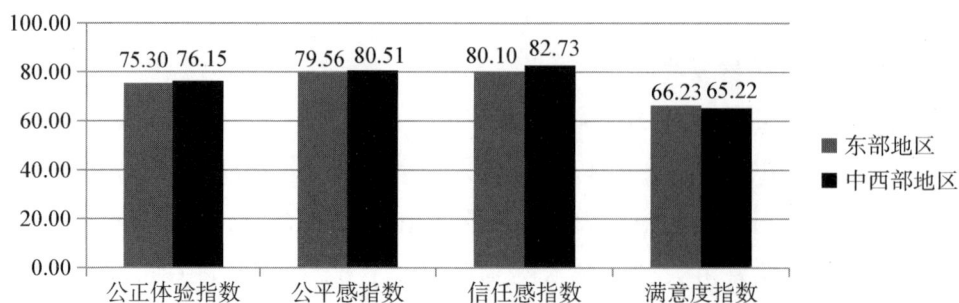

图 5-6　公正体验指数及其二级指标指数均值的地域比较

2. 小学阶段学生的公正体验指数与年级相关度不高，初中阶段则随年级增加而降低

不同年级学生的公正体验指数的描述统计发现，初中生(七至九年级)的公正体验指数要低于小学生(一至六年级)(如图 5-7 所示)；年级与学生的公正体验指数没有明显线性关系。相关分析发现，公正体验指数与年级显著负相关($r_{公正体验} = -1.55$，$p < 0.01$)；3 个二级指标与年级显著负相关($r_{满意度} = -0.107$，$r_{信任感} = -0.167$，$r_{公平感} = -0.155$，$p < 0.01$)。综合来看，小学阶段学生公正体验指数随年级变化的趋势不明显，中学阶段则随年级增加而降低。

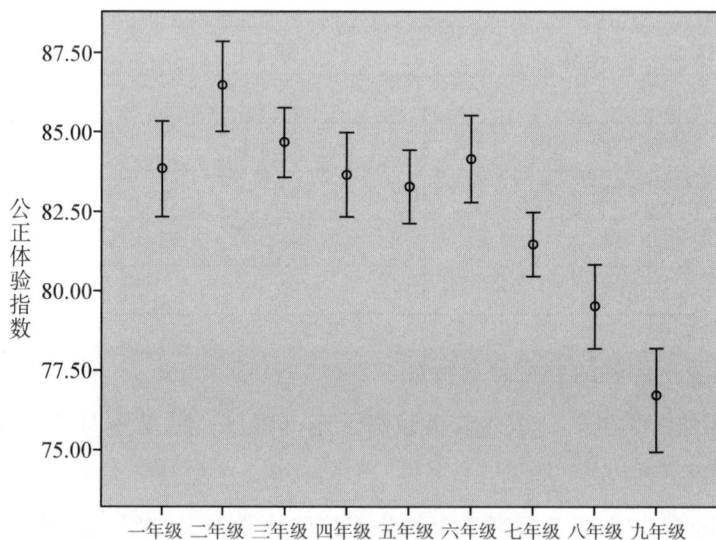

图 5-7　公正体验指数的年级分布误差

3. 班额越大，学生的公正体验指数越低

将班额作为连续变量与学生的公正体验及二级指标指数做单因素检验发现，公正体验、公平感、信任感、满意度的指数均在班额上呈现显著差异（$F_{公正体验}=$12.165，$F_{公平感}=13.690$，$F_{信任感}=9.146$，$F_{满意度}=4.209$，$p<0.01$）。将班额与学生的公正体验及二级指标指数进行皮尔森（Pearson）相关分析后发现，公正体验、公平感、信任感的指数与班额呈现较显著的负相关（$r_{公正体验}=-0.042$，$r_{公平感}=-0.060$，$r_{信任感}=-0.025$，$p<0.05$），满意度的指数与班额呈弱负相关（$r_{满意度}=-0.014$，$p>0.05$）。由此可见，班额越大，学生的公正体验指数就越小，即班级学生数量越多，学生越难以获得符合自己心理需求的公平对待。

4. 学生的学业成绩班级排名越靠后，公正体验指数越低

将学生的学业成绩排名分为班级前 10 名、中间名次以及班级后 10 名三个层次，依次编码为"1""2""3"。描述统计数据显示，无论是公正体验指数还是二级指标指数，均值由大到小的顺序皆是班级前 10 名、中间名次、班级后 10 名（如图 5-8 所示）。进一步对学生的学业成绩排名和学生的公正体验指数做相关分析发现，学业成绩排名与公正体验（$r=-0.149$，$p<0.01$）和满意度（$r=-0.067$，$p<0.01$），信任感（$r=-0.154$，$p<0.01$），公平感（$r=-0.133$，$p<0.01$）三个二级指标的指数均呈显著负相关。上述数据说明随学业成绩排名降低，学生的公正体验指数也随之变小。

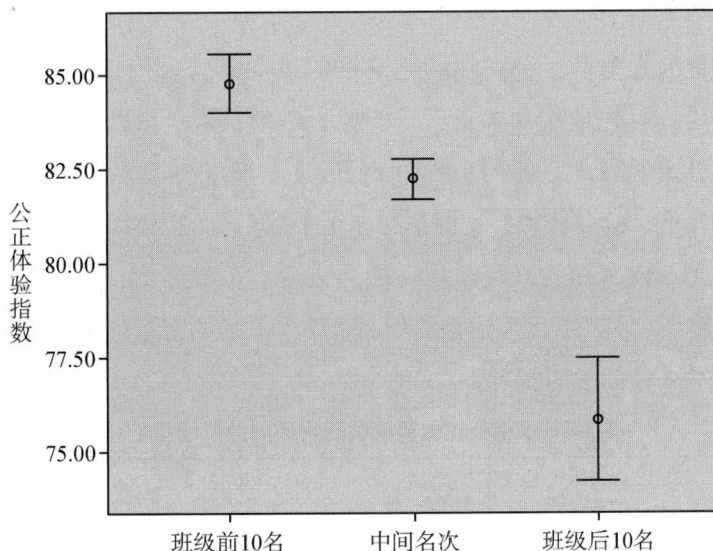

图 5-8 公正体验指数的学业成绩排名分布误差

5. 女生的公正体验指数显著高于男生

从各项指数的均值看，无论是公正体验指数还是二级指标指数，女生均高于男生(如图 5-9 所示)。单因素检验发现，性别与公正体验指数存在显著差异($F_{公正体验}=$ 34.146，$F_{满意度}=17.106$，$F_{信任感}=19.647$，$F_{公平感}=33.450$，$p<0.01$)。从标准差看，男生(标准差$=15.63$)之间公正体验指数的差异要大于女生(标准差$=15.82$)。综合来看，女生的公正体验情况要好于男生。

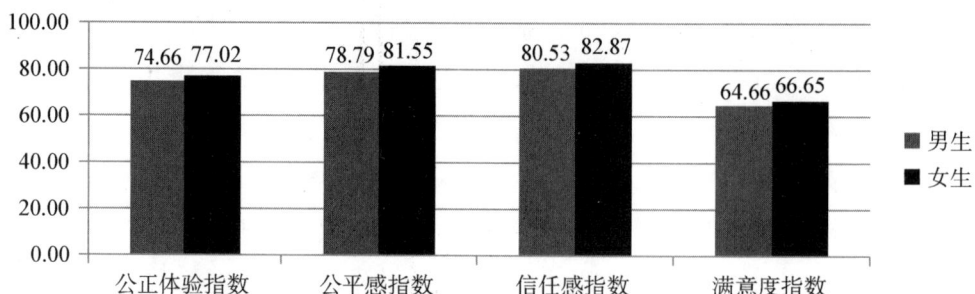

图 5-9 男女生公正体验及二级指标指数的均值分布

(三)学生公正体验的影响因素分析

本研究将学生公正体验的影响因素分为背景因素与过程因素：背景因素包括地区、年级、班额、班级教师数、性别、成绩、家庭经济情况、母亲学历、父亲学历；过程因素是指学生在学校教育过程中的公平情况，即平等对待与差别对待。为探明背景因素、过程因素与学生公正体验之间的因果关系，采用逐步回归的分析方式，具体操作过程为：首先依次加入地区、年级、班额、班级教师数、性别、成绩、家庭经济情况、母亲学历、父亲学历 9 个背景因素，形成模型 1；在模型 1 的基础上，依次加入权利尊重、机会获得、资源享有 3 个平等对待的因素，进而形成模型 2；在模型 2 的基础上，依次加入兴趣适应、能力适应、个性包容 3 个差别对待的因素，形成模型 3。表 5-4 呈现了三个模型的解释度 R^2 值、调整后的 R^2 值、差异度 F 值以及显著性水平 p 值的分布情况。

表 5-4 学生公正体验影响因素回归分析模型汇总

类别	模型		
	1	2	3
地区	0.038*	0.038	0.005
年级	−0.153**	−0.153**	−0.140**

续表

类别	模型		
	1	2	3
班额	-0.039^{*}	-0.039^{*}	0.003
班级教师数	0.028	0.028	0.025^{*}
性别	0.087^{**}	0.087	0.018
成绩	-0.127^{**}	-0.127^{**}	-0.035^{**}
家庭经济情况	-0.043^{*}	-0.043	-0.009
母亲学历	-0.023	-0.023	-0.016
父亲学历	0.038	0.038	0.015
权利尊重		0.371^{**}	0.331^{**}
机会获得		0.392^{**}	0.329^{**}
资源享有		0.115^{**}	0.104^{**}
兴趣适应			0.005
能力适应			0.109^{**}
个性包容			0.082^{**}
R^2 值	0.053	0.626	0.644
调整后的 R^2 值	0.050	0.625	0.642
F 值	23.307^{**}	525.422^{**}	452.695^{**}

注：$^{*}p<0.05$，$^{**}p<0.01$。

如表 5-3 所示，从回归模型的结果看，模型 1 的 $F=23.307(p<0.01)$，模型 2 的 $F=525.422(p<0.01)$，模型 3 的 $F=452.695(p<0.01)$，说明三个模型涉及的因素对学生的公正体验具有实质性影响。模型 1、模型 2、模型 3 调整后的 R^2 值分别达到 0.050、0.625、0.644，通过了 $p<0.01$ 的检验，说明进入分析的所有变量对学校公正体验总体变异程度的解释度达到了 64%，也间接说明本研究的分析框架对学校内部公平的解释度达到了比较高的水准。本研究原则上接受模型 3，同时参考模型 1 与模型 2 得出研究结论。

四、研究结论

（一）学生公正体验的总体情况良好，地区、学校、班级、个体之间的差异较大

本研究发现，学生的公平感与信任感指数均值大于 70，但是学生普遍的满意度指数很低（$M=65.63$）。这些说明学生公正体验的总体情况良好，但校内公平状况与学生

满意度之间仍有较大的差距。另外，中西部地区学生实际发展的满意度低于东部地区；家庭经济条件较好的学生公正体验指数高于家庭条件一般的学生；女生的公正体验指数高于男生；大班额班级学生的公正体验指数低于小班额班级；学业成绩排名靠后学生的公正体验指数低于靠前的学生。可见，地区、家庭经济情况、性别、班额、成绩等背景因素与学生的公正体验有关联，即背景因素通过直接或间接的方式影响了学生的公正体验。总之，由于种种可控与不可控的因素，仍有学生认为自己在学校教育过程中受到了不公正的对待，教育过程不公平现象依旧客观存在。

（二）背景因素对学生公正体验有一定的影响，过程因素是影响学生公平体验的核心因素

背景因素与平等对待、差别对待两个过程因素解释了学生公正体验变异的64%，说明与学校内部公平有关的客观事实是影响学生公正体验的主要因素。本研究涉及的因素中，过程因素（平等对待、差别对待）是影响学生公正体验差异的核心因素，背景因素对学生公正体验有一定的影响。其中，权利尊重与机会获得是影响学生公正体验的关键因素，能力适应、资源享有、个性包容、年级、成绩、班级教师数是影响学生公正体验的重要因素。从中不难看出，平等对待中的权利尊重、机会获得是关键因素，资源享有是重要因素。可见，学校、教师尊重学生权利以及给予学生平等的学习机会、学习资源最可能影响学生的公正体验。参照平等对待优先于差别对待的理论设定，说明如果差别对待不是建立在平等对待充分实现的基础上，可能会导致当前差别对待不仅没有促进公平，反而引发或加剧学校教育过程中实际上的不公平。

第六章　教育实验研究

由自然科学研究所开发的实验方法在近几个世纪内获得了长足的发展。其标志之一是向着社会科学研究领域渗透和转移。教育研究中植入实验法，便有了一种新的研究类型——教育实验研究。

实验法本身已具有集观察、测量、统计和理论描述于一体的综合性。当其被运用于教育研究时，又因教育活动的特点而具有了若干特殊性。在此，我们不仅把教育实验作为一种方法，也把其作为一类综合性研究活动来展开探讨，阐述教育实验的特征及局限性、教育实验假说的形成与表述、教育实验的变量控制、教育实验的类型分析等基本原理和方法问题。

第一节　教育实验的特征及局限性

///////////////////

一、教育实验的含义

（一）实验的定义

根据一般的科学方法论著的定义，实验是人们根据研究的目的，利用科学仪器、设备，人为地控制或模拟自然现象，排除干扰，突出主要因素，在有利的条件下去研究自然规律的方法。

如果实验者的实验手段直接作用于研究对象，这种实验称为直接实验；如果实验手段是通过与原型相似的模拟对象间接作用于研究对象（现象），则称模拟实验；如果实验者和实验的仪器设备纯属想象和虚构，但所做的讨论是严肃认真的，且遵循物理世界的真实自然定律，那么这样的实验就是一种理想实验。

根据实验控制的严密程度，实验可以分为自然状态实验和实验室实验。

（二）教育实验的定义

教育实验是运用科学实验的原理和具体方法来研究教育现象和问题，并试图揭示教育活动规律或某些教育内容、措施的有效性，是一种综合性研究活动。它在其科学发现的内在逻辑和外部操作形态上，与科学实验有较高的一致性；同时，它也必然地要接受某些改造或修正，以适应其研究对象的特殊性。

教育实验包括提出理论假说、选择论证课题、控制实验变量、进行实地观察测量、至统计分析、验证结果、形成实验报告的基本过程。从操作特征上下定义，教育实验则是一个操纵自变量、控制无关变量、使教育行为朝着有利于因变量发生预期变化的方向发展的过程。

有人把观察与实验形象地称为"人与自然的对话"。观察、实验运用于教育研究，则成了"人与人的对话"，其复杂性远远超过了探索自然的活动。尤其是教育行为与教育结果之间的因果联系错综复杂，且教育外部环境对教育活动的干扰也极难控制，因而很难达到经典科学实验所要求的"封闭度"（如无法将实验环境与外部环境完全隔离）。因此，人们一般认为教育实验是一种自然状态下的实验；也有人认为可以把一个班、一所学校或一个学区看作一种广义的实验室，但这种解释本身并不能解决教育实验的封闭度问题。

二、教育实验的特征

实验法的产生标志着人们对客观世界的研究由自然观察和纯粹思辨进入一个富有预见和主动干预的新阶段。预见性和干预性是实验法的显著特征，也是它与观察、测量、统计等方法根本的区别所在。实验法被运用于教育研究的诸多领域，成为当今教育研究的主导性方法，其原因也正在于此。

首先，教育实验的预见是对事物之间因果关系的推测。人们对各种事物、现象或行为之间关系的探究方式一般有两种：一是相关分析，二是因果分析。为使理论对现实有更强的解释力和指导性，人们还需要进行深入的因果研究，即对事物之间那些尚未知晓的深层因果联系做出推测，并在经一定控制后的条件下进行观察和分析推理。教育实验正是着眼于因果关系揭示，着手建立有更强解释力的理论体系，进而为指导实践奠定基础。不过，限于教育活动的特点，教育实验只是做出一种广义的因果推测，即某一类行为（条件集）将导致某一类结果（事件集）。

其次，教育实验的预见以假说形式表现出来。人们围绕假说展开控制、操纵等一系列干预活动，经观察、分析，最后检验假说。这种探索未知的科学发现模式在逻辑学上被称为假设演绎法。教育实验的内在逻辑如图 6-1 所示。

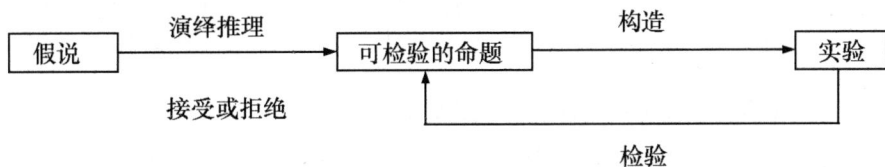

图 6-1 教育实验的内在逻辑

观察和测量等其他类型的研究中也会提出类似假说、假设之类的"前设"。只不过验证这些前设的具体方法不同，是用观察、问卷、访谈或者测量等方法得到的事实描述或数据来验证假说。

再次，为了探索预期的因果联系，教育实验采取了一系列控制手段，如主动地突出并操纵某些变量，排除某些干扰变量(无关变量)，以提高研究结论的可靠性。也就是说，对事物的研究过程进行主动的干预。调查法、文献法虽也研究因果关系，却因研究过程中的外部干扰因素太多，没有(也无法)控制，其误差显然大于实验法。

最后，教育实验所着手的是一种纵贯分析，与着眼于横剖研究的调查法相比，也有其优越之处。由于教育实验总有一个较长的实验周期，那么人们既可以观察到某一个瞬间内教育现象或行为之间的关系(或相互作用状态)，而且可以发现随时间或自变量变化而导致的因变量变化，即可以观察到一个变化的过程。

三、教育实验的局限性

如前所述，教育实验对因果关系的预见性、对教育活动的主动干预性以及在时间维度上对事物变化的洞察力等，是它的主要优点。不过，也应看到，教育实验也有诸多局限性。

（一）由高度控制带来的环境"失真"

教育实验通过严格控制环境条件，简化和纯化了实验环境，有利于准确地溯因。这一优点反过来看则是致命弱点。也就是说，教育实验条件控制越严，离真实的教育活动环境就越远，那么它在非自然条件下的教育活动中重复验证的可能性就越低。而且，教育实验的"人造环境"本身也构成了新的教育因素。

（二）由实验人员和实验过程带来的副效应

这类副效应可以举出许多。比如，实验人员的期望会影响实验的效果(期望效应)；被试因知道自己参加实验而引起的积极性提高(霍桑效应)；对比组师生对实验组实验措施的暗中模仿或"较劲"(约翰·亨利效应)；还有教育实验过程较长而引起的生成效应和主试的时间累积效应等。这些效应中有些可能有利于提高教育活动效率，但最终对探索真理无益甚至有损。

（三）不可避免的样本不足和选择误差

教育实验基本上属于社会科学实验，所进行的一般是关于群体的研究。群体样本若大，则控制的难度越大；样本较小，则不足以将结论推广到总体。此外，由于种种社会因素的影响，教育实验往往只能在指定的学校和班级进行。这样，样本所来自的母体不能代表更大范围（如不同学区、不同地区）的总体。

第二节　教育实验假说的形成与表述

一、什么是教育实验假说

自然科学界给假说的定义是，根据已知的科学原理和科学事实，对未知的自然现象及其规律性所做出的一种假定性说明。教育实验假说所假定的是某类教育行为（如教材的处理方式、教法的展开程序或运用方式等）在某些被人为控制的条件下，与某类教育结果（如学生认识结构形成、某些心理品质变化等）之间的因果联系。

教育假说与自然科学假说的共同之处在于假定性和科学性。所谓假定性是说它带有推测的性质，即这种判断所陈述的事实或联系是现实中暂不存在或未被确认的，或虽曾见于彼处却并未见于此处的。它对未知的构想是由已知推断而出，有可能被实践证实，也有可能被证伪。但是，教育假说又绝非臆断，它总有一定的科学事实或经验事实做依据（或曰应不与业经实验检验过的事实或理论相矛盾），并且经过初步的科学论证。因而，教育假说又是具有科学性的。

既然教育活动因有人的因素（如教师、学生）参与其间而表现出极度的复杂性和不确定性，那么教育实验从提出假说开始，就不可避免地带有个性色彩。教育假说与自然科学假说的区别主要有如下两点。

其一，教育实验假说对结果的描述只能是概率描述。由于自然科学实验可以人为制造纯化状态，从而可能在实验结果与实验假说之间做出精确的相符性判断或因果判断，但在活生生的教育活动中显然做不到这一点。即使能在完全隔绝的状态中进行，教育实验对被试（学生）的先期经验上的差异，也不能像清除计算机程序一样完全清除掉。教育实验既然不能做高度精密的控制，也就无法保证在结果与假说之间精确地溯因，故一般只能做出像"较大幅度提高""达到百分之几十"之类的概率性说明。

其二，教育实验假说偏重有效性假定。一切研究活动按其目的可分为"求真"与"求善"两类。前一类意在发现真理，其假说陈述的是真理性事实；后一类意在追求对人的有利和有效，其假说要推测价值事实。在自然科学实验中，这两类可做严格区分；而在教育实验中，真与善总是统一在同一命题之中。比如，"运用发现法可提高学生独立探究的能力并养成严谨的科学态度"这一假说性命题一经证实，既陈述了"确实如此"这一真理性事实，也证明了"有利有效"这一价值事实。当然，由于教育实验难以精确控制，它在逼真度上要低于自然科学实验。

在上述统一的基础上，教育实验假说更偏重"求善"。其原因有二：①由于教育实验的对象是人及其活动，它的假说的提出要受伦理观念的制约。生物学实验可以对动物采取强烈电击等手段，但教育实验中显然不能提出"强行灌输可窒息学生创造力""体罚可导致儿童反社会行为"诸如此类的假说并设计相应的非人道实验。②由于探索教育活动内在规律的难度极大，人们显然不能坐待规律完全揭示清楚后再寻找有效的教育措施，而只能在不断"求善"的过程中逐步认识真理。

二、教育实验假说从何而来

按一般的解释，假说的形成极为复杂，往往只能大体勾画几个阶段：①实践中出现了现有理论无法解释的新事实、新联系；②依据已有知识和不多的材料，对其产生的原因和发展规律做出初步的假定；③经初步论证使假说的结构趋于完整。现结合国内外教育实验做一些具体说明。

首先，教育实验假说来自对经验事实的观察、提炼和筛选。经验事实因其太平常而令人熟视无睹，唯有独具慧眼（理论功底加上研究意向）才能另辟蹊径。比如，苏霍姆林斯基发现儿童的全面发展关键在"和谐"，而合作教育学派的教师、学者进而发现和谐的前提在于"合作"，即师生关系的人道化。在我国，一些有影响的教育实验假说都经过了一定的实证研究才提出。比如，"尝试指导、效果回授"实验假说的提出则是基于对本地中学数学教师成功经验的长期调查和筛选。①

其次，教育实验假说来自对已有理论的批判继承、主动吸收与创造性发展。对传统理论以及当今层出不穷的新理论、新思潮，不仅需要鉴别真伪优劣，也需要主动吸

---

① 顾泠沅：《45年：一项数学教改实验》，载《华东师范大学学报（教育科学版）》，2022(4)。

取和创造性发展。奥苏伯尔的同化学习及先行组织者教学中有赫尔巴特统觉理论的影子；杜威的芝加哥实验中吸取了卢梭关于"以行求知"理论的合理内核；布鲁纳提出的假说"任何学科都能够按照某种正确的方式，教给任何年龄阶段的任何儿童"，主要依据的是皮亚杰关于儿童认知发展阶段的理论，指出对于同一概念，不同年龄阶段的儿童可分别以动作、形象和符号三种方式来加以把握。我国赵宋光教授主持的"综合构建数学教学新体系"实验的假说也是来自对国内外已有学习理论的批判吸收和创造性发展。

最后，提出教育实验假说还须对教育目的和教育方针有独特的理解。我国中小学教育实验无疑要遵循社会主义教育目的和国家的教育方针，但教育目的和教育方针不能直接拿来作为教育实验假说。科学的态度应当是，领会教育目的和教育方针的基本精神，并在此基础上结合本地区本校的实际，酝酿出有独到见解的假说，进而在更开阔的学术视野包括国际学术视野中彰显出具有中国文化特色的教育思想。

三、怎样表述教育实验假说

假说的表述必须是明确的，才是可操作、可被检验的。如果掺杂进一些与概念无关的或模棱两可的意思，就不能形成可验证的假说。假说的含混模糊，不是没想清楚，就是没说清楚。因此，有必要对假说的命题进行语义分析，推敲每一个概念及联结词。从实际操作来说，在对实验的自变量和因变量之间的因果关系有了清晰的设想之后，还要以标准的方式表述假说。只有这样，假说才能为整个实验研究的设计和实施提供明确的方向和具体的依据。一般来说，教育实验假说的表述应该符合如下标准。

①教育实验假说应表明自变量和因变量。既然教育实验假说表述的是自变量与因变量之间可能存在的因果关系，它当然应该表明这两类变量。对于有的教育实验研究来说，它所设计的自变量和因变量都比较简单，而且往往只有一个自变量和一个因变量，因此在它的实验假说中自变量的操作特征和因变量的检测指标较为明确。例如，"采用新的作业批改方式可以提高学生的学习成绩"这种假说，就有明确的自变量操作特征和较明显的因变量检测指标和检测方式。但在有些教育实验，尤其是涉及教育活动中人的思想因素、思维特征、整体素质、教育活动的各种因素的配合等方面的教育实验中，其假说中的自变量和因变量就可能较为多样（有时不止一个自变量，也不止一个因变量）和抽象，因此后面还需要进一步界定变量，以使后面的实验设计和实施有更具体的依据。

②教育实验假说必须以陈述句的形式简洁明了地表述变量之间的因果关系。在明确表述自变量和因变量的同时，它们之间的因果关系也应得到明确的说明；对变量之间的关系的判断(尽管是推测性的)，必须采用陈述句的形式，而不能停留于提出问题阶段的疑问句的形式。相比之下，以疑问句的形式提出问题，这是形成假说前的事情；在形成假说时，就应该以陈述句的形式对问题的答案提出设想。当然，这里所说的答案仍是对自变量和因变量之间因果关系的推测性判断。

③教育实验假说必须是可以检验的。要使教育实验确实起到检验假说的作用，就必须保证自变量的可操作性和因变量的可检测性。没有这些条件做支撑，教育实验假说就会流于空洞，教育实验研究就有可能流于形式。设想有这样一个假说：学法指导对发展学生的自学能力是卓有成效的。这一假说是否明确呢？首先，"学法指导"中的学法可以是多种类型的。究竟是哪一种学法；如果是几种，按何种方式组合，都不清楚。其次，自学能力不做具体分析很难下定义。是自学方法的灵活运用，还是包含自学习惯的养成；是课前预习那种自学，还是独立自主的自学，都必须有明确的限定。最后，促进也好，卓有成效也好，必须做具体分析，才能使概念明确化，才会明确命题指的究竟是什么。

如前所述，教育实验难以精确控制条件，故其假说只能是概率的描述。但这并不等于说教育实验假说中关键词与其指称对象之间的对应关系可以模糊不清。

第三节　教育实验的变量控制

欲使实验获得成功，必须事先进行周密的思考和谋划，考虑如何控制实验条件、如何安排实验进程。这种谋划活动一般被称为实验设计。在实验设计中，核心的问题就是考虑如何对实验变量进行控制。

教育研究的变量主要有三大类，即自变量、因变量和无关变量。教育实验设计也要涉及这三大变量。变量控制从广义上讲，是对无关变量的控制和对自变量的操纵。对无关变量的控制是指采用消除、恒定、抵消或平衡等方式限制乃至排除某些条件对实验进程及其结果的影响；对自变量的操纵是一种主动支配，即由实验者决定将自变量施加于何人、如何施加。从狭义上理解，变量控制仅指对无关变量的控制，而对自变量则使用"操纵"一词。

一、因变量的确立与分解

如前所述，因变量与教育目的有关，是实验设计者期望通过自变量的作用而在被试身上可能产生的效果。由于教育实验的被试主要是学生，因此因变量主要表现在学生身心变化的幅度和质量上。教育实验中因变量的确立与分解有一个从模糊到清晰、从笼统到精细的过程。这个过程可大致描述为三个步骤。

（一）确定实验目标、聚集研究焦点

任何一项教育实验，只要是稍具规模，总是可以产生相当广泛的效果。但为保证研究质量，集中研究力量，又必须在若干可能效果中有所倾斜，也就是说要确定重点目标。比如，以学校为单位的小学整体改革实验的总体效果可概括为三个"一"：一批合格的小学生、一套有效的教育模式、一支教育管理人员和实验教师队伍。一般来说，第一个"一"是主要的，教育总是以培养人为根本的目的。有了第一个"一"，后两个"一"便是必然引出的副产品。并且，人们希望有一套模式、一支队伍，最终也是为了有一批批合格的小学毕业生。再就单项实验而言，人们的实验目标总是集中指向重点问题或热点问题，如"思维品质""自学能力""良好个性"等。实验目标唯其集中，突破和深化才有可能。

（二）分解实验目标

作为实验对象的学生，其实质是各种素质因素的综合整体。为便于观察，有必要将各种素质条分缕析。比如，在学校系统变革实验中将学生发展质量分出知识、技能、智力、品德、个性和体质六个方面，对每一个方面再做细分。又如，在某个单项实验中，把学生的思维品质分为深刻性、灵活性、独创性、批判性、敏捷性五种，再将它们与语文的听、说、读、写能力，数学的运算、空间想象、逻辑思维能力结合，形成若干个交叉点。这些可称为实验目标的横向分解。

对于教育实验而言，由于实验周期长，实验目标需要一步步地达到。换言之，因变量的变化是逐渐发生的，表现为一种时间状态序列。要使教育实验的方向明确、自变量的作用始终如一，还应当对实验目标做纵向的分解。学校系统变革实验不仅要在低、中、高三个年段为学生素质发展各方面确定阶段到达度，而且每学年（期）、每一教学单元乃至每课时都应给出具体目标。前述思维品质与语数能力的若干交叉点，在中小学不同年级均有不同的表现形式。只有给予具体描述，才可以测量出来，以判明预期目标是否正一步步地实现。

（三）对实验目标要素进行具体描述

为便于观察和测量，还必须对每一阶段上每一实验目标要素做定性的和定量的描述。比如，我们对小学五年级学生知识要素之一的"字词量"做出如下具体描述：①认识常用汉字 3000 个，其中掌握（达到"四会"）2500 个；②常用词及词组按 1（字）比 2.5～3（词）计。这种描述既为编制评价工具提供准确的依据，也为最后的评定提供参数。当然，有些难以精确描述的要素也可给出几个粗略的等级标准。

二、自变量的选择与操纵

为促成某个因变量的变化，往往有多种方法和途径。何者为最优，可作为主动操纵的自变量，这就首先有个选择问题，而后才是怎样支配的问题。

（一）寻找共变关系，探求因果联系

如前文所述，教育实验要探求事物之间的因果联系。人们在教育实验中通常要推测某种教育措施与某种教育效果之间的因果联系。而要认定变量 X 是变量 Y 的原因，变量 Y 是变量 X 的结果，首先要查明 X 与 Y 之间是否存在共变关系，即两个变量同时出现、同时消失，或者同时显现规律性变化。譬如，教材中知识结构体系与学习者认知结构方式，获得知识的过程与认识能力形成，生活常规训练与良好习惯养成，乃至学生座位编排方式与学习效率等，都存有这种共变关系。

然而，教育活动的诸多变量之间内在因果联系并非机械地一一对应，常常是一因多果、多因一果，错综复杂。比如，学习材料和教学方式是形成学生某种认知结构的共同原因；而某种座位排列方式不仅影响学生的学习效率，也影响学生的思想、观念和性格。这样我们除了要通过控制某些变量来突出某些变量外，还要致力于寻找典型、重要的变量。比如，从各种原因变量中找出有影响力的变量，从诸种结果变量中找出值得关注的变量。这就需要进行筛选、改组或创设。

（二）筛选、改组或创设自变量

应该说，教育者采取的一切措施都对学生的素质养成有着或多或少、或正或负的影响。显然，教育实验要致力于寻找有尽可能大的积极影响的措施，这里就有个比较、筛选的问题。研究者从本地教师众多教学经验中比较筛选出两种有效的教育措施：尝试指导和效果回授，进而就需要明确两种措施各有什么典型、独特的效用，两种措施叠加会不会有更好的效果。于是他们开展了小范围的先期探索，在不同的班级进行叠加的和不叠加的实验探索。非叠加实验有两种：①有尝试指导而无效果回授。②有效

果回授而无尝试指导。实验结果表明，尝试指导有利于培养学生的探索兴趣和发展学生的思维能力，效果回授有助于学生学习成绩的大幅度提高；只回授不尝试，成绩虽有提高但不利于能力培养；只尝试不回授，会使尝试效果得不到巩固，获得知识技能方面无法落实；两种措施叠加，则可相辅相成，效果最佳。[①]

值得注意的是，教育实验的自变量都不是单一的。比如，布鲁纳的结构课程加上发现法教学，兰本达的结构发生性材料加上探究—研讨程序，我国卢仲衡的"三本子"加上自学辅导程序等，都体现了对自变量的改组和创设。

（三）拟订具体措施

这一步实际上是对教育实验执行者如何操纵自变量做出具体的规范或提示，诸如如何组织教材、如何控制学习进程、什么时候给予指导等。其目的是保证自变量对因变量发生预期的影响。

三、实验效度与无关变量控制

（一）内在效度与外在效度

要评价一项实验的设计是优是劣，主要看它是否有较高的内在效度和外在效度。

所谓内在效度是指因变量的变化在多大程度上来自自变量。如果一项实验能够提供充分的证据说明，因变量的变化确由自变量所引起，而不是由其他变量引起，那么这一实验设计的内在效度就高。内在效度实质上反映了实验对变量间因果关系揭示的准确程度，它是一项实验认识功能发挥得如何的标志。

外在效度是指实验结果的可推广程度，实质上也就是实验研究结论对所研究领域的事实的概括程度。教育实验研究不仅要关心变量间因果关系的探索，还要顾及实验结果在较大范围内的推广应用，否则便将失去实验的意义。如果说，内在效度反映的是实验的认识论意义，那么外在效度则标志其价值论意义。

追求内在效度是求真，追求外在效度则是求善。二者从根本上讲是统一的，但有时二者也会出现相排斥的情况。比如，当实验推广到一般教育情境之后，原有的特殊情境消失，或者由于推广，对无关变量的控制减弱乃至取消，便有一些非实验因素参与而影响实验效果推广等。因此，在开展实验研究、逐步得出科学结论的过程中，在后续应用研究成果、开展新的探索时，都应从相关研究的内在效度和外在效度等方面

[①] 顾泠沅：《45 年：一项数学教改实验》，载《华东师范大学学报（教育科学版）》，2022(4)。

做周到的考虑。

（二）影响实验效度的因素

在教育实验中，对因变量发生作用进而影响实验效度的无关变量有很多，而且何种因素为无关变量也是相对的。比如，当我们以教法为自变量时，教材就是一种有重要影响的无关变量；反之亦然。现将影响实验效度而有待控制的一些主要的无关变量略做说明。

1. 由实验设计和操作带来的误差

这一类的干扰主要有选择误差、程序编排不当、中途失控、测评误差等。

①选择误差。如果所选被试缺乏代表性，那么实验效果就难以推广到一般学校，影响了实验的外在效度；如果被试实验前就在因变量以及与因变量有关的变量上存在差异，这种差异影响了实验效果却被误以为是自变量的影响，从而降低了实验的内在效度。

②程序编排不当。当对同一组被试施以两种实验处理时，前一种处理所产生的练习效应、疲劳效应等会影响后一种处理的效果。又如，在不同组的被试之间，实验处理与效果测验之间的时间间隔不等，都会影响实验的内在效度。

③中途失控。在实验过程中，有的被试会因故中途退出实验。如果中途离开的被试成绩为两极分数，则对所在组的平均成绩会造成不可忽视的影响。

④测评误差。典型的实验程序是先对被试的因变量水平实行前测，再对被试施加实验处理，然后对被试施加后测。被试在前测、后测中成绩的差异就归结为实验处理的作用。其实，影响后测成绩的因素除了有实验处理外，还有前测的作用。前测使被试更为敏感，使随后的学习更有目标；前测也是一种练习，它使被试在后测中表现得更为熟练。

此外，测评工具不稳定（如前后测难度不同、评分标准宽严不等）会降低测评的分辨力，不能真实地反映实验组与控制组成绩水平的差异。上述测评误差对实验的内外在效度都有一定影响。

2. 实验过程中的副效应

由于教育实验的作用对象和观察对象通常是人的行为反应，这些行为反应既受控于实验的条件和结构，又受控于实验被试的思维与情感。在实验中，实验被试往往会对实验过程进行自觉或不自觉的辨析推测，然后给出经过主观意志和情感的某种程度的"调整"反应。另外，实验主试也会在实验过程中自觉或不自觉地掺进一些主观意愿和情感。我们把这些来自实验主被试的且最终影响到实验结果的主动"调整"，称为"副效应"。它并非实验设计中实验设计者所预期并加以关注的"主效应"，是出乎实验设计者期望之外的效应。教育实验中通常发生的副效应主要有如下几种。

霍桑效应是指参加实验的被试因得知自己参与实验、受到关注而提高了活动积极性，有较之平时更佳的表现或发挥。这种效应不仅干扰了对教育行为与教育效果之间的准确归因，也因推广后该效应消失而影响实验的外在效度。

期望效应亦称皮格马利翁效应或罗森塔尔效应，是指实验主试因被告知某些或全部被试具有潜在能力或发展可能性而不自觉地表现出特别的关注。这种效应也同霍桑效应一样，对实验内外在效度均有影响。

约翰·亨利效应也称实验措施的扩散与模仿，是来自控制组的干扰变量。它使实验组在实验中的表现与实验前有显著的变化，导致实验组与控制组在实验处理上的区别模糊不清。它影响的是实验的内在效度，即干扰了对因果关系的正确认识。

此外，来自实验时间推移的履历效应、成熟效应（学生身心发展会随时间的推移而逐渐自然成熟），来自被试的疲劳与生理变化的生成效应，以及主试因实验时间长失却新鲜感而怠于坚持实验措施的"不忠实"现象等，都对实验的内在效度有一定影响。

（三）提高实验效度的途径

1. 提高外在效度的途径

提高外在效度的主要途径有：①在不同条件下进行重复性实验。这种方式不仅有助于完善实验方案、增进实验效益、提高实验的外在效度，而且在多次实验过程中使未能控制的诸多无关变量得以相互抵消，从而提高实验的内在效度。②使实验情境与实际的教育教学情境尽可能接近。比如，国内不少学校层面的系统变革实验和学科层面的单项实验都是在普通学校、普通教师、普通儿童、普通教材的条件下进行的。这样，研究得出的成果更便于较大面积地推广。③采用合理的抽样方式，使选取的被试有代表性，减少取样偏差。教育实验中经常使用的抽样方式有：简单随机抽样；分层随机抽样；聚类抽样（如抽取若干个地区、学校、个体的集合，而不是直接抽取总体中的个别单位——学生）；有意抽样（依据研究目的而有选择地抽样）。

2. 提高内在效度的途径

提高内在效度的实质在于控制好各种无关变量。主要有如下一些方法：①利用仪器设备控制。比如，利用机器教学，利用录音、录像、视频或网络平台等设备教学，可以较好地保证各被试班组的教学、学习条件统一。②合理安排实验处理程序，以抵消练习效应、疲劳效应。③进行重复实验，使许多未能有意识控制的无关变量相互抵消。④利用统计控制。比如，用求部分相关方法、协方差分析统计技术，将某些事先未控制或产生于实验进程中因而事先无法控制的无关变量影响，从实验总效应中分离出来、剔除出去。⑤利用指导语或采用"盲被试"甚至加上"盲主试"（双盲设计）来控制态度、动机等变量（也就是说尽力消除霍桑效应、期望效应）。⑥将重要的无关变量考虑到实验中来作为一个自变量。比如，在以教法为自变量的单因实验设计中，把教材也列为自变量，变为多因实验设计。⑦设置控制组。控制组除了在实验处理上不同于实验组外，在其他一切影响因变量的因素方面都与实验组相等或尽可能接近实验组。设置控制组的主要目的是控制被试变量（由被试自身带到实验中的各种因素或特征）对因变量的影响，同时也能控制前测、身心成熟等其他无关变量，以提高实验的内在效度。因此，恰当地将被试分派到实验组和控制组，是提高实验效度的重要手段。被试分配也是实验设计的一个重要步骤，故下面做些专门阐述。

（四）被试分配的三种方法

被试分配的方法一般有等组法、单组法和轮组法三大类。

1. 等组法

等组法是设法使两个或多个被试组在能力、知识经验、性别等被试特征上相等或尽可能接近的分组方法。各个被试组分别接受不同的实验处理。如何划分等组，具体来说又有如下几种不同方式。

①随机分派。它是将抽样得来的被试用抓阄、投硬币等办法分配到两组或多组中去。随机分派也可以结合随机抽样来进行。例如，我们利用随机数表从包含835个个体的总体中抽取了30个被试，可以同时进行随机分派。我们把前15个号码的被试归入一组；把后15个号码的被试归入另一组。我们也可以把第1，3，5……29这15个号码归入一组；把2，4，6……30这15个号码归入另一组。至于各被试组中哪些组为实验组，哪些组为控制组，仍需用投硬币等办法来确定。由于随机分派排除了实验者的主观因素，各组被试原有的知识经验、兴趣、态度等方面的差异在很大程度上被抵消了。由于随机分派不是对各被试组的单一因素进行控制，而是对实验前因变量水平以及一切影响变量的因素的平衡和抵消，这种分组方法更显出其优越性。随机分派也有误差，但这种误差已不受实验者的个人偏见所左右，并且可以在统计检验中予以考虑。因此当各组被试人数较多时，各组被试的许多因素在统

计上没有差别，可以认为是近似相等的。但应该注意的是，如各组被试人数较少时，分组不等的情况仍然可能发生。

②设置对手组。通过测验或随机分派后根据某一标准进行适当调整的方法得到两个相等的组称为对手组。比如，某校开始一项教学实验时，就把通过区教育局统一考试录取的 300 多名一年级新生按成绩均等的原则分成 6 个班，然后随机指定其中 2 个班分别为实验班和控制班。应该注意的是，2 个班最好在测验成绩上不但平均数相等，而且标准差大致接近。

③对偶分组。这是一种划分等组的精确方法。它是先将被试按某一或某几种特征两两配对，再用随机分派的方法把每一对中的一个被试分到甲组，把另一个分到乙组。例如，甲组包含被试 A，B，C，D，乙组则应包含 A′，B′，C′，D′。其中，在有关特征上，A 与 A′对偶（相等），B 与 B′对偶。对偶分组与上述设置对手组的方法是不同的。设置对手组是组与组之间平均相等；对偶分组是两组被试一对一地相等。将被试配对主要是通过测验来进行的。用于配对的标准必须与因变量高度相关。因此运用对偶分组的条件是，我们必须明确影响因变量的被试变量是什么；这种被试变量是可以测量的。例如，"小学生最优发展综合实验"划分等组的方法与对偶分组要求比较接近。在小学生入学前，研究者对按学区招生原则招收的新生进行多项知识与能力测查；计算出每个新生在每项测试中的标准分数和标准总分数；根据标准总分数排出名次；将各名次按下列方式分配到 A，B，C 三班中。

A 班：1，6，8，11……

B 班：2，5，7，12……

C 班：3，4，9，10……

这里的第 1 名、第 2 名、第 3 名虽然不等，但毕竟属于同一个层次，因此可视为"配对"。这样得到的 A，B，C 三班总人数、总名次均相等。然后再由实验班和控制班的班主任用抽签方法决定 C 班为实验班，A 班、B 班为控制班。

2. 单组法

这种方法的特点是只有一个被试组而无形式上专门的控制组，也可以说是实验组兼作自身的控制组。每个被试都接受两种（或多种）实验处理，然后比较不同的实验处理对因变量的影响。这种方法的优点是能完全控制被试在实验前带进实验中的个别差异对因变量的影响。这是因为被试在能力、经验、个性各方面与他们自己总是相等的。但这种方法不能控制几种实验处理的先后次序对因变量的影响以及被试的身心成熟对实验的干扰。

3. 轮组法

为了避免单组法中顺序效应对实验内在效度的威胁，我们可以把被试分为两半。一半被试（甲组）按 AB 顺序实验，另一半被试（乙组）按 BA 顺序实验。轮组法是对单组法的改进。轮组法与等组法比较，其优点是免除了划分等组的困难。轮组法并不要求甲、乙两组严格相等，甚至可采用两个自然班组而无须加以变动。

第四节　教育实验的类型分析

////////////////

如同诸多事物的划分，教育实验可从不同角度不同层次进行分类。教育实验依据研究的目的划分出探索性实验和验证性实验；依据课题覆盖范围划分出单科实验、综合实验和整体实验；依据实验自变量数目的多寡划分出单因子实验、双因子实验和多因子实验；依据被试分配方法划分出单组实验、等组实验和轮组实验；依据因变量测量的次数与安排划分出前后测设计、仅后测设计、轮测设计和连测设计；依据变量控制的严密程度划分出前实验、准实验和真实验等。现根据我国教育实验理论和实验探讨的重点，从几个主要角度对教育实验的类型加以剖析，并适当结合实例做些说明。

一、实验与试验

目前我国有些教育改革的课题、项目均冠以"实验"二字。究其实质，有些"实验"并不尽然。这就模糊了教育实验与教育试验之间的界限，有必要先予以澄清。

如前所述，实验之为实验，关键在于变量控制。但我们观察到，不少自称（或被称）为实验的探索活动，并无控制的迹象。比如，维多里诺创办"快乐之家"和欧文举办"工厂学校"等这些活动可称为"试探""试行""试用"，或一言以蔽之："试验"，而不能称之为实验。关键在于，虽有新想法、新主张，企图对以往模式加以变革或改良，但在技术层次上并无控制，有时也无须控制。现扼要谈谈实验与试验的异同之处。

（一）实验与试验的差异

二者显著的区别在于有无控制。正由于控制的介入，二者在研究前提、研究进程和研究结果等方面存在差异。

①实验活动开展的前提是科学假说，且对研究条件有较严格的要求；而试验活动有个大体设想即可，对条件也不苛求，大致是边做边改、不断完善，其特征是"尝试"。

②实验的过程按严格的程序展开，致力于探求事物间内在的因果联系；试验的过程则只是寻找足以影响因变量的一切自变量，对变量不做严格控制。

③实验的成果须用精确的数量进行评定，所以客观性强、准确性高；试验的成果可凭主观判断来评估，故主观性大，经验成分多。

（二）实验与试验的共性

二者的共性是，它们都包含有科学研究本质的东西——求新。实验自不待言；试验也必然是对新设想、新主张的试验，它针对现状、追求发展和完善，具有明确的探究意向。而且，在教育研究引进实验方法的过程中，试验是实验不可忽略的前奏和基础(实验则可看作教育研究走向科学化、规范化的标志)，为实验积累素材、准备理论，是实验假说产生的背景和重要来源。

事实上，在我国的教育改革探索中，实验和试验常常交织在一起。比如，在试验探索中，对一些具体的客观性较强的课题采用严格的实验方法进行精确研究，以期取得客观可靠的普遍性结论。而在实验过程中，也需要借助实验者和教师的主观经验进行不断的尝试和调整，以保证实验顺利进行。

鉴于我国教育研究的实际状况，要特别注意既避免把教育实验提高到自然科学实验的精确程度，从而丧失实验的实用性和外在效度；又要防止把教育试验降低到一种"尝试错误"的盲目活动，致使试验缺乏科学性和理论性。

二、前实验、准实验和真实验

为了简化叙述，我们将引入下面一些符号。

X——自变量，即实验处理。

Y——因变量。

Y_1，Y_2——实验组前、后测平均成绩。

Y_1'，Y_2'——控制组前、后测平均成绩。

R——随机分派。

MR——配对后随机分派。

虚线表示上、下两组未做等组化处理。

实线表示上、下两组为等组。

根据美国教育实验专家坎贝尔和斯坦利的理论，可依据实验的科学水平，把教育实验分为前实验、准实验和真实验。

（一）前实验

前实验可以进行观察和比较，但对无关干扰和混淆因素缺乏控制，从而无法验证自变量与因变量的因果关系，也很难将实验结果推论到实验以外的其他群体或情景，内外在效度均很差。这类实验主要有如下三种形式。

1. 单组仅后测实验

单组仅后测实验的模式如下。

$$X \qquad Y$$

特点：这种实验无控制组，也无前测；X 在先，Y 在后，即先进行实验处理，再对其结果做观察和测验，是一种只有观察而无法比较的实验。我国许多中小学进行的单科单项改革或者优秀教师在自己的岗位上所做的探索性尝试，大多处于这种阶段。

评价：这种实验没有什么科学发现意义，但有实践意义。也就是说，利用引进新的不同于常规的实验处理(或教育措施)，能改进原有的教育教学工作。由于缺乏对无关变量的控制，实验处理本身往往不一定就是工作改进之"因"，或者说不是唯一的"因"。

2. 单组前后测实验

单组前后测实验的模式如下。

$$Y_1 \qquad X \qquad Y_2$$

特点：这种实验无专门的控制组，或者说以自身为控制组，有前、后测。

实例：为了研究口算练习对计算能力的影响，选取一组有代表性的学生被试，先测量其计算水平(前测)。然后进行一个月的口算训练，每日随堂练习 10 分钟。一月训练完毕后再用难度相等的另一套试题测量被试的计算水平(后测)。前、后测平均成绩之差($d = Y_2 - Y_1$)被归因于自变量 X 的作用。

评价：这种实验中前后测成绩的差异也可能是由前测的练习作用、身心成熟、前后测验不等值、统计回归等因素造成的。它对这些因素未做控制，故内在效度不高，其科学性仍较差。只有当实验时间很短，环境相当稳定时才可采用，或用作预备性研究。[1]

---

[1]　旷习模：《教育实验》，106 页，长沙，湖南教育出版社，1990。

如果前测和后测均不止一次，这种实验则变为时间序列设计，即在实验处理之前，对被试进行一系列定时的重复观测；在实验处理之后，再做同样的一系列定时重复观测，并对前后系列观测结果加以比较，分析自变量与因变量的关系。其模式如下。

$$Y_1 \quad Y_2 \quad Y_3 \quad Y_4 \quad X \quad Y_5 \quad Y_6 \quad Y_7 \quad Y_8$$

在这种实验中，就前测而言，可以测得较为稳定的反映实验处理之前被试真实状态的数据；对后测来说，可以避免一次后测的偶然性。无论前测、后测，多次获取数据也便于观察被试变化的趋势。

3. 非随机分派一组控制仅后测实验

非随机分派一组控制仅后测实验，又称静态组比较实验，其模式如下。

$$X \qquad Y_2$$
$$Y_2'$$

特点：这种实验无前测，仅有后测，有控制组，但不是使用随机分派的方式分组而成，而是从静态的教育情境选择而来的。

实例：某校为探索数学新授课更有效的课堂教学结构，在某班将尝试教学法作为一种实验处理；为观察实验结果，将实验班参加本地区统一命题考试成绩作为后测结果。由于事先未指定控制班，只好与参加同题考试的本校（或他校）同年级自然班学生考试成绩做比较，考察尝试教学法与传统讲授法有无显著性差异。

评价：此种实验较优于单组前后测实验。首先，它消除了前测对后测的影响；其次，可通过横向比较（而不是与自身做纵向比较）判断自变量的有效性。但是，由于未进行随机分派，两组被试在进行实验处理之前就可能存在很大差异，故实验结果不能完全归因于实验处理，内在效度仍较差。

进行这类实验，有利于改进教育教学工作，简便易行，在中小学实验技术水平尚不高的情形下容易施行。但这类实验的结果不宜普遍推广，不能盲目效法。

如果也像单组前后测实验那样，将一次前、后测变为多次系列观测，则可得到如下模式。

$$Y_1 \quad Y_2 \quad Y_3 \quad Y_4 \quad X \quad Y_5 \quad Y_6 \quad Y_7 \quad Y_8$$
$$Y_1' \quad Y_2' \quad Y_3' \quad Y_4' \qquad Y_5' \quad Y_6' \quad Y_7' \quad Y_8'$$

如果再考虑两组都进行实验处理，如一组学生进行面批指导、及时反馈的教学方式（X_1），另一组采用尝试指导、效果回授方式（X_2），则可以得到如下模式。

Y_1	Y_2	Y_3	Y_4	X_1	Y_5	Y_6	Y_7	Y_8
Y_1'	Y_2'	Y_3'	Y_4'	X_2	Y_5'	Y_6'	Y_7'	Y_8'

设想采用 X_1 组学生第一次后测成绩高于采用 X_2 组学生；然而第二、第三次后测时两组成绩趋于接近；到第四次后测时，X_1 组学生成绩反而落后于 X_2 组学生。那么我们大概可以判断出，采用 X_1 这种教学方式可以较迅速地提高成绩，但"后劲"显然不如 X_2 这种教学方式。

（二）准实验

准实验是指那些未能随机分派被试，无法像真实验那样完全控制误差来源，但比起前实验来又给予尽可能的条件控制的实验。这一类实验也有多种。其中较普遍的典型形式是非随机分派一组控制前、后测实验，其模式如下。

Y_1　X　Y_2

Y_1'　　　Y_2'

特点：这种实验有一个控制组，有前、后测；但没有用随机分派方法划分被试组，而是选用两个自然的近似班组分别充任实验组与控制组。前测可以证实两组的近似程度。

实例：卢仲衡主持的初中数学自学辅导实验，1973 年在中国人民大学附属中学实施实验研究时，以该校体育班为实验班，以文艺班为控制班；1978 年以北京市第三中学一个较好的班为实验班，以另一所中学程度相当的班为控制班。

评价：由于对被试未采用适当方式做等组化处理，故内在效度有可能受到怀疑。当然我们可以尽量地选用条件近似的班组，并通过前测对其近似程度予以证实。我们还可以用抽签等办法决定哪一组为实验组，哪一组为控制组，避免出现主观偏差，以增强研究成果的说服力。但这种实验有不打乱自然班组、实施方便的优点，易于为普通学校领导与教师接受。又因为实验情境与教学环境相似，所以它的外在效度高。因而它实际上是常用的一种教育实验设计模式。[①]

（三）真实验

坎贝尔和斯坦利认为，凡能随机分派被试、能完全控制误差来源、能系统地操作自变量的实验为真实验。这三点也是真实验与准实验的根本区别所在。这类实验主要有如下几种。

[①]　旷习模：《教育实验》，106～107 页，长沙，湖南教育出版社，1990。

1. 随机分派一组控制前、后测实验

随机分派一组控制前、后测实验的基本模式如下。

$$R \begin{array}{ccc} Y_1 & X & Y_2 \\ \hline Y_1' & & Y_2' \end{array}$$

特点：因实行了随机分派，这种实验的两组在统计上可视作相等，有前、后测。

实例：以心理学家罗森塔尔所做的"教师对学生的期待可以变为现实"的实验研究为例，在这项研究中，罗森塔尔先对小学1～6年级每年级三个班学生进行一次智力测验，然后谎称根据智力测验成绩将每班学生分成两组。其中一组的学生称为实验组。实验主持者将该组学生的名单交给所在班级的新任教师，并告诉他们，预测表明这一部分学生在智力上有很大的发展可能性，具有在不久的将来产生学业冲刺的能力。各班其余的学生组成控制组。实际上各班学生是用随机分派方法分成两组的。经过8个月的教学后，实验组学生比控制组学生的智力有了更大的发展。

评价：这是一种典型的实验设计。由于实行了随机分组，两组被试的有关条件可看作相等或近似的。前测的影响、统计回归、被试身心成熟等无关变量也得到控制，因为它们对两组被试的作用是相同的，可以相互平衡。在所引用的这个实例中，被试不知道自己在参与一项实验，教师也不了解实验的目的，因而是一种"双盲设计"。加之两组的教师、教学状况都相同，研究者就可以较有把握地把两组被试在后测上的差异归因于自变量的作用。故这种实验的内在效度较高。当教育实验以入学新生为被试时，采用随机分派方法来设置等组比较方便。当然，当被试人数较少时，随机分派就很难保证两组被试在有关条件上相等。

这种实验可以推广到多组的情况，用于自变量有多种水平的场合。例如，为了研究教师评价、强化及其方式对学生学习的影响。因自变量有四种状态（或四种水平），就可以用随机分派方法得到四个被试组：受表扬组；受训斥组；静听组（不受表扬，也不受训斥，但静听他人受表扬、受训斥，从而受到一种替代性强化）；无强化组。最后一组为控制组，前三组为实验组。①

2. 随机分派一组仅后测实验

随机分派一组仅后测实验的模式如下。

$$R \begin{array}{cc} X & Y_1 \\ \hline & Y_1' \end{array}$$

---

① 旷习模：《教育实验》，107～108页，长沙，湖南教育出版社，1990。

特点：本实验与上一种相比，区别仅在于没有前测。因为既已采取随机分派，我们对两组被试条件的相等就有了相当的把握，故此时前测对于实验研究并非绝对必需。

实例：如果要研究某项教学方法（如翻转课堂或网络教学）对七年级学生英语学习成绩的影响，我们可将拟作被试的 100 名入学新生随机分为两组。实验组采用这一教学方法，控制组采用一般课堂教学方法。在这里，我们认为两组被试条件在统计上是相等的，故不一定非要举行前测不可，因为前测在此时不过是对两组近似程度的进一步确认。同时，如果这些初中新生在小学没有学过英语，则对他们进行英语前测也是不可能的。

评价：这也是一种较为常用的实验设计。由于取消了前测，则可消除前测与自变量间的相互影响，故其内在效度可望提高。但当选用的被试人数较少时，随机分派很难保证两组被试条件相等或接近，这时不如增加前测，做到对两组被试实验前的差别有所了解，以便在对实验研究结果的统计分析中予以考虑。[①]

为了查清第一种实验的前测对后测有无影响，还可以采用所罗门四组实验，其模式如下。

$$RY_1 \quad X \quad Y_2$$
$$RY_1' \quad\quad Y_2'$$
$$R \quad X \quad Y_3$$
$$R \quad\quad Y_3'$$

这实质上是真实验第一和第二两种的合并，将 $Y_2 + Y_2'$ 和 $Y_3 + Y_3'$ 进行比较即可显示出受不受前测的影响。当然，这种实验颇费时力。

由于真实验的精度要求高，在教育情境中极难达到，故有人认为，教育实验只能是准实验。[②] 但也有人认为，从理论和技术上说，把教育实验提高到真实验水平是可能的，且在实践中确已大量存在真实验。其中，雷恩关于闭路电视教学中使用编序教学手册为补充教材的实验便是一个典型例证。[③]

3. 配对后随机分派一组控制仅后测实验

配对后随机分派一组控制仅后测实验的模式如下。

---

① 旷习模：《教育实验》，108～109 页，长沙，湖南教育出版社，1990。
② 郑继伟：《教育实验只可能是准实验》，载《教育研究与实验》，1989(1)。
③ 张武升：《教育实验评价问题探讨》，载《教育研究与实验》，1990(2)。

$$\text{MR} \frac{X \quad Y_2}{Y_2'}$$

特点：这种实验先将被试按某些标准两两配对，然后用随机分派方法决定哪个为实验组，哪个为控制组。

实例：为了研究按阶段形成与一般讲解练习的方法对学生应用题解题技能形成的影响，可按智力和数学成绩用对偶分组法将被试分成两个等组，经过一段不同形式的解题技能教学后再对实验组与控制组学生的应用题解题技能进行测验。

配对后随机分派是划分等组的一种较精确的方法，内在效度较高，但不易实施。

4. 随机分派多因实验

实例：要比较两种教学方法（讲授法与讨论法）对学生学习成绩的影响；同时又要比较两种教材（通用教材与自学教材）的优劣。这时共有两个自变量（教学方法为自变量 X_1，教材为自变量 X_2）。每个自变量又各有两种水平，共有 4 种实验处理。我们可以将被试用随机分派方法分为 A，B，C，D 四个等组，使他们分别接受不同的实验处理。一学期后，教材教法多变量实验的测试成绩如表 6-1 所示。

表 6-1　教材教法多变量实验的测试成绩

教学方法(X_1)	教材(X_2)		平均成绩
	通用教材	自学教材	
讲授法	72	73	72.5
讨论法	81	83	82.0
平均成绩	76.5	78.0	

评价：本实验的优点是能同时回答如下几个问题。①讲授法与讨论法两种教法效果有无真实差异；②两种教材对学生学习成绩的影响有无真实差异；③教材与教学方法之间有无交互作用。所谓交互作用是指讲授法与讨论法教学效果的优劣是否以采用何种教材为转移，或者两种教材教学效果的比较是否因采用何种教学方法而不同。本实验可以使一个自变量的不同水平的作用的比较被置于另一个自变量的同一水平上，因而避免了两种自变量作用的相互混淆和干扰，提高了实验设计的效度。①

———————————

① 旷习模：《教育实验》，109～110 页，长沙，湖南教育出版社，1990。

存在争议的问题

1. 教育实验只能是准实验吗？

参见郑继伟：《教育实验只可能是准实验》(《教育研究与实验》，1989 年第 1 期)；张武升：《教育实验评价问题探讨》(《教育研究与实验》，1990 年第 2 期)；郑继伟：《再论准实验》(《教育研究与实验》，1990 年第 4 期)；杨银付、瞿葆奎：《教育准实验的科学规范探讨》(《教育研究》，1992 年第 10 期)。

2. 教育实验只能成功而不能失败吗？

参见杨银付、瞿葆奎：《教育准实验的科学规范探讨》(《教育研究》，1992 年第 10 期)；张伟平：《谈谈当前教改实验存在的问题及对策》(《教育研究》，1991 年第 2 期)。

3. 教育整体改革能否采用实验法？

参见刘力、张定璋：《教育实验的理论探讨和实践》(南海出版公司，1990 年版)；吴康宁：《对教育整体改革实验若干问题的思考》(《教育研究》，1995 年第 1 期)；杨小微、旷习模：《中小学整体改革实验》(四川教育出版社，1997 年版)。

进一步阅读的书目

1. ［比］G. 德朗舍尔：《教育实验研究》，王金波译，北京，光明日报出版社，1989。

2. 王汉澜：《教育实验学》，开封，河南大学出版社，1992。

3. 李伟胜：《实验研究指导》，北京，教育科学出版社，2002。

应用实例

问题提出教学对学生数学成绩和数学情感影响的实验研究[①]

发展学生的问题提出意识和能力，无论是在中国的数学课程标准还是全美数学教师联合会颁布的系列数学课程文件中都被作为课程目标强调。而且近几年研究者也越来越重视问题提出的教育价值，也有越来越多的学者把问题提出作为一种教学手段应用于数学课堂教学中。蔡金法等指出，问题提出能够给学生提供更多的学习机会，从而促进学生的数学学习。[②] 那么，在课堂中如何运用问题提出开展教学，以及问题提出教学对学生数学学习的影响及背后的机制仍然需要更多研究来揭示。

[①] 张丹、姚一玲、蔡金法：《问题提出教学对学生数学成绩和数学情感影响的实验研究》，载《数学教育学报》，2021(1)。

[②] 蔡金法、姚一玲：《数学"问题提出"教学的理论基础和实践研究》，载《数学教育学报》，2019(4)；Cai J., Hwang S., & Jiang C., et al., *Problem-Posing Research in Mathematics Education：Some Answered and Unanswered Questions*，New York，Springer，2015，pp. 3-34.

因此，本研究基于一项纵向教学实验，揭示运用问题提出教学对学生数学学习的影响，从而进一步阐释问题提出的价值。研究问题为：问题提出教学实验对学生数学学习的影响如何？

一、理论基础

（一）问题提出与学生数学学习

问题提出既可以作为课程和教学目标，也可以作为一种教学手段。[①] 事实上，问题提出教学早在 1945 年波利亚的《怎样解题》一书中就有所体现。他将问题提出视为问题解决过程中的一部分，并举例说明了如何根据已知条件提出类似问题，以便于解决现有问题或解决对现有问题进行变式的问题。[②] 作为一种教学手段，问题提出能够促进学生的数学学习、创造力以及数学积极情感的发展。[③] 自《义务教育数学课程标准（2011 年版）》明确强调要培养学生的问题提出能力以来，无论是教材还是课堂教学都在一定程度上开始突出问题提出的培养目标。但课堂中所使用的有限的问题提出教学大部分是为问题解决教学服务的，教师更多的是将问题提出作为帮助学生解决问题的工具，而较少关注问题提出教学对学生数学学习过程的其他影响，也很少将问题提出作为一种教学目标或独立的教学手段应用在教学过程中。

学生的问题提出能力与其问题解决能力之间存在显著相关性。相较于问题解决，问题提出是一种更为主动的学习方式。学生在自己提出问题后，还可以与同伴的问题进行比较，或解决自己和同伴提出的问题。这些学习任务有助于学生积极和持续地参与到数学学习过程中。而且，尽管不同的学生所提的问题在广度、综合程度、挑战性上有所不同，但他们几乎都能参与到问题提出的数学活动中。这也有助于激

---

① 蔡金法、姚一玲：《数学"问题提出"教学的理论基础和实践研究》，载《数学教育学报》，2019(4)。

② Polya G.，*How to Solve it：A New Aspect of Mathematical Method*，Princeton，Princeton University Press，1945，pp. 20-57.

③ Crespo S.，"Learning to Pose Mathematical Problems：Exploring Changes in Preservice Teachers' Practices，"*Educational Studies in Mathematics*，2003(3)，pp. 243-270；Knott L.，Olson J.，& Adams A.，et al.，"Task Design：Supporting Teachers to Independently Create Rich Tasks.，"In ed. Margolinas C.，*Task Design in Mathematics Education.*，Oxford，UK，2013，pp. 599-608；Leung S. S.& Silver E. A.，"The Role of Task Format，Mathematics Knowledge，and Creative Thinking on the Arithmetic Problem Posing of Prospective Elementary School Teachers.，"*Mathematics Education Research Journal*，1997(1)，pp. 5-24；National Council of Teachers of Mathematics.，*Principles and Standards for School Mathematics*，Reston，V. A.：NCTM，2000，pp. 20-30.

发学生的数学学习兴趣和自信心等。学生也普遍反映喜欢这样的学习方式。①

（二）从教师问题提出教学的学习到教师问题提出教学的实践

培养学生发现问题、提出问题、分析问题和解决问题的能力是中国数学课程标准的主要目标之一。《普通高中数学课程标准（2017年版2020年修订）》在描述数学学科核心素养时强调，从实际情境中发现和提出问题是学生建模能力乃至学业质量水平的重要组成要素。该课程标准不仅提倡在教学过程中要涉及更多的问题提出活动，还特别提出要运用问题提出进行数学教学与评估。此外，该课程标准还指出教师自己需要习惯于发现和提出数学问题，并且要提高为学生创造问题提出学习环境的能力。② 然而，通过对教材中问题提出内容的分析发现，教材中只涉及很少部分的问题提出任务。研究者还发现，教材中仅有的少部分问题提出任务在内容的分布上不均匀，主要集中在数与运算部分，而在代数、几何和测量内容上很少运用问题提出。③

由于教材只涉及很少部分的问题提出任务，有研究者试图探索能够帮助教师运用问题提出进行教学的方法和更多的素材。由蔡金法发起的一项纵向研究主要关注教师如何运用问题提出开展数学教学。目前为止，他们发现教师如果对问题提出以及运用问题提出进行教学的信念有了改变，那么他们在问题提出以及运用问题提出进行教学的能力方面都会有明显的提升。④ 因此，研究中涉及的教师也参与并学习了如何提出问题以及如何运用问题提出开展数学教学。

---

① 蔡金法、姚一玲：《数学"问题提出"教学的理论基础和实践研究》，载《数学教育学报》，2019（4）；Nicolaou A. A. & Philippou G. N. ，"Efficacy Beliefs，Problem Posing，and Mathematics Achievement. ，"*Focus on Learning Problems in Mathematics*，2007（9），pp. 308-317；Akay H. & Boz N. ，"The Effect of Problem Posing Oriented Analyses-Ⅱ Course on the Attitudes toward Mathematics and Mathematics Self-Efficacy of Elementary Prospective Mathematics Teachers. ，"*Australian Journal of Teacher Education*，2010（1），pp. 59-75；张丹、刘晓：《"问题引领学习"的构建及单元教学研究》，载《数学教育学报》，2018（5）。

② 中华人民共和国教育部：《普通高中数学课程标准（2017年版2020年修订）》，4～10页，北京，人民教育出版社，2020。

③ Cai J. & Jiang C. ，"An Analysis of Problem-Posing Tasks in Chinese and US Elementary Mathematics Textbooks. ，"*International Journal of Science and Mathematics Education*，2017（8）.

④ Cai J. ，Chen T. ，& Li X. ，et al. ，"Exploring the Impact of A Problem-Posing Workshop on Elementary School Mathematics Teachers' Problem Posing and Lesson Design. ，"*International Journal of Educational Research*，2019（9）；Li X. ，Song N. ，& Hwang S. ，et al. ，"Learning to Teach Mathematics through Problem-Posing：Teachers' Beliefs and Performance on Problem Posing. ，"*Educational Studies in Mathematics*，2020（3），pp. 325-347.

（三）促进教师运用问题提出教学的策略

尽管数学课程标准将学生发现和提出问题能力的培养视为重要目标，但目前的课程中依然存在只涉及较少的问题提出活动的现象。这也影响了教师在教学实践中设计和实施问题提出教学任务。另外，鉴于问题提出的重要教育价值，课堂实施不能等待课程完善后才开始，而应帮助教师开发问题提出的教学资源。为此，蔡金法提出了促进教师开展问题提出教学的 3 个策略：①帮助教师修改已有的教学资源，为学生创建问题提出机会；②在课程材料中包含问题提出的案例以支持教师的教学和学生的学习；③鼓励学生自己提出不同难度问题来拓展问题提出任务的范围。这些策略既克服了问题提出教学任务不足的难点，又不会增加教师的过多负担。

首先，在教师已有教学资源基础上开发或创建问题提出机会。这有助于教师从传统教学方式（这里指不包含或很少包含问题提出活动的教学）顺利过渡到以问题提出为重要手段的新的教学方式。而且从自己熟悉的教学资源中设计问题提出学习任务，会因为相对节省工作量和容易操作而使教师更愿意尝试。教师可分析教材或其他教学资源中数学问题的形式，通过删除部分条件或结论来创建问题提出任务，也可以将自己已经准备好的问题情境提炼出来，鼓励学生尝试提出问题。也就是说，在采用问题提出进行教学的初期，教师可将原本设计的提问的机会转移给学生，鼓励他们自己提出问题，使他们从较为被动的问题解决者变为更为主动的问题提出者。

其次，在学习材料中包含问题提出案例，既可以帮助教师设计有关问题提出的活动，又便于学生先阅读和理解他人的案例，然后再提出自己的问题。虽然数学课程标准和数学教材中都有问题提出活动或任务，但对教师和学生而言，问题提出仍然是较为陌生的学习任务。因此，在学习材料中提供问题提出案例，有助于教师和学生初步了解问题提出的方式和问题呈现的形式。

最后，让学生自己提出角度和难度等不同的问题，既能鼓励学生主动思考条件和问题之间的关系，还能促使学生集中注意力提出更高认知要求的数学问题。① 从不同角度或难度提出不同问题有助于学生多角度、更深入地思考问题情境，而且问题提出的过程也是学生思考解决方案的过程，因此，提出更为复杂的问题也是培养

———————————

① 许天来、蔡金法：《作为教学目标和教学手段的数学问题提出》，载《小学教学（数学版）》，2019(10)。

学生问题解决能力的有效方式。[1]　此外，教师也可通过学生提出的问题了解学生的数学理解类型和水平，从而设计更有针对性的教学。[2]

基于以上策略，本研究在教师已有教学资源基础上开发或创建问题提出机会，鼓励学生自己提出角度、难度等不同的数学问题，从而达到为学生提供更多学习机会的目的。

二、研究设计

（一）样本及实验过程

1. 样本

为了验证运用问题提出教学对学生数学学习的影响，我们采用实验组与控制组的形式开展研究。其中，实验组来自 3 所程度不同学校（强校、中校、弱校）的四年级学生，相对应的控制组同样来自另外 3 所程度不同学校的四年级学生。这里对学校强弱的划分主要参照了学校所在区域质量检测的成绩。初始样本数量为 1307 人。删掉前后测共同缺失的 17 人，并删除缺少至少两个任务数据的样本 22 人，共删除 39 人。从表 6-2 中可以看出，剩余的有效样本总数为 1268 人。随后用均值填补缺失值。

表 6-2　实验项目的样本信息

组别	学校类型	班级数（个）	样本数（个）		合计（个）
			男生	女生	
实验组	强校	12	257	232	489
	中校	4	79	60	139
	弱校	6	136	122	258
对照组	强校	4	88	86	174
	中校	4	85	65	150
	弱校	2	29	29	58

2. 实验过程

这一研究是一项为期 3 年的追踪实验研究（四年级到六年级），这里只介绍第一年以问题提出为主要教学手段的教学实验。具体实验过程如下。

---

[1]　Cai J. & Hwang S.，"Learning to Teach through Mathematical Problem Posing：Theoretical Considerations，Methodology，and Directions for Future Research.，" *International Journal of Educational Research*，2019(8)，p. 1.

[2]　Li X.，Song N.，& Hwang S.，et al.，"Learning to Teach Mathematics through Problem-posing：Teachers' Beliefs and Performance on Problem Posing," *Educational Studies in Mathematics*，2020(3)，pp. 325-347.

首先，项目组实验教师参与了为期 3 天的问题提出工作坊，通过集体备课，整体设计了四年级的问题提出任务。问题提出任务的设计流程为：思考重点单元的核心要点，搭建单元学习任务的基本框架；根据核心要点找到问题提出的关键点，围绕核心要点设计问题提出学习任务；设计基于学生经验、有一定挑战性的问题情境，并设计恰当的提示语鼓励学生提出问题；预设学生可能提出的问题及解决方法，反思问题提出任务的合理性并适当调整。

在四年级一个学年中，教师先后在认识更大的数及数位、大数的读写及比较大小、平移与平行、角的度量、三位数乘两位数、有趣的算式、乘法分配律、商不变的规律、小数的意义、小数的数位、小数的加减法、三角形边的关系和字母表示数等内容中实施了 19 课时的问题提出教学；同时鼓励学生完成了"寻找生活中的速度问题""栽种蒜苗中的问题"的两个活动任务。"寻找生活中的速度问题"活动持续了一周，首先鼓励学生收集生活中有关速度的素材，在此基础上根据这些素材提出一个数学问题。比如，一位学生根据"猎豹奔跑时的最高速度可以达到 110 千米/时"，提出了一个数学问题："如果猎豹保持最高时速 10 秒，它可以奔跑多少千米？"学生提出问题后分小组交流问题并解决，然后小组推选出一个问题将其修改为更有挑战性的数学问题。又如，上面的问题经过小组讨论后修改为："一只猎豹想吃羚羊，它们相距 100 米。猎豹的速度为 110 千米/时，羚羊的速度为 80 千米/时。如果猎豹追了羚羊 10 秒，羚羊也逃跑了 10 秒。此时猎豹追上羚羊了吗？"最后，小组把修改后的问题分享给全班的同学，大家共同尝试解决。

"栽种蒜苗中的问题"这个活动源于教材，鼓励学生去栽蒜苗，收集和分析数据。首先让学生在家里进行了第一次栽蒜苗活动，并组织学生分享交流。学生发现蒜苗的生长受到很多因素的影响，于是统一变量，购买同一批的大蒜。各组在教室同一地点统一尝试水培蒜苗。各小组观察记录了本组蒜苗 1～14 天每两天的高度数据。围绕着这些数据，学生纷纷提出数学问题。比如，"第 14 天哪组的蒜苗长得最高，哪组长得最矮？相差多少？""第 4 组的蒜苗从哪天开始超过了第 2 组的蒜苗？""第 14 天每组蒜苗的高度都不一样，怎么描述蒜苗高度的一般情况？"在此基础上，学生通过一周的时间利用画条形统计图和折线统计图、计算平均数等方法尝试解决提出的问题。

(二)工具及编码说明

本研究使用 5 套工具调查学生的数学成绩和数学情感两方面内容。数学成绩方面包括三套试题：问题解决、问题提出、计算题；数学情感方面包括两套问卷：坚毅力、数学比喻。由于这里只呈现实验组和控制组被试在整体得分上的前、后测差异，因此只对整体定量评分标准进行简要说明。其他具体编码方式将不再赘述。

1. 问题解决测试卷

问题解决测试卷包含 4 个问题，每个问题都要求被试写出答案及其解决过程。需要说明的是，前、后测的第一题不同，但属于同类型问题。最后，根据表 6-3 的问题解决的评分标准进行评分。

表 6-3　问题解决的评分标准

得分	说明
0 分	完全没有理解问题情境，没有尝试或者完全没有解决问题的方案，或者只给出了无关作答
1 分	只有限地理解了问题情境，尝试解决问题但没有给出有效策略；或者只是给出了答案，没有表达解决问题的任何过程
2 分	对于问题情境有部分理解，探索出部分有效的策略但不能完整解决问题，表达不完整或存在错误
3 分	理解问题情境，探索出有效的策略解决了问题并进行了清晰表达，但解决问题的过程存在一点遗漏或偏差
4 分	完全理解问题情境，探索出完整、有效的策略解决了问题，并清晰地表达了解决问题的过程

2. 问题提出测试卷

问题提出测试卷包括 4 个问题，每一个问题都需要学生提出 3 个难度不同的问题。其中，前测试卷的第 2、3 两题与后测试卷的第 2、3 两题相同，前、后测试卷的第 1、4 两题分别属于同类型但不相同的问题。因此本研究仅分析第 2、3 题。被试所提出的每一个问题都包含 9 个方面的编码：数学特征、与题目的关联性、可解性、语言复杂性、语义复杂性、数学复杂性、新颖性、情境、数学表达。最后，再根据被试在每个任务上的总体表现给出一个整体的问题提出的评分标准，如表 6-4 所示。

表 6-4　问题提出的评分标准

得分	说明
0 分	全部空白或提出的 3 个问题都不是数学问题
1 分	提出了数学问题，但都没有达到正确、可解且与情境相关
2 分	只提出了 1 个正确且可解、与情境相关的数学问题

续表

得分	说明
3 分	只提出了 2 个正确且可解、与情境相关的数学问题
4 分	提出了 3 个正确且可解、与情境相关的数学问题

3. 计算题

计算题包含 16 道多项选择题，答对记 1 分，答错记 0 分。

4. 坚毅力问卷

坚毅力问卷包含 12 个问题，每个问题都是从"非常不符合"到"非常符合"的五级选项。其中，有 7 个问题为反向题，其余 5 个问题为正向题。将反向题的计分方式转换后，在每一个问题上的得分越高，表示被试的数学学习坚毅力越好。

5. 数学比喻问卷

数学比喻问卷包含 3 个任务，分别要求被试将数学比作一种动物、食物和颜色，并说明原因。通过被试的 3 个比喻，根据表 6-5 的数学比喻的评分标准进行评分，得分越高表示被试越喜欢数学。

表 6-5　数学比喻的评分标准

等级（分）	描述	举例
1	非常消极	就像臭鸡蛋，我讨厌它
2	中等消极	棕色是我不喜欢的颜色，数学是我不喜欢的课
3	中性或矛盾	就像蔬菜一样，我不喜欢它，但我知道我需要它
4	比较积极	我喜欢数学就像我喜欢吃蛋糕一样
5	非常积极	紫色是我最喜欢的颜色，它能带给我激情；这就是我对数学的感觉

三、实验结果

表 6-6 为实验组学生在 5 个任务上的均值及其前、后测差异（括号中为标准差）。实验组学生在问题提出和计算题任务上的后测表现显著高于前测，并且在坚毅力和数学比喻上有显著提高。但在问题解决上，实验组学生的前、后测无显著差异。

表 6-6　实验组学生在 5 个任务上的均值及其前、后测差异

任务	实验组（$N=886$）		
	前测（SD）	后测（SD）	t
问题解决	12.39(3.16)	12.52(3.35)	1.19

续表

任务	实验组（$N=886$）		
	前测（SD）	后测（SD）	t
问题提出	7.05(1.59)	7.35(1.03)	5.29***
计算题	14.31(2.37)	14.76(2.31)	7.43***
坚毅力	3.83(0.62)	3.96(0.67)	6.33***
数学比喻	3.64(0.66)	3.82(0.56)	6.71***

注：* 表示 $p<0.05$，** 表示 $p<0.01$，*** 表示 $p<0.001$（下同）。

为了进一步揭示问题提出对学生数学成绩和数学情感的影响，本研究对实验组和控制组学生的前、后测差值（1 学年前后的表现差值）进行了比较分析。结果表明，实验组学生在问题解决（$p<0.001$）、问题提出（$p<0.001$）、计算题（$p<0.001$）以及数学比喻（$p<0.05$）上的增长程度显著高于控制组学生。但在坚毅力上的增长程度，两组学生无显著差异。

表 6-7 为实验组 3 类学校学生在 5 个任务上的前、后测差异。整体来看，弱校学生在问题解决和数学比喻任务上的提高程度要高于强校和中校。

表 6-7　实验组 3 类学校学生在 5 个任务上的前、后测差异

任务	学校类型	前、后测均值（标准差）		
		前测（SD）	后测（SD）	t
问题解决	强校	12.53(3.30)	13.08(3.21)	3.91***
	中校	12.13(3.06)	11.75(3.35)	1.34
	弱校	12.25(2.93)	11.85(3.40)	1.92
问题提出	强校	7.16(1.51)	7.34(0.96)	2.47*
	中校	6.81(1.73)	7.17(1.27)	2.22*
	弱校	6.97(1.64)	7.46(0.98)	4.84***
计算题	强校	14.45(2.34)	15.02(2.19)	7.11***
	中校	13.96(2.58)	14.45(2.28)	3.36***
	弱校	14.24(2.31)	14.45(2.48)	1.73
坚毅力	强校	3.84(0.62)	3.98(0.66)	5.25***
	中校	3.82(0.59)	3.95(0.69)	2.37*
	弱校	3.82(0.64)	3.94(0.67)	2.88**

续表

任务	学校类型	前、后测均值（标准差）		
		前测(SD)	后测(SD)	t
数学比喻	强校	3.68(0.68)	3.75(0.52)	2.19*
	中校	3.68(0.64)	3.85(0.71)	2.33*
	弱校	3.56(0.64)	3.93(0.53)	8.32***

为了进一步考查问题提出教学对不同学生数学成绩和数学情感的影响，本研究分别将实验组和控制组学生在前测各个任务上的表现进行排名，并分别取在各个任务上排名最前和最后 25％学生的变化程度进行分析。首先，在实验组，除了排名前 25％学生在计算题上的前、后测无显著差异外，在其他 4 个任务(问题解决、问题提出、坚毅力、数学比喻)上的前、后测均存在显著差异(见表 6-8)。然而，排名前 25％学生在问题解决和问题提出上的前测均值要显著高于后测，即他们在这两个任务上的表现有明显下降。

表 6-8　实验组排名前 25％学生在 5 个任务上的前、后测均值及其差异

	前测排名前 25％(N＝222)		
	前测	后测	t
问题解决	15.19(0.93)	14.73(1.84)	3.41**
问题提出	7.75(0.52)	7.52(0.81)	3.61***
计算题	15.60(0.68)	15.70(0.60)	1.66
坚毅力	4.12(0.58)	4.24(0.56)	3.35**
数学比喻	3.74(0.63)	3.84(0.54)	2.04*

注：5 个任务的分值范围(问题解决：0～16；问题提出：0～8；计算题：0～16；坚毅力：0～5；数学比喻：0～5)。

其次，对实验组和控制组排名前后 25％学生在 5 个任务上的前、后测差值进行了比较(见表 6-9)。结果发现，实验组排名前后 25％学生在问题解决、问题提出以及计算题上的前、后测差值存在显著差异，其中排名后 25％学生在这 3 个任务上的提高程度显著高于排名前 25％的学生。但在坚毅力和数学比喻上的变化程度均无显著差异。同时，控制组排名前后 25％学生在 5 个任务上的变化程度也均无显著差异。也就是说，问题提出教学对排名靠后学生的数学成绩有更为显著的积极影响，而对排名靠前学生的数学成绩及数学情感影响相对来说较低。

表 6-9　实验组和控制组排名前后 25％学生在 5 个任务上的前、后测差值

任务	实验组前测排名前后 25％学生			控制组前测排名前后 25％学生		
	前 25％学生前、后测差值(SD)	后 25％学生前、后测差值(SD)	t	前 25％学生前、后测差值(SD)	后 25％学生前、后测差值(SD)	t
问题解决	$-0.47(2.04)$	$0.77(4.37)$	3.83^{***}	$-1.35(2.48)$	$-0.44(7.32)$	1.16
问题提出	$-0.23(0.95)$	$1.09(2.27)$	7.98^{***}	$-0.26(1.16)$	$0.08(1.28)$	1.94
计算题	$0.10(0.89)$	$0.65(2.65)$	2.95^{**}	$-0.39(1.13)$	$0.24(2.79)$	2.05
坚毅力	$0.12(0.54)$	$0.15(0.68)$	0.45	$0.09(0.36)$	$0.11(0.56)$	0.31
数学比喻	$0.10(0.73)$	$0.18(0.76)$	1.21	$0.16(0.8)$	$0.17(0.73)$	0.06

注："—"表示学生前、后测的均值差。

四、讨论

目前关于问题提出的研究大部分都限于理论分析或调查研究，较少有研究将问题提出作为一种教学手段，考查其对学生数学学习和教师专业发展的作用。而有研究者指出，问题提出不仅可以作为教学目标，也可作为一种教学手段来促进学生的数学学习。[1] 因此，这里将问题提出作为一种教学手段考查其对学生数学学习的影响。经过一年的教学实验，实验组学生从前测到后测在数学成绩上有显著提高。而且值得注意的是，这一影响对不同成绩表现的学生有着不同的作用。此外，实验组学生不仅在数学成绩上有显著改进，还在数学情感上有明显提升。这一结果非常鼓舞人心。由于这是一个为期 3 年的跟踪研究，后续的实验结果也将更加让人期待。从第一年的结果来看，学生在数学成绩和数学情感上均有显著提高，其主要的原因是问题提出教学为学生提供了更多的数学学习机会。但限于篇幅，详细的实验方法和过程将在未来做进一步报告。

此外，本研究还采用两种角度分析了问题提出教学对不同学业表现学生的影响程度。一种是根据学校的整体水平，将其划分为强校、中校和弱校；另一种则是选取在各个任务上表现较好和不好的 25％学生进行对比。整体来看，问题提出教学对学校水平较弱的学生或学业表现相对不好学生的影响更为显著。可能的原因主要有两个方面：一是学业表现不好学生改进的空间更大，因此实验效果也就更为明显；二是问题提出教学能够让学生积极参与到教学活动中，尤其可以促进学业表现不好学生的课堂参与，从而对他们的数学学习及数学情感发展都产生了积极影响。这一

---

[1]　蔡金法、姚一玲：《数学"问题提出"教学的理论基础和实践研究》，《数学教育学报》，2019(4)。

分析也会在未来两年的实验结果产生后加以进一步验证。

　　本研究基于数学学习结果的综合性，采用 5 个任务测试教学实验效果。[①] 结果表明，多种类任务测试不仅可行而且非常必要，尤其需要将学生的非认知因素纳入考查范围，从认知和非认知两个综合层面考查学生的学习结果。

---

① Cai J.，"A Cognitive Analysis of US and Chinese Students' Mathematical Performance on Tasks Involving Computation，Simple Problem Solving，and Complex Problem Solving.，"*Journal for Research in Mathematics Education*，1995(7)，pp. 1-151；Cai J.，"What Research Tells Us about Teaching Mathematics through Problem Solving.，" In ed. Lester F.，*Research and Issues in Teaching Mathematics through Problem Solving*，Reston，V. A.，National Council of Teachers of Mathematics，2003，pp. 241-254.

第七章　教育行动研究

第一节　教育行动研究概述

教育行动研究就是基于教育立场，把行动研究的理念、方法和策略运用于教育研究领域的一种研究方法。"教育""行动"和"研究"是行动研究的三个关键词。教育行动研究强调研究要基于教育的立场，怀抱"为了更好的教育"的行动理念；研究主体为学校教师、校长等。作为教育实践者的教师从发现教育实践中的问题出发，在实践中研究实践、改善实践，并通过改善实践加深对自身实践环节的反思，提升自身的专业素养，甚至谋求自身的"解放"。

一、教育行动研究的起源与发展

在瑞典教育学家 T. 胡森等主编的《教育大百科全书 9》中，澳大利亚迪金大学凯米斯教授在为这部辞书撰写的"行动研究"的词条中写道："处于社会环境中的人为了提高生产能力、行动的合理性、自身社会实践或教育实践的公平性，以及提高他们对这些实践和实践环节的理解而进行的一种自我反思与质询。"[①]参与群体可以由教师、学生、校长、家长和其他的社会成员构成，而任何一个群体都有一个共同关注的中心。

可见，在凯米斯等学者看来，"处于社会环境中的人"是研究的主体；这个主体具体地说就是教师、学生、校长、家长和其他的社会成员；他们为提高自身社会实践或教育实践的公平性，以及提高他们对这些实践和实践环节的理解而进行的研究。

---

① ［瑞典］T. 胡森、［瑞典］T. N. 波斯尔斯韦特：《教育大百科全书 9》，张斌贤等译，242 页，重庆，西南师范大学出版社，海口，海南出版社，2006。

从行动研究迄今为止的发展历史看，研究主体基本的群体是教师，而合作者除了提到的这些社会成员外不能忽视的还有"走进教育实践"的各类专业研究者。行动研究虽是以教育实践者——教师为研究主体，但是并不排斥外部专业研究者的介入，有时还要主动与专业研究者联系，寻求他们的专业支持。当然，需要指出的是，实践工作者在选择专业研究者的时候，需要考虑双方教育价值取向是否基本一致。

追溯行动研究的历史可以看到，行动研究起源于20世纪三四十年代的美国，开始兴起于社会学和心理学领域。美国社会心理学家科特·勒温被认为是行动研究的开创者。勒温等在20世纪40年代的研究中发现，社会学者如果只凭个人兴趣研究，他们的研究往往会忽视社会要求；而实践工作者又往往陷于自己的日常事务之中，被自己的事务淹没，很难对自己的实践行为进行理性反思、追问和整理，因而也就无法做出"有条理、有成效的行动"[1]。基于这样的考虑，1944年，勒温明确提出社会科学研究的新思路，即研究课题来自实际工作者的需要；研究活动在实际工作中进行；研究由实际工作者和研究人员共同参与完成；研究成果为实际工作者理解、掌握和实施；研究以解决实际问题和改善社会行为为目的。勒温把这种研究定名为"行动研究"。显然，这还不是我们所说的"教育行动研究"，然而它的确是教育行动研究的直接的源头。

关于行动研究的源头问题，学术界的观点并不一致。但由于勒温在行动研究兴起之初的杰出贡献，人们基本上还是把行动研究原创性的荣誉归于勒温名下。

美国教育研究领域对行动研究的关注，既直接受到心理学界勒温研究的影响，也受到"八年研究"的触动。进步主义教育运动的基本目的是在现代工业文明的条件下，从根本上改革美国学校教育制度，进而最大限度地解放儿童，使儿童得到自由发展。教育家、哲学家杜威在理论与实践上都推动了进步主义教育运动的发展，在积极追随杜威的一批教育家中，就有艾肯等人。艾肯具体负责的"八年研究"在美国教育史上产生了巨大的影响。"八年研究"从全美自愿参加实验的200所中学中挑选了30所，使其与大学合作，并作为中学教学改革的实验基地。这种专业研究者直接与中学教师合作的模式事实上已经蕴含了后来教育行动研究的基本要素。

哥伦比亚大学师范学院的米尔和勒温的同事本妮等在1944年至1950年最早采用行动研究的方法，帮助中小学教师在课堂教学中使用合作学习策略。米尔的研究

---

① Lewin，K.，*Resolving Social Conflicts*：*Selected Papers on Group Dynamics*，New York，Happer and Brother，1948，p. 201.

直接推动了哥伦比亚大学师范学院把行动研究作为研究生课程，也影响了哥伦比亚大学师范学院的贺拉斯曼-林肯研究所的科利等人。20 世纪 50 年代之后，经过身为哥伦比亚大学考试院院长的科利与其他一些学者积极倡导，行动研究进入教育研究领域便渐成声势。自此之后，行动研究一时受到不少研究者的关注。美国教育研究领域在 20 世纪 50 年代前期形成行动研究的第一个高潮期，大批研究者投入其中，大量有关行动研究的成果问世。这些成果有勒温的《行动研究与少数民族问题》、C. I. 库克等的《行动研究的场域》、K. 万恩的《课程改革行动中的教师参与》、M. 史密斯的《改进教师决策会议的行动研究》等。①

我们知道，行动研究早在勒温时代就蕴含着对理论过度普遍性的不信任。那种对普遍规律的过度信任导致的研究（Research）—开发（Development）—推广（Diffusion）模式（简称 R-D-D 模式）所体现的深层意义，就是对"规律""控制"和"效率"等的追求。行动研究首先从对这样的"规律""控制"和"效率"等的质疑开始，强调实践情境的复杂性和人的世界的特殊性。具有民主精神与气质的勒温就是从寻找新的研究方法入手，寻找民主与社会科学之间的动力关系，推进社会民主的进程。正如心理学家格尔登·阿尔波特评价："虽然勒温并未见到杜威，但是，在勒温这位德国出生的心理学家和杜威这位美国出生的哲学家身上，有着共同的精神。他们二人都深切地关注于民主事业，二人都认为，我们每一代人都必须重新对民主进行学习；二人都看到了民主和社会科学之间的动力关系，都认识到了社会科学中研究自由的重要意义；而这种研究自由唯有民主的环境才能够予以保证。如果将杜威称为杰出的民主哲学家，那么勒温则是心理学家中最主要的民主理论家和民主研究者。"②

但是，教育行动研究在美国发展并不顺利。20 世纪 50 年代后期，苏联人造卫星上天震惊了美国，一种"国家在危机中"的意识弥漫全国。而究其原因，根源在于美国科技的落后，更深的原因是美国教育的落后。

国家面临的新的"危机"，重新唤起了人们追求效率的热情。那种被认为是进步主义教育运动的直接结果的行动研究，在进步主义教育运动落入四面楚歌境地的时候，自然也在劫难逃。③ 人们对行动研究的热情再次被 R-D-D 模式取代。

———————————

① 吴刚平、刘良华：《校本行动研究》，10 页，成都，四川教育出版社，2002。
② 吴刚平、刘良华：《校本行动研究》，6 页，成都，四川教育出版社，2002。
③ Hogdkinson. H.，"Action Research：A Critique，"*Journal of Educational Sociology*，1957(4)，pp. 11-19.

就在美国行动研究江河日下之际，英国却接过了行动研究的衣钵，用以解决自己的教育问题，成为行动研究的后起之秀。1967 年至 1970 年，以斯滕豪斯为主要负责人，在伦敦南部的菲利普教育学院成立了人文课程研究中心小组。这个小组后来迁入东盎格里亚大学，并进一步成立了教育应用研究中心。斯滕豪斯、埃利奥特和凯米斯等人使菲利普教育学院人文课程研究中心小组成为英国名副其实的教育行动研究中心。由于斯滕豪斯参与领导了这个中心，他成为继勒温之后的行动研究的另一位代表性人物。

早期行动研究坚持实践者参与的主张，到了斯滕豪斯时期干脆变成"教师即研究者"(Teachers As Researchers)的口号。他们坚持的信念就是，没有教师亲自研究他们自己的实践，教育就不可能发生持续有效的真正意义上的变革。斯滕豪斯在他和别人共同开展的"福特教学研究"中，坚持行动研究中教学和研究浑然无间、互为表里。在研究人员与教师合作中，只有当教师发现问题并表示需要研究人员帮助分析指导时，研究人员才提供帮助。

1982 年，斯滕豪斯逝世后，埃利奥特继续坚守英国行动研究的大本营；而凯米斯却远涉重洋到澳大利亚迪金大学开创了行动的另一个重镇，并使迪金大学成为国际行动研究的中心。它比起美国的哥伦比亚大学教育学院和英国伦敦菲利普教育学院更是后来者居上。

饶有趣味的是，在美国，经过 10 多年沉寂之后，行动研究再度兴起。这既与英国、澳大利亚等国家教育研究领域中行动研究不断高涨的局面有关，同样还与美国基础教育面临的问题需要研究者寻找更加有效的解决工具有关。施瓦布和萧恩正是这样应运而生的研究者。1969 年之后，施瓦布陆续撰写了系列有关教育实践(主要是课程实践)的论文①，对教育实践做了系统的说明，引起美国教育研究界对实践的高度关注，推动了行动研究在美国的复兴。

与施瓦布稍有差别，萧恩提倡"反思的实践者"的观念，倡导"反思性实践理性"，以与早先盛行的行动研究中的"技术理性"相对。② 他认为，技术理性的错误在于它

---

① Schwab, J., "The Practical: A Language for Curriculum," *School Review*, 1969(1), pp. 1-23; Schwab, J., "The Practical: Arts of Eclectic," *School Review*, 1971(4), pp. 493-542; Schwab, J., "The Practical: Translation into Curriculum," *School Review*, 1973(4), pp. 501-502; Schwab, J., "The Practical: Something for Curriculum Professors to Do," *Curriculum Inquiry*, 1983(3), p. 245.

② 国内也有学者译为"反映的实践者"。

先在地假定解决实践中的问题有通用的办法。这些办法可以在实践的情境之外研究出来，以知识的形态，以专精化、界限明确、科学化与标准化的特征进入实践领域，影响和转化实践者的行为。这种技术理性对于理论和实践的关系秉持的就是研究—开发—推广的路径。① 但是，反思性实践理性坚持认为，只能在特定的情境中发展出解决问题的办法，并根据实践的情境随时做出调整和改变。无疑，萧恩的理论推动了美国教育行动研究的发展。

20 世纪 80 年代之后，凯米斯参与编写《行动研究的设计》，将其作为教师开展行动研究的实践指南；稍后编写《行动研究文集》，对自 20 世纪 40 年代以来教育行动研究的重要文献进行整理和评析，为行动研究者提供理论指导。他 1986 年出版的《走向批判：教育、知识与行动研究》更从实践者的精神存在层面探究行动研究的价值和意义。

二、教育行动研究的分类及特征

（一）教育行动研究的分类

由于分类标准不同，对于教育行动研究就有不同的划分。

根据研究的侧重点，教育行动研究可分为如下两类：①行动者为解决自己实践中的问题进行的研究；②行动者对自己实践进行批判性反思的研究。前者的目的在于强调研究对于改善实践、解决实践问题的实用价值。这样的研究往往是实践者在实践中遇到令自己困惑或棘手的问题，在与他人的协作中共同努力，寻找研究资源，制定研究方案，观察收集一切可用的资料，进行整理、分析、讨论，并在一定的时间根据这些整理、分析和讨论的结果，对所有的变化及导致变化的原因进行综合评价，为进一步实践提供依据。后者强调行动研究的批判性功能。这种研究强调以理论的批判与意识的启蒙来引起和改进行动，强调行动者在研究中通过自我反思追求自由、自主和解放。

根据参与者对自己的行动所做的反思，教育行动研究可分为如下三类：①内隐式行动中的认识。这类研究强调研究过程中通过观察和反思实践者的日常行为，了解实践者内隐于身的知识。它主要受到匈牙利物理化学家 M. 波兰尼的个人知识理

① ［美］唐纳德·A. 舍恩：《反映的实践者——专业工作者如何在行动中思考》，夏林清译，21页，北京，教育科学出版社，2007。

论的影响。波兰尼认为，我们知道的永远多于我们所能言说的。相对于已经能够诉诸各种符号形式表达的知识（波兰尼所谓明言知识），不可言说的知识（缄默知识）要更早地潜入人心，在量上也远远比明言知识多。这类研究就是倡导实践者在实践中研究实践，通过意识明确的准备，通过观察、比较、分析和反思，了解实践者内隐于身的知识，促进行动的自觉性和有效性。②行动中反思。这类研究不依靠现存的理论或技巧处理问题，而是针对一个独立的情形来思考问题；将目标和手段看作一种相互建构的关系，根据彼此之间的需要进行相互调整；强调思考不脱离实践的事物，所有的决定都一定会转化为行动，在行动中推进自己对事物的探究。③对行动进行反思。这类研究强调参与者用口语建构或形成知识，把自己抽离出行动情境，对自己的行动进行反思。虽然这类研究会减缓研究者自己实践的速度，干扰实践的流畅性。但是这样做会促使研究者对自己行动进行细致分析，有利于研究者对自身实践的清醒认识和反思。

此外，根据参与教育行动研究的主体及主体间的关系，教育行动研究还可以分为如下三类：①合作模式的行动研究；②支持模式的行动研究；③独立模式的行动研究。

合作模式的行动研究主要是指一般作为研究主体的中小学教师和专业研究者的合作研究。教师和专家就某一个来自实践情境中的共同感兴趣的问题展开合作并进行研究。双方一起制订研究计划，共同商定对研究结果的评价标准和方法，往往是双方都能从研究中各取所需。在我国，1997 年华东师范大学教育学系以陈桂生教授为首的一群专业研究人员与上海市打虎山路小学合作进行的"超越规范的学校管理"课题研究，就属于这类研究。①

支持模式的行动研究往往是作为研究主体的中小学教师首先发现问题，又深感自身解决这一问题的难度过大，寻求专业研究者的帮助。这种帮助的形式多样，既可以是提供所需理论资源，也可以是具体厘清问题、提出假设、帮助形成方案等。事实上，如果中小学教师认为有必要，可以在研究的各个环节上向专家提出帮助的要求。

独立模式的行动研究是指中小学教师作为研究的主体，不需要专业研究者参与

---

① 陈桂生：《到中小学去研究教育——"教育行动研究"的尝试》，43～66 页，上海，华东师范大学出版社，2000。

的行动研究。这类研究对中小学教师的专业素养要求较高，要求具有独立的研究能力。研究者摆脱了传统的研究理论和实践规范的限制，对自己的实践进行批判性思考，并采取相应的行动，对教育现实进行改造。①

当然，根据划分的标准不同，还有形形色色的分类。

（二）教育行动研究的特征

凯米斯认为教育行动研究的特征有如下七条。

①教育行动研究是通过改变教育行为，进而通过一系列的行为改变和从中学习来改善教育的方法。

②教育行动研究通过计划—行动（实施计划）—观察（系统的）—反思达到重新计划—进一步实施计划—进一步观察和进一步反思。

③教育行动研究是参与性的研究，它是通过改善自身实践进行的研究。

④教育行动研究是合作性的研究，它使参与其中的人都能在改善教育中为自己的行为负责，强调尽可能吸引那些与实践有直接关系的人，使他们加盟进来。教育行动研究要求建设一个具有自我批评的群体，要求所有人的参与合作。

⑤教育行动研究要求参与者把他们的实践理论化，使他们对环境、行动和结果都充满好奇，并开始理解他们工作、生活中环境、行动和结果的关系。

⑥教育行动研究对于什么可以作为证据抱有开放的心态，但总是更乐于保持所有记录、收集和分析有关情境和允诺的数据，以及处理调查到的行动及互动结果的数据。它倾向于保留反映个人进步和对此反思的记录。两组并行的学习记录为：研究实践的学习和研究行动研究过程的学习。

⑦教育行动研究允许参与者建立反映他们进步的档案：活动和实践中的变化记录；描述、解释和论证实践的言语变化的记录；在社会关系和典型的、包含实践的组织形态等中的变化的记录；行动研究过程的变化和发展记录。②

从凯米斯列出的七条特征中可以看到，有一些特征是具有核心意义的。比如，研究者要是那些与实践有直接关系的人，主要是中小学教师。在教育实践中，研究者关注本身及其行为，在合作的、持续不断的研究循环中改善自身实践，达到普遍的改善教育的目的。

---

① 陈向明：《什么是"行动研究"》，载《教育研究与实验》，1999(2)。

② John P. Keeves & Gabriele Lakomski，*Issues in Educational Research*，Amsterdam，Pergamon，1999，p. 153，p. 154.

第二节 教育行动研究的模式及其实施

/////////////////////

教育行动研究在半个多世纪的发展过程中形成了具有不同特色的研究模式。我国学者施良方认为，虽然各种不同的研究模式在基本假设和研究的具体步骤上存在一些差异，但是在基本的操作过程中大体上遵循了勒温确立的一些基本思想。这些思想包括：第一，教育行动研究的起点应该是对问题的勘察——问题的界定与分析；第二，教育行动研究应该包括对计划及其实施情况的观察与评价，并在这种基础上加以改进；第三，从总体上，教育行动研究的进程是一个螺旋循环的过程。[①]

以下我们分别介绍几种有代表性的教育行动研究模式及其实施。

一、教育行动研究的几种主要模式

（一）勒温—科利模式

20 世纪 40 年代，勒温认为，可以用"计划"（planning）、"调查"（fact-finding）、"实施"（execution）等概念来描述行动研究的过程。具体论述如下。

计划通常是从某种类似于一般观念的事物开始的。由于这样或那样的原因，计划似乎希望达到某一特定的目标。如何精确地界定这一目标，以及如何达到这一目标，通常不是很清晰的。因此，第一步是根据可资利用的手段，认真地审视这种观念。这常常需要对情景做更为细致的调查。如果计划的第一步达成了，就会出现两个问题：如何实现目标的总计划和关于行动第一步的决策。通常，计划的过程也会或多或少地修改原初的观念。

第二步是执行总计划。在高度发展的社会管理（如现代工厂管理）中，第二步就是展开某些事实的调查。

调查具有四个功能：应通过确定已经达成的目标是超过还是低于预期，实现对行动的评价；应为正确地确定下一步计划提供基础；应为修正总计划奠定基础；为计划者提供学习的机会，即收集新的事实材料。

---

① 施良方、崔允漷：《教学理论：课堂教学的原理、策略与研究》，387 页，上海，华东师范大学出版社，1999。

第三步是由计划、实施与调查的循环构成的。这一循环有助于评价第二步的结果，为计划奠定了合理的基础，也可能再次修正总计划。

后来，凯米斯等把这一过程概括成图 7-1 所示的勒温模式。①

图 7-1

图 7-1　勒温模式

在勒温模式的基础上，科利进一步结合自己的研究实践，为教育行动研究设计了一个推进的步骤。这个步骤包括如下五步。②

①明确问题，即要澄清教师在实践过程遇到的问题是什么，用尽量清晰的语言对这些问题进行界定。教师在实践中遇到的问题往往体现为一些与期望不符的表象。比如，某位中学教师在教学中发现课堂纪律不好，学生上课不能专心听讲。这种现象反映了"问题"，但还有待进一步澄清和界定。又如，纪律不好可能与以下因素有关：学生年龄、学科内容、教学方法、教师人格因素等。在进行课堂行动以前，有必要对这些因素加以初步考察，以便明晰这一问题的背景、可能成因、后果等，作为下一步工作的依据。

②确立解决这个问题的行动的目标与过程。澄清问题之后，教师可以根据自己的或其他教师的经验，根据一定的教育理论，凭借自己对问题的理解，设计出可能解决这一问题的行动步骤，明确这些行动所要达到的目标。

③按设计好的步骤行动，并对行动做记录，收集证据以确认目标实现到什么程度。在必要的情况下，这一步还可能重复第一步、第二步的工作。比如，第一步所做的分析与澄清，可能在实践中被证明是不正确的，或者产生了更为全面的认识。这时可能需要重新修正对问题的界定和行动计划。

④对有关材料进行整理，概括关于行动与目标之间关系的一般性原则。

---

① 转引自郑金州、林存华、程亮等：《行动研究指导》，30～33 页，北京，教育科学出版社，2004。

② 施良方、崔允漷：《教学理论：课堂教学的原理、策略与研究》，387～388 页，上海，华东师范大学出版社，1999。

⑤在实践情境中进一步检验这些原则。

(二)凯米斯模式

凯米斯模式保留了勒温模式的基本内核，是一个行动研究模式，如图 7-2 所示。

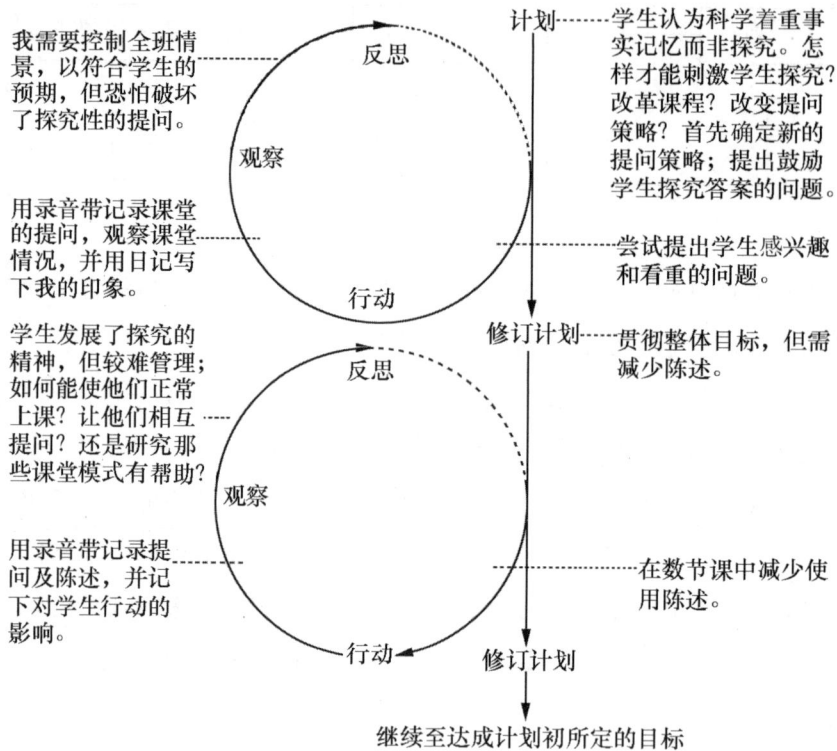

图 7-2　凯米斯模式

凯米斯模式强调在行动中研究，突出教育实践者的地位。它的计划—行动—观察—反思的每一个循环都是通向下一个循环的基础，强调教师在探索过程中提升自己的教育实践质量。

从凯米斯模式中可以看到，研究者首先观察到"行动场"（field of action）（相当于教育实践者的实践情境）出现了问题，引起了研究应对的兴趣，产生探究解决问题的冲动，即一般想法。于是，研究者寻找自己的合作者，讨论、商谈，探寻解决问题的突破口，估计研究的可能性和可能存在的障碍，进行合作。在此基础上，研究者制订第一个研究的总体规划。总体规划作为研究的行动方案，接下来就是实施，把"蓝图"转变为现实。研究活动一旦开始，研究者就要系统地收集资料，尤其要关注对各种相关变化的资料进行收集。在此过程中，研究者不断地讨论、学习、反思、再计划，以求对一段研究进行合理的评价；为下一阶段的研究寻找更高的平台，即制订出一个已经往前推进的修改后的总体规划，作为下一阶段的研究起点。这样，凯米斯模式的每一次循环就不是"原地"的循环，而是内涵不断丰盈、质量不断提升的一次一次向前推进的循环。可以说，凯米斯模式就是一个既持续不断又始终改进教育实践的研究过程。

凯米斯模式在得到广泛认可的时候，也受到另外一些研究者的批评。另外一位行动研究的重要人物埃利奥特就认为，凯米斯模式存在的主要问题是凯米斯模式的"不断循环"让人感到，研究的基本问题在未来的研究中总是始终不变的。而这是不符合教育实践本身发展需要的。

（三）埃利奥特模式

埃利奥特虽然在自己的研究中接受了凯米斯模式，但是他认为凯米斯模式存在一些不足。为了修正凯米斯模式中存在的一些不足，埃利奥特将凯米斯模式做了修正。首先，允许基本主题随研究的深入做出调整和转换。探测不仅是收集资料，还应有资料的分析，尤其是对各种原因的查找。实施在埃利奥特看来是非常不容易的过程，不会那样"一往无前"，更不是直线式的畅达。

那么，在埃利奥特模式中，增加的就不仅是每一循环起点的开放性，也丰富了每一循环的研究内部的内涵，如图 7-3 所示。

（四）埃巴特模式

埃巴特在继承凯米斯模式的基础上，又结合自己的研究实践和其他学者尤其是埃利奥特的意见，对凯米斯模式进行了改造，提出自己的行动研究模式。埃巴特模式如图 7-4 所示。

与凯米斯模式不同的是，埃巴特模式在继承凯米斯模式后强调教育行动研究的开放性，但又包容了凯米斯模式，因为它既考虑到基本设想的可能性变动，也考虑到基本设想的可能性不变动，具有更大的包容性。埃巴特模式还突出了反馈作用。埃巴特认为，对于教育实践情境的研究必须考虑到人的因素，考虑到人的复杂性、动态性；教育行动研究的程序要能够反映这种复杂性和动态性。[1]

---

[1] 唐莹：《跨越教育理论与教育实践的鸿沟——关于教师及其行动理论的思考》，博士学位论文，华东师范大学，1995。

循环 1　　　　　　　　　　循环 2

确定初始设想

↓

探测（查找事实及分析）

↓

普通计划
行动步骤 1
行动步骤 2
行动步骤 3

实施行动

执行与结果
监控

探测（解释实施失败
的原因及影响）　→　修正总体设想

修正计划 1
行动步骤 1
行动步骤 2
行动步骤 3

实施下一个
行动步骤

监控实施情况及效果

探测（解释实施失
败的原因及影响）　→　修正总体设想

修正计划 2
行动步骤 1
行动步骤 2
行动步骤 3

实施下一个
行动步骤

临近实施情况及效果

探测（解释实施失
败的原因及影响）

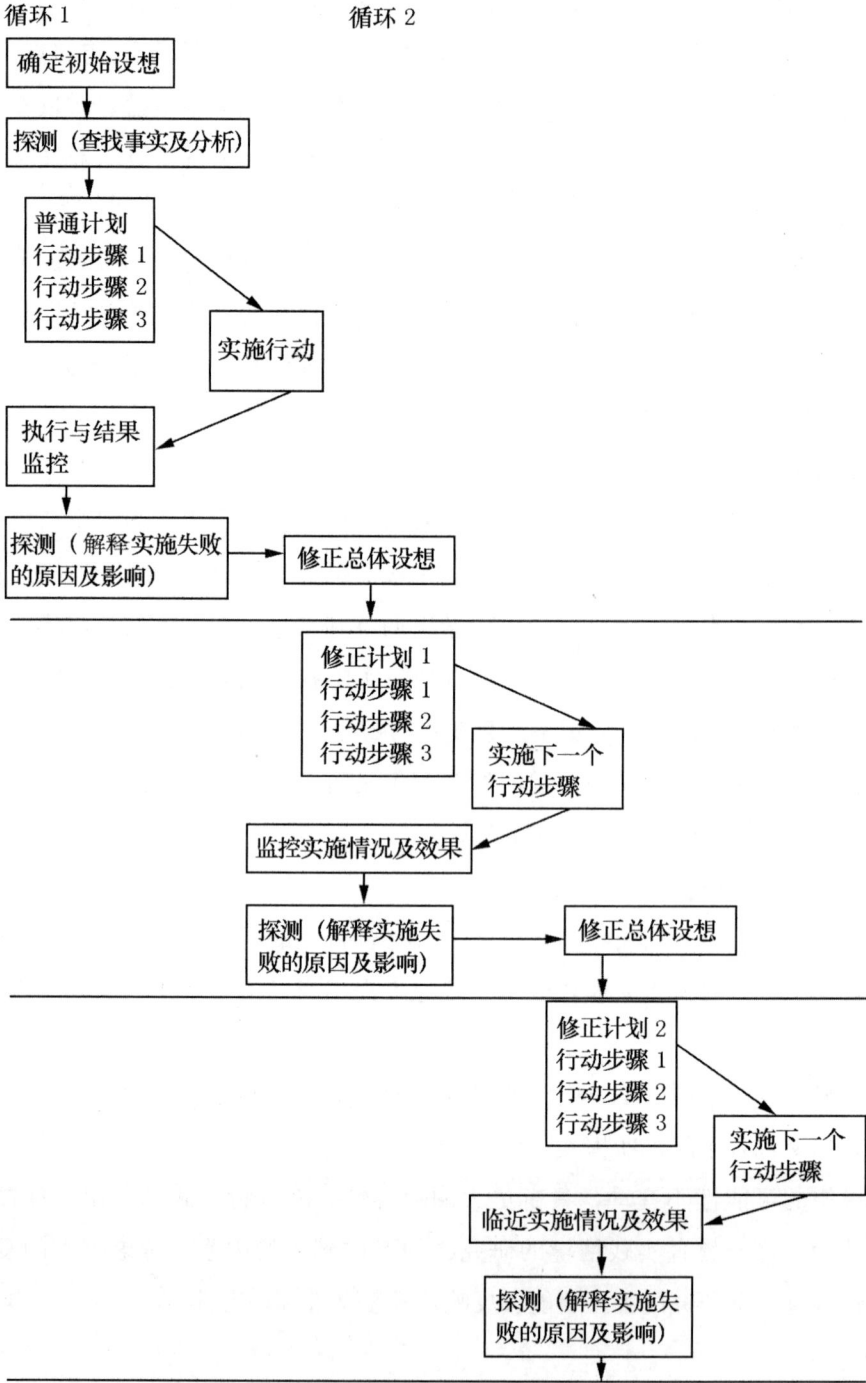

图 7-3　埃利奥特模式

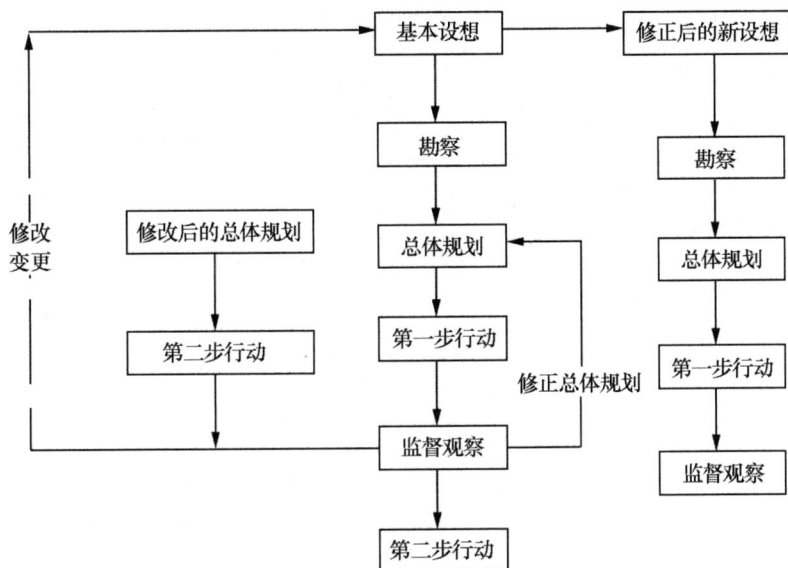

图 7-4 埃巴特模式

(五)卡尔霍恩模式

近年来,教育行动研究模式又有了新的发展。卡尔霍恩认为教育行动研究是由确定领域、收集资料、整理资料、分析和解释资料、采取行动构成的。[①] 卡尔霍恩模式如图 7-5 所示。

20 世纪 90 年代之后,卡尔霍恩提出了"行动研究环"(Action Research Cycle)的概念,阐述了他的行动研究的新看法,形成自己独特的行动研究模式。卡尔霍恩模式的独特之处在于它强调行动研究各环节之间的互动。比如,在研究之初的确定领域一步,不仅强调确定领域对于下一步收集资料的规定,也十分注重收集资料之后,随着资料的丰富,研究者对原来确定领域的认识不断拓宽,对一些细节有了进一步了解。研究开始之后发生的这一切不应该避免,反而应该积极地加以利用,依此对原来确定领域进行修订。卡尔霍恩还认为,整理资料也不是收集资料的简单发展,它同样会对收集资料产生反作用。在整理资料的过程中,研究者如果发现某一方向或方面的资料作用不大,可以暂时放弃。相反,另一些方向或方面的资料比原来估计的作用更大,就应该集中力量进一步挖掘,给予更多的注意。总之,收集资料和整理资料之间的联系已经不是简单的线性、单向的关系,已经形成一个相互作用的

---

① Mills, G. E., *Action Research: A Guide for the Teacher Researcher*, Upper Saddle River, N. J., Prentice-Hall, 2000, pp. 18-20.

"环"。与此相似，整理资料与分析和解释资料之间、分析和解释资料与收集资料之间都存在这样相互作用的"环"。可以说，卡尔霍恩模式与其他行动研究模式之间的区别就在于它在继承行动研究几大步骤首尾相衔、环环推进之外，特别强调每一环节内部各步骤之间又组成一个环中之环。这可能也是卡尔霍恩为什么把自己的模式叫作"行动研究环"的原因。[1]

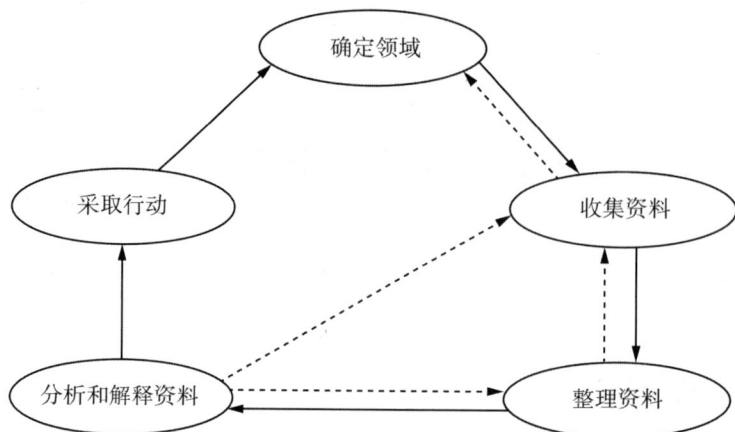

图 7-5　卡尔霍恩模式

卡尔霍恩模式代表了教育行动研究领域近年来的新发展。从这种发展的趋势看，教育行动研究总体上呈现出开放性增强的特征，进一步淡化了研究本身的"控制"。

（六）米尔斯模式

在吸取前人研究成果的基础上，米尔斯提出了"辩证的行动研究螺旋"（The Dialectic Action Sprial）的概念，建立了自己的教育行动研究模式。米尔斯模式如图 7-6 所示。

按照米尔斯自己的阐述，"辩证的行动研究螺旋"模式主要为作为研究主体的教师进行行动研究提供指引和说明，而不是为一般专业研究者提供理论基础。它能满足处于各种实践情境和持有各种研究目的的教师的研究需要，为他们提供一种具有激励性的和建设性的研究方法。

---

[1] Mills，G. E.，*Action Research：A Guide for the Teacher Researcher*，Upper Saddle River，N. J.，Prentice-Hall，2000，p. 18.

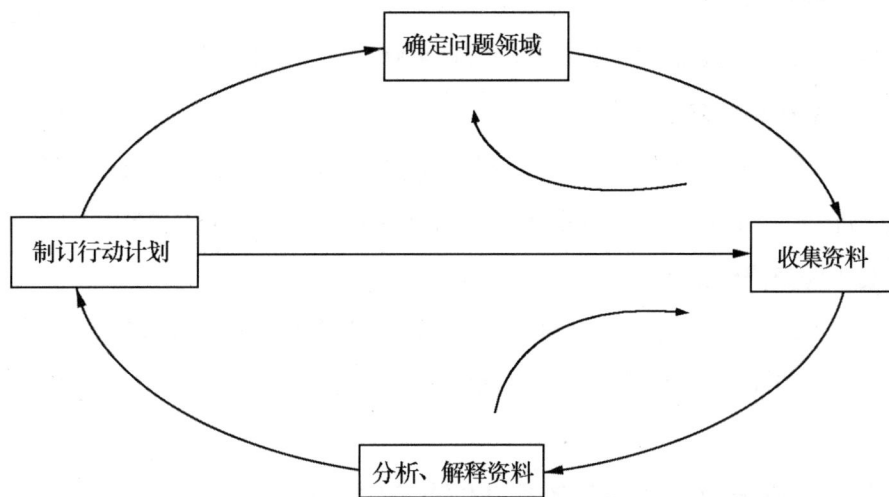

图 7-6　米尔斯模式

二、教育行动研究的实施

一般而言，教育行动研究总是按照下述七个步骤实施的。

（一）发现问题

教育行动研究的问题不是来自上级部门的规划，而是来自教育实践，是教育实践工作者在实践中迫切需要解决的问题。

（二）分析问题

分析问题包括对问题的界定、诊断问题产生的原因、确定问题的范围，并对问题进行精确的界说，获得问题范围内的证据，以便在研究之初就能对问题的本质有清醒的认识。在此基础上，分清问题产生的原因，为下一步研究做好准备。

（三）拟订计划

拟订的计划要包括研究的目标、研究人员的分工、研究的假设和收集资料的方法。如果有必要，要确定请什么样的专业研究者、以什么形式聘请；参与研究的实践人员是否接受培训、如何培训等。

（四）收集资料

收集资料强调用直接观察、问卷调查、访谈、测验以及收集文本的方式，系统地收集有关的研究资料。

（五）批判与修正

批判与修正是凭借情境中收集到的资料来修正原计划的错误。

（六）试行与检验

研究在上述基础上可以开展了。但是，试行之后，仍然要不断地收集新的资料和证据，进一步验证假设，改进现状，直到能够解决问题、消除困难。

（七）提交研究报告

最后，根据研究结果写出完整的研究报告。撰写研究报告时需要注意教育行动研究本身的特殊性，以免把研究结果简单类推到其他情境中去。

第三节　教育行动研究与其他研究的关系

一、教育行动研究与教育实验研究的关系

教育行动研究与教育实验研究虽然不无相通之处，但毕竟有较大的区别。我国台湾学者王文科对教育行动研究与教育实验研究的对比如表 7-1 所示。

表 7-1　教育行动研究与教育实验研究的对比[①]

范围	教育行动研究	教育实验研究
需要的训练	通常不需要严格的设计和分析，只需有限的统计学和研究方法的训练；研究者在教育测量方面所接受的训练比教师多，故提倡结合进行研究；即使教师的研究技巧欠佳，仍可在咨询者的协助下进行较好的行动研究	在测量、统计学和研究方法方面需要接受广泛的训练；教育领域内的许多科学研究，由于缺乏受过这方面训练的研究者，而显得科学性不足
目的	获取的知识能直接应用于当前的教育情境；可向参与研究的教师提供实施在职训练的机会	获取的结论或知识，可普遍用于较大的总体；可发展与验证理论
研究问题的来源	选定的问题是在教育情境中足以引起研究者困扰的，或干扰其教育教学效率的现象	借助各种途径提出研究问题

[①]　王文科：《教育研究法——教育研究的理论与实际》，31～33 页，台北，五南图书出版公司，1987。

续表

范围	教育行动研究	教育实验研究
假设	问题的特别说明常视同假设；理想而言，教育行动研究的假设必须接近于正式研究所要求的严谨程度	经深思熟虑发展出来的特定的假设，可运用操作定义来界定，且可以被检验
文献查阅	给教师阅览的可用的间接资料，使其对研究领域有一般性的了解；往往不对直接资料做完整而无遗漏的探讨	通常需要就直接资料做广泛的查阅，并使研究者充分了解该研究领域现有的知识状况
抽样	班级的教师或做该研究的教师通常以该班可用的学生为被试	研究者试图从总体中获得随机样本或不偏的样本，但通常无法圆满完成
实验设计	在开始研究之前，按一般方式设计程序；在研究期间，施以变化，以了解这些变化是否可改进教育教学情境；不大关注对于实验条件的控制或误差的减少；参与的教师自我投入研究，通常会出现偏见	在开展研究之前，进行详细、有计划的设计；注意维持供比较用的条件，控制无关变量，并减少误差
测量	不需要对测量工具进行严格的检验；参与者缺乏使用与评价教育测量工具的训练，但可通过咨询者的协助，开展令人满意的工作	努力选取有效的测量工具；对可用的测量工具进行评价，并在研究之前对测量工具进行测验
资料分析	简单的分析通常就够用，强调教育上实用的显著性；教师的主管意见经常被重视	经常要求复杂的分析，包括量化分析；由于将结果普遍化是研究的目的之一，通常强调统计上的显著性
结果应用	研究发现可立即应用于教师的班级，并经常可产生持久性的改良；结果的应用很少超越教师本身	结果是普遍应用的，但许多有用的发现无法应用于教育实际；研究者与教师之间所受训练与已有经验的差异，产生严重的沟通问题

从表 7-1 中可以看出，这两类研究的区别是明显的。两类研究在本体论假设、知识论、方法论上都有明显区别。然而，这些处于研究的各个层面和阶段的区别，并不能否定两类研究之间的联系。事实上，在具体的研究过程中，它们也共享某些相同的研究方法。尤其在教育行动研究的某个阶段或环节，未必不可以采取教育实验研究的方法为总的研究目的服务，丰富研究问题、改进实践品质。因此，可以说，既要重视两类研究的区分，也要看到它们并非水火不容。

二、教育行动研究与其他研究的关系

教育行动研究与其他研究的区别在教育行动研究问世初期就一直是人们关心的话题。事实上，把教育行动研究和其他研究对立起来，一直是教育行动研究圈外人的误解。早在20世纪40年代，作为教育行动研究的初创者勒温就强调教育行动研究要用科学的方法来解决社会问题，改善人类关系。由此，勒温也被称为"实验主义者"。教育行动研究的早期代表人物斯滕豪斯虽然鲜明地提出"教师即研究者"，特别强调教育行动研究是一种系统的、持续的、有计划的和自我批判的探究，这种探究应该进入公众的批判领域。通过斯滕豪斯的这一段话，我们不难看出教育行动研究的科学精神和科学方法，可以看出它对其他研究方法的开放和吸纳。

在教育行动研究过程中，它虽然不如文献研究那样，强调从卷帙浩繁的文献资料分析出发，也绝不排斥资料检索和理论学习。只是教育行动研究不会像文献研究那样，从检索文献开始研究，通过文献分析进行研究，得到研究的结论。

或许教育行动研究本身就具有历史研究的特征。教育行动研究中的每一个研究问题是历史的产物。对这一问题进行行动研究的过程，也必将是一个历史的过程。它将通过一个一个教育行动研究的循环，不断地往下推进。当然，不容否认，这里提的"历史"与"历史研究方法"的"历史"有很大差别，只是意在强调教育行动研究也不是把教育事实当作有待解剖的静物，而是对时间绵延中的事件，即历史情境中的问题进行研究，注意考察问题随着研究推进，在时间绵延中发生的改变，并可能进一步改进研究。

教育行动研究虽然不如教育观察研究那样采取旁观者的身份，但是它显然十分重视研究者的观察，特别是对变化的观察，并通过研究促进积极的变化，只是采用了一种局内人的姿态。

此外，诸如调查法、测量法甚至实验法，也非不能在教育行动研究的某一环节使用。由于教育行动研究对其他很多研究方法都采用一种开放的姿态，因此教育行动研究更像一种研究方式，而非独立的研究方法。

教育行动研究的基本立场是教育的立场，以改善实践为理念。党的二十大报告提出，坚持以人民为中心发展教育，加快建设高质量教育体系，发展素质教育，促进教育公平。因此，教育行动研究应在研究过程中自觉以这一精神为标准，分析教育实践中的问题，梳理解决问题的路径，制定解决问题的方案，不断引导教育实践走向以人民为中心的轨道，发展素质教育，促进教育公平。

思考与行动

    1. 怎样理解教育行动研究中的"行动"与"研究"？

    2. 教育行动研究与教育实验研究有何异同？

    3. 教育行动研究中计划—行动—观察—反思的每一环节都该有教育的立场。请选取其中某一环节，结合案例分析教育的立场如何在其中发挥影响。

进一步阅读的书目

    1. [美]唐纳德·A. 舍恩：《反映的实践者——专业工作者如何在行动中思考》，夏林清译，北京，教育科学出版社，2007。

    2. 蔡清田：《教育行动研究》，南京，南京师范大学出版社，2005。

    3. 吴刚平、刘良华：《校本行动研究》，成都，四川教育出版社，2002。

    4. 陈桂生：《到中小学去研究教育——"教育行动研究"的尝试》，上海，华东师范大学出版社，2000。

    5. 陈向明：《在参与中学习与行动——参与式方法培训指南》上、下册，北京，教育科学出版社，2003。

    6. [美]克雷格·A. 莫特勒：《行动研究方法：全程指导》，王凌峰、叶涯剑译，重庆，重庆大学出版社，2022。

应用实例

我们的行动研究之旅

——红旗小学作业创新案例①

一、一份调查引出矛盾焦点

    红旗小学坐落于一个名校如云的学区，是一所具有良好发展态势、有活力的学校。面对着学生要成长、家长高要求的现状，我们曾为自己努力满足了学生和家长的需要而沾沾自喜。但是，由于学校最近不断听到要求"减负"的呼声，我们向学生和家长发放了一份调查问卷。结果发现，一定比例的学生和家长把矛头指向了作业与课堂，提出了以下一些比较尖锐的问题。

    学生：

    ①我不喜欢写作业，特别没意思。

    ②这些作业我都非常熟悉了，为什么还要重复做？……

---

① 北京大学陈向明教授对本文进行了文字方面的修改，特此致谢。

家长：

①我觉得我的孩子做的作业都是知识性的，对孩子能力的成长没有什么益处。

②孩子在家写作业靠翻书，那这个作业有什么意义？老师课堂上在讲什么？

……

一个个尖锐的问题既让我们觉得头皮一阵阵发紧，但是也心知肚明。这种情况不是空穴来风，而且学生和家长的意见也不是现在才出现的，只是在这里聚焦了。

作为这些行为执行者的教师对待作业问题怎么看呢？我们邀请各学科组老中青代表进行了深入座谈。

①一位老教师说："我们一直以来不都是这样留作业的吗？"

②一些中年教师说："学生写了，我们就得判。学生写得多，我们判得更辛苦。学生不理解就算了，家长怎么也不知道这是负责任的表现呢！"

③有的年轻教师说："一天忙得晕头转向，连搭班老师都见不到面，哪里有时间去找各科老师协调、商量作业啊？有时事一来，没忘了留作业就是好事。"

④个别刚参加工作的年轻教师说："我真不知道留什么作业更恰当？"

二、深入探究引出研究问题

学生、家长、教师三方的矛盾都集中在了作业上，面对这样的问题我们该怎么办？按原来的做法就是提醒相关教师别再出现类似问题了。这种方式最简单，但我们都清楚这根本改变不了现状。就在这时，UDS（大学—地方—学校）项目组引导我们追踪问题进行行动研究，及时给予我们方向性的引领，并对我们的研究进行了持续跟进。于是我们开始了作业变革的行动研究之旅。

我们根据自己已有的经验，对这些问题表象进行梳理、归类，得到了如下信息。

①只从教师角度看问题，缺乏对学生和家长需求的关注（作业观陈旧）。

②作业目标不明确，缺乏整体思考和评价标准（缺乏计划性）。

③作业方式不能吸引学生，缺乏创新（方式单一）。

④作业内容以知识性、重复性为主（内容重复）。

⑤作业没有关注到不同类型学生的需求（未满足个性需要）。

⑥作业量大、缺乏本学科研究和各学科整合协调（缺乏学科内与学科间的研究与协调）。

有了以上对现状的思考之后，我们并没有马上投入改革，而是进行了更为系统、深入、细致的调研。要使作业改革更扎实、更有效，我们必须准确地知道"我们现在在哪儿（起点）"，然后才能决定"我们要去哪儿（目标）""我们怎么去那儿（方法与策略）""我们怎么证明我们到目的地了（评价）"。

首先，我们对相关文献进行了检索，了解到目前学术界和实践界对这个问题的研究现状。结果发现，部分研究都只是对学生作业情况有所批评，认为效果不佳，并提出了一些改进建议；对学生作业的目标、内容、形式和效果进行系统经验研究的成果较少。

在对学生作业现状进行初步分析和简单文献检索的基础上，我们提出了如下研究主问题："教师如何改进学生作业的现状？"下面有 4 个子问题：①学生作业的现状是什么样子？②这种现状是如何形成的？③教师可以做什么来改进现状？④如何评估教师干预的效果？

三、摸清现状，了解"我们现在在哪儿"

为了全面、系统地了解学生作业的现状，我们形成了由各学科教师、学校管理者以及大学研究者组成的调研队伍。之所以吸收学校管理者进入研究队伍，是因为后续实施改进措施需要他们的理解和支持。大学研究者则可以为教师提供学术支持，如查阅文献、修改研究报告、推荐参加会议和刊物发表等。

我们分学科设计了问卷（举例如下），对学生有关作业的做法和看法进行全面调查。

学生作业情况调查表

各位同学：

大家好！为了更好地达到教育目的，帮助老师留出有价值、同学们喜欢做的作业，请你根据自己的真实想法填写下表。你填写的内容会保密，不会影响老师对你学习的评价，请放心填写。谢谢你的支持！

1. 你喜欢做作业吗？（　　）

A. 喜欢　　　　　　　　B. 不喜欢　　　　　　　C. 无所谓

2. 你觉得老师布置的作业多吗？（　　）

A. 很多　　　　　　　　B. 适量　　　　　　　　C. 太少

3. 除了老师布置的作业，你有其他家庭作业吗？（　　）

A. 有　　　　　　　　　B. 无

4. 完成一次作业，你平均需要花多少时间？（　　）

A. 30 分钟以内　　　　　B. 30～60 分钟　　　　　C. 60 分钟以上

5. 你能按时完成作业吗？（　　　）

A. 能　　　　　　　　B. 不能

选择"不能"的请填写原因：（　　　）

A. 太多来不及　　　　B. 不会做　　　C. 不想做　　　D. 思想不集中

6. 你觉得自己完成作业的态度是（　　　）。

A. 非常认真　　　B. 比较认真　　　C. 不够认真

7. 在碰到较难的作业时，你会选择（　　　）。

A. 一个人解决　　B. 和同学合作完成　　　C. 请教家长或老师　　　D. 放弃

8. 老师布置的回家作业内容一般是（　　　）。

A. 抄写作业　B. 有一定开放性的作业　C. 介于两者中间　D. 没有目的性

9. 你喜欢的作业布置方式是（　　　）。

A. 老师统一布置　　B. 分层布置　C. 无所谓

10. 你喜欢的作业形式是（　　　）。

A. 书面　　　B. 口头　　　C. 其他＿＿＿＿＿＿＿＿（请注明）

11. 你喜欢的作业类型是（　　　）。

A. 抄写　B. 背诵　C. 作文　D. 阅读　E. 辅导书　F. 预习　G. 其他

对调查结果的分析表明，学生不是不喜欢做作业，而是不喜欢那些重复、无意义、盲目的作业。82%的学生反馈不喜欢抄写类枯燥单一的作业。34%的学生呼吁作业的量可以再减。学生普遍喜欢的作业形式是综合性活动、开放式和有意义的学习。

四、集思广益——探索"我们怎么达成目标"

在梳理问题的过程中，我们感受到有一些问题十分关键，必须先解决，有些需要逐步落实。

（一）教师理解作业实践的实质

我们按学科采用学段就近原则，将教师分成小组，讨论如下问题：①学生作业的现状是什么样的？②这种现状是如何形成的？刚开始时，教师梳理的问题都是就事论事，就作业论作业。

在第一次作业改革课题研讨会上，我们带领教师思考："我们该留什么作业？留什么作业学生喜欢、对学生有帮助？为什么留？怎么留？"会后一些教师找到我们说："真挺震撼，自己每天都留作业，可从没想过这些问题。这个研究挺有意义。"

随着讨论的深入，作业作为引发学生学习的最后环节，开始与前面的上课、备课都发生了关联。教师开始能够透过现象，看到和找到引发事物结果背后的真原因。图 7-7 为教师针对作业讨论的问题。

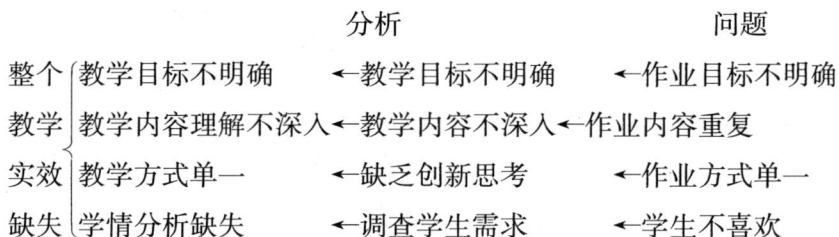

分析　　　　　　　　　　　问题

整个　教学目标不明确　←教学目标不明确　←作业目标不明确

教学　教学内容理解不深入←教学内容不深入←作业内容重复

实效　教学方式单一　　　←缺乏创新思考　←作业方式单一

缺失　学情分析缺失　　　←调查学生需求　←学生不喜欢

图 7-7　教师针对作业讨论的问题

对这些问题追根溯源之后，我们发现整个教学的低效与无效是作业量大、盲目、低效的主要原因。作业问题从本质上说是教学无效与低效的副产品。

（二）提升课堂实效，带动作业实效

认识到主要问题后，我们开始了以学科为单位的教学实效性研究。

①关注有效教学目标制定对作业目标的带动。教师共同制定切实可行的教学目标，进行集体备课，对 40 分钟内的教学内容、教学方式和时间进行优化，然后配合课内安排确定作业的安排，使作业能起补延、巩固、扩展、运用等作用。

②关注教材内容更好运用对作业实效的提升。我们引导每个学科、每个年段的教师都对每课知识的重点、难点以及能力培养目标做到"胸中有丘壑"，进行学科阶段性重难点梳理。

③关注对课堂实效和作业实效标准的分析。我们开展了"关注课堂实效"的研究课活动，探讨怎么向 40 分钟要实效。

在针对教学采取一系列干预活动之后，我们发现抓课堂的同时，作业也在悄然发生着变化。先来看同一位教师研究前后同一课作业布置的对比，如表 7-2 所示。

表 7-2　教师研究前后同一课作业布置的对比

维度	研究前	研究后
作业内容	日记	日记
作业目标	无（看别人班做，我也做）	在学习《松鼠日记》后，引导学生了解日记的形式，结合对生活中的观察，运用日记来表达自己在生活中的发现、感悟等，初步体会"我手写我心"
作业前测	无	课前问学生对日记了解什么

续表

维度	研究前	研究后
作业要求	写完上交,其他无要求	1. 素材源于生活中的点滴观察 2. 内容范围不限 3. 可参考《松鼠日记》,但不仿写其中的内容和形式 4. 不抄别人的思想,不拿别人的成果,不吃别人嚼过的馍 5. 字数 150 字以上
反馈方式	写"阅"后返还给学生	把学生作品分类,进行展板展示、全班全校的展示和交流;对问题进行梳理,在全班点评
从学生角度分析作业效果	学生不明确写日记的目的 学生情况不同,作业后不同层面的学生都没有提升点 认真完成的学生看到教师的反馈,觉得自己的付出没得到认可……	学生获得鼓励和指导,目的性强,知道该怎么做 作业前和作业后,学生对日记的了解和运用有提高
从教师角度分析作业效果	无明确目标 无明确要求 作业前与作业后学情都不清楚 没有深入反馈	有明确目标 有明确要求 了解学情,可在此基础上进行更为深入的研究
整体评价	无效	有效

(三)贴合学生需求

在作业实效有了提升之后,我们发现教师的作业明显指向了学生学科知识的延展、能力的提升,无计划的无效作业减少了。但作业中的另外一个问题还是没有解决,那就是学生还是不喜欢做。

于是,为了迎合学生的兴趣,我们提出了作业方式的创新。于是,创新之声不绝于耳,小报到处都是,作业变成了手工、绘画等活动的天地。虽然迎合了学生的兴趣,却又抛开了实效性。比方说文配画,抄一遍课文和画一幅画。问教师为什么留这样的作业,教师说:"孩子们喜欢做,而且展示出来漂亮。"可这不是我们需要的,这仍然不是我们对作业改革的预期。

那怎么才能达到实效与方式创新的统一呢?我们又陷入了困惑。于是,我们又把视线退回到上一个研究议题,也就是各年级阶段目标的制定上。我们发现这些目标中既有知识目标,又有情感、能力目标。以往我们形式单一,是因为我们总是围绕知识目标打转，而且总在运用直接、简单的方式。如果把三维目标进行整合，在多种方式中挑选适合本年级、本班学生甚至每个学生的方式，可不可以呢？于是，我们尝试围绕三维目标，使各学科以教研组为单位进行头脑风暴："可以用什么方式达到我们要完成的目标？增强针对性，与形式创新归并，开展研究？"

刚开始，教师的思路并没有打开。但是随着大学研究者和教学干部提供的一些资料的介入，再加上教师思维的碰撞，许多具有创新性的作业方式让我们眼前一亮。比如，将拟作文提纲与漫画整合，创造出了红旗小学的《校园漫客》，既调动了学生的兴趣，也达到了积累素材和拟提纲的目的，深得学生喜爱。又如，数学教学中让学生制订旅游计划，把调研、统计、计算等数学能力的培养整合在一起。英语"旅行"这一课后安排的作业中，让学生编英语旅游小贴士。这些作业兼顾到了作业的实效性与趣味性。而且，在这个过程中，教师自己也发现了对班中各层面学生关注不够的问题。这为之后分层目标、分层作业的探究开了路。

表 7-3 是教师设立的"知识梳理"分层目标和分层作业。学生可以根据自己的情况和兴趣进行选择。

表 7-3　"知识梳理"分层目标和分层作业

作业难度	☆	☆☆	☆☆☆
作业目标	培养对知识梳理的意识，掌握逐项梳理知识点的方法，品味知识梳理的益处与快乐	能个人或在小组活动中综合地进行单元或课的知识点的整合，有重难点意识，能真正为自己的复习服务	能以出题者的角度，有针对性地审视知识重难点
作业内容	"知识梳理"之单项任务梳理（小组或个人完成）	"知识梳理"之小报篇（小组或个人完成）	"知识梳理"之根据重难点出题篇（小组或个人完成）
作业反馈方式	交流与展评	评选与运用	评选与运用

在这一阶段，教师和学生的创造热情被点燃，围绕作业所发生的变化令人欣喜不已。表 7-4 是师生在本阶段研究前后发生变化的对比。

表 7-4　师生在本阶段研究前后发生变化的对比

维度	教师研究前	教师研究后	学生研究前	学生研究后
兴趣	无	主动研究	18%喜欢和可以接受	74.6%喜欢和可以接受
设置作业	无目的	有明确目的	被动接受，有抵触感	大部分主动接受，少抵触感

续表

维度	教师研究前	教师研究后	学生研究前	学生研究后
布置作业	无具体要求	要求具体、明确	不知所措,漫无目的	明确目标 充满期待
完成作业过程	很少过问	给予指导建议	应付完成	积极完成
反馈作业方式	判分	判分、重视指导、交流	得不到激励	获得激励与指导
评价标准	无	共商标准	不清楚	较明确
作业效果	无效	有效	无效	有效

体会到了研究的效果,我们又感到很兴奋了,想把前面的一些经验进行梳理,用来留存资料,为全面铺开做准备。

(四)学科融合,真正为学生减负增效

在前一阶段,我们各学科作业改革小组的教师都积攒了许多的"珍珠"。但随着研究深入,我们想要的不只是"珍珠",而是"珍珠项链"。因此我们开始尝试针对上阶段的特色作业进行积累、梳理、优化和系统化的工作。各组的教师都利用日常作业改革行动中记录下的一些单元或课文相关的经验,进行了本学科、本年级的梳理,并初步汇总表格。

但这个时候,一个问题又摆在了大家的面前:每个学科都各自留各自的创新作业。这些看似不多的作业整合起来,量却很大。家长反映,六年级的孩子一晚上要做一张语文阅读表,要做个数学调研报告,再加上英语乐园中的一课。慢点的孩子又做到11点多,孩子还是太累。这不是在减负,反而在加负了。看来进行学科在时间、内容上的整合势在必行。要减负,就要对学科内容和时间都进行整合。要想整合,就要各年级所有教师都在一起进行大学科的探讨和融合。

当提出这一观点之后,刘老师的一个创意点燃了大家的研究热情。开始刘老师有了一个在寒假给学生留个做年历(和本学期的数学教材相应)作业的想法。和校长交流之后,校长肯定了这个想法,并提出能否变成12个月的月历。这样才能在其中加入更多的内容。各科主管领导商讨后,提出了一个颇有创意的想法,即以特色作业为突破口,进行学科整合。

这一创意一提出,就引起了各学科教师的兴趣。大家先将各年级、各学科分开考虑,商讨本年级和本学科想留的寒假作业的内容和形式。有了想法之后,再打乱学科,以年级为单位。所有学科教师在一起交流自己的想法,看能否整合在一起。

教师兴趣盎然，迸发出了智慧。比如，有的年级组数学学科涉及种植大蒜的研究，就可以把科学学科的种子生长研究与语文学科的观察日记，还有英语学科的相关英语词汇的补充整合在一起。这样既丰富了学生的假期生活，又提升了各学科能力，更减轻了学生的负担。

学生完成的学科整合作业真的让我们感到欣喜。之后，我们又在此基础上加大了学科之间的交流力度，给学科交流提供时间、素材等保障，开始进行相关资料的积累，并准备在这学期进行全学科、全员的推广。

五、未来之路，研究无止境

在如何整合学科作业这个问题上，我们还有如下一些问题需要思考清楚。

①各学科在工作中没时间整合怎么办？（开学前确定时间，各学科一起提前做计划，每月专门调整时间）

②学科间有些内容能整合，有些不能整合怎么办？（将能整合的整合，不能整合的就错开时间，保证各学科作业布置不扎堆）

③整合之后实效性弱，流于形式怎么办？（在实践中及时积累、及时分析、及时调整，为后期深入研究提供案例）

看到了自己一步步研究的提升，我们是欣喜的。但是我们越发展，对自己的要求就越高。其实现在我们还有着许许多多的困惑，包括：我们怎么证明达到我们的研究目标了？作业特色成果最终用什么方式来固化？这个研究成果出来后就一成不变了吗？现有的经验成果还能不能进行优化？我们知道，我们在特色作业研究上还有许多路要走，走向也许没有尽头的那个理想的目标。但我们相信在一个个研究的螺旋中，所有参与其中的人的思想和行为都会随之在日常行动中不断盘旋前进，去体味研究教学给我们带来的成长与快乐。

教学建议：请学生先自读案例。教师可重点讲解或与学生展开讨论，然后请学生填写表 7-5 的教育行动研究方案。

表 7-5　教育行动研究方案

姓名		学校		学科	
面临的困难或困惑	1. 说明自己面临的困难或困惑是什么？有什么具体表现？ 2. 为什么这对自己而言是一个困难或困惑？				

续表

根据自己的经验对问题进行初步分析	分析原因，对原因进行归类： 1. 哪些是自己可以解决的？哪些是需要与别人一起努力解决的？哪些是自己无法解决的？ 2. 哪些是技术操作问题？哪些是思想观念问题？ 3. 哪些是主要问题？哪些是次要问题？
文献述评	1. 前人对这个问题有什么研究？结果和方法是否恰当？ 2. 本研究希望有什么创新之处？
确定研究问题	1. 陈述研究问题：包括主问题和子问题 2. 定义重要概念
研究的目的和意义	1. 研究的目的是什么？ 2. 做这个研究有什么意义？
抽样的标准	1. 选择什么人、事件、地点、资料等作为研究对象？ 2. 为什么选择这些对象？ 3. 这些对象与自己是什么关系？将会如何影响自己的研究？
研究队伍	1. 如果需要组成团队开展研究，我打算找什么人？ 2. 为什么找这些人？
收集资料的方法	访谈、观察、实物分析、问卷、调查表、共同工作…… 研究的子问题和收集资料的方法：
分析资料的方法	1. 归类分析 2. 情境分析
设计和实施干预措施	1. 如何根据研究结果设计干预措施？ 2. 如何实施干预措施？
评估干预措施的效果	1. 干预措施的效果如何？ 2. 我如何知道这个效果是真实可信的？
撰写研究报告	1. 教育行动研究报告应该包括什么内容？ 2. 教育行动研究报告的基本结构和行文有什么要求？

第八章　教育叙事研究

教育叙事研究是近年来国内外新兴的一种教育研究方法，其主旨是以故事的方式描述和解释教育生活经验。习近平同志曾说过："话语的背后是思想、是'道'。不要为了讲故事而讲故事，要把'道'贯通于故事之中，通过引人入胜的方式启人入'道'，通过循循善诱的方式让人悟'道'。"[1]这告诉我们，故事与思想密切关联，可以透过讲好故事来感悟道理。在英语世界里，"故事"成为 20 世纪 90 年代教育研究领域广泛流行的术语，几乎找不到没有囊括相关文献的专业书籍和期刊。[2] 在我国，经过 20 余年的发展，教育叙事研究作为质的研究中的一员，被教育研究者熟知与采用，产出一批有价值的教育叙事研究成果。本章将综合国内外相关研究，梳理教育叙事研究的起源与发展、性质与特点以及针对教育叙事研究的批评与辩护，介绍运用教育叙事研究的成功案例。

第一节　教育叙事研究概述

//////////////////////

一、教育叙事研究的起源与发展

教育叙事研究起源于北美国家。1968 年，杰克逊最早运用叙事方法研究学校现场活动。1980 年，伯克就提出自传是教育研究的首要方法。北美研究"狐火方案"（Foxfire Project）曾运用口述史方法。教育学者艾斯纳在有关经验的教育研究评论中提出，叙事与质性教育研究取向一致，并把它与经验哲学、心理学、课程研究等相

---

① 中共中央文献研究室：《习近平关于社会主义文化建设论述摘编》，213 页，北京，中央文献出版社，2017。

② Kathy Carter, "Teaching Stories and Local Understandings." *The Journal of Educational Research*, 1995(6)，pp. 326-330.

提并论。1990 年，康纳利与克莱迪宁在《教育研究者》上合作发表《经验的故事和叙事研究》，首次在教育研究领域使用"叙事研究"术语。① 从教育叙事研究的发展历史来看，康纳利和克莱迪宁先后发表的《经验的故事和叙事研究》《叙事研究：质的研究中的经验与故事》等系列研究成果标志着教育叙事研究作为一种教育研究方法的诞生。康纳利和克莱迪宁在《经验的故事和叙事研究》一文中引用了大量的叙事研究在社会科学领域的运用实例，详细地阐述了在教育研究领域如何进行田野文本数据的收集，如何建构叙事研究的框架，以及如何撰写叙事研究报告等。在《叙事研究：质的研究中的经验与故事》一书中，他们进一步回答了为何要转向教育叙事研究的问题，并以杜威的经验论为"想象的基石"，建构出教育叙事研究的三度空间，提出了教育叙事研究的三个维度——个人与社会(互动)、过去、现在和未来(连续性)及地点(情境)。

北美教育叙事研究的兴起不仅归功于康纳利和克莱迪宁的贡献，还受到三种教育研究发展趋势的影响。第一，日益强调教师的反思价值；第二，越来越强调研究教师知识的重要性；第三，试图通过赋予教师言说其经历的方式，来强调教师的声音在教育研究中的重要性。另外，教育研究中自然科学研究方法的发展遭受困境，也是叙事研究兴起的重要原因。教育叙事研究以其独特的方式，顺应了这些教育研究发展趋势，它对教育研究的影响日趋扩大。

20 世纪 90 年代末，教育叙事研究开始在我国兴起，出现了"教育研究的叙事转向"。"叙事"一度成为教育研究领域中的流行热语，有价值的教育叙事研究成果不断涌现。比如，丁钢的《中国教育：研究与评论》推出了系列教育叙事研究报告，丁钢的《声音与经验：教育叙事探究》和刘良华的《叙事教育学》成为教育叙事研究方法论方面的代表作。王枬指导了一批以教师教育叙事研究为取向的学位论文，引起了广泛关注。特别是陈向明将教育叙事研究改造为"教师叙事行动研究"，在通过叙事来描述与揭示教育事件的基础上，增加行动干预、效果评估等环节，协助教师了解自己的教育信念，提升教师发现问题和解决问题的能力。教师叙事行动研究在教师教育与培训领域产生了较大影响。②

① Clandinin，D. Jean，Pushor Debbie，& Anne Murray-Orr，"Navigating sites for narrative inquiry，"*Journal of Teacher Education*，2007(1)，pp. 21-35.

② 陈向明：《从"叙事探究"到"叙事行动研究"》，载《创新人才教育》，2021(1)；陈向明：《教师的顿悟式学习是如何发生的》，载《上海教师》，2021(1)；陈向明、安超、方明军等：《被打断的教育与自我唤醒的学习——陈向明教授叙事行动研究访谈录》，载《现代远程教育研究》，2021(6)。

教育叙事研究短时间内在我国得以推广，得益于三个有利条件：其一，国家基础教育课程改革提出的特色理念，需要将抽象的理论转化为教师自觉的行为。教育叙事研究能够沟通理论与实践，因应这种需要。其二，以个人实践知识为重点的教师专业发展与教育叙事研究取得了共鸣，叙事被认为是描述个人实践知识的较好方式。其三，教育叙事研究本身具有"人文性""经验性"特征，更容易被中小学教师掌握与运用。

二、教育叙事研究的性质与特点

在汉语中，叙事是与叙述、叙说意义相近的词语。"叙述"的意思是"把事情的前后经过记录下来或说出来"。① "叙说"多指口头叙述，而"叙事"是指以书面的方式叙述事情。"叙事"对应的英文单词是 narrative。该词源自拉丁词 gnārus 和 narrō。前者的意思是"了解""熟悉""内行的""熟练的"等；后者的意思是"陈述""讲述"。简单地说，narrative 也是叙述故事的意思。② 总之，从词义上看，无论中外，叙事就是以口头或书面的方式讲故事。

如果从历史起源来看，叙事是人类一种古老的表达和交流的方式。它源于人类种族经验延续的需要。可以设想，在理论思维不发达的原始社会，人们很难从自己或他人的生活经验中抽象出概念化的理论。人与人之间是借助讲述自己或他人的故事，保存和传递种族经验。这种讲述的形式是面对面的交流，内容是包容性很强的故事。故事中经验者的情感、智慧、行动水乳交融，不曾分离。讲故事的人在讲述中不断清理自己的思路，驻足反观自己的经历。听故事的人获取故事经验的启示意义。我们也许很难完全理解另外一种文化思想，但是我们比较容易理解其中的故事。与诗歌、哲学话语相比，叙事是一种便于交流的形式。如同法国作家罗兰·巴尔特所说，叙事是国际性的、超历史的和跨文化的。因此叙事也被认为是一种元代码（meta-code）。③

在人文科学中，叙事长期仅在史学、文学中占有一席之地。史学研究需要真实

① 中国社会科学院语言研究所词典编辑室：《现代汉语词典》第 7 版，1481 页，北京，商务印书馆，2016。
② ［美］海登·怀特：《形式的内容：叙事话语与历史再现》，董立河译，2 页，北京，文津出版社，2005。
③ ［美］海登·怀特：《形式的内容：叙事话语与历史再现》，董立河译，1～2 页，北京，文津出版社，2005。

的故事丰富对历史的记述。而小说家则通过创作虚构的作品，或改变真实的故事，表达思想，传递情感。进入 20 世纪后，叙事在众多人文科学受到重视。比如，叙事范式被视为当代西方修辞学的一种批评模式，其主要功能是提供一种解读和评估人类文化交流的方法，使人们能够评判、断定某种具体的话语是否给人们在现实世界中提供了一种可靠的、值得信赖的、适用的思想与行动指南。① 叙事心理学是心理学家族中的一支。它以自我叙事为扎根隐喻。所谓扎根隐喻就是心理过程的核心特征所表征的方法。叙事心理学采用自我叙事为核心的知识表征方法。② 叙事也进入伦理学研究领域。有学者指出，叙事不只是讲述曾经发生过的生活，也讲述尚未经历过的可能生活。一种叙事，也是一种生活的可能性，一种实践性的伦理构想。③ 由此提出一种与理性伦理学相对应的叙事伦理学，并指出叙事伦理学不探究生命感觉的一般法则和人的生活应该遵循的基本道德观念，也不制造关于生命感觉的理则，而是讲述个人经历的生命故事，通过个人经历的叙事提出关于生命感觉的问题，营造具体的道德意识和伦理诉求。

叙事在人文科学中的地位不断攀升。当代美国教育心理学家布鲁纳更是把叙事看作人类认识世界的基本方式。他说，人类有两种基本的认识世界的方式：一种是为寻求普遍真理的"范式方式"(paradigmatic way)。这是自然科学研究的基本方式。在这种方式的主导下，人们关注的是普遍意义上的"理"与"逻辑"。另一种是"叙事方式"(narrative way)。人们通常运用叙事的方式寻求实践的具体的联系，关注事件展开的具体情节，而不是以抽象的概念和符号压制生活中的"情节"和"情趣"。这是一种面向事实本身、理解他人、体验生活的人文科学认识方式。④ 对此，当代叙事学家华莱士·马丁评论道：作为理解生活而必不可少的诸种解释方式，模仿与叙述已经从其原来的仅为"小说"的不同方面这一边缘地位上一跃而占据了一些其他学科的中心。⑤

"叙事"走俏于众多学术领域，反映出叙事的内涵不断扩展，意义不断丰富。首先，叙事不再仅仅是一种言说方式、一种表达技巧，也为人们提供了一种生存方式。

---

① ［美］大卫·宁等：《当代西方修辞学：批评模式与方法》，常昌富、顾宝桐译，10～11 页，北京，中国社会科学出版社，1998。

② 沈之菲：《叙事心理学探究》，载《上海教育科研》，2004(7)。

③ 刘小枫：《沉重的肉身：现代性伦理的叙事纬语》，6～7 页，北京，华夏出版社，2004。

④ Bruner, J, *Actual Mind*, *Possible Worlds*, Cambridge, Harvard University Press, 1986, p. 118.

⑤ ［美］华莱士·马丁：《当代叙事学》，伍晓明译，1 页，北京，北京大学出版社，2005。

我们每个人有一部个人的历史，即有关我们自己的生活的诸种叙事。正是这些故事使我们能够解释我们自己是什么，以及我们正在被引向何方。故事不是为我们提供存在的背景，而是我们就在故事之中，按照故事呈现的方式生活。其次，叙事重要的特征——时间性得以凸显。当代人文科学理论的一大突破就是认识到世界的时间维度。那种永恒不变的宏大理论、本质规律、客观的科学知识受到许多思想家的怀疑。让-弗朗索瓦·利奥塔尔也说："知识并不限于科学，甚至不限于认识"，"科学则是认识的子集"。① 科学知识之外还有相当重要的叙述知识。当我们以叙事的方式观看世界、看待知识时，本质、规律、世界都在故事的流转中生成，在故事的结尾处显现。人生也如同一场故事。人的本质在故事中生成。叙事对立于种种非时间性的规律；任何一种解释，只要它在时间中展开，在过程中时有惊人之处；而认识则仅得之于事后聪明，那它就是一个故事。② 这样，叙事为我们提供了一种世界观，一种生成性的世界观。教育是"人为"和"为人"的社会活动。凡是有利于增进对人的认识、对人的社会性活动的认识的知识，都可以进入教育研究者的视野，成为丰富研究的资源。当代叙事认识的拓展为它"风行"当代教育研究领域奠定了理论基础。不了解叙事在当代人文科学的境遇，就不能真正看清教育叙事研究的现实意义。

　　为什么教育研究中需要引入叙事探究的方式？在北美叙事研究者看来，问题的答案可以归结为他们坚持两个基本的信念。一是人类经验基本上是故事经验。进而，他们相信，研究人的较好方式是抓住人类经验的故事性特征，记录有关教育经验的故事同时，撰写有关教育经验的其他阐释性故事。这种复杂的撰写的故事就被称为叙事。写得好的故事接近经验，因为它们是人类经验的表述。同时它们也接近理论，因为它们给出的叙事对参与者和读者有教育意义。③ 二是康纳利和克莱迪宁借用杜威的观点，认为教育的研究就是生活的研究。研究教育就是去研究经验。他们说："教育及教育研究是一种经验的形式。对我们来说，叙事是呈现及了解经验的最佳方式。我们所研究的是经验，我们叙事式地研究它，因为叙事思考是经验的一种关键形式，也是书写及思考经验的一种重要方法。实际上叙事式思考是叙

---

① ［法］让-弗朗索瓦·利奥塔尔：《后现代状态》，车槿山译，40 页，北京，生活·读书·新知三联书店，1997。

② ［美］华莱士·马丁：《当代叙事学》，1 页，北京，北京大学出版社，2005。

③ ［美］康纳利、［美］克莱迪宁：《叙事探究》，丁钢译，载《全球教育展望》，2003(4)。

说现象的一部分……我们因而可以说，叙事既是社会科学要研究的现象，也是社会科学的方法。"[1]据康纳利和克莱迪宁分析，引入叙事的根本目的是换一种方式看教育世界，看的对象和方式都发生了变化。看的对象是活生生的教育经验世界。看的方式是叙事的方式，具体说就是通过故事关注在连续性中被经验到的生活——人们的生活、制度的生活、事物的生活。这一生活镶嵌在一个长程的历史叙事脉络中。

这种教育叙事研究有别于教育哲学的研究方法。它采取了归纳而非演绎、实践而非思辨的研究取向，直面教育的现实世界，从活生生的教育生活中汲取教育的诗情画意。这是对宏大教育哲学理论的反叛，并试图提升教育经验的存在价值。其实质是重新珍视研究对象的"局部的丰富性"，而不是好大喜功。叙事研究者不满足于虚幻的"整体的空谈性"，借以叙事的方式兑现研究对象的"局部的丰富性"。这乃是"人类原始思维"中的一种"诗性智慧"。或者说，叙事是重新恢复"人类原始思维"的"诗性智慧"。

与科学实证主义的方法相比较，教育叙事研究无意归纳推论出一般意义的规律、法则，而是强调个人经验的意义的原始性、情境性和真实性，反对抽象归纳的"去情境化"。科学实证主义严守价值中立的研究标准，把个人的情感、愿望、态度、价值观等视为主观的东西，一律从研究中剔除，以求结论的真实、可信，具有普遍适用性。教育叙事研究恰恰相反，它认为教师的经验不是抽象的，而是生活化的；个人的喜怒哀乐、思想态度是构成个人经验的重要部分。教育叙事研究中无处不体现教师的思考与筹划，具有强烈的个人倾向性。这些主观的个人经验方式正说明了其真实性。叙事研究者把叙事看作人类的经验、行为以及作为群体和个体的生活方式。从这点上看，叙事不再仅是主观意义上的产物。因此，教育叙事研究报告必须具有一定的情节性，深度描写教学事件中的"波折""节外生枝"、教师的情境变化和寻求教学出路的谋划。

教育叙事研究与文学、心理学等学科中的叙事研究不同。文学中的叙事研究是对故事文本的叙事结构的分析，心理学也多半是对被试叙说言语结构同一性的研究。简单地说，它们是叙事文本、话语的形式化研究。而教育叙事研究则更关注叙事的内容，通过细致描写的教育叙事文本，使人们深入地、丰富地理解教育生活。具体来说，教育叙事研究具有以下几个特征。

---

[1] D. Jean Clandinin & F. Michael Connelly, *Narrative Inquiry: Experience and Story in Qualitative Research*, California, Jossey-Bass Inc., 2000, p. 18.

（一）关注时间三态

与某些教育研究中的永恒确定性寻求不同，教育叙事研究把事物放在时间中思考，或者把事物看成是当下自身。"暂时性"是叙事研究者的关键词。虽然叙事文本呈现的是当时的事件，但叙事研究者主张，要看到事件的历史、现实以及有可能的未来状况。所以，教育叙事研究强调关心事物三种时态的变化。

（二）描绘事件场景

教育叙事研究的情境性表现为它总是向读者展示故事不断展开的"场景"与"情节"。场景指的是故事发生所处的环境。一般来说，课程故事中所描述的环境分为物理的环境和文化社会的环境。前者通常指教室布置、桌椅摆放等，后者则把班级、课堂喻为"小社会""文化群体"。杜威认为："环境不仅表示围绕个体的周围事物，还表示周围事物和个体自己的主动趋势的特殊的连续性。"据此，他提出了"真环境"的概念，其意指与个体相交作用的事物，并使"一个人的活动跟着事物而变异"。[①] 因此，故事描述场景并不只是为故事的展开提供一个"空间"，而是使"场景"成为引发促进或阻碍故事发生发展的因素以及支持或挫败教育教学的条件。概言之，场景参与塑造了故事。场景在一定程度上支持、滋养、教育了故事中的人。

（三）展现事件情节

教育叙事研究之所以能吸引广大教师，即在于故事的情节。情节再现了具体而丰富的教育教学过程。倾听、阅读故事的教师会感到这些故事似曾相识，仿佛就发生在自己的身边，因而备感亲切、真实，认为可以从中获得启示。这些故事也反映了教师的教学行为举措，但不像教师经验论文那样只强调自己的做法，并试图建立一个具有普遍意义的教学模式。那些去掉情景的"一法""一得"往往显得干瘪，缺乏当初使用时的活力。教师的"一法""一得"只有在具体真实的教育情境中才会显露无限的生机与活力。

（四）凸显具体个人

优秀的叙事能反映叙事者个人的生存体验和成长体验，它关注在具体生命成长过程中个人的命运，倾听灵魂的声音；它以个人的生活际遇为焦点，进而透视关怀人类的基本处境。没有对具体的个人的体认，就不可能诞生好的教育叙事。只有对具体个人的体认和尊重，教育叙事才能获得应有的个人深度。

---

① ［美］约翰·杜威：《民主主义与教育》，王承绪译，13页，北京，人民教育出版社，1990。

三、针对教育叙事研究的批评与辩护

（一）针对方法本身的批评

1. 缺乏信度与效度

教育叙事研究的可靠性存在问题，信度不高，结果难以验证。实践中的教育故事是无限的，各式各样，要在其中寻找反例也易如反掌。有时，教育故事和叙事会给教育实践带来误导，把人们引入歧途。教育叙事研究的主观性较强，易受研究者个人倾向的影响，随意性较大。研究者还可能会伪造数据或不能讲述真实故事，影响研究的信度与效度。研究者不能讲述真实故事的原因有三：一是经历可怕，无法述说；二是害怕说真实故事，会受到制裁；三是涉及早期记忆的故事，会被歪曲和改造。还有，教育叙事研究难以揭示普遍性的问题，难以建构理论。个体的故事不一定能得出一般规律，因此教育叙事研究结论的推广程度有限。

2. 参与者的声音被削弱

参与者的声音在最终的教育叙事研究报告中可能会在一定程度上被削弱。只要有重新叙说的行为存在，教育叙事研究报告中的故事就有可能演变成反映研究者自己浓重个人色彩的故事，而非反映参与者声音的故事。另外，参与者所叙说的故事会引发谁"拥有"的故事纠纷。尤其是在研究被社会边缘化了的参与者的故事时，研究者可能会因为在叙事报告中言说自己没有取得叙说权的故事而陷入故事所有权的纷争。

3. 对研究者的要求较高

教育叙事研究对研究者的要求很高。在确定研究问题时，研究者需要独具慧眼，捕捉有价值的教育事件；在收集资料的过程中，要创设自然轻松的氛围；在分析资料时，需要一定的理论基础和诠释能力；完成叙事报告时要具备良好的文字表达能力。

（二）针对方法使用的批评

1. 研究的封闭性

教育叙事研究是一种开放式的研究，旨在揭示事件背后的教育意义。而意义的解释是多元和开放的，处于未完成状态。目前的教育叙事研究中，研究者的意义解释是一次完成的。整个教育叙事研究由研究者的提问引领，通过故事得出研究结论，再加上研究者的前设，呈现出"过程—结果"的封闭性结构。

2. 缺乏深度描写

教育叙事研究关注的是故事。只有深度的叙事描述才能提供诠释经验意义的可

能，只有通过意义诠释和经验分享才能达成真理的理解。目前研究者注重事实的描述，他们把叙事者的生活经历、职业生活场景用平实的语言清清楚楚地叙述出来，但对叙事者产生重大影响的事件缺乏深刻的剖析，没有进一步挖掘这些事件如何影响叙事者，而缺乏解释力度和深度。

3. 叙事方式的偏颇

有论者认为，教育叙事应该真实。甚至有论者认为，教育叙事的过程应该是再现事件的过程，要求作镜式反映，既不能夸大，又不能缩小。教育叙事的过程要像小学生写记叙文一样，一些必须突出强调的要素都要具备。① 但也有论者认为，教育叙事是教师主观建构的文本，不是教育事件原本形态的描述，因而没有所谓"客观真实"的叙事作品。虚构的叙事作品是有意义的。它为人们思考教育提供了空间。该论者还区分了两种真实的情况：一种是述说事实的真实，另一种是述说态度的真实；反对矫揉造作、不实话实说的叙事态度。②

4. 报告的模式化

有论者认为，从叙事文本的写作方式看，目前大多数叙事研究者采用了同样的写作框架和程序：研究背景—研究过程与方法—结果与分析—结论。而教育叙事研究报告应该没有一个固定的模式，应该是百花齐放、千姿百态，给人以启迪和回味。③

（三）教育叙事研究的辩护

1. 方法价值的辩护

在质疑教育叙事研究的声浪背后，人们对教育叙事内蕴的价值认识不清，对教育叙事是如何兑现其价值追求的回答语焉不详。对教育叙事做深层思考，辨明其价值取向，能为其健康成长注入活力。

（1）生成教育智慧

教育智慧是在教育实践中呈现的一系列理智品质。具体表现在教育者对教育情境的整体感知，对教育问题的高度敏感和精确把握。它源于充盈着个体体验的真实教育生活。具有具体性、情境性和反思性特征的教育叙事思维，契合教育者发展教育智慧的需要，有利于教育者改善自己的思维结构，直面活生生的教育实践，体验教育生活，从而提升应对教育情境的教育智慧。

---

① 刘良华：《教师怎样做叙事研究？》，载《湖南教育》，2006(13)。
② 谢登斌：《教育叙事的价值向度》，载《教育导刊》，2006(3)。
③ 徐勤玲：《国内教育叙事研究的问题、原因及对策》，载《教育导刊》，2006(9)。

（2）推崇教育理解

教育是一种需要理解的事业。教育叙事研究蕴含着教育活动参与者对教育理解的执着追求。这集中体现在追求自我理解和相互理解两个方面。教育叙事研究首先是对教育事件中的自我进行反思，展开自我理解。再者，教育叙事主体通过叙述自己的理解过程而加深对自我的理解。教育也是多主体参与的活动。教育叙事研究有利于主体之间相互理解。

（3）激发教育想象

教育叙事研究可以激活教育者的想象力。首先，教育叙事研究改变或优化教育者的原有知识结构，为想象力发展奠定基础。其次，教育叙事研究可激发和强化教育者的情感，有助于想象活动中新形象的出现。再次，叙事与情境相伴，有助于刺激想象力的生成。最后，教育叙事研究中行动主导着想象力的发展。

（4）消解话语霸权

教育叙事研究旨在破除传统的错误认识。在传统教育研究中，教育实践者的个体体验和实践知识常常被认为缺乏科学性和合理性，从而被排除在教育研究的制度话语之外。教育实践者与理论研究者难以展开平等的对话和交流。教育叙事研究则力图打破这种格局，增强教育实践者的研究兴趣、反思能力，促使其参与到知识生产的过程中来，从而消除学术上的话语霸权。①

2. 方法优势的辩护

教育叙事研究有其自身的优势，特别适合教育研究。具体表现在如下几方面。

（1）有利于参与者与研究者的沟通

教育叙事研究有利于研究参与者向研究者发出声音，向研究者展示自己的个性，减少乃至消除误解。研究者能更真切和深入地了解教育实践，获取真实的研究资料，理解教育实践内部的真正困难，使研究具有针对性。

（2）有助于参与者观念与行为的转变

教育叙事研究有利于参与者透过一个或多个教育故事的述说，从故事中深入体验教育是什么或应当怎么做。以故事叙述的方式反思自己的生活，不仅能使参与者对自己的教育教学进行适时的总结，而且可以为他们日后的教育教学提供丰富的经验，让他们学会在反思中改进教育教学实践，重建教育教学生活。

---

① 谢登斌：《教育叙事的价值向度》，载《教育导刊》，2006(3)。

（3）有利于研究者收集真实文本数据

教育叙事研究有助于研究者收集到鲜活的、以参与者的日常真实教育教学生活为背景的田野文本数据。

（4）有助于研究者发掘教育的深层意义

故事述说促使参与者以自己的生活经历为背景去反观自己和观察世界，使其内在地承受着对自己的言行给出合理解释的思想压力。在这种思想压力下，研究者不断发掘日常教育教学生活中例行事项的深层意义。①

3. 现象学立场的辩护

面对一些学者质疑教育叙事研究的"合法性"，有论者指出，叙事知识具有人文科学的多种价值关怀，不能以科学知识为基础来判断叙事是否成立与有效。还有论者进一步指出，这种怀疑可以从现象学的精神和现象学的方法那里获得某种缓解和解除。现象学不同于实证科学，它是对传统科学尤其是实证科学的调整与更新。更新之后的策略有三个：第一个策略是"悬隔""终止判断"；第二个策略是"返回生活世界"；第三个策略是现象学的"描述"。教育叙事研究应该确立立足于现象学三个策略的"合法性"。由此，该论者认为，所谓教育叙事研究其实是一种现象学精神，而所谓现象学精神其实是艺术和小说的道路。教育叙事研究的道路就是面对事实本身的"想象"和"回忆"。②

4. 方法与对象适切性的辩护

有论者批判了教育研究中的"科学化"情结，反对站在自然科学的基础上怀疑教育叙事研究。他认为方法的合理性需要从它与研究对象的适切性的角度来判断。有论者借助德国文化教育学家狄尔泰的观点将自然科学与人文科学严格区分开来，并认为教育研究属于人文科学范畴。而教育叙事研究体现了人文科学研究方法论自身的特点，强调研究者与研究对象的"移情"和"体验"，强调研究对象不再是一个抽象化的概念和符号，甚至也不仅是一个被认识的客体，还是研究过程中的关系主体，带有自己的"前设"。研究的过程是研究者与参与者的互动和意义生成。这种研究正好反映的是教育自身开放性和意义性的特点。③

---

① 张希希：《教育叙事研究是什么》，载《教育研究》，2006(2)。
② 刘良华：《从"现象学"到"叙事研究"》，载《全球教育展望》，2006(7)。
③ 张济洲：《论教育"叙事研究"的科学性——兼与许锡良同志商榷》，载《教育研究与实验》，2006(1)。

第二节　合作型叙事研究[①]

////////////////////

康纳利和克莱迪宁提出的教育叙事研究类型是研究者与教师的合作型叙事研究。他们认为，合作型教育叙事研究的过程主要有三个基本步骤：进入现场、形成现场文本、建构研究文本。现场、现场文本、研究文本以及它们之间的关系，是教育叙事研究的主要焦点，即从一个中立的观察者到一个积极的参与者的研究者和现场的关系，以及基于现场经验的复杂问题、经验的解释及重组和研究者和现场文本的关系。[②]

一、进入现场

教育活动的现场是变动不居、复杂多样的。因此，当研究者进入教育现场，会经历到许多转换与变动，研究者需要不断协调各种关系，变更研究的目的与方向，对一再改变的情境保持弹性与开放的态度。

（一）协商关系

研究者进入现场后，面临的首要问题是如何处理与参与者的关系。在参与者看来，研究者是"不速之客"。参与者可能有防范、排斥心理。因此，消除研究者与参与者之间的隔阂，引导参与者参与研究过程，建立相互之间的信任关系，是研究者成功开展教育叙事研究的第一步。一旦研究者能安身研究现场，并不意味着协调关系的活动就此可以终止，研究者与参与者的关系在整个教育叙事研究过程中不断被协调与建构。因此，需要长期"经营"研究者与参与者之间的关系。再者，教育叙事研究需要研究者不同程度上接近参与者，有意融洽和教育参与者的关系。实证研究传统告诫研究者要与参与者保持距离，以保证研究结果没有主观偏见。教育叙事研究则要求研究者应该密切关注研究现场，关注他们自身的体验和参与者的故事。研究者必须通过和参与者建立不同程度的亲近关系来理解、记录和思考教育现场。

---

① 本节参见 D. Jean Clandinin & F. Michael Connelly, *Narrative Inquiry：Experience and Story in Qualitative Researeh*, California, Jossey-Bass Inc., 2000.
② ［美］康纳利、［美］克莱迪宁：《叙事探究》，丁钢译，载《全球教育展望》，2003(4)。

（二）协商目的

研究者与参与者不断协调关系的过程，也是商谈研究目的，发现、解释与澄清研究目的的过程。教育叙事研究鼓励研究者去回应参与者诉说的故事，展开交流讨论的空间，生成研究问题与目的。在量化研究中，研究目的是检验预计的假设。但在教育叙事研究中，研究目的以及研究者认为困扰或所要探讨的问题，随着研究的进展而有所改变。因此，在现场情境中，研究者和参与者共事形成着教育叙事研究关注的主题。

（三）协商转移

当教育叙事研究终止或发生转向，或从现场文本转移到研究文本时，研究者需要和参与者协商研究的转移。研究者和参与者已经建立相互信任的关系。不经过彼此协商，研究者突然抽身而去，对于教育叙事研究的信任度和整体性都会造成损伤。因此，为了保证教育叙事研究有始有终的完整性，便于日后进一步开展研究，研究者一般都要在终止或转移研究时与参与者进行商谈。

（四）协商让自己变得有用的方式

研究者在现场中找到自己的位置，给自己一个明确的定位是一件不容易的事情。研究者只有明确了自己在现场中的位置，才能便于自己在现场中开展研究工作。研究者在现场中的角色和地位不能仅靠相关人员的委派，那样的位置往往使研究者外在于研究情境。真正融入现场的教育叙事研究需要研究者和参与者协商自己的位置，找到属于自己的、让自己变得有用的方式。

总之，研究者进入现场必须对情境具有相当的敏感性，积极参与和参与者的交谈，努力掌握大量的故事。由此，在现场中的教育叙事研究是一种生活方式。

二、形成现场文本

（一）现场文本的含义

进入现场后，研究者紧接着就是要发现、收集现场中的相关资料。研究者一般把这些资料或田野笔记称作现场文本。这些资料是由研究者和参与者创造的代表现场经验各个方面的文本。它们被称作现场文本而不是资料，是因为文本有叙事的性质。这体现在两个方面。一方面，撰写现场文本是一种诠释的过程。选择什么样的资料作为现场文本，是由研究者和参与者的选择性兴趣所决定的。现场文本是对现场经验选择性的再创造，因而具体呈现出一个诠释性的过程。另一方面，现场文本的意义是由研究者和参与者之间的关系赋予的。普通意义上的资料是指事件的客观记录。现场文本并不具备这一性质，它们是产生于现场经验的复杂混合体，牵涉研究者和参与者之间的合作关系，是经过选择的、演绎解释的经验记录。研究者和参与者的合作关系形成了现场文本并建立了解释图式。因此，克莱迪宁和康纳利指出："关系将意义嵌入现场文本。"①也正是如此，教育叙事研究强调，研究者需要不断地监控和记录这种合作关系的性质，以及其对现场文本信誉的影响，以此解释现场文本的意义。

（二）现场文本的类型

1. 教师的故事

教师的故事即教师讲述或撰写的故事或故事片段。它是教师对自己教学生活或日常日程的选择性记忆，代表了教师对某一经验的诠释，尤其是反映了教师对教育活动的切身感受和对教育的理解。研究者倾听、分享、转述、共建教师的故事，是教育叙事研究中的重要现场文本。

2. 自传和传记

自传和传记是书写生命整体脉络的一种方式。与故事相比，它们是更为综合的。自传和传记的现场文本是对已经存在故事的再诠释。这种诠释虽非客观而言，但同样适用于现场文本。自传和传记总"可能是其他的"，因为它们总强调一种或其他叙述主题，为一种或其他目的而写。因此，只要目的是清晰的和建立了目的与现场的关系，许多自传和传记现场文本的事实撰写就不会损害研究的效度。

3. 日记

对于研究者而言，日记不仅是个人记录生活的方式，而且是一种用来解释经验的有力方式，还是创造现场文本的一种方法。日记提供了个人对事件的描写、反应和反思。它是个人对生活之流的回观，通过回观保存美好的记忆，形成对生活的观念，指引未来生活的方向。因此，日记能反映研究者或参与者对于现场经验的体悟与反思。

4. 书信

书信是写给他人的，并期待对方回应的一种应用文体。在书信中，人们尝试去解释自己，为经验赋予意义，并且尝试在与对方建立一种关系。在教育叙事研究中，

---

① D. Jean Clandinin & F. Michael Connelly, *Narrative Inquiry*: *Experience and Story in Qualitative Research*, California, Jossey-Bass Inc., 2000, p. 95.

作为现场文本的书信可以用于参与者之间、研究者之间或研究者和参与者之间，能够体现他们之间的平等对话关系。再者，书信揭示了有关一个人思想的知识和社会背景。这一点使书信适用于教育叙事研究。

5. 谈话

通常意义上的谈话是指在合作研究中，研究者和参与者之间不分上下级的口头交流。谈话的基本特征是参与者之间是平等的。谈话虽有主题，但具有很大的弹性，能够让谈话者建立适合他们研究的形式和主题。在相互信任、相互倾听基础上的谈话能够成为一种深层调查的有效方式。

6. 访谈

在教育叙事研究中，口述历史的访谈是较为普遍的形式。得到口述历史的策略有很多种，可以使用一组结构式的问题，把研究者的意图当成优先目标；也可以以参与者的意图为首要旨趣，让他们能够用自己的方式诉说他们的故事。访谈可以通过详细的记录、笔记和访谈摘要获得现场文本，是寻找意义的清晰的方法之一。

7. 现场笔记

现场笔记是标准的收集资料的方法。在合作研究中，通常的思路由研究者草拟，现场笔记可以由参与者撰写。现场笔记可以有多种形式，如描写性记录、理论备忘录、观点摘要等。研究者如果期望真实地反映现场经验，可以用录音或摄像代替现场记录。

除此之外，家族故事、家人故事、年鉴、编年史、照片、文件、人工制品等都可以用作现场文本。

三、建构研究文本

教育叙事研究的最后环节就是为现场经验赋予意义，从现场文本走向研究文本，把研究过程与成果撰写出来，形成在学术期刊、学术会议上发表的论文以及学术论著。这是一个非常复杂的过程。研究者需要思考和处理一系列问题。

（一）价值辨明

所谓价值辨明就是研究者明确教育叙事研究为谁而做。教育叙事研究需要保持个人价值与社会价值之间的平衡。"对于叙事研究者而言，能够说出以下两者之间的关系是极端重要的，即个人的兴趣、对重要性的感知，以及那些表达他人作品和生活中，范畴较大的社会关怀。"①好的研究者总是在研究过程中追问研究为谁而做。这一过程是随研究的展开而不断清晰化的。尤其是当研究者从现场文本向研究文本转换时，就必须澄清研究中体现的"我"（个体价值）是什么，当写"我"时也必须传达某种程度的社会重要性。

（二）追问研究什么

作为研究者，我们在界定研究问题时，似乎假定生活是静止不动的，不会妨碍我们的研究。但生活并非如此。它变动不居，总是把看似流变的事情变成不断发生转移和互动的复杂现象。因此，教育叙事研究一开始，可能不会清晰地界定研究问题。问题是在研究过程中不断被形塑的。教育叙事研究是一种"re-research"，一种再度寻求，在研究中不断追问：你的教育叙事研究是关于什么的？或者对于教育叙事研究者而言，你感兴趣的经验是什么？

（三）方法上的考虑

教育叙事研究没有一套固定的研究程序，需要结合具体情况灵活变通，形成特定的方法与程序。康纳利等人没有明确界定什么是教育叙事研究，只是给出了他们从事教育叙事研究的基本方法。他们认为明确规定就是一种形式主义研究，而教育叙事研究恰恰是对形式主义研究的反驳。研究者应该从对方法的关注转向对现场经验的体验。

第三节　教师自传型叙事②

教育改革在逐渐改变学生生活的同时也改变着教师的教学生活。许多一线教师开始关注、体验和反思这种新的生活。一些教师拿起笔，讲述新的生活中情真意切、富有教育意义的故事。从表面上看，教育故事是教师对其课堂教学事件的记录。这是对教育故事的静态理解，将其等同为保存教师经验的"备忘录"。我们认为，这种教师自传型叙事是教师教学生活方式与历程。在这一过程中，教师以叙事的方式看待教学问题，践行自己的课程理想，促成自身教学经验的生长。写得好的教育故事

---

① D. Jean Clandinin & F. Michael Connelly, *Narrative Inquiry：Experience and Story in Qualitative Research*，California，Jossey-Bass Inc. 2000，p. 122.

② 本节参见王凯：《课程故事刍议》，载《课程·教材·教法》，2004(4)。

接近于研究，体现着教师的教育实践理论。

一、什么是教师叙事

（一）讲述故事、倾听故事是教师的教学生活方式

人总是在听故事、讲故事中长大。小时候，我们听神话故事、民间故事、长辈们的故事。我们从这些故事中了解我们周围的世界，理解生活的意义，获得智慧的启迪。长大后，我们又给自己的孩子讲述曾听过的故事和自己的故事。可以说，我们生活在故事的重重包围中；故事无处不在，无处不可得。我们在故事中传承生活的经验、对待人生的态度、民间的睿智。据此，讲述故事、倾听故事是人类基本的生存方式和表达方式。课堂也是讲述故事的地方。教师每天都在向他们的学生讲述教科书中前人留下的"故事"、自己的人生故事，倾听每个学生独特而丰富的故事。在故事的交流中，学生获得一种实实在在的情感丰富的人生启示；教师了解每一个学生的生活经历，理解他们的每一句言谈、每一个举动。故事交汇不是一帆风顺的，有可能师生双方解读故事时出现失误或偏差，产生"冲突""意外""尴尬"等教学事件。这本身又构成了教师新的故事。教师是故事中思考的主角。他们总是在面对教学困境时谋划教学的出路，运用自己的教学智慧，践行自己的教育理想，以行动推动故事的发展。因此，教师的教学生活就是与他人交流，理解他人的故事。故事就成为教师教学生活的一种方式。

（二）叙事是教师认识教育的方式

布鲁纳告诉我们，故事是人们以叙事方式认识世界的结果。教师每天面对的是有着无限发展可能的、具体的、活生生的人。同时教育的目的是让每个人成为他自己。因此谁也不可能预设每个学生存在的本质，也不存在适用所有学生成长的一致的普遍规律。学生的成长表现为复杂性的、生成性的、面向未来的开放过程。教师没有理由仅仅依靠海市蜃楼式的"教育之理""教育之逻辑"认识学生，而需要走进学生的生活，关注每一次教学事件，倾听学生的心声，理解学生的故事，共同建构学生成长的故事。由此，叙事是教师认识教育的方式。

（三）叙事是建构教师经验的方式

杜威认为教师的经验具有教育意义，教师是凭借经验去影响、教育学生。他指出："教育者的任务就在于看到一种经验所指引的方向。如果教育者不用其较为丰富的见识来帮助未成年者组织经验的各种条件，反而抛弃其见识，那么他的比较成熟

的经验就毫无作用了。"①杜威还认为有价值的经验是遵循连续性原则和交互作用原则生长、扩大的。教师的发展是教师教育经验的生长。康纳利等人进一步发展了杜威的观点，认为教师的经验是故事经验。教师的经验以叙事的方式建构，并以故事的方式存在。教师的经验是在了解、体验自己的故事，以及在教师群体中交流反思故事的过程中发展的。陈向明更是认为，叙事是教师重构自我、改造世界的方式。"在教育叙事中，教师能够学会通过审视过去、现在和将来，来超越时间、地点和距离的界限，创生个体和集体发展的多种可能性。"②因此，叙事是建构教师经验的方式。

二、教师叙事的特点

（一）情境性

如前所述，叙事的情境性表现为它总是向读者展示故事不断展开的场景与情节。场景参与塑造了故事。场景在一定程度上支持、滋养、教育了故事中的人。故事的价值在于它的情节打动人、感染人、教育人，而不全是以"理"服人。在故事中，"失误""误解""悔恨""冲突"等是经常映入眼帘的情节。它常常引人入胜、感人至深。在情节中，故事主角经历的情感的震动使教师意识到自身思想的误区，便抛弃陈见，转变教育观念。尼尔斯指出，教师转变观念的过程是一场情感的经历。只有当教师心中的职业形象出现混乱，经历困惑、痛苦后，观念的转变才真正得到实现。③

（二）探究性

教师叙事记录的是教师思考教育问题，寻求实施出路，谋划实施策略，实施设计的探究过程。我们把实施视为一个动态生成的历时过程。再完美的设计也不可能保证教师应对所发生的一切教学事件。叙事往往始于教学现实与设计的矛盾冲突之时。故事通常采用深度描写的写作方式，详细展示教师面临的"中途触礁""令人头痛、诧异""困惑"等一系列矛盾冲突问题。此时，故事主角——教师不再是一名旁观

---

① ［美］约翰·杜威：《我们怎样思维·经验与教育》，姜文闵译，263页，北京，人民教育出版社，1991。
② 陈向明：《教育叙事对教师发展的适切性探究》，载《教育研究与实验》，2010(2)。
③ C. Boitt & J. Nias, *Working and Learning Together for Change*, Buckingham, Open University Press, 1992, pp. 1-3.

者，而是置身于课程问题中。这使教师不得不"独上高楼，望尽天涯路"。直面"山重水复疑无路"的困境，许多教师"衣带渐宽终不悔，为伊消得人憔悴"；矢志不渝，与分析教育问题，思考走出困境的办法，调整实施方案，尝试解决问题。教师一旦开始思考教育问题和谋划实施的出路，总是在"众里寻他千百度"之后"蓦然回首"，重新认识自己、学生、教育等原点问题。由此看来故事展现的是教师遭遇问题、探究教育问题、解决教育问题的过程。

（三）自我实践性

一般来说，教师叙事记录的总是"我"的故事。"我"是故事的组织，是"我"在讲述自己课堂上的亲身经历。"我"不是故事中的旁观者，而是故事的建构者、故事中的实践者。"我"在故事中躬身践行自己的"个人哲学"，建构自己的故事经验，提升自身的专业水平。再者，故事渗透着故事主角——"我"的情感历程。"我"在故事中以我有限的精神生命与他者相遇，演绎人与人之间的情感故事。"我"在故事中苦闷、彷徨、忧虑、冲突、兴奋。"我"作为一个情感真挚的完整的人在故事中生存。总之，教师撰写的优秀故事必定洋溢着教师的生命色彩、个性魅力。教育叙事是一个情感丰富、实践特点鲜明的教育学文本，研究者可以从中获得情感的震撼和实践智慧的启迪。

（四）反思性

叙事总是发生在作者撰写、讲述故事之前。作者再现业已发生的故事并不只是为了保存记忆，否则故事无异于"备忘录"。其实教师撰写故事是重新体验、理解反思故事的过程。我们往往可以在故事的结尾部分看到教师对故事做出的后续检讨、反思、领悟。它们是故事的思想灵魂，能反映教师撰写故事时的理念。教师叙事与一般故事的区别关键在于教师叙事蕴含着教师对实践的反思、领悟，以及重述故事时的再反思。这种"双重反思"使教师在撰写故事的过程中重新认识教育，意识到自己缄默的教育观念，促进自身观念的更新和教育经验的积累。

三、教师叙事的价值

（一）锻炼面向日常教育生活的观察能力

撰写故事将教师引向教学实践，使教师直面教学事实本身，细心观察教学实施过程。这无疑会增强教师对教学实践的观察力和敏感性，从而见微知著，使教师从看似琐碎的日常教学生活中感悟教育的真意。正如马克斯·范梅南曾说，描写生活世界的写作不仅仅锻炼了我们的编写能力。写作锻炼我们的"观察"能力，使它成为可以展示的经验。在孩子们的世界中，同一种实践永远不会重复出现。我的写作作为一种实践，使我在生活中的事件富有洞察力（我现在能够看到原先无法看到的东西）。①

（二）洞悉个人实践知识

一般认为，教师个人实践知识通常是内隐的、难以言明的，它在很大程度上支配着教师的育人行为。如何解释教师的个人知识，使教师洞悉、把握其缄默的个人实践知识，对促进其专业发展有着重要意义。波兰尼指出，经验叙事能给缄默的个人知识赋予声音。叙事是不会丢弃个人知识的独特性、情境性、复杂性的。麦金太尔进一步提到叙事可以帮助人们重新发现被理论研究遗忘的当代人的道德品质。康纳利整合了上述观点指出，个人实践只是许多教师重构过去、专注未来、应对现时危机的方式。它包括教师过去的经验、教师当前的身心感受、教师未来的计划和行动等。撰写和讲述故事是探究、洞悉教师个人实践知识的较好方法。

（三）提高教师反思探究的能力

教师撰写故事的过程也是探索教育意义的过程。此时，写作即探究。传统的观点认为，写作是人们借助组织和修辞技巧抽取、表达思想的一种行为，用于再现头脑中存在的观点和事实。后现代语言观则认为写作并不是结果的表达，语言总是以历时性、地方性的方式建构个人的主观性。因此，写作被视为建构意义的过程，形成、表述写作前未知观念的方式。作者的观念是在写作过程中逐渐显现的。后现代语言学者坚持认为，在文字见诸稿纸和电脑屏幕之前，我们对将写出的内容一无所知。吉鲁曾说过，当我准备写作时，朋友们问我写什么？主题是什么？我对此一无所知。尽管后现代语言观彻底批判系统的、有目的的、遵循逻辑的写作方式的观点难以令人首肯，但写作是建构意义的观点确实具有启发性。教师撰写故事不是对业已发生之事的简单追述，而是期待在故事中重温教育经验、体验教育过程。可以说，教师撰写故事是对故事的再理解、再探索的过程。因而，展现故事是次要的。在展现故事的过程中，发现前所未有的教育意义则至关重要。对同一故事的每一个写作过程都意味着教师此时对教育的新解。教师虽然谈的是旧事，但获得的是新的启示。写故事的并不是"向后看"，"开启尘封旧事。"写作意味着从旧事中折射对未来教育的

---

① ［加拿大］马克斯·范梅南：《生活体验研究——人文科学视野中的教育学》，宋广文等译，171页，北京，教育科学出版社，2003。

理想与筹划。

（四）提升教师的教育意识

我们常常可以看到，教师通过列举自己的教学事例来澄清自己的教育观点。教师的课程哲学往往是多种声音混杂而成的"合奏曲"，其中既有个人的话语，也有权威的、官方的、理论的、流行的话语。有时，教师个人的声音会被权威的、官方的、理论的、流行的话语湮没。教师的故事也会被埋没。巴赫金区分了"权威话语"和"内在信服话语"。权威话语指学术的语言、官方的语言、制度的语言。内在信服话语指个人或小群体用来讲述自己生活和经验的话语。这种话语否认特权，并不为权威支持，通常也不为社会认可。巴赫金认为人们的语言一半是自己的，一半是别人的，而且充斥着权威的话语。个体是在逐渐区分自己的声音与他人的声音、自己的思想与他人的思想过程中进化自我意识的。① 撰写故事给教师一个倾诉、发现个人声音的绝好机会。撰写故事不像理论专家那样叙事宏大、建构理论，而是流淌着日常教学生活中的真情实感。教师在真实的故事中捕捉个人的教育观念，在个人躬身实践的故事中发现属于自己的教育真理，厘清教师个人的教育哲学与权威理论，看到个人教育哲学的价值，从而不再为权威所束缚，继之实现个人哲学与权威理论的对话，在对话中丰富提升个人的教育哲学。

但是，教师叙事也有自身的局限性。教师叙事基于个体经验，往往也囿于个人经验，缺乏外部观念资源和理论视角的介入，从而使教师的个人反思徘徊于自己的思想范围，跳不出个人的思维框架，致使叙事反思处于较低水平，难有实质性突破。有学者曾有如下论述。

> 一些一线教师有自己的故事和感悟，但一写论文就写成了好人好事式的"工作汇报"或"发言稿"。或者思路很发散，根本不知道他们在讲什么。我通常就不断追问："你这一段大概讲什么呢？""这一段和那一段是什么关系呢？"我通过追问，帮助他们"开窍"，帮助他们厘清思路。……他们一旦开窍，很多奇思妙想就会冒出来；而且他们的语言特别生动，与学院派的研究人员有着不一样的表达方式；个人语言与学术语言的结合会发生奇妙的"化学反应"。如果他们仅仅停留在原来的常识上，没有外来因素的激发和点拨，他们就会始终在没有反思

---

① M. Holquist，*The Dialogical Imagination*，Austin，T. X.，University of Texas Press，1981，pp. 342-345.

的低水平上徘徊。①

因此，教师叙事需要某种程度的合作对话，也需要理论话语、研究视角的介入，不能因为要突出个体经验而使叙事沦为独白，不能因为给予教师发声的权利而轻慢学术的引领。

思考与行动

1. 教育叙事研究就是讲故事吗？为什么？

2. 为什么说教育叙事研究适合于教育领域？

3. 什么样的教师叙事称得上是研究？

进一步阅读的书目

1.［美］杰罗姆·布鲁纳：《故事的形成：法律、文学、生活》，孙玫璐译，北京，教育科学出版社，2006。

2.［以］艾米娅·利布里奇、［以］里弗卡·图沃-玛沙奇、［以］塔玛、奇尔波：《叙事研究：阅读、分析和诠释》，王红艳译，重庆，重庆大学出版社，2019。

3. 丁钢：《声音与经验：教育叙事探究》，北京，教育科学出版社，2020。

4.［加拿大］F. 迈克尔·康纳利、［加拿大］D. 琼·克兰迪宁：《教师成为课程研究者——经验叙事》第二版，刘良华、邝红军等译，杭州，浙江教育出版社，2004。

5. D. Jean Clandinin & F. Michael Connelly, *Narrative Inquiry：Experience and Story in Qualitative Research*, California, Jossey-Bass Inc., 2000.

6. D. Jean Clandinin, *Handbook of Narrative Inquiry：Mapping a Methodology*, Thousand Oaks, Sage, 2007.

应用实例

实例1：特岗教师：职业跳板？

——关于西部 Y 省女特岗教师小婧离职的叙事研究②

一、研究缘起

"特岗计划"是指由中央财政设立专项资金，用于特设岗位教师的工资性支出，

---

① 陈向明、安超、方明军等：《被打断的教育与自我唤醒的学习——陈向明教授叙事行动研究访谈录》，载《现代远程教育研究》，2021(6)。

② 王枬、张诗颖：《特岗教师：职业跳板？——关于西部 Y 省女特岗教师小婧离职的叙事研究》，载《教师发展研究》，2021(3)。

通过公开招募高校毕业生到农村地区义务教育阶段学校任教，引导和鼓励高校毕业生从事农村教育工作，创新农村学校教师补充机制，逐步解决农村师资总量不足和结构不合理等问题，提高农村教师队伍的整体素质。相关文献和调查报告显示，在"特岗计划"实施过程中，到岗未满三年便离职的特岗教师数量仍占有一定比例。即使是留任的特岗教师群体也具有较大的潜在流失意向，之后的流失率仍然严重。特岗教师这一岗位被不少人视为职业生涯的一个跳板。这在一定程度上影响了乡村教师队伍的稳定和乡村教育事业的发展。此外调查显示，女性特岗教师的比例也呈持续上升态势，关注乡村教育振兴就应该关注特岗教师群体，而关注特岗教师就要重点关注女性特岗教师。

二、研究方法

笔者选择教育叙事的研究方法，选择一名离职女特岗教师小婧作为研究对象，意在对小婧短暂的特岗教师生涯中富有价值的教育事件和具有意义的教学活动进行描述与揭示，呈现作为个体的人的教育故事及其背后隐藏的意义，分析其将特岗教师作为职业跳板的原因以及职业选择背后的现实困境。这可以帮助读者及有关研究者从这一个案中一窥特岗教师群体的生活状态。

小婧来自西部 Y 省，本科就读的是非师范专业，毕业时在家人的鼓动下报考特岗教师并被录用。但小婧不安于现状，入职后仍在复习考研，最终考上了研究生，离职特岗。在研究期间，笔者前后共对小婧进行了三次深度访谈，着重了解小婧的家庭情况，考上特岗教师前、特岗教师任期内以及考研成功后离职的经历与心路历程。同时，笔者通过小婧了解她原来的同事，尤其是目前仍为特岗教师的部分同事的情况。最后，从小婧的故事中归纳出她从特岗教师工作离职的缘由。出于研究伦理的考虑，本研究对研究对象的姓名和学校进行了化名处理，所有的访谈录音都征得了研究对象的同意，也将整理好的录音文本交由研究对象本人确认。

三、小婧的"特岗教师"经历

小婧出生在 Y 省的一个县城。家中有姐弟三人，母亲开家具店做小生意，父亲是小学老师，一家人生活得比较安逸和舒适。2018 年，小婧从 Y 省一所大学的应用心理学专业毕业，之前从未考虑过从事教育职业。毕业时她仍处于迷茫状态，不想走出舒适圈，希望通过考研留在校园内。她的想法遭到家人的反对，在家人的极力主张下被动参加了"特岗计划"的考试。没想到一考即中，之后便开始了她的特岗教师生涯。

（一）被动地走近特岗

小婧是在偶然中接触到"特岗教师"这一概念的。

> 大四的时候，我身边的朋友开始非常积极地找工作，了解"公招""三支一扶"等招考信息和岗位。说实话，我是特别没有考运的人。当时看她们到处去面试、考试，我就有点惧怕，我就很想逃避要毕业出去工作的现实。就想着要不继续读书吧，考一次就可以不要面对那么多招聘笔试面试了，就想直接考研。所以没有主动去了解就业信息，想缓冲一阵子。刚开始知道"特岗"是因为我同桌想去参加。

> 我之所以会去（考）特岗，真的完全是因为家里面的原因。我当时想考研不想工作，但是家里人不同意，因为我们家都是做教育的。我爷爷、爸爸、叔叔、婶婶都是教师，他们就比较希望我也能当教师。因为考正式的编制比较难，而特岗招人比较多，比较容易考上，工作也稳定，所以他们就希望我去考特岗。

王恒等人使用全国特岗教师抽样调查数据，通过潜类别分析将特岗教师的从教动机划分为四种类型：理想兴趣驱动型、兼顾现实的理想兴趣驱动型、家庭驱动型和生存驱动型。小婧属于家庭驱动型，家人的激励是其外部动机。这一需求直接指向了"入编"和"稳定"的现实考虑。这一类型在职业适应性的各项指标上均表现较弱，仅仅优于生存驱动型。而家人为鼓动小婧考特岗，还为小婧将来离开特岗做好了规划。可以说，小婧是在家人驱使下被动地接触特岗、走上特岗之路的。这在一定程度上影响她对职业的认可度与能动性，也会影响她的自我效能感和主观幸福感。

（二）真实地体验特岗

虽然小婧说自己是"没有考运的人"，但是她参加特岗教师考试的运气很好，一考即中。考上后，她接受了特岗教师的培训，也看到了特岗教师队伍女性化的现状。

> 那一年我们区考上特岗去参加培训的大概有80多个人，但是男教师不到10个。当时我们整所学校100个教师可能只有不到20个男教师。我现在回忆一下都能数出有哪几个男教师，确实是很少的。

接受培训后，小婧即被安排到乡下中心小学任教。她开始体验特岗教师生活的酸甜苦辣。

1. 窘迫的环境

在乡下学校任教，对于小婧来说，主要的问题是生活上的不适应。

> 考上（特岗）之后，我了解到 X 学校是个中心小学，有学生 800～1000 人，

分本部、寄宿制学校以及教学点。我觉得学生还挺多，那条件应该不会太差。可是等我到学校后就后悔了。

学校的教室环境、宿舍让一直住在县城、被迫选择特岗的小婧一时接受不了，还没有开始上课就想辞职回家了。事实上，这样的环境会让特岗教师产生强烈的"出逃感"，也直接影响特岗教师的留任意愿。

另外，与学生和家长的沟通实在让人错愕。我刚开始接手的是小学四年级的学生，我上的课却是三年级英语。他们的基础不好，每天上课只能从基础的开始讲。可能家长和学校也没有那么在意孩子的发展，所以课后也不太管学习。再加上大部分家长文化程度都不高，所以跟家长沟通可能比跟孩子沟通更难！

小婧所在学校的学生大多都是留守儿童，家中只有爷爷奶奶照顾他们的起居。这些孩子的学习基础薄弱，家长也不重视。很多孩子五年级了只会写自己的名字，背不出乘法口诀表。刚大学毕业的小婧虽然是不得已走上特岗，但看着这些孩子心里还是很着急，很想和家长加强联系，希望通过家校合作来改善学生的学习现状。可是多数家长都是抱着无所谓的态度，甚至有些家长的态度不好……身边的老师和同事似乎已经习惯了这样的教学环境，也只是劝导小婧不用太在意。这样的教学氛围让受过高等教育的小婧很受打击，无所适从，甚至怀疑自己。

2. 校长的支持

幸运的是，小婧遇到了一位富有人情味的校长。在倾听小婧的诸多不适应之后，校长也对小婧考研的想法给予理解和支持，并且提供了一些便利。这让小婧很感动。

进学校一周后，校长看出了我的不适应，找我谈话。我也直接告诉了他我的顾虑和感受，也表明了自己还是想考研的决心。我跟他说想要多一些时间备考，等考完了给我上多少课都没问题。没想到校长非常体谅我，也特别支持我考研，给了我3个月的时间备考。我原本一周排了20多节课，后来经过调整只让我上9节课。学校很多杂事也不会叫我去做，给了我很多自由复习的时间。而且，校长还同意我不用带晚自习的那几天可以回县城的家里住。他还提醒我如果前一天晚上回家了，第二天早上只要第一节没课，晚一点到也没关系，路上一定要注意安全。

3. 同事的关心

作为新手教师的小婧除了要克服生活上的不适应外，还要面对身处乡下的孤独以及教学上的困境。这时，学校同事朴实而真诚的帮助和主动分担让小婧感受到了家人般的关怀。

除了校长，我的同事也很好，真的特别照顾我。他们知道我刚毕业过来很不适应，生活上处处给我帮助。虽然宿舍环境不太好，但办公室的老师又是给我拿来小电扇，又是送给我自家做的驱蚊虫的药水。他们知道我要考研，就经常帮我领材料，帮我看班里值日，和我分享他们带班的经验。他们知道我有时候会回家住，第二天早上会帮我盯一下班里的早读，有时候甚至帮我改一下听写作业……我真的觉得身边的同事特别朴实，对我特别好。我也经常从家里带点水果给同事一起分享，那种氛围真的很难得。

4. 学生的信任

小婧面对的是乡村学校的学生。在与学生的交往中，虽然也有一些顽皮的学生令她困扰，但更多留下的是美好记忆。

我的学生大多数基础不太好，他们平时也较少接触智能手机、电脑之类的数码产品。有件事让我印象特别深刻。我们学校里种了一棵果树，3月果子熟了就会有学生用木棍去打果子。他们小小个子，够不着果树就会把棍子往树上扔，砸果子下来。学校三令五申不允许学生做这种危险的事情。可是我班里有几个学生就是不听，三番五次去打。有一次学校领导抓到他们打果子，让他们去写检讨；我也被要求去接受教育。回来之后，我说我是因为爱他们所以才管着他们，他们现在这样让我太难过了！当时眼泪都在我的眼眶里打转，趁他们没看到我赶紧回了办公室。没想到过一会儿，他们几个红着眼睛到办公室来找我。有个男孩子哭着跟我说："老师对不起，我刚才看到您快掉眼泪了。我跟您保证，以后别说打果子，我不会再靠近那棵树一步了！"他们还集体写了保证书给我，现在那张纸还在我家抽屉里放着。

5. 女性的思考

身为女性，乡村学校特岗教师女性比例高的现状也引起了小婧的反思。

我觉得女教师的优势有几个体现：首先，乡村学校的学生可能家庭环境和条件没有那么好，又有很多是留守儿童，所以他们非常需要关爱，而女教师更善于表达情感。这样对学生的成长来说可能就有很大帮助。比如，会直接用关切的语言去表达对学生的关心："你今天怎么穿这么少啊，觉得冷吗?"我觉得可能是女教师有母性的角色，对待学生就像母亲关心自己的孩子一样恳切。这是一个优势。其次，我觉得女教师做事情可能会更加细心。比如，上级交代下来的文件材料整理得可能更加仔细全面。

(三)犹豫中离开特岗

考研结束后，小婧全身心地投入了教学。很快考研成绩出来了，小婧的成绩如愿达到了录取线。然而这时，原本铁了心要离开的她反而开始动摇了。

1."最舍不得我的学生"

在不到一年的特岗教师工作中，小婧与学生建立起了深厚的感情。这是超越了功利的师生之情。对这所乡村小学的校长、同事，小婧也怀有深切的感恩。

> 我最舍不得的就是我的学生，我已经慢慢适应和接受那里了。校长、同事都对我很好。知道我考上了，我家人和一些老同事也劝我放弃。他们说反正读书出来也是要工作的。我当时真的很犹豫，所以我也到处问朋友、亲人的意见。
>
> ……

2."女孩子没必要读研"

考上研究生的小婧遭到了家人的反对和阻拦。其中很重要的理由与她身为女性有关。

> 我考上研了，但家里不让我读，因为我家人觉得我是个女孩子。当时我已经在特岗工作一年了，我再待两年就可以定编定岗了。父母那一辈的观点可能还是比较传统，觉得女孩子没必要读那么多书。
>
> ……

3."为将来的孩子着想"

小婧是在做了反复权衡比较之后下决心离开特岗的。除了环境及教育资源的因素，个人专业发展难以得到有效实现等外，关键是对将来自己的孩子能否接受更好教育的担忧。

> 我真的犹豫了很久，直到8月27日我才递交辞职信。最后我还是把去与留的一条条原因列出来对比，才做出了决定。农村的教育水平和教育条件相对比较落后。比如，上数学课，我们用再生动的语言和动作也比不过课件上一个简单的图形变化的动画来得直观清晰、容易理解。而且其实身边年龄不是很大的同事也都在不断关注公招等，大家也并不是那么安于现状。……虽然有遗憾和不舍，我还是选择了离开。
>
> ……

(四)离职后的牵挂

离职后的小婧一边准备着重新返回学校学习，一边又挂念着班里的孩子们，也一直和他们相互留有联系方式，时不时还和接班的新班主任叮嘱些孩子们学习生活的"注意事项"。

> 他们一般是周末用家长的手机登录 QQ 给我发消息。我会问问他们最近又学了什么内容、玩了什么游戏或者班里发生了什么趣事。有时候他们还会跟我说说自己的烦恼……

(五)无悔特岗

即使入学读研已经一年多了，但说起作为特岗教师与学生相处的点点滴滴，小婧的眼中始终闪烁着光芒，似乎她依然和学生在一起。回到现实中，小婧也表示非常可惜，"特岗计划"真的可以给偏远地区的学生带来新的希望。只是对于特岗教师而言，由于理想与现实之间存在落差，部分教师入职后会因为特岗之"岗"无法满足其个人生活及职业生涯规划以及个人专业发展的需要等，最终选择离职。

四、小婧离职缘由分析

本研究在记录并呈现小婧的特岗教师经历时，更关注她以及那些离开了特岗教师的人的真实原因以及现实困境。

(一)工作、生活环境的艰苦

"特岗计划"的性质决定了特岗教师必将面对乡村艰苦的生活、工作环境和简陋的教学条件。尽管部分考入特岗的新手教师有一定的心理准备，但刚刚毕业的"小婧们"都是在城市高校接受高等教育，在大学毕业之后到乡村，城乡生活及教育环境的反差让他们难以适应。对小婧的访谈表明，在特岗教师基本需求还未能得到满足时，成长需求便成为奢谈。

(二)女教师成家立业的两难

女特岗教师不得不面对更多独属于女性的特殊问题：其一，大学毕业新入职的女特岗教师正处于成家立业的关键期，有个人的情感需求。然而在女性教师扎堆、性别比例失衡的学校，要想找到心仪的另一半实在不易。这就使女特岗教师的婚恋难题日益突出。其二，即使组建了自己的小家庭，女特岗教师也不得不考虑孩子的抚养和教育问题，既想让孩子接受城里更好的教育，又不忍心与孩子长时间分离。

(三)同工不同酬的无奈

一般来说，部分特岗教师的福利待遇还是偏低的。通过对小婧以及她的特岗同事的访谈了解到，虽然都是特岗教师，但是小婧的待遇低于同在一个城市不同区域或县城的特岗教师。虽然国家政策规定特岗教师的津贴福利发放是当地政府结合财政实际情况进行考量的，但由于缺乏相应的具体实施细则、监管力度不到位等，部分特岗教师津贴福利的发放存在一定的随意性，甚至校内同工不同酬的现象也还存在。

（四）专业发展的追求

小婧作为特岗教师的一员，她的经历在一定程度上反映了部分特岗教师职业生涯规划的无奈与专业发展的辛酸。首先，为了谋求更好的发展，做职业生涯规划时不得不把特岗之"岗"作为跳板。其次，在乡村师资匮乏、结构不合理等特有的教学环境下，特岗教师入职后会面临"所教非所学"的难题。不仅如此，部分新入职的特岗教师还要担任班主任及承担很多行政任务。这使特岗教师工作量骤增，教育教学压力过大，令他们无法专心于本专业学科的教学与研究。

五、结语

振兴乡村教育，让特岗教师群体能够下得去、教得好并且留得住，需要内外合力。从外部机制来看，要留住优秀的乡村教师特别是乡村女教师，需要改善乡村学校的办学条件。一方面，乡村学校的办学条件在很大程度上限制了教师教学能力的提高，使教师被迫陷入心有余而"力"不足的窘境。另一方面，需要提高乡村教师的薪资待遇，关怀乡村女教师的基本生活。从内部机制来看，要激发乡村教师专业发展的内生力，尤其是乡村女教师的主体意识。一方面，需要激发教师的成就动机。另一方面，需要促进教师的终身学习。

实例 2：不能是物理变化，要有化学反应①

初接这个班时，我遇到了好多棘手的问题。比如说，部分学生吵吵闹闹，不能静下心来学习；部分学生迷恋游戏，极度影响学习；部分学生没有责任感，对班级的事情熟视无睹。但是我急于解决的还是学生课堂麻木的问题。班级中少数学生在课堂上极度活跃；而部分学生在课堂听讲时没有一点儿表情，根本看不出他们是喜欢听还是不喜欢听，是听懂了还是没听懂。我想尽了各种办法让大部分学生参与进来。但有一个学生足足让我等待了 8 个月，我庆幸这是我始终没有放弃的 8 个月。

她叫天天，一个外表十分文静漂亮的小姑娘，曾在四年级时随爸爸去美国学习半年。她的英语讲得很好，读过很多书，文笔很好，每次写的作文都会被老师当作

---

① 本文由深圳市南山实验学校的李晓燕老师撰写。

范文给同学阅读。在班里，她是同学们羡慕的对象。就是这样优秀的一个学生在班级却不爱表现自己，不参加班级的活动，不参加班干部的竞选，甚至上课不回答任何一个问题。家人说她是一个外表冷漠、内心狂热的孩子。作为老师，我觉得这种表现不够正常，在任何一个生活情境中没有释放，没有输出，都放在心里怎么能受得了。课上看不到她与我交流的眼神，我心里急。她这样的听课状况让我感到苦恼。看到她那样听课的表情，我没有了一点儿讲课的激情。每当看不到学生与我交流的目光时，我很难把课讲下去。课上师生是要能相互感染的。我甚至想把她叫起来，大声质问她：为什么同学那样踊跃参与课堂，在她看来会是那样的索然无味。我也想过，就这样吧，不去管她了。也许像家人说的这就是她的性格吧？想来想去我没有这样做，静下心来之后，我又在思考一个办法。

一度在解决课堂麻木的问题时，我也采用过行为主义的刺激反应的办法，就是给一些在课堂主动回答问题的学生加分。在分数和相应的奖品的刺激下，一部分学生开始主动，甚至是抢着回答。在同学们抢答的时候，我多么希望她也能把手举起来叫道："老师，老师，我，我。"可是，她没有，我看到的她依然还是以往的状态。我的心凉了，看来这种办法在她身上是不灵的。

之后，我又想了另一个办法。在与她聊天时，我对她说："天天，我们来个约定好吗？每堂课至少回答两个问题，如实现了这个约定就算完成了任务。如只答了一个，就欠我一个，下节课要把它补上。行吗？"她点头道："行！"于是，课堂上我又开始满含期待，第一次看着她举起了手，我下课马上表扬了她。但我说你还欠我一个，下节课一定要补上。下节课她果然又回答了一个。可是好景不长，几天后，她又不肯把手举起来了。我真有些泄气了，怎么会是这样呢？

这时，我忽然想到张校长的一句话："教学活动中最富生机的部分是人与人的交流，让学生感到被关注、重视不是简单的策略问题，教育当是'以人为本'"。哎，我是太急了。这真的不是简单的方法的问题，而是……

在以后的日子里，我不再要求她上课一定回答问题了。但每到下课的时候我都会坐在她的座位旁与她聊天。她非常喜欢读书，于是我们经常在一起交流读书的收获，相互推荐好书，但每次她都说得很少。有一天，她突然主动找到我说："老师，我想调一下座位。"我一听，机会来了。于是坐下和她聊了起来，她说她想和她的好朋友晓雯一起坐。我就追问她，让她和我多聊一会儿。可她只说了她们俩很谈得来，在一起可以相互学习、相互提高。我就再也问不出什么了。但是，我还是答应了她。

总觉得她与我之间有一些距离。上课时，从她的眼睛里我还是看不到兴奋的目光，也许她还不能接受我的教学风格。我在心里对自己说：不要急。而且我还发现她的这个同桌和她一样，上课也是一言不发；她们上课时只是坐在那儿。我后悔当初把她们俩调到一起了。这样会不会相互影响，使她们都不爱参与课堂了呢？我甚至想把她们分开，但我还是忍住了。哎，观察一下再说吧。

有一天，班里的昕航同学病了。我说，谁愿意和老师一起为昕航补课。这次她和她的同桌竟都把手举了起来。我很开心，带着她们去南山医院。这一路上，我听见她们又说又笑，又蹦又跳，与班级的那俩一言不发的女孩相比简直是判若两人。她们还会在我的身前身后藏来藏去。我也被感染了，就和她们一起玩儿。真的好开心，我也仿佛回到了童年，繁忙的工作带来的焦躁一点儿都没有了。"多可爱的孩子，除学习以外我对孩子们了解的太少了，和她们交流的太少了。我不能总是以老师的面孔在她们面前出现，应该换一种面孔。"我在心里默默地对自己说。

不知不觉地来到医院，完全由她们俩主讲，我坐在一旁当听众。"打开语文书，读文后说说给你留下印象最深的部分，动笔把它画出来。这里要注意，此处就能体现作者的想法……"暗暗吃惊，这完全都是我讲课时的样子，怎么觉得语调都很像。我讲课的内容她们差不多都讲给了昕航。原来她们一直在这样认真地听课，谁说不回答问题就是没有参与课堂。她们在听、在思考，思维是处于一种积极的参与状态的。这次补课她们给了我好多的意外。回去的路上，我们又是有说有笑。我再也没有那种让她站起来发言的焦急了。我等着，等着她自然生长、破土而出的那一刻。

以后的日子，我发现她有了一些改变。虽然她还是不肯站起来发言，但在班级变得开朗了，爱和我聊天了。有时，放学后她也不走，爱和我说说班级的同学，说说班级的事情。

那天，她的同桌站起来回答了一个问题，答得很精彩。看着同桌那喜滋滋的表情，她似乎也有了想答的欲望。她的眼神告诉了我，她想答下一个问题。我马上叫起了她，看着她的表情我在想也许她的生长期已经到了。

我已记不清她第一次主动举手发言是在什么时候，回答的是哪个问题。当时我没有表扬她，只觉得她该举手了。现在每节课她都举手发言，而且还是好多次。我也没有在同学们面前表扬她。虽然这个等待的过程是这么漫长，但她的改变又让我觉得是那样的正常。我不能用表扬去惊动她，因为她的这个自然生长的过程是不需要人工去修饰的。直到我写这篇文章的今天，她还是那样踊跃主动地举手发言。特别是一个难的问题，别人没有办法时，她总是会自信地把手举起来，我们总是相视一笑。在这样的轻松氛围中，她把问题回答得是那样精彩。

要让学生感受到被关注，要真正走进学生的心灵，这不是简单的方法问题，不是简单的物理变化过程，而是要有一种化学反应，要有真正心灵交汇、情感沟通的过程。这样学生的心灵才能真正发生质的变化，只有这种变化带来的改变才会是持久的。

第九章　教育人种志研究

　　人种志(ethnography，又译作民族志、俗民志)原本是人类学的一种研究方法。20世纪五六十年代以来，一些人类学家运用人种志研究教育问题，由此发展出一种教育人种志研究方法。最近二三十年来，教育人种志研究日益受到重视。甚至有人说，教育人种志研究也许是解决教育问题的最好方法，也可能是唯一方法。① 也有学者寄希望于教育人种志研究跨越理论与实践、教育研究与教育实践、教育研究者与教育实践者之间日益加剧的鸿沟。② 在我们致力于铸牢中华民族共同体意识、构建人类命运共同体的时代，教育人种志无论是作为教育研究方法还是作为教育学方法论范式以指导其他教育研究方法的使用，虽不能称为唯一方法，但至少是十分重要的方法或方法论范式之一。

　　本章将具体介绍教育人种志研究的基本概念、特点、类型、理论基础和优点与局限性，举例说明教育人种志研究的过程。

第一节　教育人种志研究概述 ///////////////////////

一、什么是教育人种志研究

　　教育人种志研究是教育研究对人种志的一种借用。它具有人种志的根本特征和研究规范，也体现着教育研究的特点。说清楚什么是人种志，乃是认清教育人种志的前提。人种志是人类学的基本术语。就其字面来看，ethno 指的是普通人，ethnography 是对人群的叙写(writing about people)。人种志的基本含义是对一群人

---

① 　[美]威廉·维尔斯曼：《教育研究方法导论》，袁振国主译，299页，北京，教育科学出版社，1997。

② 　杨小微：《教育研究的原理与方法》，243页，上海，华东师范大学出版社，2002。

或一个种族生活的记录或描述。人类学家对人种志没有一个统一的概念。① 一般认为，人种志概念既是指研究的过程，具体说就是进行田野工作（field work）、做田野笔记的过程，以及在这一过程中所使用的方法，又是指研究的结果，即通过田野工作而得出的书面研究报告。它倾向于本源性研究，其本义是通过亲身参与真实场景和从理解其事件的文化脉络中，用所形成的研究者的个人视野来获得对研究对象的认识，强调人或事的文化分析，以及对文化中的人或事的分析。②

人种志原本是人类学家用来研究"异"文化的方法体系。早期人类学家常常远离故土，暂别所属文化，到蛮荒异域、穷乡僻壤，开展一种"离我远去"的实地研究。他们一般集中在一个地点住上一年时间，把握当地年度周期中社会生活的基本过程，与当地人形成密切的关系，参与他们的家庭与社会生活，从中了解他们的社会关系、交换活动、地方政治等。例如，马林诺夫斯基到蛮荒的特里布恩德岛研究土著人的生活。费孝通到广西大瑶山研究当地少数民族的生活。马林诺夫斯基曾俏皮地把这种对异域文化旨趣说成是"对我们过分标准化的文化的一种罗曼蒂克式的逃避"③。后来，人类学中也出现了研究"己"文化的作品。具有代表性的是费孝通的《江村经济——中国农民的生活》。这本书被马林诺夫斯基誉为"人类学实地调查和理论工作发展中的一个里程碑"④。美国学者威廉·维尔斯曼将人种志的定义引入教育研究。他认为教育人种志研究就是"为特定情境中的教育系统、教育过程以及教育现象提供完整和科学的描述"⑤。另一位美国学者沃尔科特则提出，教育人种志是一种文化描述学的新概念，认为它实际上是在力图对教育中人与人之间的社会沟通性质进行准确描述和解释的一种描述性工作。⑥

二、教育人种志研究的特点

（一）注重"本地人"的观点

教育人种志研究主张介入研究对象的生活，在与研究对象的一段共同生活中，理解研究"本地人"的观念。研究者不是把研究对象看作被试，而是将其看作研究的

---

① 曾守得：《教育人种志研究方法论》，2 页，台北，五南图书出版公司，1989。
② 冯增俊：《教育人类学教程》，88 页，北京，人民教育出版社，2005。
③ 费孝通：《江村经济——中国农民的生活》，序 15 页，北京，商务印书馆，2001。
④ 费孝通：《江村经济——中国农民的生活》，序 13 页，北京，商务印书馆，2001。
⑤ ［美］威廉·维尔斯曼：《教育研究方法导论》，袁振国主译，300 页，北京，教育科学出版，1997。
⑥ 转引自冯增俊：《教育人类学教程》，95 页，北京，人民教育出版社，2005。

参与者甚至指导者。因而，研究者十分尊重"本地人"的观点、看问题的角度和特点，并且力图站在"本地人"的立场思考研究问题，努力使自己成为"局内人"。因此，在研究者看来，"本地人"应当是发掘所要研究事物的专家，应当受到研究者的尊重和信任。研究者与研究对象之间应该相互理解，保证研究顺利开展。

（二）注重自然情境的探究

教育人种志研究强调研究情境是自然的，或是非干预的。研究者关注研究情境中人、事、时、地、物所隐含的文化，从自然情境中收集资料，获得正确真实的信息，进而从研究现场的结构中寻找事件之间的关系与发展脉络。因此，研究者事先并不预设理论，不做清晰的假设，并以此割舍研究情境和研究资料。研究者尽可能不带个人偏见，本着实事求是、一切从实际出发、具体问题具体分析的原则，客观全面地收集资料，尽可能全面掌握研究情境。所采取的收集资料的方法种类相当多，如观察、访谈、录音录像、文献分析等。资料收集与分析整理的重心也不是固定不变的，而是随着研究过程中研究情境和研究焦点的转变随时调整研究方案。因而，教育人种志研究的程序具有一定的弹性。

（三）提倡整体性的研究视角

教育人种志研究强调某一事件或现象的理解或解释，都应该从相应的文化背景出发。每一项教育人种志研究都离不开对研究对象所属文化的探讨。在研究者看来，教育作为一种文化传播活动和过程，也不可脱离当时当地的文化环境。因此，研究者把特定班级、学校、团体或社区都看成是文化或社会组织在不同地区、国家变异的不同顺应方式，把所研究的文化当作形形色色文化中的一种。比如，人类学家奥格布为了找到美国黑人儿童学业失败的原因，先去学校听课，接着研究儿童的家庭和生活社区，最后将研究的范围不断扩大到许多白人社区，从而归纳出黑人儿童学业失败的多重解释。又如，人类学家斯平德勒在对美国西海岸一个小学教师进行了为期六个月的教育人种志研究之后，得出的结论是，这名同事以及自己眼中"公平""对学生的需要极其敏感"的优秀教师，事实上仍存在不少偏心的、不公平的行为；而身处学校的多数成员对这些行为很难察觉，因为整所学校的氛围就是如此，甚至还可以在整个美国的文化中找到更深层次的原因。[①]

（四）强调研究者即研究工具

从研究过程可以看出，教育人种志研究不像量化研究中以问卷或量表为研究的

---

① 沈丽萍：《教育人种志：概念与历史》，硕士学位论文，华东师范大学，2004。

主要工具，研究者就是观察的主要工具。研究者通过长期深入当地人的生活，以获得对某一问题的深入了解与认识。人类学家裴尔多说过，比起许多其他学科，人类学工作中的观察一般需要很少特殊的评量。人类学家本身就是观察的主要工具。沃尔科特也说道，寻找一位合格的人种志学家时，我们不是正在使用一种方法——或方法论——而是以为自己是主要研究工具的个人。正确的注意力应该集中于人种志学家所能携往上任的特性上面。① 因此，教育人种志研究特别强调研究者需要经过跨文化的比较训练，具备文化人类学的基础，具备敏锐的观察力、领悟力，富有活力、情绪稳定，富有讲故事的以及写作的技巧，具备教育理论以及从事实际工作的背景。

（五）注重深度描写

教育人种志研究特别强调对研究现象进行整体性的、情境化的、动态的深度描写。这种描写十分注重事情的具体细节、有关事件之间的联系、当时当地的具体情境以及事情发生和变化的过程，使描述详尽、细腻，力图把读者带到现场，使其产生"身临其境"之感。教育人种志研究之所以强调对现象进行深度描写，是因为研究结论需要足够资料的支持。研究者在论证自己的观点时，必须从原始材料中提取合适的素材，然后对这些素材进行"原汁原味"的呈现，用资料本身的丰富性来阐述观点，而避免理论的空泛。

三、教育人种志研究的类型

教育人种志在其历史发展进程中曾受到不少理论和流派的影响，先后形成了几种不同类型。其中较为典型的有如下几种。

（一）传统教育人种志

传统教育人种志有时也被称为整体教育人种志（holistic ethnography in education），基本遵循博厄斯和马林诺夫斯基所开创的教育人种志传统。这种类型的教育人种志研究要求将文化作为一个整体来研究。个人的思想观念、行为等都与其所处文化紧密相关。只要从当地人的视角出发，运用各种方式完整记录部分当地人的行为，描述他们的观念，就可以推断所属文化的整体脉络。因此，传统教育人种志将教育作为整个社会的一个组成部分，研究教育与社会、教育与其他社会组织、

---

① 曾守得：《教育人种志研究方法论》，87～88 页，92 页，台北，五南图书出版公司，1989。

教育内部各因素之间的关系。其研究程序和策略遵循一般的教育人种志规范。传统教育人种志是教育人种志发展初期的主要类型，也是后来各种新的教育人种志诞生的母体。虽然传统教育人种志研究受到多方挑战和冲击，但它仍然是当前研究者（尤其是初学者）频频使用的类型。

（二）交流教育人种志

交流教育人种志脱胎于交流人种志（ethnography of communication，又译交际民族志，是 2011 年公布的语言学名词）。交流人种志产生于 20 世纪六七十年代，主要源于文化人类学与语言学的结合，又受到当时社会学的影响，主要理论基础是社会学中的常人方法学（ethno methodology）。交流人种志研究的侧重点在于了解研究对象的交往规则、互动规则以及文化规则，更多的是一种微观研究。交流教育人种志形成于 20 世纪 70 年代末、80 年代初，研究范围集中于某一特定的教育场景，如课堂中的师生交往、同辈群体等。研究设计通常采用漏斗式的形式。起初研究问题比较宽泛和开放，随着研究的深入逐步进行问题聚焦。收集资料的策略除了常用的观察和访谈之外，还经常运用录音和录像等工具。

（三）批判教育人种志

批判教育人种志产生于 20 世纪 70 年代的英国批判人种志，并于 20 世纪 80 年代得到广泛运用。其理论基础是批判理论。批判理论流派众多，各自的侧重点也不尽相同，但是大都认为社会科学研究者的任务在于追求解放兴趣，使研究对象逐步摆脱意识形态的控制，认识到自身所处的不对等的权力关系，最终获得解放。所以，研究者坚持认为，批判教育人种志不仅是一种研究方法，还应该和实践与社会变革相联系；批判教育人种志区别于其他教育人种志的关键点就是批判性。研究者试图寻求一种更为平等的社会秩序：将政治行动视为达到这个目标的方法，相信批判教育人种志可以被用来研究文化和社会，从而导致实质的文化和社会变革。

人种志的发展过程中还出现了后现代主义人种志、女性主义人种志等多种新类型，但是对教育人种志的影响不是很大。[①]

另外，海明斯根据研究者的理论侧重区分了三种教育人种志研究。第一类是比较人种志。研究者试图描述一个社团、一个班级或一所学校的一般生活方式。其目的是为日常生活中的习俗、仪式、信仰、组织、活动以及人们生活的其他方面提供

---

① 沈丽萍：《教育人种志：概念与历史》，硕士学位论文，华东师范大学，2004。

充分的描述，以获得对某一特定文化现象的理解与解释。第二类是基于话题的人种志研究或主题式人种志研究。它侧重对某一问题或出于某种目的的人的指定话题的研究。第三类是基于假定的人种志研究。它是指为了检验某一理论假设而进行的研究。

也有学者根据所研究的人口单位和环境，把教育人种志划分为宏观与微观人种志。宏观人种志用于最大可能的研究单位和环境，如用来研究整个国家、地区的教育系统和学校制度。典型的研究范例是奥格布在美国加利福尼亚所做的斯托克顿的研究。奥格布调查了当地黑人社团及其学校，一方面发现教师与学校之间的联结关系；另一方面发现当地黑人可获得的职业与经济机会之间的联结关系。微观人种志的研究单位及其环境则很小，如学校、班级、学习小组或学校人员。例如，沃尔科特在《校长办公室里的那个人》一书中对校长在履行校长职务过程中的日常行政行为及其角色扮演的全面展示与深刻诠释，为微观人种志研究提供了成功的典范。还有学者提出一种构造性或追踪性人种志研究。这种研究侧重对特定事件或行为的跟踪研究，常用于研究语言与非语言的互动行为。研究者常采用录音或录像等手段记录学生与教师、学生与学生之间的相互作用，并从掌握的理论基础角度对观察记录进行分析，根据研究问题得出某种结论。[①]

四、教育人种志研究的理论基础

毫无疑问，教育人种志研究的理论基础主要来自人类学。除此之外，随着教育人种志研究的发展，现象学、符号互动论、常人方法学、当代女性主义、文化研究、批判理论等人文科学的理论汇入教育人种志研究的基本理论，共同构筑了支撑教育人种志研究的理论基石。以下主要介绍构成教育人种志研究理论基础的主要来源。

（一）人类学

广义地讲，人类学即研究人类的科学。作为研究人的科学，人类学与哲学、文学、史学、心理学等学科有着不同的研究目的和方式。首先，从研究目的上看，人类学提醒了社会大众，每一个民族或种族的文化（包括原始与文明的文化）各自拥有完整的系统，而且在我们本身所处的文化系统以外仍有其他的民族、文化系统存在。人类学家弗思曾概括道："作为一个人类学者，我将注重那些生活方式和西方文明不同的人民的习惯和风俗。我注重他们并不只是因为他们的生活方式在猎奇者看来比较新奇，也不只是因为这种知识对于在不发达国家工作的人大有裨益，而是因为对他们的生活方式进行研究能帮助我们明白自己的习惯和风俗。"①其次，欧美人类学者正是为了跨越现代文明的局限性，寻找其他社会的生活方式，描绘异文化的特征，用当地人的话语揭示不同于现代文明的生活方式，克服现代西方社会理论的自我限制，形成他们独特的研究和思考的方式，叫作他者的目光。② 由此，人类学成为专门处理人类起源、发展、特性、社会习俗、信仰、文化的"特别科学"。

现代人类学主要是文化人类学。人种志就是人类学家用来描述与了解文化的基本方法。在教育人种志研究中，文化通常具有三种含义。首先，文化是人们所获得的知识，并用以解释经验，产生行动；其次，文化是一种脉络，是可以被我们理解的符号交互运作的系统；最后，文化是意义的分享，是研究者理解陌生人，并且拥有的一部分的局内人观点。③ 人种志正是通过使用文化的架构、脉络的理解，作为解释资料的主要的组织或概念工具。

（二）现象学

现象学是由哲学家胡塞尔开创的哲学体系，后来在欧美形成声势浩大的"现象学运动"。这使现象学的基本观念渗入众多人文科学领域。同样，现象学也指引着人种志研究。由于现象学关注主观的意向性，受其影响，人种志研究倾向于了解研究对象的意向与想法、自身对客观世界的意义及自我理解的努力，因此研究通常是发现性、归纳性的，不会对各种关系进行先在的假设。再者，现象学关注事实背后所代表的意义。若要了解人的行为或其创造出来的意义，就必须在深度互动的过程中才能掌握。现象背后的实在是复杂的，我们也不可能从几变量就窥探到事实的全貌。现象学强调"回到事情本身"。因此在研究中，研究者应该致力于本身意识的清晰，并时刻提醒自己"存而不论"，方能从现象中把握本质。从这个角度看，有人指出人种志研究正是一种"对人类现象本质的探索"。具体体现在以下方面。

①尽可能地避免进行研究背后现象的假定。

②事实是全面整体的，复杂的现象不可能化约为几个简单的变量。

③在研究过程中虽然有资料收集的程序与工具，然而要尽量减少这些工具对研

---

① ［英］雷蒙德·弗思：《人文类型》，费孝通译，3 页，北京，华夏出版社，2002。

② 王铭铭：《人类学是什么》，7 页，北京，北京大学出版社，2002。

③ 潘慧玲：《教育研究的取径：概念与应用》，144 页，上海，华东师范大学出版社，2005。

究现象的影响。

④对现象开放且弹性地加以解释。

⑤某些理论建构应该像形成理论那样，在收集过程中产生，而不是来自某些预设。①

（三）符号互动论

符号互动论源自20世纪初的芝加哥学派。该派理论认为，所谓客体、人、情境与事件并不具备本身的意义；相反，意义是被赋予的，人们赋予客体、人、情境与事件来自他们经验上的意义。就研究方面来说，人种志本身是一个对于人类或种族的经验性描述。若要了解人类的行为，必须先了解：人类是身为诠释者、界定者、符号的读者，并且采取参与观察的方法来了解人类的界定历程。在设身处地与当地人沟通交流之后，研究者才能获得互为主体的了解。

五、教育人种志研究的优点与局限性

（一）教育人种志研究的优点

①与其他教育研究方法相比，教育人种志研究更能获得完整的研究资料和具有整体的、跨文化的视角。教育人种志研究要求研究者整体把握与研究对象相关的环境的整体状况，同时与研究对象相处生活数月甚至几年。这样研究者能够获得有关研究对象的完整的信息资料。研究者所具有的整体的、跨文化的视角，既可以保证资料收集的完整性，又可以促进资料解释和分析的深入性，对司空见惯的琐碎事件保持应有的敏感性。不了解整体教育体制运行的文化环境，则很难理解某些教育行为。而这正是教育人种志研究的优点所在。

②教育人种志研究能深入实际教育生活，获得真实生动的一手资料。教育人种志研究是在自然条件下展开的研究活动。它不对研究情境实施控制，也不事先严格规定好研究问题与研究程序，先入为主，分割研究情境，只是以展示真实教育情境、理解教育生活的意义为主，是一种须臾不离教育生活现场的研究。因而，教育人种志研究的成果不似某些理论与经验研究，一味将教育生活进行抽象，将研究成果从教育经验中剥离出来，而强调使研究成果丰富、细腻、耐人寻味、撼人心魄。

③教育人种志研究便于发现、生成新的研究问题，获得意外的研究收获。教育

---

① 潘慧玲：《教育研究的取径：概念与应用》，145页，上海，华东师范大学出版社，2005。

人种志研究是一种较为开放的研究。研究者往往不以验证假设或理论的心态进入现场。因此，研究者容易留意非预期的现象，生成新的研究问题，甚至修改原有研究问题。这样可以使研究更为周全，也能获得意想不到的收获。

④倾听教育现场中的人的声音。教育人种志研究的主要目的之一是了解当地人的观点（natives point of view）。① 研究者不能有先入为主的偏见，压制当地人的观点，而应给予开放的空间、融洽的氛围、轻松的心情，让教育生活中的当地人倾诉。研究者将当地人的叙说，用深描的方式记录下来，形成研究文本，展示给读者，使当地人的声音能被更多的人听到。

（二）教育人种志研究的局限性

1. 教育人种志研究对研究者的要求很高

在教育人种志研究中，研究者即研究工具，研究者需要较高的素质。研究者需要接受跨文化的比较训练；具备文化人类学的基础；具备敏锐的观察力、领悟力；富有活力，情绪稳定，个人性格富有弹性；有讲故事的以及写作的技巧；具备教育理论以及从事实际工作的经验。这些素质能力的获得非一日之功。因此，研究者如果经验不足，且未接受观察技术的训练，将影响研究成果的品质。

2. 教育人种志研究需要的耗费大，不适宜做宏观研究和规模偏大的研究

研究者为了充分了解教育现场，调查当地人的观念，形成对当地文化的叙述性文本，常需要花大量的精力从事实地观察，与当地人交谈，查阅相关文献，运用摄像等技术。因而研究工作一般需要投入较多时间、精力和财力。

3. 处理研究资料烦琐，主观性强

由于观察记录冗长而繁杂，有些现象模棱两可，而且教育生活中的事件众多，想要将所有发生的事件逐一记录下来很不容易。在进行观察时，研究者个人的偏见和先入为主的观念，以及个人情感与喜好，都可能干扰研究问题的发现、对研究资料的解读，研究结论的主观性较强。

4. 观察者经常参与教育生活的现场观察，容易扰乱学校教育秩序

每一所中小学都有其固定运行的模式，而且有些部分对外不公开。学校局内人往往对内部的运行机制和操作规范保持缄默。当有局外人介入学校生活时，学校内部的很多活动都暴露在"外人"的眼底之下。这无疑会造成局内人的防范，以及对原

---

① 李亦园：《李亦园自选集》，16 页，上海，上海教育出版社，2002。

有学校内部操作方式的变更，以迎合研究者。这必将影响学校原来的正常教育秩序。这也对研究者进入研究现场，与教育现场的教师、学生等人员建立恰当、和谐的人际关系提出了挑战。

教育人种志研究的种种局限性是客观存在的，但有些局限性并非完全不可避免与克服。斯特沃特提出了教育人种研究的局限性与克服策略（见表 9-1）。

表 9-1　教育人种志研究的局限性与克服策略①

局限性与克服策略	真实性	客观性	洞察力
研究过程中的局限性	1. 田野工作中发生的状况是否真实 2. 研究者个人角色上的限制	1. 用结果来推论脉络的敏感度不足 2. 对反应加以解释的冒险 3. 研究脉络不清楚，或难以划分 4. 难以确认脉络与研究结果之间的关系	1. 采用的研究方法无法对全貌透彻了解 2. 研究者的知识背景影响其对于其他文化的了解；只是不具价值性的一般分类，或是粗浅的跨文化比较
克服策略	1. 长时间的田野工作 2. 与不确定的观察者讨论 3. 保持良好的参与者角色与关系 4. 专注于脉络的观察 5. 多重模式的资料收集	1. 追随前人脚步 2. 对反应加以多次确认 3. 请局外人加以回馈 4. 寻找文献来协助检定 5. 广泛地记录资料	1. 对资料反复的考虑 2. 进行简单的调查研究来厘清

第二节　教育人种志研究的过程②

///////////////////

教育人种志研究没有固定的程序。针对不同的研究问题和对象，研究者可以采用不同的研究模式与方法。斯普瑞德利曾明确指出，人种志研究趋向于一个循环的探究模式。研究者在进行人种志研究时一再重复这样的研究过程：提出问题、收集问题、进行记录、分析资料、提出问题……以下就参照斯普瑞德利的研究模式，介

① 潘慧玲：《教育研究的取径：概念与应用》，172 页，上海，华东师范大学出版社，2005。
② 本节参见潘慧玲：《教育研究的取径：概念与应用》，140～178 页，上海，华东师范大学出版社，2005；陈向明：《质的研究方法与社会科学研究》，352～368 页，北京，教育科学出版社，2000。

绍教育人种志研究的一般过程。

一、研究方案的选定

教育人种志研究的第一步工作就是选择一个恰当的教育人种志研究方案。研究方案既可以从宏观视角切入，研究社会或社区，也可以从微观切入，研究某一班级、学校。研究方案的选择有赖于研究的性质和研究者能够掌控驾驭的能力。研究方案主要包括主题选择。主题选择常常受多种因素的影响：一是受社会需求驱动，迎合热门话题；二是受个人生活经历、受教育范围、学科专业水平的制约；三是受以往研究成果和理论储备的左右。

二、提出研究问题

与其他教育研究不同的是，研究者在研究开始时，只提出一般性的研究问题，而在现场研究情境中逐渐明确与修正出较为清晰的问题。待进入研究的循环之后，研究者会持续地发现新的问题。这些新的问题将引导研究者的观察方向。分析这些初步的观察资料后，研究者可能发现较特定的问题，而做集中式观察。研究问题就这样周而复始地引导着研究者进行研究。这样的研究问题的形成被比喻成"漏斗"的进行过程。①

三、选定研究现场与对象

教育人种志研究现场与对象的选择往往与特定的研究目的紧密相关，同时也受研究者个人的兴趣、经验等因素的影响。有些研究者针对初学者提供了几点选择研究现场与对象的建议。一是出自研究者的兴趣。研究者的兴趣能在一定程度上决定研究者是否愿意持续地进入现场做研究。二是现场是否容易进入。研究者要充分考虑到自己是否能被现场中的人接受。三是研究的可行性。研究者要考虑研究的范围与复杂程度是否是自己可以承担的，自己拥有多少资源、时间与研究能力。四是现场活动与现象出现的频率。如果研究者想观察的活动或现象，很少出现于所挑选的现场，则这个现场可能不适合研究。五是研究是否具有意义。六是初学者最好选择自己比较陌生的现场。在熟悉的现场中，研究者可能局限于自己的观点，对熟悉的

---

① 潘慧玲：《教育研究的取径：概念与应用》，151 页，上海，华东师范大学出版社，2005。

环境中的问题熟视无睹，较难将自己从个人的观点和对现场的了解中抽离出来。

研究者在进入现场前需要做好两个方面的准备。首先，需要了解现场的相关资料，获取现场中社会的、空间的及时间的关系资料，求得整体的脉络感。可以做的工作有形成社会图，记载人与人的类别、组织结构及参与者的活动；形成空间图，记载位置、设施及提供的特殊服务；形成时间图，描述组织生活的节奏、时间表及习惯性的例行工作。其次，当研究者对现场有相当程度的了解和研究问题更加具体化后，就要考虑如何在目标群体中进行取样。教育人种志研究的取样不同于量化研究的抽样。这种取样的方式是特意选择特定的场景、人物及事件，以获取其他抽样方法无法得到的重要信息。取样的一般方法是，先使用消去法来决定哪些人和事不纳入研究，过滤掉对研究工作没有帮助的资料来源；再选择要研究什么样的人和事，其来源必须对我们了解现场人群生活有所帮助。

四、收集人种志资料

收集资料是任何研究的重要环节。教育人种志研究者主要是在田野中工作，依靠参与观察和现场访谈的方法收集资料。人类学家的田野工作通常都要求研究者住在当地半年以上。在这段时间内，学习当地的语言、参与当地的活动，尽可能地完全将自己融入当地人的日常生活。借由这样的手段，人类学家才可能从当地的特殊经验里提炼出文化的内在意义。人类学家进行田野工作时主要的收集资料的技术是参与观察与深度访谈。所谓参与观察是指人类学家在一个社区中做研究时不仅作为旁观者观察所研究对象的一切，也相当程度地参加到他们的活动之中，以求更密切接近的观察。所谓深度访谈是指人类学家与研究对象做无拘束、较深入的访问谈话。换句话说，也就是事前未规定访谈的问题，更未限定回答的方式，而是就某一范围的问题做广泛的交谈，或对某一特定的问题做详细的说明。人类学的田野工作的主要目的之一也就是了解当地人的观点。①

田野工作是一种长期与要研究的文化产生关系的社会过程。它包含"移动"（指离开住家到其他不同的地方或地点）和"系统化的注意"，即深入现场，学习当地语言，开展观察与访谈，对事件的深层架构形成观念。参与观察者不同于日常参与者，它源于人类学家的田野工作。对人类学的现场工作者而言，从事参与观察必须长期住

① 李亦园：《李亦园自选集》，16页，上海，上海教育出版社，2002。

在当地，将自己融入当地人的生活，通晓当地人的语言、生活习惯，但也必须警醒自己是一个研究者，需要维持一个专业的距离，借以观察人们的日常生活和活动，了解人们的基本信念、忧虑和期望等，并有系统地记录资料。参与观察与田野工作是有区别的。一般而言，参与观察是田野工作的一部分，但田野工作不能等同于参与观察。从收集资料的策略来看，田野工作尚包含问卷、人工制品等方法。从时间点来看，田野工作从研究者一进入现场即开始进行；而参与观察则在比较了解现场且更深入了解其文化脉络时才开始进行。参与观察获得的资料集中体现在田野笔记之中。田野笔记是一种描述的形式，是一种将缩小范围观察所得的人、事、物信息写成文件的方法。田野笔记的记录是有选择的，唯有有价值的资料才会被记录下来。田野笔记是提供有关人们、事件与对话——包含人们的经验与互动——信息的文件，所以理论与解释的成分应尽可能降到最低。田野笔记是不断累积的集合。表 9-2 为参与观察和日常参与的区别。

表 9-2　参与观察和日常参与的区别

维度	参与观察者	日常参与者
目的不同	一是进行适合于场所的活动；二是观察现场中的活动和人	进行适合的活动
是否须有自觉意识	须有明显的自觉，试着记住场所中的活动，并提高注意的层次	无须此类自觉
观察广度不同	需要做较广范围的观察	较受限于个人的目的
观察角度不同	同时具备"局内人"与"局外人"的视角；一方面进入情境，获得局内人的情感和经验；另一方面要出乎情境之外，观察现场的人与事	通常局限于个人的主观经验和目的
角色不同	需要有自我反省的能力，学会以自己为研究工具，并增进自己对情境的敏感性，借以收集丰富的资料	无须具有此类角色
是否需要记录	需要做仔细的记录，记录客观的观察和个人主观的感觉	无须此类记录

深度访谈是教育人种志研究的另外一个重要方法。在教育人种志研究中，深度访谈通常是两个人之间有目的的谈话，由研究者引导，收集述说资料，借以了解研究对象如何解释他们的世界。深度访谈不同于其他形式的访谈。一般的访谈以事先精心设计好的提纲来开展，访谈内容相对受限；而深度访谈关系发生在人们身边的

行动与事件的文化意义，是开放的、循环的，需多次接触及试图了解人们在表面关系下对世界的观念与意义。深度访谈比较适合下列情境：一是研究兴趣较为清楚与确定；二是研究场所是人们难以接近的；三是研究者有时间上的限制；四是范围较大的研究场所与人群；五是研究者想要阐释人的主观经验。

五、分析人种志资料

当研究者获得相当的资料后，必须对资料进行及时的分析，形成对资料的基本认识与观点。分析资料的过程一般包含编码、统整、概念化与做出结论的过程。

编码是分析资料的第一步，一开始在资料的初步阅读时就要重复谨慎地寻找、过滤特殊与合适的资料；设定相关的符码与类目以进行资料的分类，接着采用持续比较的方法进行编码，找出其间的关系与差异；组织已登录的相关资料，并且进一步分析。表 9-3 列出了几种常用的编码类型。

表 9-3　常用的编码类型

编码类型	说明	范例
场所或脉络编码	人员，位于何处，空间如何分配	教师休息室的配置
情境定义编码	研究对象对环境所持的解释	受训者眼中的工作
研究对象的观点	研究对象单独或共有的规则、标准或一般观点	退休金制度
研究对象的思考方式	研究对象了解、定义、解释周围环境、人、事物的思考方式	教师对时间的定义
过程编码	随时间移动的事件	一节课
活动编码	经常、固定发生的事件	训练活动
事件编码	偶尔发生的事件	停课
策略编码	完成事件的方法	如何找答案
关系和社会结构编码	人与人之间相互的行为	友谊
方法编码	研究程序、方法、问题、困境	研究者反思

编码后，研究者需要长时间重复阅读编码后的资料，以期发现主题和概念。这一过程通常没有简单的定则可供依照，但可以根据以下建议分析资料：一是重复阅读已收集的资料；有需要时也可请同事和其他人阅读。二是追踪主题、感觉、解释和概念。三是寻找资料中呈现的主题。四是建构分类的架构。五是发现概念和理论主张。六是阅读相关文献。七是发展一贯的叙述路线和情节。当研究者发现主题和

概念后，即可以通过分析归纳、概念连接等步骤，形成扎根理论。

六、撰写人种志报告

教育人种志研究报告不只是对研究成果进行机械的叙述。教育人种志研究本身是一种思考的过程。具体表现为，将各种现场记录与文件资料加以建构，有效且有感染力地传递给读者。因此，研究报告的撰写方式常视所预期的读者而定，其目的不是取悦读者，而是基于更有效沟通的考虑。为了达到这个目的，研究者必须整体地、连贯地和结构性地书写某些重要的事件，让读者能够提纲挈领、纲举目张。研究者不只是平铺直叙重要事件，还要探询书面资料，读出其中的含义，解释其中的意义。故事是教育人种志研究表述的主要方式。教育人种志研究报告中充满了各式各样的鲜活的故事。这也是教育人种志研究报告吸引读者、引发阅读兴趣的一个主要原因。迄今为止，教育人种志研究报告出现过七种故事类型。① 它们是现实主义的故事、忏悔的故事、印象的故事、批判的故事、规范的故事、文学的故事和联合讲述的故事。

思考与行动

1. 教育人种志研究的目的是什么？

2. 教育人种志研究区别于其他研究的主要特征是什么？

3. 教育人种志研究报告有什么样的特点？选择一篇报告试加评析。

4. 从"铸牢中华民族共同体意识"主题中选择一个微课题，试用教育人种志研究设计一个研究方案。

进一步阅读的书目

1. 王铭铭：《人类学是什么》，北京，北京大学出版社，2002。

2. 陈向明：《质的研究方法与社会科学研究》，北京，教育科学出版社，2000。

3. 冯增俊：《教育人类学教程》，北京，人民教育出版社，2005。

4. 曾守得：《教育人种志研究方法论》，台北，五南图书出版公司，1989。

5. 滕星：《文化变迁与双语教育——凉山彝族社区教育人类学的田野工作与文本撰述》，北京，教育科学出版社，2001。

6. 李书磊：《村落中的"国家"——文化变迁中的乡村学校》，杭州，浙江人民出版社，1999。

---

① 陈向明：《质的研究方法与社会科学研究》，352～365 页，北京，教育科学出版社，2000。

应用实例

学校生活社会学(节选)①

近年来，国内涌现了一批有质量的教育人种志研究报告。本节节选刘云杉所著的《学校生活社会学》的"研究过程"与"后记"部分，展示教育人种志研究的基本过程、困惑与研究策略。

一、问题的形成

1996 年，我②参与了全国教育科学"九五"规划重点课题"课程社会学"的研究，并承担"课程的传授"与"课程的评价"两个子课题的研究工作。我亦将此作为博士学位论文的研究方向。我不满足于将课程仅局限在"法定文化"层面，也不满意于将教师的权力仅局限于单向度的"教师制度权力"。我更钟情于课程"生成文化"说，即课程是在一定的社会与文化的脉络中，由"价值"(包括体制内的意识形态与体制外民间的习俗、规范与传统)，"利益"(不同的利益群体)与"行动"(不同群体之间的控制、妥协与反抗的权力之争)交互作用所形成的社会实体。知识是协商的共识，是不同的意义系统在具体的情境中所产生的交换、沟通与重建的结果。知识的传授过程应着眼于个体的知识的动态生成过程。"课程的传授"应着力于"主位文化"(教学中的人：教育者与被教育者)对"客位文化"(静态的知识，又称"规范文本")的诠释与建构，应涵盖不同文化的理解与交流。如何脱身于研究者的"生活镜面"(具体的"生活落座"所赋予的"常人视角")，将人种志研究对异文化的好奇迁移到对己文化的关怀上，用"问题化"、进而"陌生化"的眼光能超逸于偏见、片段、缺陷的迷误，客观公正地探寻教科书——中国人的"权威文本"所建构的"意义世界"。研究的价值定位在：透视课程传授过程；剖析课程教与学中的师与生所建构的"意义世界"；为中国课程改革与课程实践提出有价值的学理依据与实证基础。方法论上追求走入学校的日常生活，走入教学的真实情境，努力唤起研究对象的主体性与研究者的主体性。具体的研究方法上采用了学校人种志研究，即质的研究。我所选择的是熟悉的学校场景，而非置身于有别于标准化文化的异文化场景；我不指望以文化的新异为研究涂抹些许诡秘的色彩。我所选择的题目是制度性学校教育中不能绕过的基本问题，而非质的研究者常选的偏异的人群、偏异的行为与偏异的态度；我不指望以选题的新异为研究增添吸引力。我只能平平实实地到一所常见的学校中，明明白白地看一些常见的学

---

① 杨小微：《教育研究的原理与方法》，297～306 页，上海，华东师范大学出版社，2002。
② 文中的"我"指刘云杉。

校场景，再冷冷静静做些解释。我闯入制度化的规范生活，孜孜以求地找寻意义世界，找寻个体对意义的不同表达。

二、研究的过程

我选择了苏北古城的模范中学，这是一所有 70 多年历史的名校。古城是有近 30 万人口的中等城市，在江苏省内属于经济欠发达地区。发达的江苏的欠发达地区在全国的同类型城市与地区中或许更有代表性。近 10 年来，全国城镇人口的增长点主要在这类城市，这是农村人口、小城镇人口流向城市的起点。剧增的人口对学校教育提出了什么挑战？学校教育对这个地区不同家庭的不同孩子到底意味着什么？作为受教育者的学生，他们在学校中的日常生活究竟是什么模样的？

1998 年 5 月初至 11 月底我扎根在模范中学。我的研究得到了校长与学校各级领导的支持。他们在团委办公室给我安排了办公桌，向我开放教师阅览室与资料室，让我可以随意参加学校中的一切活动，还告诫我：有困难及时找他们。根据我的要求，教务处安排了两个不同类型的班级让我跟班活动："优秀的"高二文科班与一个"欠佳的"八年级班级。两个班的学生人数都是 68 人，他们在教室里挤出空间专门给我安排了课桌。班主任老师告诉学生：从大学中来了一个大朋友，她对我们的学习与生活都十分感兴趣，要和我们共同生活一段时间。

从 5 月初到 6 月下旬期终考试开始为研究的第一个阶段，即开放地熟悉与观察阶段。我背着书包，拿着课本，穿梭于两个教室间，选择听课录音。我听教师的讲授分析，看不同类型的学生的反应与回答，观察课堂教学中的常态与例外。课间与课余，我以大同学的身份努力地接近不同类型的学生，到运动场、学生宿舍与学生家中，与学生随意地聊天，有意邀请不同类型的学生做专门的访谈。我试图以一个学生的身份融入中学生活。

6 月下旬至 8 月暑假期间为研究的第二个阶段，即深入的专题研究阶段。我在两个班级中各邀请了不同类型的 10 名学生，分别进行了主题不一的 8 个专题讨论。我发放问卷与布置命题作文，邀请有关学生持续地做深度访谈，请他们写感兴趣的自述。题目是由我和学生共同拟定的；参加讨论的人员也不局限于所扎根的两个班级，由他们去邀请感兴趣、有看法的相关学生。我对学生的接触由点及面、滚雪球式地牵进了许多不同年级、不同班级、不同类型的学生。在与学生的接触中，我用了大量的时间与心力听他们的叙说。

9 月至 10 月为研究的第三个阶段，即问题研究阶段。我广泛接触教师，发放问卷，邀请学校领导、各科教师甚至退休教师做深度访谈。我在教研室间跑来跑去，打断教师手中正在进行的工作。访谈有时是在我安静的办公室进行，有时就在教师忙碌于备课改作业本，学生不断穿梭，家长间或打扰的教师办公室中进行。这或许是教师真实的工作场景。

10月至11月底为研究的第四个阶段，即有目的试验阶段。我将相关的题目带到有关班级组织不同类型的学生进行讨论。与此同时，我将更多的精力投入模范中学，听课、日常授课与观摩授课，参加家长座谈会，与教师做深度访谈，参加主题班会与少先队队会，发放问卷，组织不同年龄段的学生进行专题讨论。

我试图在不断的对话中展开研究，与身处的环境对话，与遭遇的事件对话，与自己的心灵对话。换一种疑虑的目光打量世界，种种"常态"易受到怀疑。我的工作是将常态"问题化"、将"合理""合法"的事件与解释"问题化"。将既有的文化所教导的种种标准和品味悬置起来（尽管这种悬置十分困难），在一种无执的开放中接纳着生活。自我成了一面镜子，我问别人之前先问自己。早晨骑车进学校时，我不断地给自己鼓劲儿，硬着头皮开始一天的计划。我以局内人的角色、局内人的规则、局内人的情感开始学校的日常生活。晚上我回到书桌前，在局外人的思维与文字中审视局内的生活。整个研究在局内人与局外人的痛苦转换间展开。在中学时间长了，似乎变成一个局内人时，我常有一种窒息感。我尚可从中学的当事人逃到大学的研究者，但我又怎么能从所处文化的"局内"逃到"局外"？无可逃遁，只有不断地找寻，找寻的途径是不松懈地怀疑、反思与批判，即便是对习以为常的现象。这样的研究是对研究者心灵的不断挖掘；研究的历程不仅是一路看绚丽的风景，也是体力智力上的辛苦，更时常体验到的是反思所身处的文化带来的痛苦。我体验到了被放逐，在熟悉的风景中流放自己，在亲昵如家的情境中流放自己。流放成为一种生存状态。

三、研究中的困惑

实地研究中更多面临的是艰难。关键的问题是我在多大程度上被研究对象接纳，他们在什么意义、什么层面接受我？即便是这样一所有深厚传统的样板中学，他们对于这样一种研究仍然极为陌生。在他们的眼中，我是一个对学校基本的常识都东问西问、所知甚少的人；也是对社会经验、地方文化所知甚少的人。这样一个"少知"之人与一个"博士"头衔联系在一起让人意外。我不说拗口的术语，而对平静的学校生活感兴趣，思考在熟焉不察的学校生活中做什么样的大题目，能引起他们浓厚的兴趣。但初始的好奇被接踵而来的戒备、距离与客气取代：她在做什么？成天拿着黑匣子式的采访机，像学生一样坐着听课，又不断地放问卷，约学生、教师、校长甚至家长做访谈，开座谈会。她希望感受到真实的学校生活，但我们的真实对她到底有什么意义？我们真实中的疏忽在她那里是否会成为一种把柄，影响学校的声誉？

我所扎根的两个班级的学生能很快并真诚地接纳了我，他们更多地将我视为年长的、有着大学生活经历的学长。但很多疏忽是意想不到的，为了工作方便，学校将我的办公地点安排在团委办公室。团委办公室的隔壁是校行政办公室与校长办公室。晚自习时我常在那里与学生做深度访谈。我在邀请外班的一个学生做访谈时，她言语中流露出：来之前，我爸爸提醒我说话一定要谨慎，不要说任何不利于学校的话。在学生眼里，我可以方便地与校长沟通，我会将一些"不好"的现象反映到校长甚至更高层。新接触一个学生时，最初的访谈中我要用大量的时间来消除戒备，获取信任。事后我意识到如果我将访谈的地点改在偏僻的图书馆或者操场边，在学生的眼中，我可能就不易被视为学校乃至教育管理层的代理人。

遵从质化研究的科学性，在实地研究开始前我准备了一个采访机。我可以方便地将它放在衣服兜里或者手袋里，不被发现地进行工作。遵从研究伦理，尊重访谈对象，每次录音前我都征求访谈对象的同意。学生大多很乐意，录音以示态度的慎重、谈话的严肃以及对他们的尊重；教师的态度就比较复杂，在记忆中我似乎没有遇到直接的拒绝，但常有情绪上的抵触。苏北淳厚好礼的民风使他们没有直接拒绝我，但当我用采访机开始工作时（多在一个静谧的环境），我与访谈对象之间似乎不再是两个人之间的自然交流，而是有了一个陌生的第三者。这个冰冷的黑匣子不疏忽地监视着访谈的进行。教师的谈话不再随意，他们多半在斟酌字句，选择说法；他们多半在说些表面的现象并对现象做一些常识性的解释。在多次访谈后，我试图让他们忽视黑匣子，或者关掉采访机，完全进入叙述情境。在一些熟悉或者敏感的话题中，我用强记与快速整理的方法来进行工作。

在大学校园中，我是一个普通的学生。我衣着随意、素面朝天，我因平常而隐匿，当场景变换。当我不再是大学校园中的普通学生而变成中学校园里稀奇的"博士生"时，我置身于众多目光的打量中，我对学校的日常生活好奇，学校对我的日常举止好奇。我的一切符号都变得刻意和精心起来。我希望学校因我的亲和主动而接纳我，因我的熟稔庸常而忽视我。这样我可能更随意自由地出入各种场合，走入他人的世界。我仔细观察年轻女教师的衣着与举止，我选择保守中性的服饰以取得年长教师的好感；我又不愿意年轻的学生将我视为古板的学究而在情感上拒绝我，谨慎地在头饰与胸花上变换小花样……有一天，一位女学生告诉我，班主任不准女学生戴首饰时，我难堪极了。我就这么在很多细小得局外人难以设想的环节中磕磕绊绊地适应学校生活，尝试做局内人。

我是一个年轻的女性研究者，在研究中我也饱尝了性别所带来的便利与不便。在学生面前，性别帮了大忙。男生与女生都易将我视为"姐姐"式的角色。这给他们安全感，他们能放心地、自然地将很多烦恼和包括特定年龄的隐秘问题向我倾诉。我的身份又赋予了学生眼中的权威，我开放的态度、对学生的尊重以及刻意营造出的自然随意轻松的座谈（访谈）情境，使学生感受到不同于教学情境或者家庭情境中受拘谨控制或者忽视放纵的心理氛围。我们是相互平等的智力主体，自己对自己的行为与思想负责。我们在许多问题上真诚、开放、深入地对话与探讨。在教师面前，性别未让我讨巧。与女性教师的深入交流中免不了许多生活场景与生活事件。我没有同年龄段的女教师的家小之累，油盐酱醋的真切烦恼中我的附和显得空乏不力。在她们的眼中，我是家庭化、社会化不充分者。她们常是善意地帮助我而很难对我产生"知己"之感。在男性教师面前，我受到的心理拒斥更多一些。我尽量淡化性别特征，平实朴素、简练干净。他们却很难忽视我的性别，甚至在对他们的熟人做介绍时会说：这是某某女士——我意识到我所做的事情、我的生活方式在当地文化中更应该由男性来完成。因此男性教师的个人生活世界我很难真正深入。研究中教师文化这一块亦未顺利完成。

在研究中不可避免地碰到价值判断，我常在研究自然进行与研究者主体投入的矛盾中周旋。譬如，在深度访谈中，学生谈及教师管理中的粗糙与不当，作为倾听者的我应该表示同情甚至附和。但一旦我与学生站在一起，就可能意味着在一些事件上与教师的对立，大到可能影响教师的权威，影响班级已建立的习惯与氛围；小到我不谨慎的言语会影响教师对我的看法，影响我们之间的合作。我只能用眼睛中的语言来表达我的态度，而不能用任何一句有声的话语。我惶惑于研究在何种程度上不干扰研究对象的生活，哪怕是确认无疑的正向影响也不施加吗？局内人的参与和局外人的客观冷静如何统一？

四、主题的浮现

在论文开题报告上，我不无信心地说道：学校在滴滴答答的时间中进行着什么？视为当然也视而不见的熟悉的学校风景到底有些什么内涵？理论研究者无暇关心，实践工作者无力关心。是该打开黑箱的时候了，或许也正是以理解与反省社会存有为己任的社会学研究该说话的时候了。我在研究中如何践行我所确认的社会学研究方法？

我碰到的第一个选择就是在已拟定的研究框架与学校的日常生活之间，我更应尊重哪一个？两者的冲突是实地研究开始前未曾想到的。刚到学校时，第一个询问是要不要有观察框架？我是以既有的研究框架为观察框架，还是放弃框架，开放地看待学校中的一切。对于已有的研究框架，经过近一年的思考，我与不少教师、专家反复讨论、几经修改，凝聚着大量的心血。我不忍放弃。但拿着这个精致完好的框架看学校，我感到不是在做研究：论点已经定好基调，论证途径已经确定，实证研究不过是到一所学校收集现实的材料以表明论据的充分、论证的有力而已。已有的研究框架成为一张打造完善的铁床，要削学校生活之"足"以适框架之"履"。这又完全有悖于研究的初衷。我必须放弃，不带任何框架，进而将研究者主观视角悬置起来，真正展现学校生活。但有着近3000人的学校每天在发生多少故事，每个个体有多少解释？我能从这些琐碎的事件中看出什么主题？我沉浸在这种日常之中，劳心劳力，最后能打捞出什么来？这根本就是一种冒险。

我真正开始平心静气地"听"学生们讲，不是我定调子"让"他们讲；而是"请"他们讲，随意讲。在单纯的、专一的"听"中，我时刻警惕着，不让强硬的研究者"自我"跑出来控制谈话。我在放弃自我中企图走出自我，走入学生的日常社会。理解在彼此的唤醒中渐渐来临。在"听"中，我时常在回忆10余年前我的中学生活。一些久已疏远淡忘的情绪又被唤醒，甚至是更强烈地被激活，严严实实地笼罩着我，让我难以释怀。在"听"后，我时常给学生一些鼓励或劝慰，或者是一些启示。他们能感受到我的理解与尊重，也能感受到真诚的帮助。随着研究的深入，我与研究对象之间建构起一种新的关系，不再是研究者与研究对象之间类似主与客般对立的关系了，而是相互包容、相互创生的共同体——"我们"。我不再是疏离于中学日常生活陌生的研究者，他们也不再是沉浸于日常生活中素朴的当事人。我参与了他们的生活，他们参与了我的思考。我和他们从不同的角度投入研究并在研究中生成既异于我也异于他们，既包含我也包含他们的新质——"我们"。我们喜欢这个"我们"在探讨中所形成的自主与开放，在不断追问中所拓展开来的无限的精神空间。"我们"不是静止凝固的，"我们"之间不断询问、启发、激励着，不断地奔跑。用学生的话来说是视通万里，思接千载，任由"我们"在校园生活的具形化层面与抽象空间中无拘无束、天马行空、任意驰骋。

当我真正走入学生的心灵时，我纠正了一个认识上的错误："反省"也罢，"批判"也罢，绝非仅停留在学理的辨析上，也绝非仅为知识分子点拨当下生活的超越之举，应回到普通人的日常生活之中。当他们从进行的生活中停下，开始打量审视时，怎么就不是反思？不过有的仅是心湖中轻轻划过的涟漪，有的则在电闪雷鸣中试图"渡人渡己"。我为自己的褊狭而感到羞愧。

在研究与整理分析的过程中，"受教育者"慢慢浮现出来。在通常的语境中，被称为"学生"而非"受教育者"，"受"的被动、受束之意被排斥、压迫至不被彰显。我将研究的意图定位于抛开常人视角，直接走入"受教育者"的日常生活中，揭开笼罩着"受教育者"的种种合法化面纱，让他们说话，听他们真实的声音。我的工作就是与学生一起去寻找，寻找一个真正自主的学习者，从而将视为当然的"受教育者"凸显出来，让真实的"受教育者"——另外一种视角的描述、另外一种声音的叙述，走入公众视界。

五、研究后的思考

（一）关于研究的信度

在研究过程与提交论文之后，我时常碰到的一个询问就是你研究的信度如何？或者研究的科学性与真实性如何？我常在反问：您所认可的研究的科学性与真实性用什么标准来衡量？多半得到的回答是，研究是可重复的，别的研究者与研究对象可以重复这个研究。

这是一个通常的也是通行的科学研究的标准。可我对此"科学"标准本身提出疑问：社会科学研究不同于自然科学实验，实验的价值在于可证验性、可重复性，而一个可重复的研究未必是一项好的社会科学研究。社会科学研究的价值在其说理言事的解释力上，在读者阅读时所产生的共鸣与认同上，在研究所建构、所呈现出的开阔的思维空间与理论空间上。或者说社会科学研究更多的是探索性研究而非验证性研究。

我并不认为，一个和我一样受过专业训练的研究者也到我所扎根的中学中做同样的研究，我们的研究过程、研究结果不一样会不好。恰恰相反，我认为这很正常。我想即便是对于同样的事实，我们的分析、整理与解释也会很不一样。这种不同来源于不同研究者不同的研究视角、不同的研究策略，乃至其后不同的学术兴趣、不同的人生关怀。

因此，我不认为说我的研究是个性化的研究，极具个人色彩是对我的贬损。相反，我认为这是对我的肯定。这意味着研究者的主体性得到彰显，且不容忽视。

（二）关于叙述

我不是一个善于谋篇布局的高手。我宁愿所画出的线条枝枝蔓蔓，或缺或鼓，不成形状，但研究过程中与研究后的叙述一定要是真实的流淌。有的段落，我觉得有话要说，不得不说，也就任由情绪奢侈地泼洒笔墨；有的段落，我觉得索然无味，也就平静地呈现资料，解释者不再发言。我很难做到克制住喜好，平均地使用笔墨，四平八稳，端端正正。这样一种叙述的利与弊，是另外一个问题。在我这里，是一种不得不如此的情感使然。

通行的论文叙述逻辑常是甲说、乙说、丙说，最后再概而言之；写作者羞答答地将自己的观点隐藏在别人的说法中，不敢大大方方地"我说"。在本研究中，我力图让生活说，让理论说，同时也让自己说；而我说话的勇气来源于前两者之间的沟通与融合。我一脚踩着实证的田野，一脚踏着理论的体系。我感到既连接着地气，又有超越的视线。我相信，我的所思所言虽不失幼稚，但也绝非狂妄。在论文的呈现方式上，我力图让标题说话，让事实说话。当事实本身说不清楚的时候，研究者再跳出来说话。

让事实说话，文中常有的事实呈现方式有五种：讲故事，用第三人称来客观叙述故事；现场观察片段；访谈纪要；讨论纪要；学生作品分析。为了文字的精练，虽然有些地方进行了删减，但大部分还是维持着真实情境的原汁原味。

在对资料进行解释上，我还是比较谨慎的。事实能说清楚的地方，我就不再说了；当事实未能说清楚，或者尚有更深的内涵时，我才发言。现在看来，在实证分析中，研究者的解释少了一些，拘谨了一些。研究的初衷是既见常人所见，又见常人所未见；既言常人所言，又言常人所未言。在给常人所见、所言留有空间的同时，常人所未见、未言显得比重稍轻了一些。

（三）关于研究的策略

研究有不同的策略。大多数研究就像盖房子一样，事先有一个设计。这个设计被论证成立后，就忙着到处去找木头，采石头，然后再上梁搭架，再将砖头一块一块地往上垒，最后盖成的房子应该是与事先的设计完全一样的，否则就叫失败。

我放弃开题报告的框架时，我的研究就不是盖房子了。我就是把自己抛到荒原中了，我只能一路不停地走，不停地看，也不停地做解释。我的前面没有路径，甚至没有路标；我不知道哪里有陷阱，哪里是沼泽。

我一直很喜欢一种情境：一个孩子在黑暗的荒野中孤身行走，他高声地打着口哨，想把周围的鬼怪吓跑，用声音来给自己壮胆。后来，他在歌唱中，在摸索中体验到一种崭新的快乐。他克服了内心的怯弱与外在的禁忌，在荒原中、在黑暗中和自然的本原接近了，也和人性中神圣的一面接近了。我在研究中也切实经历了这个孩子的遭遇。

我有一个基本的信念：那就是人是意义的主体。在制度化的学校中，教育是在保护人的意义感，还是剥夺人的意义感？人在制度化的学校中到底有什么样的生存境遇、心理境遇？

这个信念导引着我的路径，也成为我的研究策略。我对学校日常生活基本的方面做了研究，探讨了个人在其中的体验与意义，并对制度化学校中的非教育精神做了大量的批判。有的批评也不失犀利深刻，其中流露着我对人的理解、对教育的理解、对社会的理解。

我不能像很多博士论文那样信心十足地说，我的研究在那些层面上超越了前人的种种论述。但我可以平静地说，我的研究与众不同，我为其中的独特性而自得欣慰。我用心灵在做跋涉，在没有路标的道路上达到预想的目的地。

人在社会中，人在制度化的社会中，究竟如何？这既是一个沉重的课题，又是一个激动人心的题目。它不仅需要学者的思量，也需要实践的自觉。我倾尽心力所做的研究不过是一个开始。这是一项远未完成的研究。

第十章 教育案例研究

第一节 教育案例研究概述

案例研究方法是对个人、人群或现象进行调查的术语总称。调查中可采用多种技术，包括质和量两种方法。案例研究的一个明显特征在于它的一个宗旨，即认为人不是各种特征汇集的松散个体，而是各种特征的有机统一体。因此，这种宗旨的一个相应结果是，个案研究者要理解某个案例，要阐释该案例发生的缘由，并从单一案例进一步概括或预测。这就需要对各个独立部分和模式进行深入的调研。① 教育案例研究就是基于教育的立场，将案例研究应用于教育情境解决教育问题或建立理论的一种研究方法。

一、教育案例研究的缘起与特征

（一）案例研究的起源

案例研究又叫个案研究，作为一种研究方法，已经有多年的历史了。它的源头可以追溯到 19 世纪中期法国的社会学领域。19 世纪中叶，法国矿山工程师兼社会学家利普雷把家庭作为工业化时代社会稳定和道德权威以及相伴的社会冲突的主要样本，提出家庭道德方面提升和降低的社会循环理论。根据收集到的资料所形成的理论，利普雷创建了现在众所周知的"案例研究法"（case study method）。在案例研究中，研究者与研究样本的家庭共同生活一段时间，收集有关家庭成员的态度和相互交往以及他们的收入、花费、物质财产等信息。这种统计样本累计作为社会调查的

---

① ［瑞典］T. 胡森、［瑞典］T. N. 波斯尔斯韦特：《教育大百科全书 9》，张斌贤等译，254 页，重庆，西南师范大学出版社，海口，海南出版社，2006。

基础方法论，就是受到利普雷通过田野研究获取收集资料的方法影响。

19世纪末至20世纪初，案例研究成为芝加哥学派社会学学者开展研究的重要工具。美国社会的急剧变动，工业化迅速发展，世界各地移民涌入，由此造成的许多社会问题，如失业、贫穷、犯罪和种族等问题，迫使社会学家要为政府解决这些问题提供解决的办法。于是，社会学家从客观角度采取个案研究方法进行研究。芝加哥大学的W.托马斯与P.帕克首创"田野研究"方案，深入现场，收集第一手资料。这些研究资料主要是描述性或文献分析性的。他们认为，如果能够全面深入地了解研究情境中的复杂关系，就能够更加了解该研究的情境。芝加哥大学遂成为那个时期案例研究的中心，并对其他领域里的研究产生重要影响。

（二）案例研究的特征

根据国内外学者的研究，案例研究的特征可以简述为整体性、综合性和研究内容的深入性。

1. 整体性

整体性强调案例研究不管其研究对象是个人、人群或现象，必须被视为一个整体；整体内各元素之间相互依赖，其中一个发生变化，其他所有的元素也都将随之变化。比如，在欧群慧的案例研究《对一位研究型教师成长的追索》中，用研究者自己的话说，就是本研究体现了两条研究思路：一条是对这位教师所进行的研究的描述。研究者利用听课和访谈，描述这位教师是如何在教学中发现问题、明确问题、分析问题、解决问题的，她是如何确定研究课题、制订研究计划的。另一条研究思路是对这位教师的研究所进行的研究，即对行动研究的研究。研究者主要分析了这位教师如何进行研究及她作为一个研究者存在的优势与不足。[1]从中我们不难看出一个案例研究的整体性。这种整体性不独体现在平面上，即从头到尾的整体结构，而且体现在全方位之中，体现在案例中的人与事的全面纠葛和相互作用之中。

2. 综合性

综合性主要是指案例研究中收集资料的手段可以是多样的，研究方法可以是综合的。研究者既可以采用量的研究方法进行研究，也可以采用质的研究方法进行研究。所以，历史法、访谈法、调查法、统计法、问卷法、观察法等都可以根据研究

---

[1] 陈向明：《在行动中学作质的研究》，3页，北京，教育科学出版社，2003。

需要灵活运用。

3. 研究内容的深入性

案例研究要求研究者亲临现场，全方位、长时间地接触研究对象，围绕某一研究问题收集有关研究对象尽可能详尽的资料。比如，欧群慧的案例研究《对一位研究型教师成长的追索》花费了近 9 个月的时间，长期观察研究对象 L 老师，听课、记录达 40 课时；在这几个月中一直住在 L 老师的家中，不但访谈了 L 老师本人，而且访谈了 L 老师的很多同事以及她任教班级的部分学生。研究者还收集了 L 老师的部分教案、资料、研究论文、工作总结、教后日记、学生日记等实物材料。[①] 这样就保证了研究内容的深入性。

二、教育案例研究的使用时机

教育案例研究在什么情境下使用能发挥其优势并把其限制性压缩到最低，是教育案例研究开始之前必须明确的问题。

罗伯特·K. 殷在其《案例研究方法的应用》中指出："案例研究是探索难于从所处情境中分离出来的现象时采用的研究方法。""当要研究的现象与其背景难以明确分割时，就需要用到案例研究法。"[②]在另一本书中，罗伯特·K. 殷还将案例研究与其他研究方法的使用时机进行了对比说明。表 10-1 为不同研究方法的使用时机。[③]

表 10-1 不同研究方法的使用时机

策略	研究问题的形式	需要在行为事件上操控吗？	是否着重在当时的事件上？
实验研究	如何，为什么	是	是
调查研究	什么人，是什么，在哪里，有多少	否	是
档案记录分析	什么人，是什么，在哪里，有多少	否	是或否
历史研究	如何，为什么	否	否
案例研究	如何，为什么	否	是

① 陈向明：《在行动中学作质的研究》，8 页，北京，教育科学出版社，2003。
② ［美］罗伯特·K. 殷：《案例研究方法的应用》第 2 版，周海涛主译，13 页，重庆，重庆大学出版社，2004。
③ 潘慧玲：《教育研究的取径：概念与应用》，188 页，上海，华东师范大学出版社，2005。

综合罗伯特·K.殷的观点，我们可以推断，以下情境中应用案例研究能比较好地发挥案例研究的优势：①研究的问题难以从情境中分离出来；②研究的目的主要是探求问题产生的原因，并不需要对研究对象进行操控；③现在就需要解决研究对象所表现出来的问题。

第二节　教育案例研究的过程与方法

一、教育案例研究的一般过程

教育案例研究的一般过程包括确定研究问题的性质、确立研究假设、确定分析单位、连接资料与命题以及解释研究发现的准则。

（一）确定研究问题的性质

案例研究开始前，首先要确定研究问题的性质。研究问题的性质是什么，一般不如我们想象得那么简单。如前所述，案例研究的问题应该来自教育实践，是教育实践中产生的、需要马上给予解决的问题。在这样的问题中，案例研究适合研究那些需要探求"原因""机制"的问题。比如，陈向明在研究我国中部农村儿童辍学问题时，认为已有的研究中定量的方法不能在微观层面进行深入细致的描述和分析，没有再现辍学学生的心理状态和意义建构方式，没有对辍学的具体情境和过程进行探讨。① 可见，案例研究就是要在研究之前判断研究问题的性质。只有在适合案例研究的问题出现时，才能应用案例研究。

（二）确立研究假设

确定研究问题的性质之后，就要进一步确立研究假设。确立研究假设的目的就是要将研究的注意点凝聚起来。比如，当研究主题是"张老师课程理解"时，研究者可能关注的是"张老师是如何理解课程的？""造成张老师对课程如此理解的深层原因是什么？"但是，这些还不是研究假设。研究假设应该是"张老师对课程的理解可能具有不同于理论设计的状态，而这种状态的存在有某种现实合理性"。确立研究假设后，案例研究就围绕着研究假设确定分析单位，展开下一步研究。

---

① 陈向明：《在行动中学作质的研究》，323 页，北京，教育科学出版社，2003。

（三）确定分析单位

确定分析单位就是确定好案例研究中的"案例"，这是案例研究中一个极为重要的步骤。什么是案例？案例就是一个"有界限的系统"①。就是说，它在时间和空间上有一个相对清晰的边界。以时间论，起于何时，止于何时，能比较容易看清楚。以空间论，有明确的地点。案例可以是一个个体、场域、事件、行动、问题或者文献资料储存库等。一个案例就是我们所言的一个分析单位。不同的分析单位可能导致不同的研究设计与收集资料的策略。当然，研究者在确立分析单位时也会受到自身秉持的理念、选取的理论影响。

（四）连接资料与命题

在确立分析单位之后，研究者就根据研究需要运用各种手段收集相关资料。但是，对研究的最终目的而言，收集资料只是研究的过程，研究最终是要分析与解释、理解和描述案例中表现出来的现象，达到斯塔克所说的：事情是怎样的？为什么会如此？人们对之有何感受？这些事物将可能成什么样？后来或在别的地方有何相似？② 研究者就要以收集的资料来证明自己的研究假设。罗伯特·K. 殷认为，对于案例研究而言，可以运用类型对比的方法来连接资料与命题。研究者找出两个对立的研究假设，通过分析验证所有的资料更与其中哪个研究假设相符。

（五）解释研究发现的准则

解释研究发现的准则就是确立在整理、分析资料过程中的准则。比如，前面提到的罗伯特·K. 殷确立的类型比对的准则等就是这类准则。

二、教育案例研究中的资料收集

在教育案例研究中，研究者本人就是研究工具，而且是较为重要的工具。所以，研究者本身的素养以及研究者选择运用的理论、秉持的信念都对研究产生重要的影响。这在教育案例研究的资料收集与运用中表现得尤为突出。为此，教育案例研究需要研究者具有如下品质。

①要对不确定性开放。与实验研究不同，教育案例研究在开展之前，要对研究

---

① 　N. Dezin & Y. Lincon, *Strategies of Qualitative Inquiry*, Thousand Oaks, C. A., Sage, 1998, p. 86.

② 　［瑞典］T. 胡森、［瑞典］T. N. 波斯尔斯韦特：《教育大百科全书9》，张斌贤等译，255 页，重庆，西南师范大学出版社，海口，海南出版社，2006。

方向、研究路径和研究结果持有一定的"模糊性"。因为，教育案例研究面对处于一个真实情境的研究对象，为了保证研究的信度，必须保持一种旁观的态度。否则，研究者将无法达到解释以下问题的期待：事情是怎样的？为什么会如此？人们对之有何感受？这些事物将可能成什么样？后来或在别的地方有何相似？

②要有敏感性。由于研究对象的案例处于各种因素纵横交错的纠葛之中，并不断随时间的流逝而变幻不定，如何把握各种重要的线索，捕捉有用的资料，对于研究者来说并不是一个轻而易举的事情，甚至可以说是一个非常具有挑战性的工作。为此，研究者必须具有敏感性。研究者要对情境的基本结构和各种变项保持敏感，对收集到的资料的重要意义保持敏感，对自身可能存在的偏见保持足够的警惕，要能够估计到这种偏见对研究可能产生的影响。

具备以上品质，研究者就可以为研究资料的收集提供良好的基础。具体到资料收集与运用资料需要做好以下工作。

（一）资料收集及其比较

根据国内外学者的现有研究，教育案例研究中的资料收集有以下几种方法。

1. 文献

对教育案例研究来说，文献本身不但是重要的资料，还可以确认和增强其他途径获得资料。文献包括信件、日记、备忘录、会议记录、报纸、简报、正式的研究报告等。但是，需要注意的是，对文献本身正确与否以及可信度如何，必须保持警惕，需要的时候要与其他途径获得的资料相互印证。比如，陈向明的案例研究《王小刚为什么不上学了——一位辍学生的个案调查》中，在研究之前就大量检阅了相关文献，诸如国家教育发展中心的《义务教育效益研究——未入学、辍学、留级现象剖析》《1992 年全国教育事业发展统计公报》、艾一平等的论文《中国部分边疆民族地区辍学情况调查》等。

2. 档案记录

档案记录包括个人档案和单位档案。只要与研究问题相关，档案资料都是研究者收集的对象。档案记录一般包括各种变化、进展的记录。档案由于其严肃性，往往精确性较高，是比较可以信赖的资料。但是，研究者也不能简单把它们与"正确"画上等号。相信档案资料的权威性，也不应该盲目接受，依据它们得出一些关键性结论的时候尤其要小心。

3. 访谈

访谈是研究者收集资料的重要方法之一。研究者的访谈依据事先的设计可以分为开放性访谈、结构访谈。其中，开放性访谈又可以分为漫谈和焦点访谈；结构访谈又可分为结构性访谈和半结构性访谈。访谈依据访谈对象的多寡又可分为个别访谈和集体访谈；依据访谈时采用的形式又可分为现场访谈和电话访谈。采用何种形式的访谈，研究者要根据研究需要、条件许可以及自身的特长综合考虑。每一种访谈形式就其自身而言也都有局限性，不可简单判断。

4. 直接观察

研究者亲临现场，直接面对研究对象以及研究对象所处的环境，进行直接观察。直接观察同样是收集资料的重要方法之一。作为研究方法的直接观察具有很多内在的要求，这是研究者必须意识到并以此规范自己的观察行为的。

进行观察时，研究者首先要界定观察变量。已经确立观察对象之后，进入现场的研究者要十分明确自己的观察变量，即观察的重点要放在哪些方面。国外一般都有定型化的、适合某类研究的分析系统供研究者选择。我国在这方面的研究尚不充分。在这种情况下，研究者可以采用一些替代性的做法。比如，将自己的研究假设进行细化，做成二维细目表，将每一项目栏中细化的项目作为自己的观察变量。

5. 参与性观察

参与性观察是指研究者不但亲临现场，而且在案例的情境中充当某一具体角色，实际参与所研究的事件。参与性观察的优势是研究者可以深入事件内部，观察事件细节和某些群体的内部情况。但是，参与性观察同样有一些不足。比如，一旦研究者充当了案例中的某一角色，就意味着研究者在进行研究的时候，还要从事另外一份工作。这无疑增加了研究者的工作量。而且，深陷诸多矛盾纠葛后，必然对研究者的情感态度产生影响。这固然有正面影响，但也非常可能有负面影响。同时，兼任某一角色之后，由于角色本身必须完成自己的任务，这就可能限制研究者灵活地变换场地和视角。对于所有这些，研究者应该要有充分认识。

6. 实物

实物是指与案例研究对象相关的蕴含某种文化意义的器具、作品和其他一般手工制作物品。这些资料可以帮助研究者从一个独特的层面解析案例中人物的内在思想、情感。

以上介绍的各种收集资料的方法，在案例研究过程中各有自己的优势，也都各有自身的局限性。采用何种方式获取资料，与研究目的、研究对象的具体情况密切相关，同时也与研究现场所能提供的条件相关，还与研究者自身的素养、秉性相联系。倚轻倚重需要研究者综合各种因素，权衡利弊做出决断。而且，各种收集资料的手段事实上具有高度互补性。研究者往往需要选择多种方法并用，以保证获得充分的研究资料，提高研究的信度。

罗伯特·K. 殷总结的六类资料收集方法的优点与缺点见表10-2。[①]

表 10-2　六类资料收集方法的优点与缺点

资料收集方法	优点	缺点
文献	稳定：可以反复阅读 自然、真实：不是作为案例研究的结果建立的 确切：包含事件中出现的确切名称、参考资料和细节 覆盖面广：时间跨度长、涵盖多个场景	检索性：低 如果收集的文献不完整，资料的误差会比较大 报道误差：反映作者的偏见（未知） 获取：一些人为因素会影响文献资料的获得
档案记录	同文献 精确、量化	同文献 档案的隐私性和保密性影响某些资料的使用
访谈	针对性：直接针对案例研究课题 见解深刻：呈现观察中的因果推断过程	设计不当的提问会造成误差 记录不当影响精确度 反思：访谈对象有意识地按照访谈者的意图回答
直接观察	真实性：涵盖实际生活中发生的事件 联系性：涵盖事件发生的上下文背景	费时耗力 选择时容易出现偏差，除非涵盖面广 反思：观察对象察觉有人在观察时，会调整掩饰自己的行为 费用：人力观察耗时多
参与性观察	同直接观察 能深入理解个人行为与动机	同直接观察 调查者的控制会造成误差
实物	对文化特征的见证 对技术操作的见证	选择误差 获取的困难

（二）资料收集的原则

为了提高资料收集的效率、发挥资料的作用，确保资料在教育案例研究中的信度和效度，资料收集工作要遵守以下三条原则。

---

① ［美］罗伯特·K. 殷：《案例研究：设计与方法》，周海涛主译，95 页，重庆，重庆大学出版社，2004。

1. 运用多种资料收集方法的原则

一般说来，运用一种资料收集的方法收集资料也是可以满足案例研究的需求的。但是，比较而言，运用多种资料收集方法可以大大提高资料运用的信度。尤其是罗伯特·K.殷根据自己多年的案例研究的经历，提出案例研究中收集资料的理想方式是采用三角互证。这是因为任何一种资料收集的方法作为资料的唯一来源都有局限性。

在运用多种方法获取案例研究资料的时候，要综合考虑、灵活使用、协调搭配。在检验资料的价值的时候，最好请不同的研究者参与讨论，对某一种进入研究视野的资料也应从不同维度考察。

运用多种方法获取资料，可以使资料的质量大大提高，当然也意味着案例研究的整体质量有了重要的保证。

2. 建立资料库原则

资料库不是用于简单的资料存放，而是根据某一研究目的收集来的素材。这些素材要按照一种逻辑结构组织起来，归类合理清楚，层级分明，是按照满足存储有序、提取便捷的原则建立起来的资料收藏管理中心。

资料库可以考虑从以下四个方面来建立：①案例研究记录。来自研究者的访谈、观察或对文献的分析的资料都可以归为这一类。②案例研究文献。它主要指研究过程中收集的各种信件、备忘录和各种公报、议事日程、会议记录、研究方案、进展报告等。③图表资料。它是指以图表形式呈现的各种调查资料和其他量化的资料。④描述资料。它是指研究者拟写的各项开放性问题的答案。

3. 建立证据链原则

案例研究常是历时较长的一项研究。研究者在研究开始的时候就要对此有充分的意识，并为此做好准备。比如，前面提到的欧群慧的案例研究中直接调查、观察就历时近9个月，这还不算调查、观察等之前的准备工作。因此，在研究之初，研究者就要有意识记录、保存和管理好各种研究资料。显然，这些资料不是简单地堆积，而是根据研究目的，在研究者精心安排和劳心劳力的研究中，不断地丰富、完善和逼近研究结论的。总之，就是要理出收集的材料意义，找到从各种原始素材逐步朝向研究结论发展的"链条"。比如，陈向明的案例研究《王小刚为什么不上学了——一位辍学生的个案调查》从王小刚个人诉说、父母介绍、对王小刚老师访谈多方面广泛获取材料，呈现了王小刚上学过程中家长管教不力、自己学业失败、师生冲突、家庭困难和升学无望等诸多因素的共同作用。这样在材料和材料之间、各种材料和结论之间清晰地建立了一条证据链。①

三、教育案例研究资料的分析

教育案例研究中收集资料只是研究的第一步。如何分析资料，如何从这些不同渠道获得的资料中得出结论，是整个教育案例研究的关键。研究者一般要通过检查、归类、列表或将质性与量化资料相结合来证明研究之初提出的研究假设。

（一）总体分析策略

分析策略中首要的是总体分析策略。如果缺少总体分析策略，不但研究的前期工作盲目、低效，严重者还会导致整个研究的失败。相反，有一个好的总体分析策略，研究工作就可能事半功倍。迈尔斯和休伯曼提出的总体分析策略包括下述几个方面。②

①把信息整理成不同序列。

②构造一个类别矩阵，把资料归到不同的类别中。

③确定资料的呈现方式——流程图和其他图表，以检验资料。

④编制不同事件出现的频率图。

⑤计算二级资料，如均值、方差，检验图表和不同图表之间的复杂关系。

⑥按照时间先后或其他顺序对信息资料进行排序。

上述这些事情的确很烦琐。但是，如果能把这些事情做好，可以为其后的材料分析带来极大的便利。工欲善其事，必先利其器。开始阶段多花费一些精力，对保证研究顺畅和提高研究质量都是十分有益的。

（二）三种主要分析策略

1. 依据研究假设的策略

案例研究之初，就是以研究假设为研究基础。而且，随着研究的开展，研究假设也是收集资料、管理资料和分析利用资料的基本规划力量。比如，陈向明的案例研究《王小刚为什么不上学了——一位辍学生的个案调查》的研究假设是义务教育阶段的孩子都是愿意和应该上学的，有某种非正常原因导致了义务教育的适龄儿童王

---

① 陈向明：《在行动中学作质的研究》，321～339 页，北京，教育科学出版社，2003。
② ［美］罗伯特·K. 殷：《案例研究：设计与方法》，周海涛主译，118 页，重庆，重庆大学出版社，2004。

小刚不上学了。这一研究假设既是研究者收集素材的指南，也是研究者对众多途径收集的资料进行管理、分析的重要指针。

在案例研究中，研究者根据前期为研究展开的准备工作，提出自己的研究假设，然后依据这一假设制定收集资料的具体方案，并进一步选择合适的证据分析策略。抓住研究假设，就是抓住了资料分析"纲"，否则极有可能使资料分析游离散漫，达不到研究本来的目的。而研究假设可以帮助研究者整体把握案例资料，提出可能的解释，并对各种解释进行检验。有关因果关系的研究假设即对"怎么样"和"为什么"等问题的回答，对资料分析特别有用。

2. 竞争性解释策略

这一策略要与第一个策略相联系来使用。竞争性解释包括技术方面的竞争性解释和实际生活中的竞争性解释。技术方面的竞争性解释包括零假设、效度干扰和研究者的偏见。实际生活中的竞争性解释包括直接的竞争性解释、混合的竞争性解释、实施中的竞争性解释、竞争性理论、超级竞争性解释和社会的竞争性解释。如果分析资料时条件和精力允许的话，将这些竞争性解释都能排除，那么案例研究得出的结论就更有说服力。比如，陈向明的案例研究《王小刚为什么不上学了——一位辍学生的个案调查》在提出研究结论之后提出如下观点。

> 我们的研究结果之所以如此浮浅并且相互矛盾有很多原因。一是因为我们在调查现场的时间太短，没有机会更多地和研究对象接触，也没有可能和更多的人交谈，以达到对王小刚辍学情况更深入细致的了解。二是我们研究的辍学问题是一个敏感话题，所有有关的人都有理由向我们"撒谎"。面对从京城里来的"专家们"，县、村和学校各级领导都有可能向我们隐瞒辍学学生的数量和有关情况；刘老师、官校长、王小刚和母亲有可能想推卸自己的责任；王小刚本人也有可能努力向我表明，退学主要不是他自己的原因。三是我们的研究环境很不理想。我们所到之处都有各级领导陪同。这无疑会对研究对象施加很大的心理压力。更有甚者，在我们进行此项调查的同时，县里正在通过上级有关部门的"双基"验收。所有见到我们的人都有理由将我们的到来和这一行政行为联系在一起。虽然我在访谈时使用了录音机，在观察时做了详细的记录，并使用了侦探法和证伪法，一步步追寻以获得真实的材料，但此研究的描述性效度（descriptive validity）还是有可能存在问题的。基于以上种种原因，我对王小刚辍学这一事件中具体发生的事情还是不完全了解。

此外，此研究在访谈时提出的问题有误导的可能性。当研究者问王小刚"当时是因为什么事情不上学"时，隐含如下意义：①不上学一定是有原因的；②做出退学决定的当时一定发生了什么"事情"。遵循研究者所提问题的思路，王小刚有可能努力想出一两个"原因"和"事情"，来回答研究者的问题。而实际情况可能比这要复杂得多。导致他辍学的"原因"可能有很多，做出决定"不上了"可能是一个渐进的过程而不是一个事件。如果研究者有更多的时间和王小刚以及其他的人在一起生活，有更自然的研究条件，采取不同的询问方式，访问更多不同的人，也许会发现王小刚辍学这一事件和当前中国农村整个社会、文化、经济和教育状况有关。由于研究者带有一个先入为主的因果理论框架来对待辍学这一现象，因此调查过程中对当时的社会现状难免有所忽略。在这个意义上，此研究的理论效度（theoretical validity），即研究所依据的理论是否真实地反映了研究现象，也有可能存在漏洞。

另外，此研究的评价效度（evaluative validity），即研究者对研究现象的价值判断是否正确，也值得质疑。此研究的一个前提是，辍学是一个"问题"。因此，我们假设学生都想上学，而没有给访谈对象讨论学生不想上学的可能性。

3. 案例描述策略

案例描述策略是为案例研究规划一个描述性框架。在运用前两种分析策略遇到困难时，这种分析策略可以作为替代性策略。

（三）四种基本分析模式

研究者如果事先能按照上述分析策略对资料进行分析，那么分析起来就要顺手得多。当然，具体到资料分析，还要根据案例研究的需要决定采用何种模式。以下是罗伯特·K. 殷从众多案例研究的文献中归纳出的几种分析模式，我们介绍其中四种基本分析模式。[①] 如果读者对分析模式欲做进一步了解，可以参看其他专门介绍案例研究的书籍。

1. 类型比对

该分析模式主要是将案例研究要推导出的命题，与根据理论或假说预测的命题进行比较。如果两个命题类型符合，则有助于提升研究的内在效度，甚至增强原有的理论。如果不符合，就应该质疑初始的研究命题。这是案例研究中比较适合的一

---

① 潘慧玲：《教育研究的取径：概念与应用》，201 页，上海，华东师范大学出版社，2005。

种分析模式。

2. 建立解释

该分析模式主要运用于解释性案例研究。它是通过形成对案例的解释来分析案例研究的资料。首先检验案例研究的证据，接下来修订理论命题，然后再根据新命题检验证据，并根据这一反复的程序进行，最终得出对案例的解释。由于分析是不断验证与修正的过程，因此最后的案例解释有可能偏离原先的主题，需要研究者警惕。

3. 时间序列分析

该分析模式主要是先确定研究所包含的时间间隔，以及在这段时间内要追踪的特定实践；将分析的焦点放在一段时间内自变量与因变量之间的因果变化上。

4. 程序逻辑分析

该分析模式假定，自变量和因变量之间的关系产生于同一段时间内的一连串复杂事件，研究者要考虑事件出现的顺序及其间的关系怎样。连接越复杂，就越能可靠地判断这一段时间中的事件是否与预测一致。

四、撰写案例研究报告

从具体形式上看，案例研究报告并没有固定的格式。但是，作为研究结论的呈现，它具有一些基本的要素和表达程序。从内容要求上看，案例研究报告形成之后，要能让人清楚案例研究的基本情况及处理的过程。[①]

案例研究报告的撰写既需要有相当的文字表达功底，也需要有很强的技术要求。因此，撰写案例研究报告对于研究者而言并不是一件轻松的工作。因此，有学者建议"尽早动笔写下案例研究的某些部分(如参考文献和方法论部分)，而不是等到证据分析结束了才开始动工"[②]。这的确是一个资深的案例研究领域专家的中肯建议，尤其是初涉案例研究的人更应该重视这一忠告。

（一）教育案例研究报告的类型

教育案例研究虽然有自己的研究过程和技术要求，应该遵循的基本原则。但是，撰写教育案例研究报告一般应以读者需求为导向。研究者以自我为中心确立撰写报

---

① 郑金州、陶保平、孔企平：《学校教育研究方法》，202 页，北京，教育科学出版社，2003。
② ［美］罗伯特·K. 殷：《案例研究：设计与方法》，周海涛主译，150 页，重庆，重庆大学出版社，2004。

告的角度和风格，可能是教育案例研究报告撰写中最大的失误。教育案例研究报告的读者群与其他的研究报告的读者群相比，要更加广泛。具体说来，教育案例研究报告的读者群一般包括学术界同人、政策制定者、从业者、地方行政官员，甚至还包括一些特殊的读者群，如学位委员会的评审委员（如果是作为申请学位的论文），研究项目的资助者（如果该案例研究获得某一团体、组织或个人的资助）。

教育案例研究报告一般包括描述性报告、简介性报告和分析性报告三种类型。

1. 描述性报告

描述性报告一般比较详细地描述案例的资料，按照一定的结构详细、具体地描写，甚至不排除一些细节的勾画。有时候，为了尽可能呈现案例，甚至可以直接转述原话。

2. 简介性报告

简介性报告也被称为案例的速写，主要是用简洁的笔触勾勒出案例的特征、梗概。这样可以突出研究问题。但它的弱点是难以通过报告了解案例的细致的发展过程。

3. 分析性报告

分析性报告通常以案例研究的相关文献资料的综述入手，进而概述研究使用的方法，从所收集的资料中得出什么结果，以及从结果中推出的结论及其意义。这种案例研究报告是较常使用的形式，甚至有人认为也是最好的形式。

（二）教育案例研究报告的格式

教育案例研究报告的格式大致如下。

①基本资料：案例涉及的关键人物的姓名、性别、年龄、学习（工作）的主要经历和籍贯等。

②案例来源：他人介绍、书刊电讯、自己寻索等。

③背景资料：家庭居住环境、家庭主要成员及其关系、职业、教育程度、嗜好等。

案例与家庭的关系：父母管教孩子的态度、亲子关系、兄弟姐妹的关系等。

案例中主要人物的学校生活：对学校的态度、学习能力、学习态度、学习成绩、与教师及学生的关系。

案例中主要人物的社会关系：人际关系、与朋友交往等。

④主要资料的梳理和问题描述。

⑤对资料的分析和对问题的诊断。

⑥指导策略。

⑦实施指导策略。

⑧实施结果。

⑨跟踪及讨论。

我们一再申明，教育案例研究报告的形式并不是千篇一律的。研究者完全可以根据案例的特点、自己的研究风格和表达风格以及案例的读者需要，选择个性化的报告形式。我们提出的只是教育案例研究报告应该包含的基本元素以及相互间的结构关系。

第三节　教育案例研究的理论价值和实践意义

案例研究已经从社会学领域广泛地扩张到心理学、政治学、人类学、历史学、经济学、城市规划、公共管理、公共政策、管理科学、社会救济等领域。可以看出，作为将教育实践作为自己重要研究对象的学科，教育学将案例研究引进本学科不是一个偶然的现象。

一、教育案例研究的理论价值

作为一种质的研究的范式，教育案例研究同样具有其他质的研究的特征："具有强烈的人文关怀和平民意识，在自然情境下对个人的'生活世界'以及社会组织的日常运作进行探究，提倡研究者对研究情境的参与，直面实事，与研究对象共情，对他们的生活故事和意义建构作出'解释性理解'，对事物的复杂性和过程性进行长期、深入、细致的考察。"[1]教育案例研究不是要替代教育研究领域中的其他研究方法，更不是要替代教育研究中的质的研究的其他方法。它只是在它更能发挥特长的研究问题、研究情境和研究者的个人风格的综合考虑中，参与教育问题的研究。很显然，在教育研究领域，文献研究、历史研究、实验研究等都还是极为重要的研究方法。教育案例研究既无意也不可能取代它们。

---

① 陈向明：《在行动中学作质的研究》，序言 1 页，北京，教育科学出版社，2003。

教育案例研究适合于下述教育情境：首先，正要研究的教育问题需要回答"怎么样"和"为什么"的时候。其次，研究者无法控制研究对象。最后，研究者关注的重心是当前现实生活中的实际问题。

当然，从上述介绍和分析中可以看出，教育案例研究具有自己独特的立场和视角，同样也是其他研究方法难以取代的。

长期以来，不断有学者对案例研究抱怨和指责。他们指责它缺乏严密性，科学性不强。这种指责在20世纪不绝于耳，也许还会继续下去。他们认为，研究者之所以采用案例研究，主要原因是他们能力弱、没有掌握诸如实验法、准实验法、文献法等严密、科学的方法。这种偏见除了受那些以自然科学研究范式规范人文科学研究的影响之外，还在于案例研究被人们介绍、宣传不够，人们对它的独到之处和特具的魅力没有获得充分认识。

还有人认为，案例研究不能从一个个案中推导具有理论色彩的结论。但是，事实上，即便是典型的、广受人们推崇的实验研究，也是根据一个不同条件下的实验得出理论性结论。案例研究为什么不能也根据一系列不同条件下的案例来推导理论性结论呢？事实上，当年皮亚杰就是以自己孩子为研究对象，根据其认知和行为发展提出了认知结构发展阶段理论。

还有一种比较流行的偏见认为，案例研究耗时太多，而得出的结论冗长、芜杂，也往往使人不得要领。或许，这样的指责并非空穴来风。但是，这些不足不是案例研究固有的、不可改变的顽疾。随着案例研究的不断完善，研究中的缺憾也会越来越少。这一点已经被案例研究的发展证实。

教育案例研究的理论价值表现在：首先，它拉近了理论与实践的距离，把理论从高高在上的理论殿堂拉到平实火热的教育世界，恢复理论应有的活力和对生命关怀的真正意义。在其他研究中，理论高高在上的那种威权姿态在这里几乎没有踪影了。

其次，它直面复杂的教育世界，把教育世界的全部复杂和多变收进自己的眼界，不再把教育情境中的人从他的生活背景中抽离出来、把实践者从教育实践中剥离开来，不再把教育实践中的人与事从空间和时间的变化中凝固起来，作为实验室的标本看待，而让研究者看到教育实践的全部复杂和魅力，反过来也看到理论的真正价值和意义。

二、教育案例研究的实践意义

如前所述，教育案例研究把理论从高高的殿堂拉到丰富复杂的教育实践，也会提高实践的理论自觉，即提升教育实践的理性程度，克服它的茫然、杂乱和机械重复困境。一种没有或者缺乏理论指导的实践只能在低层次上机械地重复。它茫然无序，仅凭教育实践者自己的摸索和个人禀赋，只能在实践中侥幸地拾取几个正好落在自己头上的果实。

另外，教育案例研究能够充分地反映出社会基层人群的声音，而这种声音在那些实验和准实验之类的教育研究中往往变成枯燥的统计数字和抽象的条文。这不仅是一种研究方向的变更，也能很好地体现扎根研究的平民化特点。

思考与行动

1. 什么是案例研究？案例研究对教育研究有何价值？

2. 试以教育学立场分析"跨界课例研究中的教师学习"案例。

3. 试结合"跨界课例研究中的教师学习"案例，分析归纳教育案例研究的叙述框架。

进一步阅读的书目

1. 陈向明：《在行动中学作质的研究》，北京，教育科学出版社，2003。

2. ［美］罗伯特·K. 殷：《案例研究：设计与方法》原书第 5 版，周海涛、史少杰译，重庆，重庆大学出版社，2017。

3. ［美］罗伯特·K. 殷：《案例研究方法的应用》第 3 版，周海涛、夏欢欢译，重庆，重庆大学出版社，2014。

应用实例

跨界课例研究中的教师学习①

一、研究的背景

目前我国中小学教师的学习存在停留在被专家灌输知识或同行低水平交流的现象。虽然各级教育行政部门投入大量资金和人力支持教师的集中培训和校本研修，但教师在职学习的效果仍不尽如人意。传统的教师学习通常使用的是"获得模式"，由专家通过讲座和书籍将知识灌输给教师。这种做法虽然让教师获得了一些理论知

---

① ［作者简介］：陈向明，博士，北京大学教育学院教授，华东师范大学上海终身教育研究院特聘研究员。［最初发表及说明］：本案例最初发表在《教育学报》（2020 年第 2 期）上。根据本书编写宗旨，征得作者同意，选用时，将研究主问题"教师的学习是如何发生的"4 个子问题（参见案例正文）仅保留第 1 个，其余 3 个研究过程及其相应注释，删去。但尾注序号，仍保留原样。

识，但难以保证教师在自己的实践中有效运用。之后兴起的"参与模式"强调教师实践共同体的作用，重视工作现场学习、校本研修和师徒制。这种模式有利于教师之间的经验交流和示范，但容易停留在"萝卜炖萝卜还是萝卜"的低效循环之中。

课例研究被认为是改进教师课堂教学、促进学生学业进步的一个有效途径，但仍旧存在一些问题。首先，上级教育行政部门干预较多，组织教师做课比赛和排名，将业绩与教师晋升挂钩，过于重视教师外显的展演性业绩，忽略了教师发展的内生动力以及实践性知识的发掘和传承。其次，课例研究的关注点停留在技能和行为表面，对深层次的学习机制和公平参与等问题缺乏深入探讨。最后，目前国际课例研究的关注点已经从教师的教转向学生的学，力图促使教师"看到学生的眼睛"。① 然而我国的课例研究还存在视角比较狭窄，过多关注教师的课堂教学表现，对学生的学习过程（特别是学生个性化差异）关注不够的现象。② 这些现象反映的问题都是一些"顽症"，非一朝一夕能解决，需要系统化思维和各方联动。

有外来学者参与的跨界课例研究被认为是这个系统工程中的一个举措，可以增加新的外部视角，冲击教师的思维和行动惯性，部分抵消行政干预的负面效应，并改变同行低水平交流的局面。③ 跨界课例研究遵循的是"拓展模式"，强调横向的、不同活动系统之间的跨界学习。④ 然而，并不是所有跨界课例研究都能产生正面效应。如果外来学者与一线教师尚未形成平等、开放的互动关系，则会产生合作"尴尬"和文化不适⑤，前者的"指导"与后者的"专业自主"之间会产生冲突。⑥ 如果教师在不平等权力关系中处于知识生产链条的底端，会对专家和理论产生"恐惧"。⑦ 因此，如何跨越边界，突破壁垒，实现专业成长，是教师跨界学习面临的难题，也是

---

① Lewis C. , "What is the Nature of Knowledge Development in Lesson Study?," *Educational Action Research*, 2009(1), pp. 95-110.

② Chen X. & Zhang Y. , "Typical Practices of Lesson Study in East Asia," *European Journal of Education*, 2019(2), pp. 189-201.

③ 安桂清、桑雪洁：《"教师如何做课例研究"之二　教案的合作设计》，载《人民教育》，2010 (22)；崔允漷、沈毅、吴江林等：《课堂观察Ⅱ：走向专业的听评课》，上海，华东师范大学出版社，2013。

④ Yrjo Engestrom, "Expansive Learning at Work: toward An Activity Theoretical Reconceptualization," *Journal of Education and Work*, 2001(1), pp. 133-156.

⑤ 王晓芳：《从共同体到伙伴关系：教师学习情境和方式的 扩展与变革》，载《华东师范大学学报（教育科学版）》，2015(3)。

⑥ 刘良华：《重申"行动研究"》，载《比较教育研究》，2005(5)。

⑦ 安超：《教学恐惧的实践表征与超越路径》，载《教育科学研究》，2016(5)。

一个值得深入研究的问题。

正是在这样的社会—文化背景下，本文中的案例学校邀请我们外来学者与该校教师一起合作开展跨界课例研究，希望能够在力所能及的范围内提高教师的课堂教学能力，改进学生学习的质量。案例学校是北京市郊外一所普通公立中学，是一所百年老校，历经多次改制，教学质量位于该地区的中等水平。三年前因市行政中心迁移至该区，急需优质教育资源，该校被一所市内优质中学纳入集团办学，成为分校区之一。由于政府的优惠政策，该校近两年招收了 30 多位具有硕士研究生以上学历的新教师。然而，他们大都不是师范大学毕业，虽然学科功底较强，但教育学知识和教学能力比较欠缺，尤其是面临应试教育和素质教育这一两难困境时不知如何应对。地方政府对该校师资水平提升有很高的期待；学校领导也努力寻找智力支持，近年争取到了 10 余项科研和教研项目。2019 年 1 月，该校一位副校长通过中间人邀请我加入该校的课例研究。此后，我又邀请了两位同行加入专业支持小组。这项研究持续了 8 个月，共有 36 位教师自愿报名参加。

二、研究的问题和过程

在本次跨界课例研究中，所有参与者（教师、学校领导、学生、外来学者）都获得了不同程度的成长。但是，由于本文的主题是教师在跨界课例研究中的学习机制，因此本文主要聚焦于教师这个人群。其他人群的学习只在需要时作为背景和条件简单提及。

（一）研究问题和概念定义

本文的研究问题是"在跨界课例研究中，教师的学习是如何发生的？"这个主问题下面有 4 个子问题。

①教师参加跨界课例研究的动力来自哪里？

②跨界课例研究过程中，教师是如何改进教学的？

③教师在教学改进过程中发生了什么跨界学习？

④教师的跨界学习源于什么机制？

课例研究是目前国际上比较流行的旨在提高教师课程开发和课堂教学水平、促进教师专业发展、改进学生学习质量乃至重构学校文化的一种途径。[1] 教师通常会组成 3～5 人小组，相互合作（有时有外来学者和教研员支持），通过多次做课或同课

---

[1] Huang R.，Fang Y.，&Chen X.，"Chinese Lesson Study：A Deliberate Practice，Research Methodology，and an Improvement Science，"*International Journal for Lesson and Learning Studies*，2017(4)，pp. 270-282.

异构，对"课"（一个有目的的教学概念单位）进行有结构的、长时段（通常为半年或一年）的持续探究和改进。与其他国家相比，将"课"作为分析单位，聚焦一个教学重点或学生学习难点，重在提高教师的教学水平，是我国课例研究的特色。①

如果学校邀请外来学者参与（通常是提供专业指导），此时的课例研究便成了"跨界课例研究"。根据文化历史活动理论，外来学者与一线教师处于不同的活动系统。② 作为不同的主体，即使共同做一件事情，他们所认为的矛盾、客体、中介、共同体的规则和分工等都往往不一样。如果共同开展课例研究，双方需要了解彼此的期待和诉求，调整各自看问题的视角，共同做出一个符合特定情境的、双方都满意的结果。

跨界学习指的是位于不同活动系统的参与者，跨越自己日常工作的边界，与其他活动系统的参与者互动而发生的正面变化。跨越边界通常会促使参与者重新检视自己之前的惯常假设及长期的专业实践，进而引发深度学习以及思想观念和行为系统的变化。③ 具有伙伴关系的跨界学习，与教师内部专业共同体的校本研修相比，更能够拓展教师的学习情境，具有更大的开放性、包容性和对话空间。④

跨界学习机制指的是引发并维持跨界人员正面变化的要素（行动、过程和结果）之间的关系和运行方式。如前所述，与"获得模式"和"参与模式"不同，跨界学习遵循的是"拓展模式"。因此，本文中的跨界学习机制指的是在拓展模式下，推动教师在跨界课例研究中学习的要素及其关系和运行方式。

（二）研究的方法与过程

与教师之前参加的常规教研活动（听专家报告、组织赛课、集体备课等）相比，本次跨界课例研究有如下一些特点。

第一，教师自愿参加。起初，学校领导希望所有教主科（语文、数学、英语）的教师都参加（出于对统一考试的重视），特别是入职前两年的教师必须参加（学校对这

① Tsui A. B. M. & Law D. Y. K. , "Learning as Boundary-crossing in School-University Partnership," *Teaching and Teacher Education*，2007(8)，pp. 1289-1301.
② Yrjo Engestrom, "Expansive Learning at Work: toward An Activity Theoretical Reconceptualization," *Journal of Education and Work*，2001(1)，pp. 133-156.
③ Tsui A. B. M. & Law D. Y. K. , "Learning as Boundary-crossing in School-University Partnership," *Teaching and Teacher Education*，2007(8)，pp. 1289-1301.
④ 王晓芳：《从共同体到伙伴关系：教师学习情境和方式的 扩展与变革》，载《华东师范大学学报（教育科学版）》，2015(3)。

类教师有每年做一次公开课的要求），使参与者高达 60 多人。而我们专家支持小组为了尊重教师的主体性，也为了保证活动的质量，坚持让教师自愿参加，最后有 36 人报名。结果证明，我们的坚持很有道理，教师的参与度整体而言非常高，基本能够按时按量完成研究任务。这是因为教师不仅自己有研究的需求和兴趣，而且对自己的选择具有责任感和拥有感。

第二，本次课例研究的程序比以往更为细致、完备、系统。在我国，教师开展的课例研究通常为设计、授课、反思、改进四步（见图 10-1）。具体包括：①教师小组共同设计教案；②一位教师授课，其他教师观课；③教师小组课后集体反思；④改进教案，再次上课。如此循环往复，直至满意为止。

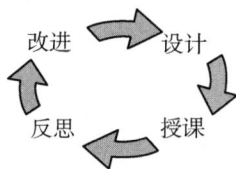

图 10-1　一般课例研究循环①

本次课例研究采用八步课例研究循环（见图 10-2）。具体包括：①教师小组对学生实施前测，确定学习目标；②设计课，形成教案；③设计对课进行研究的方案和工具；④一位教师授课，其他教师观课，收集资料；⑤教师集体分析资料；⑥对上次课进行修改，形成新的教案；⑦再次上课；⑧实施后测，分析结果，写报告，开全校分享大会。之所以采用这八个步骤，是因为本次课例研究的内容和过程都很复

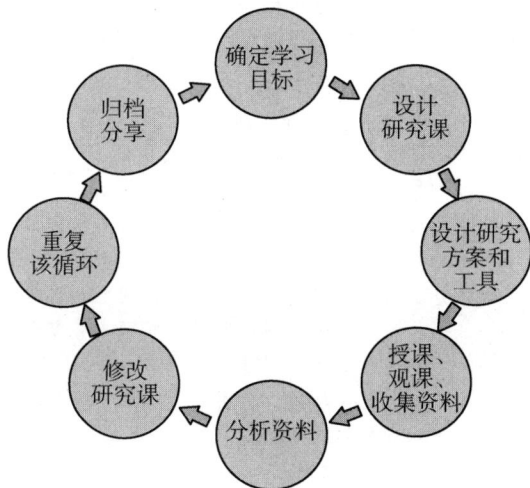

图 10-2　八步课例研究循环②

①　陈向明：《教育改革中"课例研究"的方法论探讨》，载《基础教育》，2011（2）。
②　Cerbin B.，*Lesson Study Workshop Handouts*，Jinan，Shandong University，2014.

杂，需要细化。而且，每个步骤都是群体在场，有利于形成具有共同体感觉的心理场，更能激发和促进教师的学习动机和热情。

具体而言，为了了解教师和学生对本次课例研究探究焦点（小组合作学习）的前理解，项目组做了前期现状调查，根据调查结果设计研究目标。① 在研究过程中，教师阅读了很多文献，并逐一填写《文献阅读表》。② 此外，教师还设计并使用了各种教案设计表、观察表和反思工具，使探究步骤环环相扣，保证了研究的深入、完备和系统性。③

第三，形成了多层次的跨界合作网络。各方互动密切，积累了丰富的研究资料。专业支持小组由来自不同单位和背景的三位学者组成。④ 成员的专长、经验、年龄和性别形成了很好的互补，也基本满足了教师对指导多样性的需求。⑤ 作为本次跨界课例研究的一员，我既是参与者也是研究者，既是局内人也是局外人。在项目实施过程中，我一直注意观察各类活动的开展过程和效果，了解相关人员的看法，收集并分析资料，撰写反思笔记。

案例学校成立了 5 人执行小组，由副校长、教师协调员和专业支持小组成员构

① 首先，教师根据学生的不同学业表现选取部分学生进行访谈，组织学生焦点团体访谈，并采用问卷对学生的小组合作学习现状以及他们的看法做了前测。其次，为了了解教师自身对小组合作学习理解的异同，教师小组相互做了焦点团体访谈。最后，大家将教师和学生理解的变异作为教学设计的依据，共同备课，设计教案，观课，修改课，再上课，再分析，不断改进。

② 教师的阅读涉及三个方面，包括：①小组合作学习的文献，即如何合理分组、组内分工、任务设置、个体责任、合作技巧、公平参与、学业评价、发挥教师的作用；②有关课例研究的文献，包括八步循环中每个步骤的要求和做法；③有关行动研究的文献，即如何做观察、访谈、问卷调查、实物分析、行动干预、效果检测、反思性写作等。

③ 教案设计表包括教师的教学活动、预期学生反应、教师应对措施、设计意图说明等内容；课堂教学观察表用于观察学生是否发生预期或非预期行为，以及两类行为发生时教师是如何应对的；小组活动观察表用来观察组内每位学生发言、倾听、回应、记录等方面的表现，以便在后续反馈时能够提供翔实的证据。此外，教师还需要每周在网上分享和反馈反思帖。

④ 专业支持小组除了我以外，还有一位来自北京某教育科研机构的副研究员（男，43 岁），具有人类学和社会学博士学位和博士后工作经验，并曾经在一所小学作为校长助理挂职 3 年；另一位是北京某综合性研究型大学的研究助理（女，38 岁），在英国获得教育管理学博士学位，之前曾在中学从事管理工作 10 余年。

⑤ 专业支持小组每周去学校一次，为教师提供面对面的指导。在其他时间，我们向所有教师的反思帖和作业提供反馈，并协助教师设计研究工具，收集和分析资料。36 位教师分成 9 个小组之后，我们每人负责 3 个组，每周批阅小组活动记录表、观察记录和访谈记录，观看上课录像，并做出详细的点评和改进建议。由于我们 3 个人住得比较远，每周都在网上备课，每次 2～5 小时。通过这些活动，我们跨越边界进入了教师的领地，了解了他们的需要和困难，为他们的学习提供了实质性的帮助。

成。他们密切沟通，相互协助。除了自愿参加的 36 位教师，还有每位教师班级的学生共 800 多人参与，形成了一个多层次、立体交叉式的跨界合作网络。课例研究持续了 8 个月之久。[1] 探究具有一定深度，形成了丰富的研究成果。[2]

三、教师参与跨界课例研究的动力

文化历史活动理论认为，活动系统中存在的矛盾，会促使主体发起活动，目的是希望解决这个矛盾。[3] 不同主体面临的不同矛盾的相遇，能够作为一种富有生产性的摩擦（productive friction），引发主体反思、行动和改变的动能。[4] 教师在教学中遭遇的矛盾不仅会驱使他们参与课例研究，而且能为跨界学习提供丰富的土壤。那么，在本次跨界课例研究中，教师面临的矛盾是什么呢？

（一）应试教育与素质教育不兼容

过去多年来，我国的中小学教师一直受到应试教育和素质教育这一两难困境的双面夹击。[5] 前者主要来自社会（特别是家长和地方教育行政部门）的压力，而后者却受到改革派学者和中央政府的青睐和倡导。虽然 2001 年教育部启动的国家基础教育课程改革提倡从教师知识灌输走向学生自主合作探究，但是一些地方教育行政部门的诸多举措自相矛盾：在倡导关注学生身心健康发展的同时，将学生的考试成绩作为评估教师业绩的重要标准。教师面临的矛盾便是应试教育与素质教育之间不兼

---

[1] 2019 年 1 月双方交流合作意向；2 月制定和修改方案；3 月开学后进行前期现状调查；4 月进入第一次课的设计和实施；5 月分析资料，再次收集资料；6 月修改教案，进入第二次上课；7 月再次分析资料，实施后测，写总结报告；8 月底召开全校交流大会。整个过程持续 8 个月之久。

[2] 研究过程中，9 个教师小组两轮共做研究课 18 节；每次课前和课后都召开讨论会，形成了 18 份教案。每个教师小组对抽样生进行了 3 次访谈，形成了 27 份访谈提纲，共约 90 人（次）。我们针对 800 多名学生设计并实施了两次问卷调查，了解学生小组合作学习在课例研究前后发生的变化。9 个教师小组分别对彼此进行了焦点团体访谈，了解教师对小组合作学习的理解异同。此外，形成了观课工具 9 套，观课记录若干。所有访谈和观察记录都形成了逐字稿，并进行了归类分析和情境分析。研究过程中，教师撰写了 300 多条反思帖，总共 6 万多字。项目结束时形成了 1 份研究总报告、9 份分报告。

[3] Yrjo Engestrom, "Expansive Learning at Work: toward an Activity Theoretical Reconceptualization," *Journal of Education and Work*, 2001(1), pp. 133-156.

[4] Ward C. J., Nolen S. B., & Horn I. S., "Productive Friction: How Conflict in Student Teaching Creates Opportunities for Learning at the Boundary,"*International Journal of Educational Research*, 2011(1), pp. 14-20.

[5] Chen X. & Yang F., "Chinese Teachers' Reconstruction of the Curriculum Reform through Lesson Study,"*International Journal of Lesson and Learning Studies*, 2013(3), pp. 218-236.

容，而小组合作学习成为这个矛盾表现的突出焦点。国家课程改革的主流话语是主动合作探究，出台的大量政策文本和学术论文都在强调从教师知识灌输走向学生自主合作探究。然而，教师日常面对的却是各种考试，来自绩效主义管理的外部问责让教师处于"双重束缚"之中。①

正是由于对学生考试的关注，教师在本次跨界课例研究中对学生的学业评价格外重视。在9个教师小组内，有3个小组的探究都聚焦于小组合作学习中的评价，其他小组也在每次课中都有评价环节。除了教师评价外，还有学生的自评和互评。教师事先都设计了评价表和评分标准。大部分教师在整个学期从不改变学生小组成员的构成，因为便于给固定的小组打分，以便期末总结评比。

与上述教师对小组合作学习爱恨参半的矛盾心理有所不同，另外一些教师参与课例研究（并选择小组合作学习作为探究焦点），是因为应试教育与素质教育的不兼容让他们遭受着伦理拷问和良心煎熬。他们自己中学时代的学习停留在知识灌输水平，担心自己的教学无法激发学生的学习兴趣，希冀小组合作学习也许能够打造一个更加适合学生自由表达、建构知识的课堂。下面这位入职刚一年的女教师发自内心的表达，便揭示了考试制度与教师对学生发展关怀之间的落差，以及教师对本次课例研究的热切期待。

> 在我决定当老师之前，我一直是有点抗拒的，因为应试教育让我觉得自己会成为一个缺乏教育想象力的人。我害怕，或者担忧自己也会成为这样的人去影响到学生……我最近一直在想，小组合作学习是一种非常社会化的能力。能不能借小组合作学习打造更为自由的课堂，让老师和学生都能自由地流动？也许会有这么一天？

整体而言，教师希望，有效的课例研究应该能够获得"双赢"的效果：既能让学生学得快乐，又能改善学生的学业表现。而本次课例研究是跨界的，既有学校领导的支持，也有外来学者的指导，也许能够部分缓解应试教育与素质教育之间的冲突？

（二）具体实施困难

对于很多教师而言，小组合作学习在观念上有利于学生主动合作探究，但不知如何具体操作。如下教师的反思笔记便反映了这类技术上的困惑。

> 我的合作学习走过了很多弯路。经历过按成绩均衡分组后，有的组的主要

---

① Bateson G., *Steps to an Ecology of Mind*, New York, Ballantine Books, 1972.

活动变成了优生之间的讨论与对话。而后进生只能作为旁观者，没有任何机会参与学习，在同龄人面前更加不自信和怯懦。这种合作只是优生的部分合作，两极分化越来越严重。有的组优生和后进生配成一帮一互助，表面上团结互助，但实质阻碍了优生的发展。课堂上变成了优生分担了教师的任务，却降低了对优生的思维要求，浪费了优生的时间；变成了补齐差异，使优生"吃不饱"，后进生被动接受，使学生丧失了独立思考的意识和精神……

因此，我们经过反复掂量和全体头脑风暴，最后决定选择小组合作学习作为贯穿所有小组两次做课的探究焦点。不过，不同小组关注的侧重点不同：化学组探究的是学生分组的标准；数理组聚焦于学生组内分工；语文组和生物学组关注的是教师的任务设置；政治组考察的是组间交流对学生参与度的影响；英语组关注的是小组成员倾听的能力，通过评价提高小组合作的质量；等等。

由于本次课例研究主要聚焦学生的小组合作学习，而且教师小组由来自不同年级乃至不同学科的教师组成，因此对那些毕业于非师范类大学新手教师的教学化内容知识①（pedagogical content knowledge）的提升比较有限（这是学校领导邀请我们参与课例研究的初衷之一）。不过，由于他们在规划和实施学生小组合作学习时，使用的载体是所教学科的知识，因此他们必须思考如何让学生更容易学会这些知识。此外，对小组合作学习这一教学组织形式的探索和创新，也在一定程度上提高了他们的教学能力。

……

七、结论与讨论

本文从跨界学习的视角，结合我国文化传统资源，探索了教师在跨界课例研究中的学习是如何发生的。基于一个小组合作学习案例，本文分析了教师如何通过与外来学者合作，借鉴相关理论，改进教案设计和教学实施，促进学生学习素养的提高，并生成自己新的实践性知识。在此基础之上，本文提出了引发教师跨界学习的三个机制：意义协商、视角再造、实践重构。

理论与实践相脱离是我国目前教育研究和实践的一大"顽症"，而本文的研究目的便在于解释一种探索理论与实践相结合的机制。通过展现的教师跨界学习，本文希望

---

① 也译为"学科教学法知识"，意即将学科内容转化为学生容易理解的教学表征形式的知识。参见 Lee S. Shulman，"Knowledge and Teaching：Foundations of the New Reform,"*Harvard Education Review*，1987(1)，pp. 1-22.

说明，教师与外来学者合作，借由双方共同建立的平等、开放的互动系统，对理论进行再工具化，是能够不断改进自己的课堂教学实践的。这个结论对我国教师的专业学习具有一定的指导意义，呼唤更多有志于教育变革的理论工作者进入课堂，与教师一起交流、合作；同时也期待一线教师更主动地跨越边界，为自己的学习创造更多新的空间。

本文的理论贡献在于：为跨界合作研究的内涵（特别是教师的跨界学习机制）提供了新的解释。当外来学者与一线教师合作开展研究时，通常需要处理彼此之间的边界问题。根据跨界学习理论，边界被定义为：行动和互动中导致中断的社会—文化（如社会规范、群体属性、价值观念、行为方式等）差异。[1]以往人们通常认为，边界具有区隔性，是沟通的障碍，需要被打破；实践共同体成员需要有共同的事业、相互的投入和共享的经验库。[2][3] 然而，在本文中，边界变成了潜在的学习资源。正是教师与外来学者对小组合作学习的理解有所不同，才导致了双方沟通和对话的必要，也才引发了教师在教学方式上的创新。

不过，只有边界（差异）是不够的，促使教师学习发生的重要推动力是双方形成的开放、稳定、持续的互动系统，如课堂交流、课下作业反馈、写反思帖、各类小组沟通等。这个互动系统可以被视为一个"边界客体"：它是一种有机的安排，处于学校活动系统和学术活动系统之间，为双方提供所需要的信息，在多重工作关系和情境中发挥转译作用。[4] 它不仅足够灵活，适应双方的需求和限制；而且足够坚实，能够保持双方的跨界认同。[5] 在本文中，作为边界客体的互动系统由一系列相互嵌套的动态活动组成，有利于双方跨越边界，在"第三空间"中处理各自遭遇的矛盾：一线教师改进小组合作学习的教学策略，外来学者处理理论与实践相脱离的痼疾。

---

[1] Akkerman S. F. & Bakker A. , "Boundary Crossing and Boundary Objects," *Review of Educational Research* , 2011(2)，pp. 132-169.

[2] Wenger E. , *Communities of Practice*：*Leaning*，*Meaning and Identity* , Cambridge，Cambridge University Press，1998.

[3] 基于本次研究结果，我们初步打算将温格的实践共同体三要素（共同的事业、相互的投入、共享的经验库）替换为协商的事业、反思性对话、交互式技艺，以便更为贴切地反映跨界学习共同体所具有的更为复杂、多元、动态的特征。不过，这方面的研究目前还不够丰富，还需要后续更加系统、深入的探究。

[4] Star S. L. , "This is not a Boundary Object：Reflections on the Origin of a Concept," *Science*，*Technology and Human Values* , 2010(5)，pp. 601-617.

[5] Star S. L. & Griesemer J. R. , "Institutional Ecology，'Translations' and Boundary Objects：Amateurs and Professionals in Berkeleys Museum of Vertebrate Zoology，1907-1939," *Social Studies of Science* , 1989(3)，pp. 387-420.

　　由于一线教师和外来学者形成了有效的互动关系，才让双方的"边界跨越"成为可能：进入他们不熟悉（因此也不具备完全资格）的领地①，协商并结合来自不同情境的要素，以获得一个杂糅境遇。② 与通常的实践共同体要求双方达成共识不同，在"边界跨越"中，双方有可能在尚未获得共识的情况下采取合作行动。③ 在本文中，教师与外来学者对小组合作学习的理解存在差异，各小组的教学策略也都不一样。然而，由于各方边界跨越频繁，深入的对话和交流时常发生，才有效地促进了教师的跨界学习。

　　虽然作为边界客体的互动系统促进了双方的边界跨越，但教师的跨界学习并不会自动发生。上述研究结果表明，教师的跨界学习需要一定机制的引发、维持和推动。当各方赋予课例研究的意义不尽相同时，需要根据此时此地的具体情境（如教师需要直观的示范和指导），付诸实践推理（如照顾到教师的实际需要），对意义进行协商。当各方看问题的视角不同时，需要适当转换视角（如看到小组合作学习对相倚的高度要求），甚至再造新的视角（如关注学生分组标准的特殊性），才能知行合一地应对之前没有预料到的困境。当一项新的改革实践（如小组合作学习）在学校实验时，教师一定会根据中庸原则进行调适（如教师小组多样化的组成结构），以便该改革实践能够在学校和课堂真正落地。

　　回顾本次跨界合作课例研究，它就像一场历险。开始之前，没有人知道它会走向哪里，最终会产生什么结果。正是其模糊的边界、参与者的多重声音以及进程的开放性，才导致大家有兴趣澄清并协商自己的意义、视角和行动，也才引发了各方对话和跨界学习的需要。意义、视角和行动都是参与者之间不断交流、协商和妥协的结果：在过程中协商矛盾和意义，转换视角和身份，重构行动和结果。这也就回归了教育的本意：教育之所以是教育，而不是训练，就在于它有"美丽的风险"。④ 只有在开放的不确定性中创造有教育意义的事件，期待着"不可能的可能性"的意外实现，教育生活才会丰富多彩、震撼心灵，参与者才能真正领略创造知识的愉悦和教育事业的崇高。

---

① Suchman L., "Working Relations of Technology Production and Use," *Computer Supported Cooperative Work*, 1994(2), pp. 21-39.

② Engestromy Y., Engestrom R., & Karkkainen M., "Polycontextuality and Boundary Crossing in Expert Cognition: Learning and Problem Solving in Complex Work Activities," *Learning and Instruction*, 1995(4), pp. 319-336.

③ Star S. L., "This is not a Boundary Object: Reflections on the Origin of a Concept," *Science, Technology and Human Values*, 2010(5), pp. 601-617.

④ Biesta G., *The Beautiful Risk of Education*, London, Routledge, 2016.

第十一章　教育理论研究

教育研究的基本任务一是形成科学事实，二是形成新的科学理论。就某一项具体研究而言，可能是只要拿出一份调查报告或实验报告（形成某一方面的科学事实）就算完成任务。但从总体上看，教育研究不能永远停留在获得教育的基本事实的层次上，而应在获得的教育科学事实的基础上进一步形成教育理论。正如恩格斯所指出的那样，一个民族要站在世界的最高峰，就一刻也不能停止理论思维。教育研究的一个重要任务就是通过理论思维形成教育理论。因而，教育理论研究是教育研究的重要组成部分。

第一节　教育理论研究概述

//////////////////////

什么是理论？什么是教育理论？教育理论研究的对象和任务是什么？这些听起来像是常识的问题，在大多数人头脑中却并不清晰，即使在学术界也众说纷纭、莫衷一是。所以，要正确地把握教育理论研究的实质、掌握教育理论研究的方法，必须从澄清这些常识性问题入手。

一、教育理论研究及其任务

（一）理论及教育理论

理论是有关科学和艺术的一般原理的解释和说明，或者说理论就是与实践相对的有关科学和艺术的一般原理。理论由实践概括出来。习近平同志指出："世界上伟大的哲学社会科学成果都是在回答和解决人与社会面临的重大问题中创造出来的。"[①]理论是人类理性思维的产物。

---

① 习近平：《在哲学社会科学工作座谈会上的讲话》，12页，北京，人民出版社，2016。

理论要以现实问题、经验认识为基础，却更为深刻地反映客观规律，比经验认识更抽象、更普遍、更具有指导作用。我们应"敢于和善于分析回答现实生活中和群众思想上迫切需要解决的问题，……不断推进理论创新"①，在现实经验的基础上进行抽象提炼，获得普遍性的理论认识。正如习近平同志在十八届中央政治局第二十次集体学习时所指出："理论对规律的揭示越深刻，对社会发展和变革的引领作用就越显著。"

在形式上，理论由一系列具有逻辑联系的概念、命题和推论构成，带有抽象、概括和结构化等特征；在内容上，理论要揭示事物的内在本质及其结构化特征，是对事物更深刻、系统、全面、准确的认识。

教育理论大体上可以分为基础理论和应用理论两大类型。无论哪一类型的理论都以回答重大问题为旨归。作为基础理论的教育理论，主要是对教育领域中一系列"是什么""为什么"的问题做出回答，对教育的现象和本质、对教育发生发展的规律和特点做出解释和说明；作为应用理论的教育理论，则要在此基础上回答教育活动中提出的一系列"应当如何""怎么办"之类的问题，即对教育活动的目标、内容、途径、方式、方法及手段等做出解释和说明。

（二）教育理论研究的基本任务

教育理论研究是在已有教育的科学事实材料和教育思想、理论的基础上，运用各种逻辑和非逻辑方式进行加工整理，通过抽象思维而获得关于教育的认识成果的研究活动。教育理论研究的基本任务在于形成、完善和发展教育理论，这也正是它不同于教育事实研究之处。

事实研究的基本任务是发现新的事实、纠正以往对事实的偏见以及确证和深化对事实的认识，它对理论的贡献就是增添科学知识要素。

形成科学理论的研究则不然，它所要加工的对象有三个方面：一是前段时间研究中已经获得的事实；二是经实践证明为正确而有效的经验；三是前人已经建立的理论。对前两类加工对象而言，理论研究的任务是将其概括上升为理性认识；而对第三类加工对象，即已有理论，理论研究的任务则是突破，包括突破原有的思维模式，突破原有的理论框架，并在突破的基础上有所创新，建立新的理论。

由此可知，教育理论研究并不仅以理论为研究对象，旧有的理论只是其研究对

---

① 习近平：《关于坚持和发展中国特色社会主义的几个问题（二〇一三年一月五日）》，见中共中央文献研究室：《十八大以来重要文献选编（上）》，115页，北京，中央文献出版社，2014。

象之一；教育理论研究也不意味着以理论为研究手段，教育事实研究同样需要以理论为武器，完整准确地理解；教育理论研究是以形成科学的教育理论为目的的研究活动。还应强调的是，教育理论研究的方法不是一个方法，而是一组方法的集合；它不仅包括逻辑思维方法，而且包括非逻辑思维方法；它不仅有历史—逻辑方法，还有系统科学方法。逻辑思维方法既包括归纳、演绎、类比等推理方法，又包括分析、综合、分类、比较等具体的思维方法。

二、教育理论的构成①

无论人们如何界定教育理论，把教育理论划分为多少类型，从形式构成上看，教育理论都是由教育概念、教育命题两个基本要素构成的。

（一）教育概念

概念是思维形式的基本组成单位，是通过判断和推理而构成理论的要素。概念是反映对象的特性或本质属性的一种思维形式，具有内涵和外延两个逻辑特征。

1. 教育概念的类型

区分教育概念类型，有助于我们明确教育概念的内涵和外延，准确地使用概念。根据不同的分类标准，教育概念可以分为如下几种。

（1）正概念和负概念

反映对象具有某种属性的概念就是正概念，如"认知因素""智力活动""形式化教育"等概念就是正概念。而反映对象不具有某种属性的概念就是负概念。从语言学的角度看，负概念往往带有"不""非""无"等否定词，如"非智力因素""非认知因素""非形式化教育""无意识"等就是负概念。

（2）集合概念和非集合概念

如果一个概念所反映的是一类事物组成的集合体的特征，而集合体中的每一个个体并不具有该集合体的属性，那么这个概念就是集合概念。比如，"全面发展教育"这个概念就是一个集合概念，它实际是由"德育""智育""体育""美育""劳动教育"概念组合而成的。各育是全面发展教育的一部分而不是全部，每一育不具有全面发展教育的整体属性。"教育系统"也是一个集合概念。除了集合概念之外的概念就是

---

① 教育理论在内容上要揭示教育的本质和规律，不同性质的理论如基础性理论和应用性理论就有不同的内容构成，不同流派的教育理论更有多种多样的内容体系，所以，这里不讨论教育理论的内容构成，只研究教育理论的形式上的构成。

非集合概念，如"课程""教材"等。区分集合概念与非集合概念对处理教育学中各种概念之间的关系是有益的。

(3)关系概念和属性概念

关系概念是以反映教育系统与其他系统的关系，以及教育活动中各要素之间关系为主要内容的概念。比如，"教育价值"这一概念反映的是教育与人和社会等主体需要之间的关系；"教学"概念表面上看反映的是教学这种实体活动，但实际上反映的是教与学、教师与学生之间的关系。关系概念的内涵一定要体现它所反映的事物的内在关系的本质。属性概念是反映事物的内在特性或特征的概念。比如，"教育的主体性""教育的社会性""教育的历史性""教学的教育性"等概念就是以教育自身的特性或特征为概括对象的，属于属性概念。属性概念的准确性与相应的实体概念具有极大的关联，属性概念要以准确的实体概念或关系概念为基础。要准确地揭示教育的若干属性，需要以对教育的正确的理解为客观基础。比如，解释和理解"教学的教育性"的内涵，就需明确是从何种意义上谈论教学。

(4)约定性定义、描述性定义与纲领性定义

约定性定义(也称规定性定义)是指作者所下的定义，它一般规定一个概念或词语在某种特定的语境中按某种特定的方式和意义理解，这个概念或词语在这种语境中始终表示一种规定的意义。比如，《学记》中的"建国君民，教学为先"中的"教学"一词可理解为"教育"。这是一种约定性含义。但在论述教与学的关系时，《学记》所说的"教学相长"中的"教学"则是另一种约定，是指具体的教和学的活动。约定性定义的实际意义取决于特定的语言环境，人们往往要在特定的语言环境中才能理解一个概念的含义。描述性定义是以已有的用法来解释所定义的词语，是一种适当地描述所要界定的对象或使用该术语的方法。由于描述性定义是对所要界定的对象做出较客观的描述，因而描述性定义一般被认为是对事物本体的陈述。它应适合于不同的语境，即描述性定义比约定性定义在不同的语境中具有相对的一致性和意义的稳定性。比如，"灌输"往往被界定为：以单向的方式向学生传递知识和思想观念的方式。这个概念的描述性定义无论在教学理论中还是在德育理论中，其意义是相对一致的。描述性定义与所要界定的事物之间的关系是直接的，定义中没有或少有主观性的定义项。纲领性定义是一种指向实践计划或实践纲领的定义，一般与某种行动原则的假设有关。从语言的形式上看，纲领性定义一般隐含或明确地包括"应当"的成分。比如，把"教育"定义成：教育者根据一定社会的要求，有目的、有计划、有

组织地对受教育者的身心施加影响，把他们培养成一定社会所需要的人的活动。这个定义就是关于"教育"的一种纲领性的定义，这个定义明确地包含着教育活动的基本规范、规定、实践活动纲领和价值观。由此来看，纲领性定义不能用来描述客观存在，可用来为实践活动提供行动规范、价值观和行动纲领。

2. 教育概念之间的相互关系

教育的每一个概念和定义都与其他的概念具有一定的关系。从概念的内涵和外延上看，教育学中不同的概念之间具有两种基本的关系：相容关系和不相容关系。概念之间的相容关系是指两个概念在外延上至少有一部分是重合的。根据其重合部分的多少，概念之间的相容关系表现为如下三种不同的情况。

第一，同一关系，即概念间的外延是完全重合而内涵相近的。具有同一关系的概念反映同一个或同一类对象，如"认知因素"与"智力因素""教育"与"教养"等。具有同一关系的概念在理论陈述中一般可以相互代替使用。不具有同一关系的概念不能相互代替使用，否则就会犯混淆概念的逻辑错误。

第二，真包含关系，即一个概念的外延包含着另一概念的全部外延，且后者仅仅是前者的一部分。外延较大的概念称为属概念，外延较小的概念称为种概念。属概念对种概念的关系是真包含关系（属种关系），种概念对属概念的关系是真包含于关系（种属关系），如"教育者"与"教师""课程"与"教学内容"。在理论体系中，具有真包含关系或真包含于关系的两个概念不应相提并论，它们的关系不是并列关系。

第三，交叉关系，即两个概念只有一部分外延是重合的。比如，"骨干教师"与"小学教师"这两个概念就具有交叉关系。"骨干教师"中有一部分是"小学教师"，"小学教师"中也有一部分是"骨干教师"。重合的部分是既是"小学教师"，又是"骨干教师"。

两个概念的外延上完全相互排斥，没有任何一部分是重合的，这种关系就是不相容关系。概念间的不相容关系又具有两种基本状况。

第一，矛盾关系，即两个概念的外延相互排斥，且其外延之和穷尽了邻近的属概念外延的关系。比如，"正规教育"与"非正规教育""认知因素"与"非认知因素"就是两对具有矛盾关系的概念。

第二，对立关系，是指概念间的外延相互排斥，并且其外延之和不能穷尽邻近属概念外延的关系。比如，"传统教育"与"现代教育""启发教学"与"接受教学"就是两对具有对立关系的概念。

概念是判断的基本要素。教育理论陈述是否合乎逻辑，需要对教育的有关概念间的关系做具体的分析。教育理论陈述由不同层次和不同类型的概念构成。明确不同类型、不同层次的概念之间的逻辑关系，是教育理论陈述的基本逻辑要求。

（二）教育命题

1. 教育命题的类型

教育命题是有关教育判断的语句。教育判断是对教育活动所做出的肯定或否定的思想。教育命题需要涉及教育的现象或本质、结构或功能、原因或结果、偶然性或必然性、现实性或可能性，以及教育的状态或教育关系等内容，对教育的这些内容做出肯定或否定的判断才能构成教育命题。比如，"教育具有相对独立性"就是一个对教育性质的命题，而"教育是一种有目的地培养人的活动"则是一个表达教育的本质的命题。一般来说，每一个教育命题都表达了一个对教育的判断，对教育的判断就是一个教育命题。

表达教育判断的语句材料主要是语句，但不是所有关于教育的语句都能作为教育命题。一般而言，能够区分真假（肯定的或否定的）的陈述句才能表达判断；疑问句、祈使句、感叹句一般不能区分真假，不能表达判断。有关教育的语句如下。

①教育是一种培养人的活动。

②不良的师生关系不利于提高教学的效率。

③素质教育究竟向何处去？

④多么崇高的师德啊！

⑤让课堂充满生命活力！

在以上五个句子中，只有①和②对教育问题做出了肯定的或否定的判断，构成了教育命题。而③、④和⑤不能表明有关教育的性质、原因、结构或功能、状态或关系，因而不能作为教育命题。在语句形式上，只有肯定和否定的陈述句才能表达一个命题。

对于教育理论来说，教育命题是相当重要的。因为理论的基本成分是命题，任何复杂的理论都离不开命题，都是由一组相关的命题构成的；命题是理论的基质。教育理论的演绎、推理必须涉及一系列教育命题。

教育理论中的命题形式是多种多样的，不同类型的教育命题实质上反映了人们对教育的认识的区别。在教育理论中，不同类型的教育命题的作用是不同的。

（1）教育的非模态命题和模态命题

传统逻辑一般把命题分为两大类：一类是不含"可能""必然"等模态词的命题，

称为非模态命题；另一类是含有模态词的模态命题。在非模态命题中，根据这些命题是仅由一个判断还是由两个以上的判断组成，将命题分为简单命题和复合命题两种。

非模态命题一般是不包括"可能""必然""应该"等模态词的实然命题。比如，"学生是教育的对象"就是一个实然命题，是一种非模态命题。它不能与模态命题互换，即不能说"学生可能是教育的对象"。实然命题是由描述性陈述构成的。在教育理论中，涉及教育事实的命题一般是由非模态命题构成的，但涉及教育的本质、价值以及教育内部要素之间的复杂关系的命题则由大量的模态命题构成。在教育理论的命题演绎中，非模态命题是不能与模态命题相混淆的。

在逻辑学上，如果对模态命题持广义的理解，模态命题则包括认识模态、规范模态、存在模态、评价模态、时态模态等命题。认识模态命题又称为知识模态命题，含有模态词是"可证实的"（已知是真的），"可否证的"（已知是假的），"不可驳倒的"（其否定是不可证实的）。教育实验研究的命题包含认识模态命题的形式，教育实验研究就是要证实、证伪或证明某些认识模态命题。规范模态命题又称为道义模态命题，含有模态词是"应当"（必须做）、"许可"或者"允许"（可以做）、"禁止"（必须不做）。"教育必须为无产阶级政治服务"和"教育必须与生产劳动相结合"就是两个关于教育方针的规范模态命题。存在模态命题以量词为模态词，含有模态词是"全称"（所有的）、"存在"（有些）、"没有"（不存在）。时态模态命题是以时态为量词的命题，含有模态词是"始终""有时""始终不"。思维中运用不同的模态命题来表达对客观事物的判断，是认识论与逻辑学相结合的基本要求。

教育理论的命题体系也包括这些模态命题，教育理论不可能完全是由具有确定性的非模态命题组成的。有些学者主张，教育理论命题中不应该出现"必须""应该"等词项。这实质上是没有区分模态命题和非模态命题导致的偏激观点。正确的说法是，在教育理论中不能混淆非模态命题和模态命题以及不同类型的模态命题之间的区别。

(2)教育的事实命题与价值命题

根据一个判断与客观事物之间的直接关系程度和是否加入评价性要素，命题可以分为事实命题和价值命题两大类。在教育学的发展过程中，由于实验教育学的产生以及人们对科学教育学的追求，教育理论的命题体系中逐步出现了事实命题和价值命题的分野。

事实命题一般是由认识主体或研究主体对客观事物直接的描述而构成的，是客观事物静态或动态的本来状态和特征在认识主体头脑中的直接反应。事实命题的基本形式是"是什么"或"不是什么"，即对客观事物做直接陈述。事实命题一般说明事物的静态或动态的基本状态和基本结构。比如，人们在对教育进行事实描述时，从三个层次来展开：在第一个层次上，教育活动作为国家或社会的事业，是社会这个大系统的子系统；在第二个层次上，教育作为一种机构的活动，在各级各类学校或在其他社会教育机构中进行着；在第三个层次上，教育作为人与人之间的一种特殊交往形式存在。这就是从静态和动态上把教育作为一种事实来加以描述的。事实命题便于人们客观地把握事物本身，并为人们进一步认识事物的内在关系、价值及意义提供认识基础。当然，在自然科学和社会科学中，事实命题的意义不同。自然科学的理论可以由纯粹的事实命题组成，事实命题可以作为自然科学中认识的终点。但在社会科学中，事实命题本身不是认识的终点，事实命题本身不能构成理论，它是构成理论的一个基本要素。

价值命题是客观事物与人的关系在认识主体头脑中的反应，价值命题一般涉及事物或活动的意义、认识主体的情感和态度等。一般来说，在事实命题中，认识者是站在客观事物和活动的外部来表达对该事物的判断，即事实命题表达事物的自在状态。而在价值命题中，认识者把客观事物与其对人和社会的意义联系起来表达判断，即价值命题表达事物的人为状态和价值意义，并涉及一定的态度和行为方式。价值命题的基本形式是"应该是什么"或"应该不是什么"。由教育目的范畴展开的命题大多属于价值命题。

关于教育命题的类型，还可从其他的标准出发区分出分析命题与综合命题、定义性命题与纲领性命题、先验命题与经验命题、隐喻命题与口号命题、本体论命题与认识论命题及实践论命题等不同类型的命题。这些不同类型的命题在教育理论中也具有重要的意义。

2. 教育命题的意义性

从逻辑上说，一个命题要有意义，必须具备两个条件：第一是这个命题要符合语言的逻辑，语义必须清晰明确；第二是这个命题要与它所描述的事态的存在或不存在相一致。第一个条件是命题要满足的基本条件，即命题要有确定的意义。因为命题作为一种判断，如果意义不清晰、模糊，就意味着没有做出判断。教育命题构建的基本逻辑要求是命题具有意义性，即命题的意义清晰、明确、准确。第二个条件说明命题要对客观事物本身做出判断或以客观事物的实际为基础做出判断，毫无根据的判断只能是一种主观臆断。

首先，教育命题要获得意义性，需要教育命题涉及的主要词项（如有关教育概念、有关说明教育性质的词项）的逻辑含义单一。在一个命题中，一词多义，要么使命题以偏概全，要么命题意义泛化，势必导致命题意义的模糊。比如，"教育平等是教育民主化的标志"就是一个看似明确但实际意义含糊的教育命题。在这一命题中，"教育平等"具有多层含义：教育机会的均等、教育过程的均等、教育结果的均等、教学过程中主体关系上的平等。"教育民主化"则更是一个定义不清的词语。由此究竟从何层次上做出教育平等是教育民主化的标志的判断呢？这个命题就是一个泛化的命题。

其次，教育命题的意义性还要求对命题中的两个甚至两个以上的概念之间的关系，通过命题的中项做出明确的判断。教育实验研究中的假设性命题一般来说就较明确地阐明了几个概念之间的关系。比如，"集中复习比分散复习的效果好"这个假设性命题的意义就很清晰。但在论述教育的经济功能时，有一种似乎是公认正确的命题："教育是把可能劳动力转变成现实劳动力的重要手段"。这个命题中的教育、可能劳动力、现实劳动力三个概念的关系是不明确的，教育难以把可能劳动力转化成为现实劳动力，教育生产的仍然只是可能劳动力。另外，还有一些有关教学原则、德育原则的命题也存在类似问题。比如，"教学的科学性与思想性相统一""传授知识与培养能力相结合""尊重信任与严格要求相统一"等命题一律用"统一""结合"等词语来判断两个概念之间的关系，表面上意义明确，但实则意义含糊不清。

命题的组合构成理论体系，理论体系实质上是由不同类型和不同层次的命题组成的。孤立的教育命题是没有多大价值的，每一个教育命题只有与其他教育命题相互转换、结合、推演才对教育理论有意义。

在教育研究中，不同类型的命题具有不同的作用。事实命题的作用在于客观地描述教育存在，以便提供教育科学事实；价值命题的作用在于阐明教育活动的性质及意义等；关系命题的作用在于阐述教育活动中的内在关系，以及教育系统及其他社会系统的关系；隐喻命题的作用在于运用各种隐喻方法描述和阐述教育活动的过程、功能等；非模态命题用来确证教育事实，或说明教育的实然状态；模态命题主要用来阐述应然的教育行为，或表明教育活动中人的态度。

在教育命题的表述、转换以及演绎过程中，不同类型的命题是不能简单转换的。

不同类型的命题之间的转换有两个基本逻辑要求：一是每个命题的意义清晰，与所表述的存在和不存在相一致，并且两个命题之间具有内在的联系；二是不同类型的命题之间需有中介命题作为转换的纽带。由教育"是什么"到"应该是什么"，再到"怎样是什么"的转换，需要以揭示教育内在要素之间的规律性联系的认识论范畴和命题为中介。不同层次的命题的转换应遵循一定的逻辑规律。

三、教育理论研究的特点

教育理论研究在研究的手段、方式、目的及结果等方面，都与实证研究具有质的区别，体现出教育理论研究的特点。

（一）概括性和间接性

教育理论研究具有强烈的理性思辨色彩。它是超越感性经验水平，通过抽象思维间接地把握教育规律的。因而，教育理论研究具有概括性和间接性的特点。

教育理论研究的概括性和间接性主要表现在以下几个方面：在研究手段上，教育理论研究是通过概念、判断、推理等思维形式来研究具体的现实资料，概念、判断、推理是具有概括性的。教育理论研究不是运用某些方式收集具体的现实细节资料的，而是对已有的现实资料做概括性分析，间接地反映教育事实背后的本质及规律。在研究结果表述上，教育理论研究结果是由教育概念、教育命题遵循一定的逻辑规则构成的。它不是对具体教育事实的量化描述，而是对教育事实的综合的、概括的定性分析。它不是对教育事实的简单的、直接的再现，而是抽取出教育事实中普遍的、内在的、本质的东西，通过某些特定的符号和语言来表述的。

（二）多样性和不确定性

教育现象本身的复杂性决定了教育理论研究的出发点、理论基础、研究方式的多样性。人们进行教育理论研究时往往要从多个角度对教育问题的不同表现形式进行考察。这样，在研究过程中，教育理论研究的方式、理论基础、符号或语言等都是多种多样的，从而出现了不同的教育理论流派。

理论研究，尤其是社会科学的理论研究，由于研究对象本身的特点，在研究结果上往往具有不确定性。教育理论研究的根本目的不在于寻求确定无疑的教育定论。教育理论研究是通过定性描述来呈现其结果的。定性描述往往只能在一定程度上揭示事物的本质，不可能一次完全揭示教育现象的终极规律。可以肯定地说，任何一种教育理论都有其局限性，都存在不确定性。这是理论思辨本身的特性决定的，也是人的认识本身的局限性导致的。正是因为如此，教育理论的合理性程度要通过逻辑检验和实践检验来确定。

（三）继承性和超前性

人对教育的认识是不断深化的。每一种教育理论都是在已有的理论基础上发展、建构起来的。新旧教育理论在概念或范畴、命题或判断甚至理论基础等方面都具有内在的逻辑联系。这体现出教育理论研究具有继承性。旧理论不仅为新理论提供了可资借鉴的思想和观点，而且为新理论提供了批判的靶子。教育理论发展史充分证明了这一点。正因为如此，在教育理论研究过程中，人们要求全面地了解已有的教育理论，收集教育理论资料，为新教育理论的建构寻求合理的研究起点。

教育理论研究的超前性一方面主要是由教育理论本身具有的预见功能决定的。教育理论研究虽然是以现实材料为基础的，但不一定就囿于具体的实施材料。相反，教育理论研究能够从现实材料的分析入手，预见现实的未来发展趋势或走向。教育理论体系中的思想、观念往往是超经验的、超现实的。教育理论研究的超前性另一方面体现在教育理论要对现实活动具有指导作用，本身就要求走在现实活动的前面，用具有预见性的、展望性的思想或理念去指导人们的现实活动。

四、教育理论研究的功能

一般来说，理论具有解释功能、预见功能、指导实践的功能和工具性功能。[①] 教育理论同样具有这些基本功能。教育理论研究的功能主要体现在以下三个方面。

（一）深化教育认识，揭示教育规律

理论研究根本的作用就在于透过现象揭示事物的内在本质。教育理论研究的首要功能则在于深化人们关于教育的已有认识水平，从而揭示教育规律。教育实证研究也要认识教育，但它是从现象层次来认识教育的。教育理论研究运用一系列的抽象逻辑思维方法，使人们在实证研究基础上获得的教育认识进一步得到深化和发展。教育理论研究是揭示教育现象的内在规律的重要方法。

（二）构建、完善和发展教育理论体系

教育理论研究的另一重要功能就是指向教育理论本身，即构建、完善和发展教育理论体系。

---

① 叶澜：《教育研究及其方法》，200～205 页，北京，中国科学技术出版社，1990。

揭示教育的内在规律，不是靠一项教育理论研究或一个教育理论就能完成的。相反，它需要有一种内容丰富的教育理论体系。因而教育理论研究的功能还在于构建新的教育理论，完善和发展教育理论。

理论体系包括概念体系、命题体系、演绎和推论体系等方面。教育理论研究的重要功能就是逐步确立教育概念体系、教育命题体系与教育演绎和推论体系，完善和发展教育理论。

（三）检验教育观念，证明研究成果

理论研究不仅具有检验观念合理性的作用，而且对研究成果具有逻辑证明的作用。教育理论研究对教育观念、教育思想以及教育研究的成果具有逻辑证明的功能。同时，教育理论研究所构建起来的理论，能够作为新的教育理论研究的理论基础，用来检验教育观念。

第二节　形成教育理论的过程

一、教育理论研究的基本过程

教育理论研究的基本过程总体上与其他研究方法的实施过程大致相同。但在具体研究的步骤、任务和重点等方面，教育理论研究又有所侧重。教育理论研究的基本过程包括确定研究课题；收集和分析文献资料；明确分析框架，选择研究的具体方法；撰写研究论文或研究报告。

（一）确定研究课题

教育理论研究首先要确定选题，即明确教育理论研究研究什么问题。一般来说，教育理论研究课题的确定应从两个方面来考虑：一是研究课题的理论意义，即所要研究的问题是否具有理论价值；二是研究课题是否具有现实意义，即所要研究的课题对改善教育实践是否具有重要的指导意义。

当然，教育理论研究课题不能纯粹地从已有的教育理论本身中提出，也往往直接产生于教育实践。因而，确定教育理论研究课题不应为理论而理论。

（二）收集和分析文献资料

由于教育理论研究是一种非接触性的研究，因此教育理论研究是否收集到较全面的资料，对已有的相关理论研究状况是否有充分的认识和了解，直接影响着教育

理论研究成果的合理性。所以，收集和分析文献资料在教育理论研究中是相当重要的一环。

开展教育理论研究，要充分地占有相关研究课题的文献资料。利用对这些文献资料的分析，了解前人已经做过哪些研究、提出了哪些观念、运用了哪些研究方法、解决了哪些问题、存在哪些疑问等，为确定教育理论研究的出发点奠定基础。

（三）明确分析框架，选择研究方法

明确理论分析框架是指以一定的理论为基础，确定理论研究课题所涉及、构建的概念、命题，以及构成一个相对完整的体系的逻辑进程。任何一项教育理论研究对问题的理论分析，都得有一定的理论基础。这是进行教育理论研究的出发点。这个出发点可以是多种多样的。对于教育理论研究来说，理论基础大多来自教育理论自身、哲学理论、社会学理论、心理学理论、伦理学理论、经济学理论、法学理论，以及有关自然科学的理论。当然，这要根据具体的教育理论研究课题的要求来确定。概念、命题也是理论分析框架中的基本要素，理论分析必须有特定的概念和命题。因而，在教育理论研究中，确定概念和命题是至关重要的。甚至可以说确立某些教育概念和命题本身既是教育理论分析框架的成分，又是教育理论研究的重要成果。明确概念和命题后还应注重将它们结合起来的逻辑，并选择教育理论研究方法，在此基础上形成教育理论研究论文提纲。

（四）撰写研究论文或研究报告

撰写教育理论研究论文或研究报告，把教育理论研究结论反映出来。教育理论研究论文一般包括标题、问题的提出、论点、论据、结论等基本成分。

第三节 教育理论研究的主要方法

教育理论研究的基本方法包括基本推理方法与具体思维方法。本节先介绍基本推理方法，然后详述教育理论研究的具体思维方法。

一、教育理论研究的基本推理方法

（一）归纳推理

归纳推理是推陈出新、建立新理论的重要思维方式。这种推理的特点是从原始

经验中产生资料，用简单的理论语言对资料进行初步描述、分析和综合，根据资料的特点建立初步的理论框架，按照初步建立的理论框架对资料进行系统的分析，建立一个具有内在联系的理论体系。由此可见，自下而上的归纳推理有利于形成具有扎根性的教育理论。

运用好归纳推理，重要的是运用好分析性的归纳法。所谓分析性的归纳法主要表现在首先确定某一类事实的主要特性，然后对这些特性进行抽象以后建立一个初步的假设，再将这个初步的假设返回原始资料进行验证，并根据验证的情形修正假设或重新提出不同的假设，最后根据各种不同假设的特性，将这些假设组成一个相互关联、相互支持的理论系统。①

运用归纳推理建立的教育理论是否可靠主要取决于研究者运用什么样的归纳法。根据为归纳所提供的原始材料与其所属的总体的关系，归纳可以分为完全归纳与不完全归纳。不完全归纳若以得出结论的方法为标准，可分为枚举式归纳、排除式归纳和科学性归纳。完全归纳有可能提供完全可靠的结论，但是这种归纳需要耗费大量的时间、精力、财力，甚至有些完全归纳是无法企及的。枚举式归纳是日常思维中经常使用一种的不完全归纳，但它的弱点是结论的可靠性程度差。排除式归纳是与枚举式归纳相对应的一种不完全归纳。它不是依靠前提中个别现象反复表现出共有特征而做出概括性结论，而是通过用一些事例排除几种可能有的假设来确证某种假设存在的方法。虽然相比枚举式归纳而言，运用排除式归纳得出的结论可能较为严谨，但同样存在被证伪的可能性。科学性归纳就是以对于某类事物中部分对象的属性存在的必然性的认识为依据，概括出该类对象都具有该属性的一般性结论的方法。目前我国教育研究中科学性归纳的运用还不充分。②

（二）演绎推理

演绎推理通常是沿着从一般到特殊再到个别的路线来进行的，其实质是从一定的已知命题出发推论出若干未知命题。所谓已知命题主要是一些以公设或公理形式表现出来的原始基本假定。所谓未知命题主要是一些从原始基本假定中引申、推演出来的定理。公设或公理往往是具有普遍性和自明性的抽象概括。定理是从公设或公理中引申出来的经验性命题，它是否正确，需要运用经验事实来加以检验。

演绎推理常用来认识新出现的个别事物及其特征，或者用来预见某些尚未被人

---

① 杨小微：《教育研究的原理与方法》，297 页，上海，华东师范大学出版社，2002。
② 叶澜：《教育研究及其方法》，217 页，北京，中国科学技术出版社，1990。

们认识到的个别事物的存在，或者从中推导出对某些个别事物或特殊现象的认识与结论。运用演绎推理建立理论是否正确主要取决于两点：一是作为演绎前提的原始基本假定必须是正确的；二是演绎推理必须遵守逻辑规则，否则从中推演出来的命题与结论就不真实。演绎推理在教育理论建构中的运用主要体现在教育实验研究中，运用演绎推理提出有待实验证明的理论假设。

（三）类比推理

类比推理主要是通过两类事物的相互比较，发现异同，寻求有新意的研究主题。善于用这种推理来发现问题的人，在思维品质上往往表现为较强的迁移性和概括性。他们善于发现表面上看来不甚相近的事物间的相似之处，能在较抽象的层次上对它们进行概括、比较，"横向求新"，从而为思想搭建桥梁。这要求研究者具有较宽的知识面。

类比推理思维主要有两类。其一是横向类比。它可以再细分为两类。一类主要是通过与其他学科研究对象类比和借用其他学科的理论、方法，来发现本学科研究的新问题。这种思维品质的特点是，用其他学科"借"来新的理论、新的方法，对教育问题加以研究，对习惯了的老问题可能会产生新认识、赋予新意。例如，有研究者敏锐地觉察到，20世纪80年代中期以来兴起的复杂科学研究热，昭示了科学研究方法论发展的一个新起点。这类研究范例反复强调，用事物本来的复杂面目去认识把握研究对象。研究者借用复杂科学中的非线性、不可还原性、自组织性、锁定效应等概念，分析了教育活动系统的复杂特征，提出了用规则调节组织的方法、经验建构式的实验方法以及哲学、科学和艺术方法的具体综合等论点，探索了适应教育研究对象复杂性的研究方法。[①] 值得注意的是，运用横向类比的思维需要慎重，谨防丧失教育学科立场，把教育当作其他学科的研究领域，简单地套用其他学科的概念、命题、体系，得出看似有新意的论点，甚至可能对研究产生误导。

另一类是面向实际生活，从日常生活经验中提出教育理论。现实教育生活中蕴含着大量可以借鉴、提升的原始素材。教师应善于发现教育生活中的点滴事件，将其迁移到教育研究中来，形成富有新意的理论。例如，南京师范大学附属小学的教师设计了一种新型的实验课——听读欣赏课。这种课的设计除了吸收国外的暗示教学理论之外，还从教师在实践中遇到的两件事情中受到启迪。一件是一位教师的侄

---

① 杨小微：《从复杂科学视角反思教育研究方法》，载《教育研究与实验》，2000(3)。

女听读故事；另一件是教师在家访中发现家长经常播放配乐故事给孩子听。教师将这两件事迁移到教育科研中来，形成一种实验课，提出了富有新意的教育理论。

其二是纵向类比。它主要是对历史上前后出现的事件进行比较。它还涉及历史事件对当代相关事件的启示。它说的可能是"旧事"，但对现在的某一现象、事件具有重要意义。例如，有研究者追述了 20 世纪 20 年代中国教育界移植国外的道尔顿制，积极开展实验的情况；详述了舒新城在推行道尔顿制实验中，对当时教育界盛行的盲目趋新之风表示出强烈的担忧。那种不问原理、不问需要、只是标榜新名词的风气成为中国教育界的惯性，危害着任何教育改革的进行。① 该研究者提醒人们：半个多世纪以后，在改革开放形式的推动下，西方的教育理论再度登陆中国，一轮又一轮的方方面面的教育改革在中国大地方兴未艾。当年舒新城所担忧的"中国教育界的惯性"是否还存在，当年道尔顿制实验的悲剧会不会再次重演，恐怕目前都还是未知的。

二、教育理论研究的具体思维方法

（一）教育历史—逻辑方法

教育活动是人类社会活动中永恒的实践活动领域，它随着人类社会历史条件的变化而变化，随着人类社会历史条件的发展而发展，是人类社会的永恒范畴。作为一种永恒范畴，教育必然具有其特殊的多样的历史形态，也具有其历史发展的逻辑。把握教育发展的内在规律，需要遵循逻辑与历史统一的基本法则，运用逻辑与历史统一的方法论赋予教育理论研究深刻的历史感。

当前教育理论研究中存在种种历史与逻辑相脱离的现象：史与论分离，有史无论，或有论无史，反映出一种"非历史"倾向。具体表现为：第一，把教育发展的历史视为某种工具，从而降低甚至曲解教育历史的功能和性质。教育历史仅仅被当作一种思想或观点的辅助材料，或者是理论论证的论据和工具。似乎教育历史事实只有被引用的价值。第二，用现有的概念、分析框架取舍或剪裁历史过程及其具体事实，把教育历史看成是一种具体的思想材料。第三，对教育现状的考察往往只是注重这种状况的当前存在形态的描述，忽视对教育现状的生成过程的历史分析。这些表现的根本问题在于把教育"历史的东西"与"逻辑的东西"对立起来，或者当教育"历

① 王建军：《盲目趋新与教学改革——舒新诚对道尔顿制教学实验的忧虑》，载《课程·教材·教法》，2005(5)。

史的东西"与"逻辑的东西"发生矛盾时，把"历史的东西"加工成适合"逻辑的东西"。

历史感是认识主体在认识过程中，以一定的历史观为基础对待历史问题的一种明确的、积极的思想意识。教育思维的历史感涉及以下几方面的内容：第一，研究者对教育发展的历史事实、历史过程、历史线索和规律的完整把握。第二，研究者对教育历史的科学态度和科学精神，即教育认识主体应当忠实于历史的真实，并历史地看待历史，把历史看成是一个运动的、完整的、不断延伸的过程。第三，研究者对教育历史与教育现实的联系的深刻理解，即教育认识主体要用联系的观点看待历史与现实的逻辑关系。第四，研究者对自身认识的能动性与教育历史的客观性的关系的把握。无论是教育历史事实，还是教育思想的历史，对于研究者来说，都是客观的存在。研究者对教育历史的认识不能脱离历史的实际，而主观地任意剪裁历史片段，甚至歪曲历史事实和历史的教育思想观念。教育思维或教育研究中的历史感具体体现在以下几个方面。

1. 从充分发展的教育现实形态出发

马克思主义认识论认为，认识客观社会事物，首先应从充分发展的现实形态开始。逻辑进程作为再现事物形成历史的理论建构方式，其本身要求把握的对象应该是一个复杂的充分发展了的具体。只有占有了这些充分发展了的具体，才能通过概念、判断和推理等逻辑形式把握事物的整体过程。

从充分发展的教育现实形态出发，认识和理解教育历史发展的内在规律，是逻辑与历史统一的基本要求，充分体现了对历史事物认识的现实感。把充分发展的现实形态把握作为历史研究的出发点，实质上是注重了历史事物的发展过程与充分发展的现实形态之间的必然的逻辑联系。在一定程度上，教育现实是教育历史的发展和延续，教育思维中"逻辑的东西"不能脱离教育"历史的东西"，同样"历史的东西"不能脱离现实的理解。其实，认识事物的历史的终极目的仍然是观照现实和未来。正如认识现实需要把握历史一样，认识历史也需要把握充分发展的现实。从充分发展的现实出发，要求赋予历史现实感，不能就历史论历史。教育思维的历史感不能没有教育的现实感。

2. 研究教育现实的逻辑联系和形成历史，融现实时态和历史时态为一体

理论思维的逻辑进程既要展现对象的逻辑制约关系，又要展现对象的形成历史，除了要以充分发展的现实形态为起点外，还要对现实对象和它的形成历史做同样的研究。研究教育的逻辑联系必然涉及事物的历史发展过程，既要考察事物的现实时

态，又要分析事物的历史时态。现实时态和历史时态在实质上是连续的、融为一体的。

对于教育思维中面对的一系列问题，人们往往重视从教育的现实联系方面去认识它们，而忽视从历史发展的角度去分析它们。比如，20 世纪 80 年代初期兴起的"教育本质问题"的大讨论中较难找到从教育历史发展的角度来揭示教育本质的论述。又如，关于"片面追求升学率"问题的研究，也少有对之做全面的历史考察的。实际上，在我国，"片面追求升学率"是一个具有深厚的历史基础和社会历史背景的现实问题。"历史的东西"是"逻辑的东西"的基础，丧失了这个基础，那些表面的观念究竟有多大的价值？

3. 把握教育这一社会事物整体中的支配关系

作为一个整体，任何社会事物既是一个现实的逻辑结构整体，又是一个历史形成的整体。它既有历史的因素，也有逻辑的因素，其中逻辑的因素是起支配作用的。以逻辑制约关系统摄历史的因素，是马克思主义直接强调的一个特征和原则。对于一个充分发展的现实社会事物来说，它所保留着的历史的东西作为它的构成因素总是服从于现实事物这一整体，作为这个整体的一部分而被整体的支配因素所支配着。否则，现实的社会事物不可能是一个完整的、有自己的逻辑制约关系的整体，历史的东西也不能在结构上成为现实事物中的逻辑的东西。

这就要求我们在研究教育这种社会事物的过程中，根据逻辑方法与历史方法相统一的方法论，首先需要把握教育整体中的支配关系，找到教育整体中的核心的逻辑联系，并以此为纲，统摄教育整体中的一切因素，研究由这个支配关系所规定的各种具体从属的东西。教育现象是一种包含着一系列矛盾和冲突的社会现象，如教育的社会适应性、个体适应性与教育的相对独立性的矛盾，教育目的的社会本位与个人本位的矛盾，教育的现代化与民族化的矛盾，科学教育与人文教育的冲突，教育的继承与教育创新的冲突，教育理论与教育实践的冲突，以及教育活动中的教师与学生、知识与能力、知识与思想、教与学、认知与情感、灌输与启发、指导与非指导、直接经验与间接经验、课程与学制、体力与脑力、科学性与艺术性等方面的矛盾和冲突。可以说，教育发展的历史正是这些矛盾或冲突的辩证运动和发展，构成了教育的整体。把握教育的整体逻辑结构，必须把握这些矛盾中的支配关系，通过对这些不同层次的矛盾关系的逻辑分析和历史分析，才能认识和揭示教育整体的基本规律。从这个意义上说，研究教育学的基本范畴就是试图抓住教育中的支配关系。这对历史地、逻辑地把握教育现象的内在联系来说，意义是相当重大的。

4. 研究教育的形成史和对教育的认识深化史

"逻辑与历史的统一"这一理论建构方式中包含着一项重要的内容：逻辑与认识深化史相一致。它是指理论的逻辑进展顺序符合人们对这门科学的对象的认识深化顺序。

教育的形成史是客观存在的，是教育历史发展过程本身的东西；而对教育的认识史则是主观自为的、精神的东西。认识深化史就是教育思想、教育理论本身的发展史，是以概念等逻辑形式，遵循由片面到全面、由简单到复杂、由现象到本质的逻辑顺序认识客观事物的进程。逻辑与认识深化史相一致，不仅要求通过逻辑方法再现教育形成的历史过程及其规律，而且要求探讨人们对教育的认识深化的历史过程。

（二）逻辑思维方法

1. 比较与分类

（1）比较

比较是指从具有同一性的事物间寻找差异性，或从具有差异性的事物间寻找同一性的思维方法，即同中求异或异中求同的思维方法。

比较是一种常用的逻辑思维方法，它有助于认识两种以上事物之间属性的异同，从而揭示事物的内在本质和规律；可用来对事物进行定性和定量的分析；还可用来对事物进行分类。

根据比较的角度或方式，比较可分为单项比较和综合比较、横向比较和纵向比较、求同比较和求异比较等不同的类型。无论是哪种比较，都必须遵循以下比较规则。

①比较必须在同一关系下进行。对两种事物的比较要在两种事物的同一侧面、同一层次上进行。比如，对两种事物的属性、表现形式的比较不能把一个事物的属性与另一事物的表现形式进行比较。

②比较要有一定的标准。对两种事物的比较要在一定的标准下进行。没有标准、标准不合理、标准不稳定，都不能进行比较，否则不具有可比性。

③比较要依据客观事实或材料。对两类事物进行比较，需要有事实或数据等材料做依据。

（2）分类

分类也是一种常用的思维方法，是指在比较的基础上，将事物区分为具有一定从属关系的不同等级层次的系统，建立集合的方法。分类是在比较的基础上，进一步把某些具有相同特征或属性的事物与其他具有不同属性的事物区别开来的方法。

分类大致有现象分类和本质分类两种方法。现象分类是以事物的某一外部特征或表现形式为标准进行的分类；本质分类是指以事物的多种内在属性为标准进行的分类。分类具有如下规则。

①每一种分类必须以同一分类标准为依据。如果有多种标准，那么所分类型可能有交叉或重复的现象。

②一类中的各子项之和等于类总体。即总体之外的事物应不属于该类总体，或者类总体的子项要穷尽；类总体除了各子项外应没有剩余。

③分类要按一定层次进行。同一类型的事物应属于同一层次。

2. 分析与综合

（1）分析

分析是将事物整体分解为各个部分、要素或层次，分别抽取其个别属性加以考察，从而认识事物本质的思维方法。分析的目的是去除事物的非本质属性，认识事物的各部分、各要素之间的关系，进而把握事物的本质和整体属性。

分析大致有定性分析、定量分析、因果分析、系统分析等不同的方式。定性分析是为了确定事物是否具有某种本质属性的分析，它主要说明事物是什么；定量分析是为了确定事物各成分的数量特征的分析，它主要回答事物有多少；因果分析是为了确定事物之间存在的原因和结果关系的分析，它主要表明事物为什么；系统分析是一种整体的综合分析，它主要考察事物各要素之间的关系是什么。分析的规则包括如下方面。

①分析必须有总体目标和整体观念，不能为分析而分析，把事物分解得支离破碎。要知道分析的最终目的是把握事物的整体属性。

②分析必须按照一定的标准分解事物的要素，把握事物的简单因素，并认识事物各要素的质与量的特征。

③分析应在一定的理论指导下进行，即分析要有一定的理论基础或前提框架。

（2）综合

综合是指将已有的关于事物的各个部分和要素联结成一个整体加以考察，利用对整体的认识而把握事物本质和整体特征的思维方法。综合以分析为起点，在思维方向上与分析相反。分析与综合是对立统一的。综合的规则包括如下方面。

①综合必须与分析相结合。为了综合，首先必须有对事物各部分的分析；为了分析，首先必须有对总体的基本认识。

②综合必须创造性地形成关于事物整体的认识。综合不等于所分析的事物各个部分属性简单的相加，而应在理性认识的基础上形成关于事物整体的本质和规律的认识。

3. 归纳、演绎和类比

归纳、演绎和类比是三种基本的逻辑推理模式，也是教育理论研究中常用的逻辑思维方法。其中，归纳与演绎在思维的方向上是相反的。归纳、演绎能够使理论思维具有较强的逻辑性。

（1）归纳

归纳是从已知的具体的事实或个别性的前提概括出一般性的或普遍性结论的思维方法。比如，已知事物 S_1 具有性质 P，S_2 具有性质 P，S_3 具有性质 P，S_n 具有性质 P，那么可以归纳得出所有的 S 具有性质 P。归纳是从个别推论一般。归纳往往适合于从经验事实出发得出结论的研究过程。在教育研究中，教育经验总结、对通过教育调查获得的资料进行的研究，都要运用归纳。

（2）演绎

演绎是从已知的一般性和普遍性的原理或结论出发，推论出个别或特殊结论的思维方法。演绎是从一般或普遍推论出具体或特殊。在教育理论研究中，演绎具有较大的价值。

演绎一般分为公理演绎和假设演绎两种。公理演绎是指从一个具有普遍意义的公理和结论出发进行的演绎。公理演绎一般由三个判断组成。其中，前两个判断是前提，第三个判断是结论。其公式如下。

所有的 M 是 P　　　　　M—P

所有的 S 是 M　　　　　S—M

所以，所有的 S 是 P　　　S—P

假设演绎是以假言判断为前提的演绎。假设演绎的假言判断是一种条件判断，即前一个判断存在是后一个判断存在的条件。教育实验研究假设就是一种假设演绎。由于假设的条件有充分条件、必要条件和充要条件之分，假设演绎也相应分为充分条件假设演绎、必要条件假设演绎和充要条件假设演绎三种类型。假设演绎的正确性要通过实践检验、理论论证或逻辑检验来确定。

（3）类比

类比是一种个别化的推论方法，是根据两个或两类事物在某些方面相同、相近或相反，而推论出它们在其他的方面也相同、相近或相反的一种思维方法。其公式如下。

A 对象具有属性 a，b，c，d，

B 对象具有属性 a′，b′，c′

所以，B 对象具有属性 d′

类比又分为对称类比、因果类比、结构与功能类比等类型。对称类比是依据两个对象各自属性之间可能存在的类似的对称联系而进行的推理，如上述公式所表述的就是对称类比。因果类比是依据两个对象各自属性之间可能存在的类似的因果关系而进行的推理。结构与功能类比是依据两类事物在结构上相似而推论两类事物的功能的类比。类比推理在形成教育理论中具有重要意义。

（三）系统科学方法

系统科学方法包括系统方法、信息和控制方法、结构和功能方法。由于教育现象是一个复杂的系统，运用系统科学方法能从多角度认识教育现象的本质及规律。

1. 系统方法

系统方法是把事物作为一个系统，从系统的部分与部分、系统与环境的相互联系和相互作用中综合地考察事物的方法。系统方法有助于整体地把握教育现象。

系统方法强调把事物作为一个整体来认识；对整体的部分做相互联系的分析；把事物作为一个系统，考察它与其他系统的关系；运用分析和综合的方法考察部分与整体的关系。在教育理论研究中，运用系统方法必须考察教育各个要素的性质、作用，同时对教育各个要素的关系、教育系统与其他系统的相互联系进行客观的分析。运用系统方法应遵循系统思维方法的整体性原则、全面性原则、层次性原则以及动态平衡性原则。

2. 信息和控制方法

信息和控制方法是揭示事物系统运动过程中的信息联系，用信息概念和理论考察和研究系统的行为功能结构，从信息的获得、转换、传输和储存过程来研究控制系统的运动规律的方法。

在教育理论研究中，运用信息和控制方法有利于阐述教学系统的结构和功能、过程和评价等问题。信息和控制方法的特点是撇开对象的具体结构，考察系统的信息变换过程。

3. 结构和功能方法

结构和功能方法是一种说明系统整体结构与功能的关系的方法。它注重从考察事物内部各要素的关系的结构来考察事物的功能，或者从事物的功能来分析事物的结构。结构和功能方法特别强调定性与定量研究的结合。

运用结构和功能方法进行教育研究，要从结构和功能的相互联系上研究教育现象和过程。一是要研究教育系统的构成要素、内在结构以及为适应外在环境要求而引起的教育现象和教育活动的结构的变化，从而调整不合理的结构，实现系统结构优化，如对课程结构的研究、教育活动结构的研究、学生素质结构的研究等。二是在系统和环境的相互作用中把握教育系统的功能，具体揭示教育系统的结构与功能的内在关系，揭示教育活动、教育系统与其他系统之间的相互作用，以及这种作用的条件、作用方法和特点。结构和功能方法是教育理论研究中常用的方法。

思考与行动

1. 教育理论研究有何特点？有哪些功能？

2. 教育理论研究有哪些基本的推理思维方式？

3. 为什么说"教育、科技、人才是全面建设社会主义现代化国家的基础性、战略性支撑"？试用系统科学方法论加以简要说明。

4. 找一篇教育理论研究文章，分析评论作者对理论方法的应用；或观摩一次硕士学位论文开题(答辩)活动，选择一篇学位论文分析作者对理论方法的应用。

进一步阅读的书目

1. 瞿葆奎：《元教育学研究》，杭州，浙江教育出版社，1999。

2. 郭元祥：《教育逻辑学》，北京，人民教育出版社，2002。

3. 杨小微：《教育研究的原理与方法》，上海，华东师范大学出版社，2002。

4. [英]丹尼尔·约翰·奥康纳：《教育哲学导论》，宇文利译，北京，中国人民大学出版社，2015。

第十二章　教育文献研究

　　教育文献研究即对教育研究中业已形成的相关研究文献资料来源进行收集、整理和分析，梳理现状或探究研究结论的方法。教育文献研究也称教育文献探讨。这些文献包括期刊、摘要、评论、著作、研究报告等。

第一节　教育文献研究概述

//////////////

一、教育文献

　　文献是记录知识的一切载体。这一定义可引申和扩展为：已发表过的，或虽未发表但已被整理、报道过的那些记录知识的一切载体。所谓一切载体不仅包括图书、期刊、学位论文、科学报告、档案等常见的纸质印刷品，也包括记录知识或信息的各种实物材料，还包括承载特定信息的互联网和自媒体等虚拟的或数字化的载体。

　　教育文献从广义上可理解为一切用各种符号形式保存下来的对教育研究有一定历史价值和资料价值的事实材料。没有继承和借鉴，科学就不能得到迅速的发展。马克思指出，科学研究部分地以今人的协作为条件，部分地又以对前人劳动的利用为条件。在当代，只有充分地利用科学文献才能实现"今人的协作"及"对前人劳动的利用"。教育文献是一切精神产品不可缺少的原材料，离开了它很难谈得上是科学研究。教育研究必须充分地占有资料，必须进行文献调研，以便掌握有关的科研动态，了解前人已取得的成果、今人进行研究的现状等。这是任何科学工作者进行科研的必经阶段。

　　教育文献的内容多种多样，按其性质、内容的加工方式和用途大致可分为零次文献、一次文献、二次文献和三次文献，或称为零级、一级、二级、三级文献。零次文献也可视为第一手文献（primary documents），亦即经历过特别事件或行为的人撰写的目击描写，是未经发表和人工物化的原始的教育文献。它包括未发表付印的书信、手稿、讨论稿草案、原始记录等。历史形成的零次文献大都收藏在档案馆、博物馆；而现实的零次文献则分散在教育工作者和教育科研人员手中。第一手文献是非常重要的教育研究情报源。这些文献大多数不是为社会研究而是为其他目的而撰写的。而且这些目的极不相同。一般个人的、第一手的文献，几乎是由个人写的，如日记、日志、给朋友或亲属的信件、自传和自供信件（往往是匿名的）。许多非个人的文献则是由学校、事业单位、儿童教育福利机构、教育研究学会或组织连续写下的，目的是连续地记录各种事件，以确保这类重要事件记忆的可靠性。这类文献往往比个人文献较有结构。这些文献包括会议记录、上班期的备忘录、财务记录，以及与维持该组织有关的其他材料案卷。

一次文献也称原始文献，一般指直接记录事件经过、研究成果、新知识、新技术的专著、论文、调查报告等文献。一次文献也可说是第二手文献（secondary documents），是那些不在现场的人们所编写的。他们通过访问目击者或阅读第一手文献，获得编制文献的信息。作者经过收集资料，综合分析，而把自己的研究所得直接体现在文献中。这类记录原始成果的文献包括图书、报刊、研究报告、会议文献、政府出版物、学位论文、档案资料等。

二次文献又称检索性文献，是指对一次文献进行加工整理，包括著录其文献特征、摘录其内容要点，并按照一定方法编排成系统的便于查找的文献。二次文献在教育研究中能起到提供一次文献的线索的作用。

三次文献也称参考性文献。三次文献是在利用二次文献检索的基础上，对一次文献进行系统的整理并概括论述的文献。此类文献不同于一次文献的原始性，也不同于二次文献的客观报道性，而具有主观综合的性质。三次文献反映了文献加工者对一次文献的主观见解，是对众多一次文献的综合研究结果。比如，教育研究动态综述、教学专题评述、教学数据表、教学进展报告等单篇文献均属于三次文献。有关教育科学方面的字典、词典、百科全书、年鉴、手册、表谱等专书文献通常称为专科工具书。因为它能直接为教育研究中所遇到的问题提供答案，所以也被称为三次文献。

二、教育文献研究的优点

（一）能用于研究不可能接近的研究对象

教育文献研究的基本优点是研究者可对那些自己不能亲自接近，从而不能以其他方法进行研究的研究对象做研究。这些研究对象还包括利用除文献以外的其他手段都不能为社会研究所接近的人群，明显的是那些早就逝去的人，如孔子。要研究生活在公元前551年至前479年这个时期的孔子，以及他的学说及教育思想，当代研究者只能依靠记载孔子活动及言论思想的文献资料。比如，现存《论语》一书记有孔子的谈话以及孔子与门人的问答，是研究孔子学说的主要资料。如果不依靠这种研究方法，这项研究就根本无法进行。

（二）研究过程中无对象反应性的干扰

教育文献研究同某些教育研究中的观察形式（如通过一面单向镜做的间接观察或非参与性观察）一样，具有很少反应性或没有反应性的优点。尤其当文献是为某些其他目的而编写时更是如此。比如，东汉时期的郑玄在编辑《论语》时，就预料到会被后人作为研究孔子学说的资料，因而感到不自然吗？恐怕是极不可能的。因此，资料收集方法本身一般不会使正在收集的资料发生变化，因为这个方法一般是在行为的参与者逝世后很久才被使用的。

（三）长于纵向分析

教育文献研究尤其适于做长时期的研究。例如，对于种族歧视的问题，研究者可能在1984年认识到，白人对黑人的态度已经改变了，从而有志于研究这些变化在1935—1985年的变化趋势。他们不可能在时间上退回到1935年去做观察研究。由于这是个要描述在经验上出现过什么的问题，而不是个实验的问题，实验法也被排除了。调查研究可被用来向老年人询问他们在这50年所曾看到的事情的变化情况，但由于记忆力衰退，或不大愿意承认过去存在的偏见，而会产生很多误差。这就使教育文献研究（若能发现适用的文献的话）成为研究这50年趋势的唯一可行的方法。

（四）样本数较大

教育实验研究和教育观察研究在它们所用的样本数方面是有限的，而教育文献研究则如调查研究一样常可用较大的样本。而一个大的样本意味着我们对研究结果可给予较多的信任，可较容易地获得令人满意的有意义的结果，并可较放心地从我们的结果中进行推断。若一个教学研究者正在长时期研究一份教育报刊上的教育动态或其他栏目，那么抽取一个为数几千或更多的样本，就应该不成问题了。

（五）自发性

教育文献研究同教育观察研究一样具有这个优点：自发的行动或感觉是正当它们发生时被记录下来的，而不是由研究者在特定的时间内所做的记录。这就是说，一个研究者向一个回答者询问其感觉的特定时间，可能不是回答者想要讨论研究题目的时间。可是，若回答者留有一本日记，他便可随时记下关于这个题目的自然感觉。

（六）坦白程度高

与访问或问卷调查相比，人们可能较愿意在一份文献里坦白。所以，对文献诸如日记、逝世后发表的自传和遗书等的研究可能是获得此种信息的唯一方法。

（七）费用较低

教育研究文献中可被分析的文献的类型、文献被分散的广度以及人们获取文献所跑的路程等这些因素的差异，使文献分析的费用有很大不同。但与大规模的调查相比，文献分析可能费钱较少。文献往往集中在图书馆、档案馆、报社资料室，以及高等教育机构和职业技术教育机构研究所等。分析人员到这类机构查找和研究文献，只需花一笔车费。

三、教育文献研究的缺点

（一）有偏见

教育文献有时不是为达成研究目的而编制的。编写文献的各种目的和意图，可能以各种方法使文献带有偏见。例如，自我坦白的文章或自传之类的个人文献常常是由名人或曾有某种不寻常经历的人撰写的。虽然这些文献常常提供独特的有价值的研究资料，但难免会出现为了编一个动听的故事而夸大甚至捏造的问题。文献中也往往会写上那些使作者身份抬高的事件，而略去那些使作者处于被否定状态的事件。

（二）有选择的残留

教育文献即使在图书馆、档案馆、资料室这些专门收藏文献的地方，也难以免除失火、搬迁等过程的遗失。书库防虫措施的不当，也会使文献资料遭受损失。有些文献由于各种原因被篡改、局部销毁等的可能性都是存在的。另外，一些知名人士所写的文献可能得到维护；而普通人写的信件、日记之类则往往不是被损坏，就是被遗失，难以找到。从这种意义上说，很多时候，我们收集起来的文献只能是主观或客观原因导致的有选择的残留文献。研究者对此应有清醒的认识。

（三）不完全

许多文献对于缺乏经验或缺乏有关事件或行为知识的研究者来说，是不完全的。

许多个人文献如信件和日记，它们不是为研究目的而是为私人目的而写的，甚至是保密的。这两种文献中都有研究者所不熟悉的关于某些事件的知识。在这一点上，日记通常只是为写作者本人阅读的，所包括的不仅有描述，而且可能有更多的自我反省和坦白。信件往往比较完整些，因为它们是写给别人的。而且，许多信件中包含读信者前已知晓的大量信息。虽然信件以两个通信者共同了解的知识为基础，并为他们之间令人满意的沟通提供了必要的信息，但对于研究者来说，它们只提供了最少的信息。

（四）不易获得

除了文献有偏见、有选择的残留和不完全之外，还有许多研究领域无文献可资利用。在许多情况下，根本无信息记录。在另一些情况下，虽有记录，但文献仍处于保密状态或者已经被破坏。

（五）抽样偏见

抽样偏见的问题之所以发生，是因为教育程度或收入水平较低的人们，由于某种偏见，不大可能被列入可获得的名单。而这些名单是抽样范畴确定不能忽视的。样本抽取后，调查特别是问卷调查，还会遇到教育程度低者因阅读问卷和文字表达能力有限而无法提出问题。因教育程度而出现的抽样偏差问题，在教育文献研究中比在教育调查研究中甚至更为尖锐。不妨推断说，受教育程度低的人们比受教育程度高的人们，写文献的可能性小；他们阅读的经常性也不如后者。因而，他们的意见并未在这种大众传播媒介中得到很好的反映。

（六）限于言语行为

按定义，文献所提供的仅是关于一个回答者的言语行为，而不提供关于回答者非言语行为的直接信息。被分析的文献可能包括有关非言语行为的描述，或是关于文献作者的，或是关于别人的描述。然而，与观察法、实验法甚至调查法做对比可以看出，这些方法中研究者通常做直接观察；而文献分析者不可能观察他们的回答者的非言语行为。因而文献分析者一般只能在他们的书面材料上下功夫。

（七）缺乏标准形式

各种文献就其形式的标准化而言有很大的区别。有些文献如报纸，经常以一种标准形式出现。日报总是有这样一些内容，如社论、言论版、讣闻、连环画版、体育和天气预报。研究人员可就同一份报纸的不同时间做对比，也可就同一时间的不同报纸做对比。但许多其他文献特别是个人文献，并无标准形式。这样的话，对比是困难的，甚至是不可能的。

（八）编码困难

由于种种原因，包括文献撰写目的的不同、内容或研究对象的不同、标准化的缺乏，以及长度和形式的不同，编码是文献分析者所面临的较为困难的任务之一。文献一般是用文字而非用数字写的，因此十分难以数量化。所以，对它们的分析类似对开放性调查问题或现场观察笔记的分析。

第二节　教育研究中的文献分析

一、教育文献的来源

教育文献绝大部分是来自社会文献交流系统。这些文献交流系统是指专门收集、加工、保藏和传播文化科学知识的职能部门及其活动机构。它们是随着社会发展、文化繁荣和人们利用文献需要而问世的文化、学术、服务性机构。

图书馆是这些文献交流系统中较早出现的形式，成为收集、整理、保存、传递科学文献知识的服务性和学术性机构，也是教育文献交流系统，是教育研究工作者查寻资料的主要场所。我国国家图书馆藏书的主要特点之一就是名家手稿，颇具特色。该馆自 1959 年建立了手稿专藏，收藏了章太炎、蔡元培、王国维、鲁迅、郭沫若等作家、教育家、学者的著作手稿。其他地区、大专院校的图书馆也都不同程度地收藏着各类个人文献、传记、教育理论研究著作以及各种教育研究统计资料。尤其省级图书馆收藏的地方文献中包含不少名人的稿本、抄本、信札，其中有一部分是未刊行稿。比如，首都图书馆亦将地方文献资料列为专藏，1981 年年初收藏地方文献已达 1 万多册。省级图书馆的地方文献专藏中，本地区的地方志占有重要位置。比如，南京图书馆收藏的江苏地方志就十分齐全。这些收藏点都是教育文献的来源地。

档案馆是以收集国家需要长期保管的档案和有关的资料，并对其进行整理、编目、保管、研究和提供利用为基本任务的。我国历代封建王朝都不同程度地注意了对档案的保管，修建过各种档案库房设施，设专职人员管理档案。新中国成立后，档案馆成为党和国家集中保管档案材料的基地，是国家法定的专门永久保管档案的科学文化事业机构。档案馆事业已成为科学文化事业的一个重要组成部分。

目前，我国已初步形成了一个庞大的、纵横交错的档案馆网。根据国家统计局2023年发表的《中华人民共和国2022年国民经济和社会发展统计公报》，全国共有档案馆4136个，已开放各类档案20886万卷(件)。

已设置的中央级档案馆有三个：中央档案馆、中国第一历史档案馆、中国第二历史档案馆。中央级档案馆负责集中统一保管具有全国意义的、历史上各个时期和新中国成立以后的中央机关、著名人物及其他单位的档案。

世界上其他一些国家都设有档案机构。在美国，除了国家档案馆和文件中心负责保管联邦政府机关的档案文件外，图书馆、博物馆、私人企业、公司、财团以及科研、文教、宗教和其他非官方机构都保存档案文件，而且均不向国家档案馆和文件中心移交，不受国家档案行政机构的监督和控制。因此，许多贵重的档案并未掌握在国家手里。

博物馆作为一种社会文化事业，是科学研究机关、文化教育机关、物质文化与精神文化遗存或自然标本的主要收藏场所。博物馆对于教育研究的意义在于：①博物馆的各种实物收藏，如历史文物，对于研究者有着直接的参考借鉴价值。博物馆的各种陈列品，还被称为"活文献""实体情报"，往往能起到纸面文书所难以描述的直观启迪作用，历来为有识之士所推崇。②许多博物馆、展览馆、纪念馆同时收藏有关展品、藏品的图书、历史文献、资料等。比如，中国博物馆收藏的关于中国近代革命史的图书、报刊资料就较为丰富。有些关于著名人物的纪念馆、事迹陈列馆对本人的著作和他人的有关记述资料往往收集得较为全面。再如，北京鲁迅博物馆不仅收藏着鲁迅先生生前的藏书，还收藏着鲁迅的手稿、文物、资料、照片等。这些珍贵的收藏一般图书馆是没有的。还有博物馆由于历史的原因，其藏书不仅面宽、量大，而且一般具有传布较早、罕见、独本等特点，弥足珍贵。

除图书馆、档案馆、博物馆外，凡一切可能有社会科学文献资料的单位或机构，在教育文献研究中都应该被充分利用。诸如文化事业单位、教育学术团体、教育学会和协会、教育行政领导部门等这些单位，不论其有无图书馆，但为开展业务工作，总要收集或生产出一些文献资料(包括一些"动态""工作通讯""内部文稿"之类的定期或不定期的小型报、刊等)。因此目前国内外把上述那些组织和机构统称为"情报源"，意即产生情报、文献的源泉，看来很有道理。教育研究工作者在文献分析中只有广泛地从各种渠道汲取情报文献的信息，才能取得较全面、系统的第一手资料，并在此基础上经过创造性的劳动得出科学的结论。

另外，教育研究中的个人文献往往是个人的私有物，因而往往是保密的。这一事实有时使人们连获取一份特别有趣的文献也是困难的，更难以由这种文献积累成大的样本。大约主要是这个原因，像现场观察人员那样，个人文献的分析人员往往选择一份文献或为数很少的几份精心选取的文献，作为一个个案进行深入细致的研究，而不对大量的文献做较肤浅的研究。不过，也可能有这样一些情形，即研究者可在某个地方获得一个由个人文献组成的大的样本，如一个写给政治家的信件的样本，或一个关于某个特别政治事件的报纸的样本，以及特别有意思的信件等可能集中在特别的收藏地或图书馆、档案馆里。

二、教育文献的第二手分析

许多研究者从图书馆、档案馆以及资料室等获得资料（以文献的形式或以调查报告和编码形式出现），将这些资料进行次级分析（secondary analysis）。

所谓次级分析就是对一份由另一个人收集或写作的文献或资料的分析。次级分析人员一般有一个不同于初级研究者的研究目的。例如，一个想要研究分层的社会学者可在某个资料档案馆里发现一本编码簿，这本编码簿是一位政治科学家在研究投票行为时编制的。经仔细查找，还可发现，该项研究收集了关于社会阶级的充分的（然未经分析的）资料，研究者能据此进行一次完全适当的分层研究。

海曼于1972年提出了全面处理次级分析的意见。海曼所列举的次级分析的优点在于：①使用可获得的资料而不去收集原始资料，可省时省钱；②使用现有的资料而不去收集新的资料，可减少对私事的侵犯；③使对比分析容易做（如通过对各个地区收集资料的次级分析，将各地区进行对比）。

但是，次级分析也存在不足之处。主要的缺点在于：研究者所需要的资料可能完全找不到；原始资料中包含次级研究者不能发觉的误差。

例如，研究者珍妮特·G. 亨特和拉里·L. 亨特1977年所进行的次级分析中，他们的兴趣在于家庭中无父亲对孩子（尤其是对女儿）发展的影响。而且，他们的研究兴趣还涉及种族的影响。

为了这一研究而收集资料显然要用较长的一段时间，而且花费很大。幸运的是，这两位研究者能够使用罗森堡和西蒙斯1972年为进行种族评价而收集到的资料。这些资料是对巴尔的摩公立学校1968年三年级到十二年级的1917名学生的访谈做了对比。

两位研究者于 1977 年得出的结论是无父亲对女儿的发展确有影响，并认为存在某些种族区别。例如，对于白人女儿来说，性别角色的认同和约会在父亲不在时稍低些，而结婚计划则明显地减少。无父亲对黑人女儿的影响不像所宣称的那样大，但是存在的。

次级分析中要考虑的另外一因素是，虽然原始资料可能是极好的，并可能包括研究者所需要的一切信息，但处理大量资料的任务仍可能是相当多的。并非有些研究者所想象，只要具备已经收集了并储存着的资料，便可立即着手分析。在研究的过程中，情形往往复杂得多。研究者要在大量可获得的资料中抓住重点，并从繁复的资料中抽出一些与他们的研究相关的资料。这需要花费大量的时间。

第三节　教育研究中的内容分析

在论述教育文献时，我们将限于两个主要类型的研究方法：①非结构式和非定量的个案研究方法；②从书面文献中产生定量资料的结构式内容分析方法。（后一种方法在许多教科书上被称为内容分析法，用以区别在第一种方法含义上使用的文献法。）这样的分类仅以我们分析方法的结构为基础，而不以文献本身的结构为基础。这是因为虽然某些文献比其他文献较为标准化，所有的文献最终都同具下列情况：它们都不是为社会研究的目的而写的，从而一般地不是为了使它们经得起研究的检验而组织的。这些文献全都为社会研究提出了大致相同的分析问题，而且就此而论又全都被认为是非结构式或自然的。既然非结构式方法较可能被用于个人文献，而结构式方法较可能被用于非个人文献。这就足以将我们的讨论限于这两个主要类型了：非结构式的个人的和结构式的非个人的。

既然文献分析基本上是无反应性，因而不存在其他方法中所遇到的处理关系等问题。文献分析主要集中在两个主要问题上：其一是获准使用文献；其二是对文献进行编码和分析。

一、教育研究中的个人文献分析

在某种意义上，个人文献研究类似参与观察，而非个人文献研究则类似调查研究。非个人文献研究常较易取得一个相当大的样本。例如，对报纸研究有兴趣的研究者可在许多报纸中抽样。一方面，个人文献研究具有第一人称叙述的自然性、很深的亲密程度和发自内心的感觉等明显的优点。这些一般是在调查研究和非个人文献研究中得不到的。另一方面，个人文献研究提供的样本数一般不是很大。从而，许多教育研究中从事个人文献研究的人员，一般选择一个可做深入研究的小样本或个案研究计划，而不选择一个只能以较表面的形式进行研究的大样本。个人文献研究中所研究的个案往往是由研究者根据自己的特殊兴趣主观选择的，而不是随机选择的。

个人文献分析允许研究者去选择足以说明问题的例子。因而，这种方法适用于定性分析而不适用于定量分析。个人文献分析一般包括分类学的建立，像在教育现场观察研究中的资料分析一样。在讨论过分类之后，个人文献的一些特定例子可被选择用来说明分类中所包含的不同类型，或说明某些论点。也就是说，个人文献分析并不是确立一个假设，如教育社区中家庭结构的假设，然后又通过从一次调查中收集资料的方法去检验它；而是做一个关于家庭结构的概括，然后用从个人文献中摘录的材料说明。

美国社会学家托马斯和兹那尼茨基在 1918 年进行了一项经典研究，运用了这一方法，可算得上是较为典型的个人文献研究了。他们的资料包括由在美国的波兰移民和他们在波兰的亲属写的大量的个人信件。托马斯和兹那尼茨基第一次提出了对农民信件的分类学。他们指出，所有的农民信件都是一种基本类型即问候信的变异。

问候信通常是由一个家庭成员写给某个有一定时间不在家的成员的，它的作用是表明尽管离家仍坚持家庭团结。这样一种表达，唯当家庭成员开始离开他们的家乡时才成为必要；只要这个家庭留在同一社区里，团结就是明确的、持久的。与这种信的作用相适应，问候信有一种十分坚决的气质。

这种信也表示写信者是健康的，而且希望家里的人也健康。它以向家庭中仍活在同一地方的成员表示敬意或问候结束。

这种信一般有如下五种类别。

①仪式信。它在办婚丧嫁娶时发出，通常是邀请所有家庭成员出席。

②通告信。它在成员一时无法亲自会面的情况下，提供关于缺席成员生活情况的详细信息。

③动感情的信。它的任务是通过激活个人的感情，加强家庭的团结。

④文学信。它在举行仪式时用撰写诗文的方法，代替音乐演出和诗歌朗诵。

⑤事务信。

托马斯和兹那尼茨基当时重印了这些信件，对其进行资料分析，针对每一封信说明了一个论点。托马斯和兹那尼茨基的这部著作专门论述信件，对信件做评论，表明信件可用于对研究波兰农民中家庭结构的关系。这部著作在当时引起了争议。许多社会学家认为这一方法为开展关于生活的各个方面，尤其是人们的内心精神生活的透彻研究提供了一个极好的机会。当然也有攻击、否认这一方法的。

这个例子对于教育研究中的个人文献分析也是极好的借鉴。

二、教育文献的内容分析

对较传统的科学的或定量的假设检验方式感兴趣的研究者，会对定性的描述方式感到不满足，会发现高度结构式的内容分析更合口味。

内容分析的基本目的在于将用一种用言语表示的而非用数量表示的文献，转换成用数量表示的资料。

内容分析的结果一般可用与调查资料相同的方式，以包括频数或百分数的图表加以描述。内容分析是用系统地、客观地鉴定原文的具体特征的方法进行注释的一种研究方法。

教育文献的内容分析与教育调查研究一样，有助于使用正式的假设、科学抽取的大型样本和可用计算机与现代统计技术做分析的数量化的资料。因而，内容分析的目的实质上包括教育调查研究所囊括的一切专门化的领域。此外，内容分析还有某些特殊目的，如对著作来源有问题的文献确定著作来源。霍尔斯蒂列举了内容分析除科学的假设检验之外的 7 个目的。

①描述沟通内容的倾向。

②说明它们所提供的信息来源的特征。

③检查沟通中不合标准的内容。

④分析劝说的方法。

⑤分析文体。

⑥说明读者对提供给他们的信息的意见。

⑦描述沟通的方式。

内容分析的过程基本上和结构式观察的运用相同。在每一项研究中，观察者均寻求一份检验特定行为的清单。这份检验清单构成了一个类别分类。就是说，它们是相互排斥的——每个行为都只列入一类；同时它们是穷尽无遗的——观察者所感兴趣的一切行为均能以某一个类别来分类。这种分析方式用于结构式的文献分析。研究者首先确立一套可用于分析文献的相互排斥和穷尽无遗的类别，然后将每一类的频数记录下来。关于资料收集方法的讨论中已确定两种主要的资料收集方法，是由它们的结构程度构成的。而结构程度是按它们是定量的或定性的、系统的或非系统的、客观的或主观的这三点来分类的。一种无结构式方法如托马斯和兹那尼茨基做个人文献分析的个案研究方法，被描绘为基本上是定性的、非系统的和主观的。反之，一种结构式方法如内容分析，则被描绘为定量的、系统的和客观的。

内容分析人员同结构式观察人员一样有制作某些编码图表以使其资料变为数字的任务。研究者可使用关于事件的简单频数，也可使用其他图表。在次序上，内容分析人员必须依次完成下列五项任务。

（一）抽出文献样本

内容分析的抽样程序与前面所论述的抽样程序大致相同，这里仅做简要阐述。第一步是确定一个抽样范畴，或者说编制一个将要抽取的样本的清单。值得注意的是，这一步容易产生偏误。

确定抽样范畴之后，常用的几种抽样方法大多可以应用了。随机抽样是应用得较为广泛而不太复杂的方法。不过，若被抽样的那些单位可假定在抽样范畴中处于随机次序，则可应用系统抽样法，也可用分层抽样法，将文献按流通情况和地理位置做分层；也可用聚类抽样法。

（二）界定类别内容

教育文献类别的内容应反映出研究的目的，而且应是穷尽无遗的、相互排斥的和独立的。所谓"独立的"意为某类别的值不决定另一类别的值。

基本的要求是，类别应足以满足研究的目的。研究者在界定研究目的之后，必须确立一套适当的类别。内容分析的类别一般不是来自理论，也不是凭空确立的，而是通过仔细检查将被研究的文献，然后确定它们所包含的共同因素而确立的。唯有通过让类别从将被分析的文献中显露的方法，相互排斥和穷尽无遗的目的才能达到。未经事先仔细检查文献而确立类别，无疑会排除掉许多重要的类别，而包括进许多不必要的类别。

霍尔斯蒂提供了许多确立类别的例子。比如，辨别报纸内容倾向的类别可以分为 12 个：①外国新闻和特写；②华盛顿新闻；③论述公共事务栏；④独家社论；

⑤商业、财政、航海；⑥体育；⑦社会；⑧妇女利益；⑨戏剧、电影、书籍、艺术；⑩广播和新闻；⑪连环画和单幅画；⑫图解（不包括连环画）。其他内容分析的兴趣主要在于文献所显露的价值。

此外，还有人设计出了多种类别形式。拉森、格雷和福蒂斯于 1963 年研究了儿童电视节目的目的，以及达到这些目的的手段。他们将目的分为 7 个类别，包括物质成就、权力与威望。而达到目的的手段则分为 8 类。

还有一些研究是探寻文献中所描写的性格特征的。其他使用的类别形式也有很多。

总之，文献有多少不同的类型，研究有多少不同的目的，类别的形式也就有多少种。

（三）界定分析单位

类别的形式一般并不决定单位。也就是说，对特定的某一套的文献和特定的某一特征的类别来说，必须使用的分析单位并非一个单一的单位。霍尔斯蒂列举了 5 个主要的分析单位：单词或符号、主题、人物、句子或段落、项目。

1. 单词或符号

虽然少数研究一直使用字或音节，但一般使用的最小单位是单词。用一个单词做分析单位，显然有一个问题。即若研究者的样本包括很多长篇文献，他们要处理的字就太多了，从而会被资料压得喘不过气来。因此，在对大众传播媒介做内容分析时，一般不用单词做单位而用某个较大的单位。霍尔斯蒂指出，在研究处理可读性、形态、心理疗法和文字检验时，用得较多的分析单位是单词或符号。用一个单词或符号做分析单位的优点在于，一个单词是离散的，有清楚的界限，并是颇易于识别的。这同某些其他分析单位如主题——它往往没有清楚而客观的界限——形成直接对照。

2. 主题

主题涉及一份文献或其中一部分内容的意图或目的。全面阐释一个主题可能仅用几个词或部分句子，也可能需要用许多段落、几章或几卷书。其问题在于，确定一个主题的界限可能比确定如一个词之类的其他分析单位的界限，要困难得多，主观得多。一个文献的子部分是已经由语法规则和书写形式清楚地划分界限的。也就是说，一个字、一个句子、一个段落，分别由两边空白、句号（或其他表结束的标点）和首行空格隔开，因而界限是清楚的。由于主题没有此类间隔界限，而关于主题从何处开始到何处结束的意见也不易一致，符号间的可信度低。

3. 人物

人物作为分析单位显然只限于这样一些文献，如小说、戏剧、电视剧、电影脚本或其他有人物表的文献。分析单位是特定的人，被分析的是适于每一类别的人的数目。这一分析单位的优点在于，一个人是具体而不含糊的，从而避免了主题的界限问题。进而，用人物做分析单位的研究者可能不会被数字压得喘不过气来。因而，人物在适于它的地方是个好的分析单位，但应用有限，只能被用于一种特别的文献中。

4. 句子或段落

语法单位包括句子和段落，具有界限易于识别的优点。可是，像词那样，句子和段落有一个明显的缺点，即它们往往包含不止一个问题或主题，不是相互排斥的，因此不是令人满意的分析单位。例如，设想我们使用的类别是拉斯韦尔和卡普兰1950年关于权力、正直、尊敬、情感、财富、福利、文化程度和技术的价值类别，而我们正在用句子做分析单位。按照相互排斥的规则，每个句子有一个且仅有一个清楚而独特的位置。而现在设想，我们遇到下列假设的句子：琼斯先生在他的家乡受到极其热情的接待，同时也因巨大财富通常所带来的隐含权力而博得人们的尊敬。在这句话中，一个单一的分析单位（句子）包含属于4个不同类别的字（热情、财富、权力和尊敬）。因而句子或段落这一分析单位显然并不适于任何一个类别。在这一例中，单词和符号就是很好的分析单位。

5. 项目

即使句子或段落是个大到足以遇到适应相互排斥准则问题的单位，可是在必须对比大量文献时，它们往往是一个太小的单位。在必须对比许多文献的情况下，可以项目为分析单位。但以项目为分析单位除了它的粗略性外，另外的问题在于一个项目和一个主题之间确实没有清楚的界限。除非项目一词似乎用于指整个文献，而主题一词仅指文献的一小部分。

（四）选择语境单位

对于任何一定的分析单位来说，有时若不考虑这个单位的语境就难于或不可能说明该单位属于什么类别。也就是说，设想在一次关于价值的研究中，调查人员想用单词作为分析单位，他们并无很多的文献，以致用一个单词是不可行的。此外，他们认识到，任何大于一个单词的分析单位都不会提供必要的精确度。

例如，设想我们不仅对确定权力的存在感兴趣，而且对丈夫还是妻子有权力更感兴趣。那么，第一步是探寻"权力"这个单词。因此这个单词是分析单位，同时也是一个类别的分析名称。然而，这个单词往往不可能说明究竟权力属于丈夫或属于妻子。我们必须在上下文中读这个单词。因此，研究者常常选择一个语境单位，这是一个包括分析单位的较大的单位。从而，若分析单位是单词，则语境单位可能是一个句子、段落、主题、章或整卷书。对某些特定的类别和某些类型的文献来说，用一个语境单位或许不必要。然而，当它必要时，必须由研究者像选择类别和分析单位那样主观地予以选择。

（五）使用点算体系

研究者在确定了他们使用的类别、分析单位和语境单位之后，必须确定如何使资料以数量的形式呈现出来。在内容分析中，有四个主要的点算资料或者说使资料数量化的方法：①使用简单的二元编码，以指出文献中是否出现类别；②确定在文献中出现类别的频数；③给类别派定空间数额；④确定类别所反映的力量或强度。

三、教育文献分析的设计模式

教育文献的结构式定量分析可以采用四种不同的模式，即 A-X-T 模式、A-X-S 模式、A-X-Y 模式和 A-B-X 模式。① 现分述如下。

（一）A-X-T 模式

A 代表同一资料来源，X 代表同一内容变量，T 代表从不同时期中抽取的样本。这种模式适用于趋势分析。例如，为了分析某位学者的学术思想发展过程，可按如下步骤进行。

1. 确定资料来源

假定能够反映该学者学术思想的内容资料可能包括如下几种：①在某种刊物上发表的一系列论著；②几本有代表性的专著；③历年来在不同场合下的演讲录音。但在一项内容分析工作中，只能通过来源抽取其中一类作为资料来源 A。为了研究学者的思想发展过程，则确定①这一项作为资料来源 A。

2. 确定内容变量

按照研究任务以及以往对该学者的其他研究工作的经验，把该学者在具有代表

---

① 李秉德：《教育科学研究方法》，238～251 页，北京，人民教育出版社，1986。

性的学术思想领域的具有明显界限的基本观点或典型常用词语作为内容分析的类目。这些类目就构成为内容变量 X。

3. 按时期抽样

根据研究问题的性质，先确定抽取样本的时间间隔（如一年或五年，或按历史时期分段），从同一资料来源中，即在同一种刊物中抽取不同时期该学者的论著作为内容分析的样本。在 t_1 时期所抽取的样本以 At_1 表示，在 t_2 时期抽取的样本以 At_2 表示。

4. 对样本做量化处理

按照内容分析的基本程序，以同一内容变量 X 分别对在 t_1 时期抽取的样本和在 t_2 时期抽取的样本进行内容分析，得到量化的结果，分别用 XAt_1 和 XAt_2 表示。

5. 统计比较

把不同时期的样本经内容分析后得到的量化结果进行比较、对照，找出其中内容变量的集中或差异的趋势以及前后的相关关系，从而发现该学者学术思想的变化趋势。

（二）A-X-S 模式

A 代表同一资料来源，X 代表同一内容变量，S 代表对象在不同情景时所显示的资料内容。这种模式适用于意向分析。例如，为了分析总结某位优秀教师在运用不同的教学方法进行教学的经验，可按如下步骤进行。

1. 确定资料来源

这里的资料来源 A 为该教师对不同班级讲课时的课堂实录音像资料。

2. 确定内容变量

将该类教学课题中明显的、有明确界限的教学方式方法作为分析类目，如课前热身，演示实验，挂图、实物、幻灯片、动画、录像等的使用，课堂练习及指导情况等。这些类目就构成内容变量 X。

3. 按情景取样

根据研究问题的性质，选取该教师对两个基础不同的班级讲授同一主题的教学录像资料作为内容分析的样本，分别用 AS_1 和 AS_2 表示。

4. 对样本做量化处理

按照内容分析程序，以同一内容变量 X，分别对样本 AS_1 和 AS_2 进行内容分析，得到量化的结果，分别用 XAS_1 和 XAS_2 表示。

5. 统计比较

把不同情景的样本的量化结果进行比较，定量地判断哪一个变量是基本稳定不变的，哪些变量是随着对象不同而有所改变，并可定量地了解其变化的趋势。我们可以发现这位教师教学的基本风格、基本技巧，了解哪些是因对象而异的灵活处理的方法，以及如何灵活处理，从中总结出该教师的一些教学基本经验。

（三）A-X-Y 模式

A 代表同一对象同一资料来源，X，Y 代表两个不同的内容变量。这种模式也适合于意向分析。例如，为了研究某位学者的学术思想的特点，可按如下步骤进行。

1. 确定资料来源

这里的资料来源 A 表示某学者在某一时期对各种学术问题所发表的论述。

2. 确定内容变量

考察其中两个不同议题的内容，把一类议题的分析类目构成内容变量 X，把另一类议题的分析类目构成内容变量 Y。

3. 按议题取样

根据研究问题的性质，选择该学者针对两类议题发表的文章中其中一类作为内容分析的样本，分别用 AX 和 AY 表示。

4. 对样本做量化处理

按照内容分析的程序，分别用两个不同的分析类目对两个不同样本进行内容分析。其中，以内容变量 X 对样本 AX 进行量化处理，得到量化的结果 XAX；而以另一个内容变量 Y 对样本 AY 进行量化处理，得到另一个量化的结果 YAY。

5. 统计描述

把两个不同议题的样本的量化结果进行统计分析，研究它们之间的相关关系，以及各个类目中的次数分布、百分率等，从而定量地了解该学者的主导思想、基本观点、基本态度。

（四）A-B-X 模式

A，B 分别代表两种不同的资料来源，X 代表同一个内容变量。这是一个常用的模式，适用于比较分析。例如，为了比较同一学科中两种不同出版社编印的教材，以便了解其异同和各自的特点，可按如下步骤进行。

1. 确定资料来源

这里的资料来源 A 表示某出版社编印的某一学科教材，B 表示另一出版社编印的同一学科教材。

2. 确定内容变量

根据研究的任务和该学科的特点，把反映该学科内容特征的基本论点或词语作为分析类目，构成内容变量 X。

3. 按来源取样

根据研究问题的性质，分别从资料来源 A 和 B 中抽取部分章节作为样本。但由于研究任务不同，可以是比较内容的深度、广度，或者比较结构体系、表述方法。这样抽样的方法应有所差别。抽出的样本分别用 A_1 和 B_1 表示。

4. 对样本做量化处理

按照内容分析的基本程序，以同一个内容变量 X，分别对样本 A_1 和 B_1 进行内容分析，得到量化的结果，分别用 XA_1 和 XB_1 表示。

5. 统计比较

把两个不同来源的样本的量化结果进行统计比较，找出其中的异同，从而定量地说明两种不同教材在广度、深度上，或在结构体系上，或在基本观点、表述方法上等的差别，以便做出科学的评价。

在这种模式中，可以把其中一种资料来源当作标准来源，而将其他资料来源分别和其做比较。

思考与行动

1. 文献研究在教育研究中有何价值？它究竟是独立的研究方法，还是附属于教育研究选题过程？何种情形下可以确定其是独立或附属的？

2. 结合你感兴趣的一项教育研究选题，拟订一个文献研究计划。

进一步阅读的书目

1.［美］梅瑞迪斯·高尔、［美］乔伊斯·高尔、［美］沃尔特·博格：《教育研究方法》第六版，徐文彬、候定凯、范皑皑等译，北京，北京大学出版社，2016。

2.［美］威廉．维尔斯曼：《教育研究方法导论》，袁振国主译，北京，教育科学出版社，1997。

3. 杨小微：《教育研究的原理与方法》，上海，华东师范大学出版社，2002。

第十三章　教育研究资料的整理与分析

本章作为教材的最后一章，将概括式地介绍教育研究资料的整理与分析的基本技术和方法。定量研究与质性研究作为教育实证方法的两大阵营，存在研究范式上的差异。因此下面也将分为两个部分分别进行介绍。定量数据的分析主要介绍统计描述和统计推断的主要方法。其中，多因素分析的多种方法作为相对高阶的分析技术，被独立地进行了介绍。质性研究的分析其实更加多元，存在多个分支。本章主要选择了相对基础、普遍使用的方法——扎根理论——作为代表，呈现了质性研究资料的编码过程。最后，本章对混合研究这种新兴的研究思路进行了简要的介绍。

第一节　定量数据的分析

////////////////////

依据不同的教育统计对象和人、财、物等研究条件，研究者所制定的教育方案对数据资料的要求有极大的差异。有的只需借助数据资料做简单的辅助描述，有的则需要利用数据资料做深入的推理分析。有时则受收集资料的手段所限，往往难以获得所需的更为精细的数据资料。面对简单复杂的数据资料和多层次分析的需要，合理选用恰当的统计方法是非常必要的。

一、统计方法的选择

教育研究通常可以从两条途径上展开。其一是描述性研究。它着重于理论的介绍、比较或评价。其二是实验性研究和假设性研究。前者主要借助实验方法对提出的理论进行验证。后者利用各种研究手段对所构造的变式或假设进行综合性检验或认证。

对于描述性研究，一般可采用统计描述的方法。利用这种方法就是将研究中所收集到的数据资料进行归纳整理，用统计图表和统计量数来辅助说明所描述理论的实际意义、内部关系或横向比较的结果。

对于实验性研究和假设性研究，通常需要在统计描述的基础上做进一步的统计推断。抽象的理论和假设提出后，仅停留在定性的认证上是很难使人信服的。作为科学的结论，它还必须通过实践的检验加以证实。这种检验过程一般无法直接施于全体研究对象，而只能对它们的一部分进行直接检验，最后推断出理论或假设是否具有相当普遍的意义。统计推断为理论或假设的量化检验，提供了一系列实用方法，是实践检验不可缺少的工具。

统计描述的特点是能用简洁、直观、易于理解的方法展示研究的结果，其不足在于没有完整地显示出各研究变量之间潜在的内部关系，因而使总体数据的部分信息损失掉了。统计推断则能更深入地提示研究变量之间的内在联系，但其应用、理解则相对困难和复杂些。

教育研究中所设置的变量可分为四种类型：称名变量、等级变量、等距变量和比率变量。变量的种类不同，统计处理的方法也不同。

称名变量是变量类型中的一种最低层次的形态，只有类别属性之分，而无大小、程度的差别。例如，我们用1，2，3，4分别代表四个班级时，此时数据只表示班级类别，而不能将它们用于比较班级之间的大小或优劣。在统计推断中，处理称名变量的典型统计方法是 χ^2 检验。

等级变量是比称名变量层次更高的变量，除了能将研究对象分类外，还可按程度差异为它们排列顺序，但量值之间无相等单位，故不能进行四则运算。例如，组织能力的评价结果可评为优、良、中、差四个等级。这里的能力变量就既有了类别的不同，又有了程度上的差异。但它无法证实优与良之差相当于良与中之差。处理这类变量的统计方法有相关分析和非参数检验。

等距变量不仅能反映研究对象的类别和相对地位，而且能以相等的单位说明某一量比另一量大或者小多少。但它们由于缺乏绝对零点而无法说明量之间的倍数关系。例如，在温度的测量中，我们知道30℃比20℃高出10℃，但不能认为前者是后者的1.5倍，因为自然零点不在0℃。大多数的统计方法都可处理这类变量。

比率变量是最高层次的一种变量。与具有随意确定的零点的等距变量所不同的是，比率变量有一个绝对零点，因而它能够反映某研究对象完全缺乏某特性这一现象，并能进行所有的基本运算。例如，我们可以说甲校3000名学生的规模是乙校

1000 名学生规模的 3 倍。也可以认为身高 2 米的人的高度是身高 1 米的人的 2 倍。前一种情况有人数为 "0" 这一绝对零点，而后一种情况则有高度为 "0" 这一绝对零点。一般的统计方法都可以用来处理比率变量。

由上述可知，四种变量有递进的关系，即等级变量包含称名变量的性质，等距变量包含等级变量的性质，比率变量包含等距变量的性质。所以，适合前一变量的统计方法也能用于后一类变量，反之则不然。

另外，根据研究的不同需要，研究者可选择不同的变量类型。例如，考查学生的学业表现，既可根据 "及格" 与 "不及格" 这一称名变量的取值来进行研究，又可采用百分制这种等距变量来进行研究。选用何种变量类型还需要结合研究目的和研究条件来确定。

研究所涉及的变量个数的多寡也影响到统计方法的选用。变量个数较少所用的统计方法简单，变量个数较多所用的统计方法就较复杂。

在变量较少的情况下，我们用统计图表、二元相关分析、单变量或双变量统计分析，就能将变量的分布特征和变量间的关系描述或推断出来。

当变量较多时，用单变量或双变量统计方法很难从整体上把握变量之间的关系，这时要想把各变量之间的相互作用和联系清晰地勾画出来，就必须采用多变量统计分析方法。

虽然单变量和双变量统计方法是理解和掌握统计方法的基础，但由于教育现象的复杂性，我们遇到更多的是多种因素交互影响的情形。如何在众多的因素中找出主要因素，如何在错综复杂的因素关系间寻找到它们的一些共同点，如何对全体因素做适当的分类判别，都是多变量统计分析方法所考虑的问题。

在实际研究中，若将复杂的教育现象过于简化，而只用单变量或双变量统计方法来分析，就可能导致肤浅、片面的结论。这是研究者必须加以注意的问题。另外，多变量统计分析方法对资料的要求更精细和全面。这在研究方案设计时也需要加以认真考虑。

二、常用统计参数与统计描述

一个有心的研究者善于将大量的原始资料进行加工整理，从中找出其带有规律性的信息。数据资料如同建筑材料，能否合理使用所产生的结果会有很大的差异。在统计分析中，我们需要寻找一些能描述一组数据某方面特征的概括性数字指标，这种指标就是统计参数。在反映数据资料的特征中，平均数、标准差、相关系数等都是常用的统计参数。

（一）平均数

平均数是一种使用较多的用以反映一组数据平均水平的统计参数。这里介绍两种常用的平均数——算术平均数、加权平均数。

1. 算术平均数

算术平均数就是用数据个数除全部数据之和，用公式表示如下。

$$\overline{X} = \frac{\sum\limits_{i=1}^{n} X_i}{n}$$ （公式 13-1）

式中 $X_i(i=1, 2, \cdots n)$ 表示全部数据中的第 i 个数据；n 表示数据个数的总数；$\overline{X}$ 表示算术平均数。

2. 加权平均数

在算术平均数中，每个数据对于求平均数的地位是相等的，其计算结果可以看成是每个数据各取 $\frac{1}{n}$ 相加而得的。然而，实际研究工作中大量存在各部分对总体的影响不相同的情况。这时需要对各数据的重要性做不同的考虑，加权平均数就是实现这一目的的参数。其公式如下。

$$\overline{X} = \sum\limits_{i=1}^{n} a_i X_i$$ （公式 13-2）

其中，$a_i(i=1, 2, \cdots n)$ 表示 X_i 的权重，其取值范围为：$0 < a_i < 1$，且 $\sum\limits_{i=1}^{n} a_i = 1$。

例 1：某课堂教学质量评价方案拟定了 5 项评价要素，每项要素的权重分配如表 13-1 所示。

表 13-1　每项要素的权重分配

项目	教学内容	教学态度	教学水平	教学方法	教学效果
权重	0.3	0.1	0.2	0.2	0.2
得分	4	5	4	4	4

按 5 级记分，某教师的各项得分分别为 4，5，4，4，4。根据表 13-1 可求得该教师课堂教学质量的平均得分。

$\overline{X} = 0.3 \times 4 + 0.1 \times 5 + 0.2 \times 4 + 0.2 \times 4 + 0.2 \times 4 = 4.1$

综合评价的结果表明，该教师的课堂教学质量属良好水平。

加权计算法在教育评价、人才选拔等方面都有重要的应用。

（二）标准差

标准差是表示一组数据变异程度或分散程度的数字指标。许多研究问题仅掌握其数据的平均水平是不够的，了解其数据的差异程度也是很必要的。标准差的一般计算公式如下。

$$\sigma = \sqrt{\frac{1}{n}\sum_{i=1}^{n}(X_i - \overline{X})^2} \qquad \text{（公式 13-3）}$$

其中，σ 为标准差；n 为数据个数的总数；$\overline{X} = \dfrac{X_1 + X_2 + \cdots + X_n}{n}$。

例 2：试比较以下两组学生的测验成绩。

甲组：74，76，80，84，86。

乙组：55，65，85，95，100。

首先，求甲、乙两组的平均分数，可得：

$$\overline{X}_\text{甲} = \frac{74 + 76 + 80 + 84 + 86}{5} = 80$$

$$\overline{X}_\text{乙} = \frac{55 + 65 + 85 + 95 + 100}{5} = 80$$

由计算结果可知，两组分数的平均水平相当，再计算它们的标准差，可得：

$$\sigma_\text{甲} = \sqrt{\frac{(74-80)^2 + (76-80)^2 + (80-80)^2 + (84-80)^2 + (86-80)^2}{5}} = 4.56$$

$$\sigma_\text{乙} = \sqrt{\frac{(55-80)^2 + (65-80)^2 + (85-80)^2 + (95-80)^2 + (100-80)^2}{5}} = 17.32$$

从标准差的计算结果看，两组学生的成绩并不一样。甲组学生的成绩较为整齐，乙组学生的成绩差异较大。

标准差的意义不仅仅限于类似于上述情况的简单应用。在对数据的深入分析中，标准差的平方值 σ^2（称为方差）将会扮演更重要的角色。

（三）相关系数

平均数和标准差从不同的侧面揭示了一组数据所具有的特征，使我们从整体上对数据的状况有了一定的了解。但教育研究对象是受多种因素影响的。为了对其发生和发展过程有一个全面的认识，就不能仅局限于了解它们自身的特点，而且应该对各影响因素间的关系做进一步的分析。相关系数所反映的正是变量之间的某种相互影响的依存关系。与函数关系那样的精确对应不同的是，这种依存关系表明的是变量间伴随变化的总趋势，而不限于个体变化的准确对应。

1. 相关的类型和相关系数的性质

根据变量间伴随的趋势，相关可分为三种类型：正相关、负相关和零相关。

正相关是指变量间的伴随趋势相同，如年龄变量与社会经验变量的相关属正相关。

负相关是指变量之间的伴随趋势相反。比如，某研究表明，人的年龄超过 30 岁以后，年龄变量与记忆力变量的相关就是负相关。即一般来说，年龄越大，记忆力越差。

零相关是指变量间伴随趋势无规律可循。即一变量的数值变化，不会引起另一变量的数值按某种特定的规律发生变化。比如，身高变量与学习成绩变量的相关就属零相关。

反映变量间相关程度大小的数字指标就是相关系数，其表示符号为 ρ 或 r。前者多用于表示总体相关系数，后者多用于表示样本相关系数。

相关系数作为应用广泛的统计参数之一，有两个值得注意的性质。

（1）有界性

无论用何种方法计算得到的相关系数，其取值都应在区间 $[-1, 1]$ 的范围内，即 $-1 \leqslant r \leqslant 1$。$|r|$ 的大小表明变量相关程度的大小。$|r|$ 的一般解释如表 13-2 所示。

表 13-2　$|r|$ 的一般解释

$|r|$ 的取值范围	$|r|$ 的意义
0.00～0.19	极低相关
0.20～0.39	低相关
0.40～0.69	中度相关
0.70～0.89	高度相关
0.90～1.00	极高相关

（2）方向性

变量间伴随趋势的性质可由相关系数的符号反映出来。

$r > 0$，表示变量间呈正相关趋势。

$r < 0$，表示变量间呈负相关趋势。

$r=0$，表示变量间呈零相关趋势。

由相关系数的两条基本性质可知，$r=0.9$ 与 $r=-0.9$ 显示出变量间的相关程度是同等的，不同的只是相关趋势截然相反。

2. 相关系数的计算方法

相关系数的计算方法有很多，这里仅介绍一种基本的计算方法——积差法。其计算公式如下。

$$r = \frac{\frac{1}{n}\sum_{i=1}^{n}X_iY_i - \left(\frac{1}{n}\sum_{i=1}^{n}X_i\right)\left(\frac{1}{n}\sum_{i=1}^{n}Y_i\right)}{\sqrt{\frac{1}{n}\sum_{i=1}^{n}(X_i-\overline{X})^2}\sqrt{\frac{1}{n}\sum_{i=1}^{n}(Y_i-\overline{Y})^2}} \qquad （公式 13-4）$$

或记为：

$$r = \frac{\overline{XY} - \overline{X}\cdot\overline{Y}}{\sigma_X\sigma_Y} \qquad （公式 13-5）$$

例 3：有教师研究某科目开卷考试，了解学生的成绩与查阅资料时间之间的关系，收集到表 13-3 的数据。

表 13-3　学生的成绩与查阅资料时间

学生的成绩	98	90	88	76	76	75	70	70	60	60	55	40
查阅资料时间（分钟）	18	18	19	20	23	21	22	19	25	23	24	28

求学生的成绩与查阅资料时间之间的相关系数：

$$r = \frac{\overline{XY}-\overline{X}\cdot\overline{Y}}{\sigma_X\sigma_Y} = \frac{1507.417-71.5\times21.667}{15.554\times2.953} = -0.91$$

可见，在该考试中，学生的成绩与查阅资料时间具有极高的负相关。从总体上看，学生查阅资料花的时间越多，则其掌握内容的熟练程度就越差。

3. 相关系数的解释

解释相关系数时需要注意以下事项。

相关系数（由积差法计算所得）r 的大小只能说明变量间直线性关系的强弱。也就是说，有时虽然变量之间的直线性关系较弱，但它们之间仍可能存在其他非直线性关系。这需要利用其他方法做进一步研究。

相关系数 r 的可靠性与数据总数 N 有关。一般要求 $N>30$。若 N 太小，则 r 的值易受偶然因素的影响。例 3 中取 12 个数据只是示范计算方法，实际研究中 12 个数据是不够的。

相关系数 r 的解释要注意其相应的情境。任何两次数据的获得都不可能处在相同的条件下（这些条件包括时间、地点、研究对象、收集数据的手段、环境等）。因此，所得的相关系数不仅反映了两变量间的依存关系，而且掺有外来因素的影响。这表明相关系数 r 的大小并不代表绝对的事实，而必须在其相应的背景下做出解释。

变量间的相关分析并不能直接表明变量间的因果关系。应该清楚地认识到，相关只是一种统计关系，因此无论两变量间的相关程度有多么高，都不能绝对肯定它们之间一定有因果关系。相关分析只是对变量间关系进行分析的一种辅助手段，变量间的实质联系的进一步确定还需要结合有关专业知识才能完成。

三、统计推断

在教育研究中，我们时常会需要对一个广大的群体进行调查，但又不可能对每一个成员都进行调查，而只能抽取其中一部分。这部分就是我们调查的总体中的一个样本，需要我们根据样本的数据对总体做出推断。统计推断基于随机抽样，利用已知的样本数据，对总体的参数依据规定的方法进行推断。由于总体的参数是通过对样本统计量进行推论才得出的，因此这种统计方法被称为统计推断。

通过统计量推断参数的基本思想是，先取得样本分布，然后用公认的统计方法去推断总体。统计量由样本数据求得，在这些统计量上再对总体参数进行推论。在使用统计推断来分析数据时，我们可能会用到假设检验和参数估计中的一个，或者两个同时都用。假设检验在研究中使用较普遍，它是关于一个参数或多个参数的陈述或猜测。研究者通过一套检验假设的方法来确定假设是否与样本数据一致。如果不一致，假设就会被拒绝（表明不能离开样本数据）；如果假设和样本数据一致，假设就对参数有维持价值而被保留。参数估计有两种：点估计和区间估计。点估计是参数的一个简单的单值估计，它取相应的样本统计量的值；区间估计是指测量量表上包含参数可估计值的一个区间。这里我们主要介绍假设检验的相关研究方法。

假设检验是利用已知的样本，对不完全知道的总体做出某种假设，然后通过一定的检验步骤，检验假设是否合理，从而决定接受或拒绝假设。根据不同的统计假设形式和已知条件，存在多种多样的假设检验方法。一些常见的初等统计方法类型有差数的显著性检验、方差分析等。

差数的显著性检验是假设检验中一种基本的类型。它的主要作用是判断两个事物间的差异究竟是偶然因素造成的，还是有实质上的不同。这种比较差异的问题在教育领域中大量存在，如教学形式的比较、教材使用的比较等。常用的差数的显著性检验有方差齐性的显著性检验、平均数差异的显著性检验、比率差异的显著性检验和相关系数差异的显著性检验。本节择要介绍部分统计推断的方法。

（一）方差齐性的显著性检验

在对两正态总体平均差异进行显著性检验时，一般它们的方差是否相等是不知道的。而两独立样本的均值差数的检验方法，随总体方差是否相等而不同，因此需要有一个判别它们方差是否相等的方法。

设 X 和 Y 是均值和方差分别为 μ_1 和 σ_1^2、μ_2 和 σ_2^2 的两个相互独立的正态总体，要检验 σ_1^2 与 σ_2^2 是否相等，可采用以下公式检验统计量。

$$F = \frac{S_1^2}{S_2^2} \qquad\qquad \text{（公式 13-6）}$$

其中，$S_1^2 = \dfrac{\sum\limits_{i=1}^{n_1}(X_i - \overline{X})^2}{n_1 - 1}$，$S_2^2 = \dfrac{\sum\limits_{i=1}^{n_1}(Y_i - \overline{Y})^2}{n_2 - 1}$

判别规则如下。

当 $F_{(1-\alpha)}(\mathrm{d}f_1,\ \mathrm{d}f_2) < F < F_\alpha(\mathrm{d}f_1,\ \mathrm{d}f_2)$ 时，不能拒绝 H_0。

当 $F < F_{(1-\alpha)}(\mathrm{d}f_1,\ \mathrm{d}f_2)$ 或 $F > F_\alpha(\mathrm{d}f_1,\ \mathrm{d}f_2)$ 时，拒绝 H_0。

例 4：从 A，B 两班各抽 10 名学生参加测验，测验结果如下。

A 班：80，70，85，95，80，75，80，80，90，90。

B 班：75，85，75，90，60，70，90，70，50，60。

假设两班的测验成绩都是正态分布，问两班的测验成绩是否同样整齐？

该题可用比较方差的大小来解决。如果两班成绩方差的大小无显著差异，则认为两班的成绩大致一样整齐，否则就认为两班的整齐程度不一样。

用 X，μ_1，σ_1^2 和 Y，μ_2，σ_2^2 分别代表两班的成绩、平均数和方差，则有下列检验步骤。

首先建立统计假设 H_0：$\sigma_1^2 = \sigma_2^2$，然后计算 F 值。

$$S_1^2 = \frac{\sum\limits_{i=1}^{n_1}(X_i - \overline{X})^2}{n_1 - 1} = 7.546$$

$$S_2^2 = \frac{\sum\limits_{i=1}^{n}(Y_i - \overline{Y})^2}{n_2 - 1} = 13.385$$

$$F = \frac{S_1^2}{S_2^2} = \frac{13.385}{7.546} = 1.77$$

选 $\alpha = 0.05$，查 F 临界值表。

因为 $df_1 = 10 - 1 = 9$，$df_2 = 10 - 1 = 9$，所以 $F_\alpha(df_1, df_2) = F_{0.05}(9, 9) = 3.18$。

因为 $F < F_\alpha(df_1, df_2)$，所以不能拒绝 H_0。即不能由数据认为两班的成绩整齐程度有明显差异。

（二）平均数差异的显著性检验

1. 两样本相互独立的情形

设 X 和 Y 是两个服从正态分布且相互独立的总体，它们的均值和方差分别为 μ_X 和 σ_X^2、μ_Y 和 σ_Y^2，且均未知。x 和 y 分别是上述两个总体的独立样本，问在显著性水平为 α 的情况下，μ_X 和 μ_Y 是否相等？

这种检验需根据方差齐性，即 $\sigma_X^2 = \sigma_Y^2$ 或 $\sigma_X^2 \neq \sigma_Y^2$ 两种情况来考虑。

情况 1：$\sigma_X^2 = \sigma_Y^2$。

检验步骤如下。

①建立统计假设，即 H_0：$\mu_x = \mu_Y$。

②计算统计量。

$$|t| = \frac{|\overline{X} - \overline{Y}|}{\sqrt{\dfrac{\sum(X - \overline{X})^2 + \sum(Y - \overline{Y})^2}{n_X + n_Y - 2}\left(\dfrac{1}{n_X} + \dfrac{1}{n_Y}\right)}} \qquad \text{（公式 13-7）}$$

③显著性水平 α 和自由度 $df = n_1 + n_2 - 2$，查 t 值表得临界值 $t_\alpha(df)$。

④比较 $|t|$ 与 $t_\alpha(df)$ 的大小。

若 $|t| > t_\alpha(df)$，则拒绝 H_0。

若 $|t| < t_\alpha(df)$，则不能拒绝 H_0。

情况 2：$\sigma_X^2 \neq \sigma_Y^2$。

若经过方差齐性的显著性检验得两方差不齐时，就不能用上述公式 13-7，而采用另一种近似检验方法。这种方法的计算公式如下。

$$|t'| = \frac{|\overline{X} - \overline{Y}|}{\sqrt{\dfrac{\sum(X - \overline{X})^2}{n_X(n_X - 1)} + \dfrac{\sum(Y - \overline{Y})^2}{n_Y(n_Y - 1)}}} \qquad \text{（公式 13-8）}$$

相应的自由度如下。

$$r = \frac{1}{\dfrac{k^2}{n_X} + \dfrac{1-k^2}{n_Y}} \quad (r \text{ 取整数})$$

其中，$k = \dfrac{\dfrac{\sum(X-\overline{X})^2}{n_X(n_X-1)}}{\dfrac{\sum(X-\overline{X})^2}{n_X(n_X-1)} + \dfrac{\sum(Y-\overline{Y})^2}{n_Y(n_Y-1)}}$

判别规则如下。

若 $|t'| > t_\alpha(r)$，则拒绝 H_0。

若 $|t'| < t_\alpha(r)$，则不能拒绝 H_0。

例 5：从甲、乙两班分别随机抽取 8 名和 7 名学生进行测验，结果如下。

甲班：78，66，64，84，70，67，82，52。

乙班：76，57，62，69，65，68，71。

问两班的测验成绩有无显著差异？

首先建立统计假设 H_0：$\mu_X = \mu_Y$。

进行方差齐性的显著性检验，结果得 $\mu_X = \mu_Y$（计算过程略）。

计算 $|t|$，先算出 $\overline{X} = 70.375$，$\overline{Y} = 66.857$，$\sum(X-\overline{X})^2 = 900.407$，

$\sum(Y-\overline{Y})^2 = 269.340$，$n_X = 8$，$n_Y = 7$，代入公式 13-7，得 $|t| = 0.77$。

确定 $\alpha = 0.05$，且 $df = 8+7-2 = 13$，查 t 值表得临界值 $t_{0.05}(13) = 2.160$。

因为 $|t| < t_{0.05}(13)$，所以在 $\alpha = 0.05$ 的水平上，不能拒绝 H_0，即认为甲、乙两班的测验成绩无显著差异。

2. 两相关样本的情形

如果两总体的样本不是完全独立的，那么不必假定两方差相等，就可以用下述 t 统计量来进行平均数差异的显著性检验。

$$t = \frac{\overline{X} - \overline{Y}}{\sqrt{\dfrac{\sum\limits_{i=1}^{n}(d_i-\overline{d})^2}{n(n-1)}}} \qquad \text{（公式 13-9）}$$

其中，$d_i = x_i - y_i (i = 1, 2, 3, \cdots n)$

$\overline{d} = \overline{X} - \overline{Y}$

n 是两样本配对数据(x_i, y_i)的个数。

判别规则如下。

若 $|t| > t_\alpha(n-1)$，则拒绝 H_0。

若 $|t| < t_\alpha(n-1)$，则不能拒绝 H_0。

例 6：某班在学习四则混合运算的知识点前后对学生进行平行测试。学生学习前后的成绩如表 13-4 所示。问学习前后的成绩是否有显著差异？

表 13-4　学生学习前后的成绩

学号	1	2	3	4	5	6	7	8	9	10	11
学习前的成绩(X)	70	72	79	84	82	80	86	80	79	70	60
学习后的成绩(Y)	80	79	89	92	85	95	88	84	86	82	71

因为上面两组分数是由同一组学生先后两次平行测试得到的，所以它们是两个相关样本。其假设检验的步骤如下。

首先建立统计假设 H_0：$\mu_X = \mu_Y$。

然后利用公式 13-9 求 $|t|$ 值，根据所给的数据可得：

$$\overline{X} = 76.545, \quad \overline{Y} = 84.454, \quad \overline{d} = -7.91, \quad \sum_{i=1}^{n}(d_i - \overline{d})^2 = 156.909$$

计算得：$|t| = 6.62$。

确定 $\alpha = 0.01$，且 $df = n-1 = 10$，查 t 值表得临界值 $t_{0.01}(10) = 3.169$。

因为 $|t| > t_{0.01}(10)$，所以在 $\alpha = 0.01$ 的水平上拒绝 H_0，即认为学习前后的成绩有显著差异。

四、多因素分析简介

教育是一种复杂的社会活动过程，对教育问题往往需要将多种因素综合起来进行分析。多因素分析正是处理这种情况的有力的定量工具。由于多因素分析的计算较为复杂，限于篇幅，这里只能简要介绍其基本思想。这些方法的详细计算过程可参阅有关的书籍。

下面所要介绍的方法包括因子分析、聚类分析、典型相关分析、回归分析、方差分析等。

（一）因子分析

面对错综复杂的教育现象，研究者总是希望从中找出影响其存在发展的若干主要因素。这样既减少了计算工作量，又增加了对各因素之间相互联系的进一步认识。

因子分析就是把描述事物性质的一组较多变量缩减成几个较少的因子，以使复杂的问题得到简化的过程。

因子分析于 1904 年首先应用于英国心理学家查尔斯的一篇论文中。他的分析结论是，在学生的多种课程考试中，每一门课程的考试成绩都可以表示成一个"一般因子"与一个"特殊因子"之和。以后，这种思想得到进一步发展，"一般因子""若干因子"所替代。

例如，对学生能力的诊断和补救是教育研究中的一个重要论题。那种头痛医头、脚痛医脚的简单方式已被更为综合的方式所替代。我们通常需要在影响学生某种能力缺陷的众多因素中寻找出主要的相关因子，这样就能明确主攻方向，使教育措施产生事半功倍的效果。

因子分析的基本程序是，首先将原始变量缩减为较少的几个因子，然后根据一定的条件对因子做出解释。

值得注意的是，由于各因子都是从原始变量的关系中概括出来的，而不是将原始变量简单剔减得到的，因此对因子实际意义的解释还需要结合有关学科的专业知识才能完成。

（二）聚类分析

群体类型的划分有多种定性或定量手段，其中聚类分析是一种用统计思想将事物分类的常用方法。它的基本程序是，依据一定的准则，将具有多种特征的几个研究对象聚成若干可解释的类别。例如，为了提高教学质量，使教学工作有的放矢，就需要对学生群体类别进行有效的甄别。按聚类分析的程序可根据学生在不同学科的表现，把学生分成数理化型、语文历史型、音体型、均衡型等。

与一般分类相比，聚类分析有如下几个特点。

第一，一般分类的依据既可能是数量指标，也可能是非数量指标。但是，聚类分析的指标只能是数量化的。

第二，一般分类的不同次级分类标准可以改变。例如，一所学校的学生可先按专业分类，然后按成绩分类，最后按性别分类。聚类分析的标准始终如一，或者依某种距离分类，或者依某种相似关系分类。

第三，聚类分析是将几个研究对象按多个特征进行逐次类别划分的。因而，当多个特征被平行对待时，聚类分析的综合性和效率都高于一般分类。在处理多个特征非平行的复杂问题时，可先将多个特征分割为分段平行的特征，然后分别聚类，以达到分类的目的。

聚类分析要求根据具体情况的不同，采用相应的聚类方法。因此同一组数据可能会产生不同的聚类模型，对其结果的合理性需要结合其他专业知识和通过实践检验才能加以证实。

聚类分析是 20 世纪下半叶发展起来的一种多因素分析方法，它的应用已日渐普及。在教育领域，已有人将其用于分析学生的多元智能、学生群体关系等。聚类分析的一个新发展方向是模糊数学方法被引入聚类分析应用领域。

（三）典型相关分析

在讨论两个随机变量的伴随关系时，我们引入了相关系数这一统计参数来描述变量间的关联程度。当涉及考虑两组变量之间的相互依存关系时，仅依赖前述简单相关系数的描述是很难完成这一任务的。为了能更准确地反映两组变量之间的相互关系，我们在这里介绍典型相关分析这一综合反映两组变量相互关系的方法。

设有两组变量 $X=(x_1, x_2, \cdots x_p)$ 和 $Y=(y_1, y_2, \cdots y_p)$，用线性组合的方法来表示它们各自具有的特征，如下式。

$$U=\alpha_1 x_1+\alpha_2 x_2+\cdots+\alpha_p x_p$$
$$V=\beta_1 y_1+\beta_2 y_2+\cdots+\beta_p y_p$$

我们首先在所有可能的线性组合中找出使 U 与 V 具有最大相关系数的数值向量 α 和 β，由此得到相应的第一典型变量，记为 U_1 和 V_1。它们之间的相关系数称为第一典型相关系数；接着可以求出 U_1 和 V_1 无关且有极大相关值的组合 U_2 和 V_2，称为第二典型变量，相应的相关系数称为第二典型相关系数。依此类推，直到 U 与 V 的相关系数经统计检验不显著为止。在实际应用中，典型相关系数的意义需要根据具体问题来加以解释。

（四）回归分析

在研究工作中，经常遇到的一个问题是，要掌握一种现象受多种因素影响的规律性，以便采取相应措施来控制该现象发生的结果。比如，课堂教学效果就受到教师的知识水平、教学技巧、教学态度和学生的学习兴趣、学习态度、学习方法等因素的制约。要想提高教学效果，就必须对各种制约因素加以控制，对那些起重要作用的因素更应特别予以重视。在描述多个变量对一个变量产生影响的许多定量方法中，回归分析是处理随机变量之间关系的一种常用方法，它所要解决的问题如下。

①在相关变量间建立数学关系式，即回归方程。

②检验回归方程存在的统计合理性，并对各自变量对因变量影响的显著性进行检验。

③利用回归方程进行预测或控制，并了解这种结果的精确程度。

一般线性回归方程有如下表达式。

$$\hat{y}=b_0+b_1x_1+b_2x_2+\cdots+b_mx_m$$

式中 $\hat{y}$ 是因变量 y 的估计值，x_1，x_2，$\cdots x_m$ 为 m 个自变量，b_0 为常数，b_1，b_2，$\cdots b_m$ 称为回归系数。当变量间的关系非线性时，可通过变换将其转化为线性关系来讨论。

随着计算机及相关统计软件的广泛使用，回归分析的应用越来越普遍。教育规划、人才选拔等教育领域都曾多次应用这一方法。

（五）方差分析

一种教育现象的形成和发展往往受到多种因素的影响。其中有些因素的作用并不是独立存在的，而是和其他因素相互制约、相互依存的。探讨各因素以及因素间的交叉作用对研究对象影响的大小，是方差分析要解决的问题。

方差分析对教育学和心理学实验的设计和结果分析有特别重要的作用。我们知道，任何教育学和心理学实验都会受到多种因素的影响，这些因素可大体分为三类：实验变量、控制变量和随机变量。实验变量是所需研究的影响实验对象的主要因素；控制变量是研究过程中能基本保持不变的局外因素；随机变量是指抽样等偶然因素。

方差分析的基本思想是，将实验变量变化所产生的研究对象数值上的差异大小，与随机变量变化所引起的研究对象数值上的差异大小进行比较。若前者的差异显著大于后者，则认为实验变量对实验对象有较大影响，否则就不能断定实验变量对实验对象有明显影响。因为在分析过程中，研究对象数值上的差异程度是用方差表示的，所以这个过程就称为方差分析。

根据实验变量的个数，方差分析可分为单因素方差分析、双因素方差分析和多因素方差分析。在实际研究过程中，对于实验变量较多的情况，我们一般先做多因素方差分析，然后取 2～5 个影响较大的实验变量进行多因素方差分析，并着重考察其交叉作用。如果影响较大的实验因子超过 5 个，便需分批进行多因素方差分析。

（六）分层线性模型

我们在进行调查研究的数据分析时，常常会发现抽样过程的局限性会导致出现不合理的分析结果。例如，如果想知道学生的家庭社会经济背景、教师的教学水平、学校的层次、地区的发展水平和他们大学学业成就之间的关系，按照传统的分析思路，我们往往会建立一个多元回归模型，计算不同变量的斜率。分析的结果可能会是，学生的家庭社会经济背景和他们的学业成就之间不存在显著性关系，甚至存在负相关关系。很明显，这和我们已有的学术研究结论是相悖的。造成这一情况的原因有很多：可能是抽样数据的问题，毕竟在真实情境中我们很难获得完全的随机样本数据。但更有可能是我们忽略了传统线性回归得以成立的两个先决条件：方差齐性和独立分布。[1]

分层线性模型适用于分布传统回归方法难以处理的嵌套数据。学生嵌套于某位教师或者某个班级，每位教师或某个班级又嵌套于某所学校，每所学校又嵌套于某个学区，每个学区又嵌套于某个地区。我们常常需要知道，两个变量之间的关系是否受到了不同水平的嵌套的影响。如果嵌套确实存在较大的影响，那么我们在分析时应认识到，不同的分组环境会带来变量效应的较大差异。例如，如果我们假设学生的家庭状况和他们的学业成就之间的关系，会随着他们班主任学历水平的变化而发生变化，那么一个简单的回归结论就难以精确地回答问题。

分层线性模型的基本逻辑为，总方差是组内方差和组间方差之和。以两水平模型为例，我们可以建立两个层级的回归模型。

水平 1：$Y_{ij} = \beta_{0j} + \beta_{1j}X_{ij} + \varepsilon_{ij}$

水平 2：$\beta_{0j} = y_{00} + y_{01}Z_j + u_{0j} \beta_{1j} = y_{10} + y_{11}Z_j + u_{1j}$

两个水平合并，水平 2 嵌入水平 1 这种，即完整模型。

$$Y_{ij} = y_{00} + y_{10}X_{ij} + y_{01}Z_j + y_{11}Z_jX_{ij} + u_{0j} + u_{1j}X_{ij} + \varepsilon_{ij}$$

如果 i 表示第 i 个学生，j 表示第 j 所学校，那么 Y_{ij} 就表示第 j 所学校第 i 个学生因变量的值。通过这样的方法，研究者可以在个体与群体分析间建立联系。

（七）结构方程模型

随着研究者所关注的研究内容越来越深入，他们希望逐渐超越原来那些可以直接测量的变量，如成绩、收入、学历等，将关注点更多地放到诸如公平、自主性等不能准确测量的概念上。但我们如何度量关于这些概念性变量并探讨它们之间的关系呢？结构方程模型可以用以解决这个问题。

结构方程模型允许研究者用数个显性变量，来共同拟合一个更加抽象的潜在变

① Ferron，J.，Dailey，R.，& Yi，Q. "Effects of Misspecifying the First-Level Error Structure in Two-Level Models of Change," *Multivariate Behavioral Research*，2002(3)，pp. 379-403.

量。例如，我们希望知道一所学校教师专业发展的水平对于教师教学效能感的影响。教师专业发展水平是一个比较抽象的概念。利用结构方程模型，研究者可将其设定为一个潜变量，通过教师听讲座的频率、合作教研的频率、共同开展行动研究的频率等，组成对于专业发展水平的测量模型。[①]

结构方程模型的特点包括：①可以同时考虑处理多个因变量；②允许变量含有测量误差；③允许潜变量由多个观察指标变量构成，并且可以同时估计指标的信度及效度；④可以允许比传统方法有更弹性的测量模型，如传统方法允许一个自变量只在回归模型中出现一次，而结构方程模型允许一个观测变量从属于两个潜变量；⑤可以勾画出潜变量之间的关系。[②]

其中，第 5 个特点使研究者可以进行中介效应分析和调节效应分析。中介效应分析用以检验我们对于"A 是否通过 X 影响 B"的假设。如果研究者认为教师培训必须通过提高教研活动质量，才能提高教师的课堂教学质量，那么教研活动质量就是其中的中介变量。调节效应分析则关注"X 是否会对 A 与 B 的关系产生干扰"。一个很有意思的议题是，教师的受教育程度是否会干扰培训对于课堂教学改进的影响效果？教师的受教育程度越高，培训的效果可能更高，也可能更低。围绕相关的分析结果，我们可能会生成很有价值的教师教育理论。

第二节 质性数据的分析

质性研究资料的分析有不同的传统。最初的分析传统是一种"写文化"，通过不断记录日志和备忘录，逐渐形成观点和文字。近年来，规范化的质性研究资料分析越来越多地依靠编码来进行。无论哪一种传统都是借助解释性分析来实现的。这是一种和定量研究的描述性、推论性的分析不同的分析取向。一般认为，虽然所有分析都依赖于研究者自己的思想与分析能力，但定量研究更多遵从"奥卡姆剃刀原理"，追求用简单的形式来揭示现象背后的客观规律。而解释性分析是一个复杂的意义生成过程，承认描述和解释是无法截然分开的，并且寻求主位视角与客位视角的融合。

① 杨帆、钟启畅：《教师建构主义教学能力的培养及其效果——基于 TALIS 2013 上海教师数据》，载《教育发展研究》，2017(18)。
② 侯杰泰、成子娟：《结构方程模型的应用及分析策略》，载《心理学探新》，1999(1)。

由于质性研究的脉络众多，本节主要使用扎根理论的思路来阐明质性研究资料的分析逻辑。

一、撰写研究日志与备忘录

质性研究是一个不断持续在材料和理论之间来回往复的过程。收集材料的过程和分析材料的过程是不能分开的。养成撰写研究日志与备忘录的习惯，可以让我们减少资料收集的盲目性，避免手握一大堆材料却无法利用的情况，也可以帮助我们卷入对研究问题的深入思考。

（一）研究日志

研究日志是我们在研究期间对于每天研究工作的记录。它可以帮助研究者将研究中值得注意的细节记录下来。一个完整的质性研究往往需要消耗数月到数年的时间。研究者可以在必要的时候回看研究日志，以克服记忆的局限性。研究日志的内容往往是描述性的，记录当天遇到的人、事、物和初步的感受。以下是一篇典型的研究日志。研究者开展了一个有关"美国国家安全教育是如何在中小学得以落实"的课题研究，他田野调查的地点是夏威夷。在研究日志中，他记录了第一次访谈的相关信息。

示例：有关"国家安全教育"的研究日志

时间：2018 年 9 月 12 日

访谈对象：小陈

地点：小陈家

我在小叶老师和她儿子租住的地方，对她房东的儿子小陈做了本研究的第一个访谈。这个访谈为期一个半小时左右。在访谈之前，我初拟了一个访谈提纲。一个整体感觉是小陈这样高中再来到美国的孩子，其身份其实暂时看不到明显的变化。小陈并没有美国国籍。按照申请的排队，他可能也来不及了。他到了某个岁数，就不能和他父亲一起申请了。虽然还没有对录音材料进行具体的分析，但从国家安全教育的角度来说，有这样几个令人印象深刻的地方。

①当地存在一种敌视外来人的文化。这种文化的内容和形式很复杂。从表面的角度来看，当地会有一些理由，如外来人口过来炒高了房价，让他们买不起房子。其他的可能也有历史和文化的原因，包括中国的经济发展和以前的强

烈对比。

②中国留学生的身份之所以变化不大，很大程度上来自经济的优势。见得多了，自然也就没有那种莫名的崇拜了。

③至少在高中阶段，中国和东亚文化圈其他国家的留学生，如日本人、韩国人，会更亲密、更合得来。至少小陈并没有感觉到来自这些国家的同学的敌视。但这应该还需要从其他类似的人身上进行核实。他们参加聚会，会更自然地聚在一起。

④课程其实包括很多有关国家安全的内容，主要是社会研究课程。但遗憾的是小陈前两年主要是学习与 SAT（高中毕业生学术能力水平考试）有关的课，如数学、科学、阅读。他会从下学期开始学社会研究课程，所以还没有体验。

此次访谈存在一些缺憾。

①无法涉及具体的课程，暂时没有办法近距离地观察道德、公民、社会参与方面的课上具体会发生什么。

②我研究的是一个政策落实过程。但从目前来说我还缺少这方面的理论素养。

从以上案例中我们可以看到，研究日志往往具有以下几个特点：①全面地记录当天的研究进程，以描述为主；②不一定紧密围绕研究主题记录，而是忠实地记录研究者内心经历了材料收集的过程而产生的想法；③不追求直接生成理论，而是尝试着提出各种假设，不太追求假设本身的逻辑性和可靠性，也不要求规范性；④记录的内容本身就是开放编码的一部分，提到的本地人、认同等都是材料收集过程中浮现的重要类属；⑤记录的内容可以相对多样化，甚至可以反思目前的进展是否顺利以及未来的进一步计划。

（二）备忘录

我们需要使用备忘录来不断地实现从数据到概念的转化。和研究日志相比，备忘录具有更加聚焦的特点。研究者追求的不是记录当天的工作，而是通过写作的方式不断尝试将材料理论化。研究者不一定都会使用编码的方法去分析材料，但撰写备忘录是不能逃避的工作。在这一过程中，研究者不断尝试用概念去理解研究现象。随着备忘录不断累积，研究者关于研究现象的"知识生产"也在同步展开。不同的研究者撰写备忘录的习惯不同。一般而言，随着研究的深入，备忘录会从最初的没有指向性的片段化思考，逐渐整合不同的主题。随着技术的进步，使用某些方便复制、粘贴的笔记软件，有助于研究者随着研究的推进，在形成新的研究主题后，重新对原来的思考进行组合。

示例：有关"国家安全教育"的备忘录

主题：不同类型国家安全教育的区别

时间：2018 年 10 月 14 日

总体而言，从小学到大学，有两种开展国家安全教育的逻辑。一种是从上到下，专业性逐渐降低，低年段是高年段的基础。另一种是从下到上，低年段主要是讲比国家安全更加泛化的安全概念，会涉及普遍的紧急情况管理和人身安全等；到了高年段，逐渐窄化到专门的国家之间的警惕和防备。

时间：2018 年 11 月 8 日

美国的公立学校倾向于开展直接的国家安全教育，用明确的规训力量来培养学生的国家安全意识。（有人建议用类似于职业训练的明确的军事项目，来进行国家安全教育）。

私立学校用间接的、更加自由的、依靠学生自己去领悟的方式来培养学生的国家安全意识。（但是这和我目前获得的一些证据相左。如有人指出，在公立学校反而比较自由散漫，在私立学校则具有更加明确的要求。要解释这些现象，可能就要首先承认事实：公立学校的日常状态的确比私立学校要散漫。而这种职业教育可能正是对于"散漫的"的学生的一种规训方式。而私立学校的学生一直都比较自觉。精细的课程不是为了"管控"学生，而是为了学生升入好的大学，那么它们就变成了形式化的课程结构的一部分。私立学校的重点是培养未来国家安全教育的领导者。所以它们的课程更少技术化。）

备忘录是保障质性研究质量的关键。如果我们希望材料和理论相互之间得到高度的匹配，则不能寄望于一气呵成地写成一篇论文。研究者必须学会享受一边在田野中观察，一边思考，一边阅读。这是一个积水成渊、积土成山的探究过程。研究者通过参与研究不断学习、不断成长。写备忘录就是研究者形成一个成熟的"理论自我"的足迹。

从上面的案例中可以看出，备忘录往往具有以下特征：①研究者需要有意识地将备忘录视为一个特殊的空间，专门为研究者耕耘理论存在，是严肃而非随意的写作。虽然这些文字并不一定最后都能以论文的形式展现在世人面前，但它们代表了作者对于现象背后本质的真诚思考，超出了某个研究的范畴。每一段话都是研究者未来学术生涯发展的重要基础和宝贵财富。②备忘录往往呈现了研究者希望建构的核心类属。前面研究日志与备忘录示例中提到的一些关键概念，如直接与间接的国家安全教育等，在最后的论文中都被放到了核心的概念框架之中。① ③研究者努力通过备忘录找到自己的研究和已有研究的关联。因此备忘录应该是对话式的——和研究者自己对话、在看似矛盾的材料之间对话、和一些关注相似问题的研究者对话、和一些关注更加上位问题的研究者对话。④研究者坚持将自己的理论思考聚焦于某些主题。上述备忘录的案例就是不同类型国家安全教育的区别。研究者在备忘录中的思考会越来越有针对性，所提出的概念之间会自然地形成可靠的联系，逐渐形成一个体系化的解释框架。研究的重要成果也许不是形成的论文或著作，而是不断积累的、超越功利的论文发表诉求的、没有隐藏研究缺陷的备忘录。

二、质性研究资料的编码

编码和备忘录的作用是相似的。相对不同的是，编码可以帮助研究者更加程序化地推进资料分析过程，并且有可能将编码的过程在发表的论文中呈现出来，从而让论文呈现更强的对话性。学习者可以从论文中的编码表中看到研究者是怎样从杂乱的思绪逐渐找到聚焦的方向，从而判断论文是否充分挖掘了材料的信息。不过，学习者在尝试使用编码策略之前，需要明确一个观念：编码只是在一定程度上体现了研究意义的生成机制。它可以引导研究者思考，但并不能保障研究一定能走向一个可靠而有价值的结论。在任何的研究中，形式化的程序都远不及研究者自己的身心投入重要。

"将有组织的观点用到你的实地笔记后其他材料的项目或成块的资料中，或应用到有关资料的问题的答案中，这些被使用的字词，就构成了编码。"②编码的本质是寻找材料理论意义的一种手段。一般来说，编码的过程都是从非常贴近文本的状态

① 杨帆、钟启旸：《美国中小学国家安全教育的落实过程研究——基于夏威夷州的田野调查》，载《外国教育研究》，2022(4)。
② ［美］约翰·洛夫兰德、［美］戴维·A. 斯诺、［美］利昂·安德森等：《分析社会情境：质性观察与分析方法》，林小英译，229 页，重庆，重庆大学出版社，2009。

逐渐过渡到比较抽象的状态。因此，编码往往会被分为几个层级逐步展开。贯穿不同层级编码过程的方法论是连续比较法。研究者不断将新的材料、新的编码和已有的材料、暂时已经形成的编码进行关联。当研究者不再能通过比较形成有助于深化解释的理论时，理论饱和就达成了。

（一）开放性编码

开放性编码是研究者对原始的材料进行逐行阅读和提问，并将脑海中浮现的概念作为标签记录下来的过程。研究者完成第一次访谈后，就应该在第一时间启动材料的开放性编码。

1. 逐行阅读，为材料贴上标签

研究者一旦获得任何形式的原始材料，都应该尽早地分析材料，并贴上标签。阅读的过程务必仔细，研究者需逐字逐句地阅读自己收集到的访谈资料、观察笔记和其他文档。每读一句话或者一段话，就要停留下来，思考这些文本到底在述说什么内容、是否在回应研究的问题、与研究者已有的理论储备有什么联系、有没有带来一些跳出研究者预料的启示等。研究者将注意到的有趣的原始概念和头脑中生成的概念标注在文本的旁边，就构成了开放性编码。

在开放性编码阶段，研究者应使用原生代码进行编码。这些原生代码又被称为"本土概念"，也就是被研究对象直接使用的概念。他们用这些概念来为自己的行动赋予意义。例如，我国有经验的中小学教师在谈论自己的教学经验时，常常会提到诸如"课眼"这样一些不在西方教学理论视野中的宝贵概念。[①] 如果能在开放性编码阶段，敏锐地捕捉到这些概念，就有可能提炼出相对独立于西方教学理论体系的中国教学理论。除此之外，研究者在阅读材料时想到的所有相关概念，都可以作为标签标注在原始文本的旁边。

2. 探索标签的属性、维度与类属

研究者需要在分析的第一阶段，尽量深入地感受这些标签的潜在意义，从而为第二阶段的主轴编码提供基础。分析属性、维度与类属的做法是采用较多的一种方式。

①属性与维度：因为前面写好的标签大多由本土概念构成，研究者需要利用标签进行分析，追问这些标签背后的本质、性质是什么。在此时，对于相同的标签，不同的研究者可能会提炼出不同的属性。比如，前文中提到的"课眼"，也许某位研

---

① 陈向明：《范式探索：实践—反思的教育质性研究》，载《北京大学教育评论》，2010(4)。

究者会关注其经验属性，将标签"课眼"的本质视为衡量教学经验的指标，那么给出的维度可能就是"多一少"。也许另一位研究者关注的是其教学策略属性，可能将"课眼"理解为教师进行教学设计时提高教学效率的思维脚手架，那么给出的维度可能是"高效一低效"。甚至有研究者会直接将其视为有经验教师的某个教学哲学，那么给出的维度可能就是"学术性一经验性"或者"简单一深刻"。进行维度的区分非常关键。研究所要生成的理论往往蕴含着许多类型和层次。不同的类属组合到一起就可能形成一个两维以上的理想型框架。这可能会指向重要的研究发现。

②类属：研究者开始寻找已有标签、属性的上位概念，也就是类属。在开放性编码阶段，类属既可能是已经出现的标签，也可能是研究者对材料做的某个归类；既可能是日常概念，也可能是理论概念。值得注意的是，此时区分属性、维度、类属的主要目的是帮助研究者从具体的现象逐渐形成理论视角。初学者也不用纠结于到底哪些概念是标签，哪些是属性和维度，哪些是类属。只要符合初学者自己的知识结构和思维方式，编码就是有价值的。

一个经典的研究是吴莹、杨宜音等关于农村妇女生育意愿的研究。研究者通过区分计划生育制度和传统生育文化的强弱，建立了四个维度的社区理想型，进而将不同的社区属性与之匹配，从而构建了生育制度、文化和社区属性之间的动力模型。图 13-1 为属性—维度—类属分析示例。

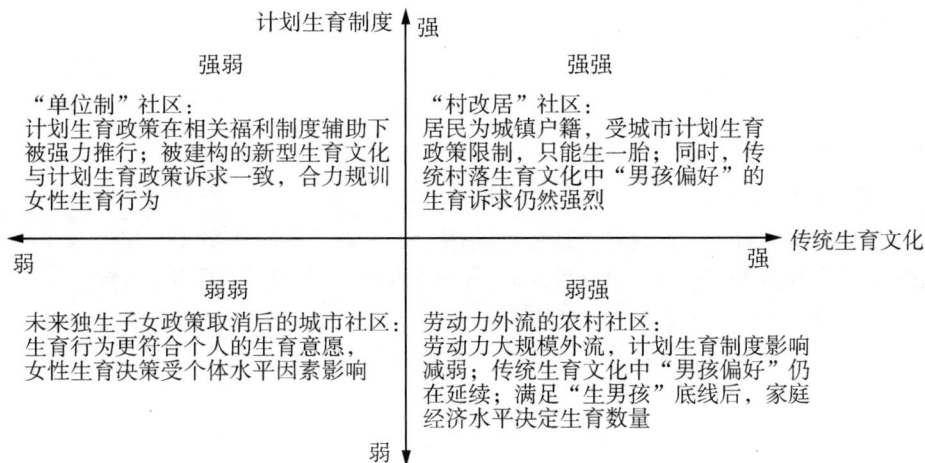

图 13-1　属性—维度—类属分析示例①

---

① 吴莹、杨宜音、卫小将等：《谁来决定"生儿子"？——社会转型中制度与文化对女性生育决策的影响》，载《社会学研究》，2016(5)。

一些研究者希望将开放性编码的过程呈现在最后的论文中。这样的做法在某种程度上的确可以增强研究形式上的完整性和规范性。但因为开放性编码本身是一个非常繁杂的和工作量大的工作，研究者往往只能摘取与研究结论相关性较强的材料片段来给出编码示例。张立平关于全人教育的开放性编码可以为学习编码的呈现提供参考，如表 13-5 所示。

表 13-5　开放性编码示例①

原始材料	开放性编码			
	贴标签	属性	维度	类属
A-1 我们要把学校变成全功能的教育社区	教育社区	功能	全—不全	教育目的
A-2 小学的存在本身就是一种对应试教育的抗争，就是对全人教育思想的一次践行	抗争 全人教育	教育性质 理念	应试—非应试 践行—信奉	教育价值
A-3 我们要打造一所不选择生源的、老百姓家门口的好学校	百姓好学校	目标	好—差	
A-4 "全人课程"是我们的主要特色；我们打通学科壁垒、强调综合性学习和覆盖学校全面生活的综合性课程改革，目的是从课程入手改变学校生态，把学生培养成完整的、人格健全的、情感丰富的人	全人课程 学校生态培养	特色 学校重心	分科—综合 生态—非生态	特色课程
A-5 学校是为学生而存在的；凡是跟学校面子相关的东西，一律简化或省略；凡是学生成长需要的东西，在条件允许的情况下努力追求最好	学校面子 学生成长		面子—学生	教师和学生观
A-6 从课程设置到教育活动的安排，再到具体的课堂教学，我们都努力追求学生第一；学生被肯定是第一位的；课程是第二位的；秩序和纪律才是第三位的	学生第一	排序	第一—其他	
A-7 在学校愿景的基础上，点亮每位教师的愿景之灯，让每位教师都有基于个人特点的努力方向和发展目标；学校不考勤、不签到，不检查教案，一切凭教师的专业精神和职业道德做主；而我就是"首席服务官"，能力有限，服务无限，主要为教师专业发展、课程建设、外出学习、硬件保障服务	愿景 专业　道德 服务	教师管理 权力观	考勤—愿景 服务—等级 得当—失当	学校组织与权力

---

① 张立平：《当代中国全人教育的一种意涵——扎根理论分析与建构的视角》，载《教育学术月刊》，2018(2)。

续表

原始材料	开放性编码			
	贴标签	属性	维度	类属
A-8 中学邀请我来当校长；从媒体人到教育人，我真是跨界了；从雷夫等两位美国教育家身上看到了教育人应该有的气质，就是有情怀地做教育	中学跨界	身份变迁	本土—外来	校长情怀政府投入
A-9 学校设施一流，120 平方米的教室，30 个孩子，地毯、沙发、乐高玩具、图书、电脑、多媒体、绿植俱全；学校还建有室内运动场、情景剧场、大型模拟生活社区等	投入　一体化一流	学校性质学校条件	政府—私人优越—落后	

同时，并非所有的研究者都愿意使用开放性编码作为第一阶段的分析策略。很多人会认为这是在浪费时间。但总体而言，开放性编码是必要的。它往往决定着一个研究是否具有原创性。如果急功近利地一来就对材料采用太抽象的编码，那么研究者就很容易被这些看似深奥的理论控制，无法开展解释性分析。这样，研究变成了理论的注脚，研究的价值就会被消减。在此阶段，研究者应当对材料所反映的观点、个案、事件等尽量地进行多角度的解读。这样做有两个好处：一是帮助研究者走出自我，产生理论敏感性；二是为后来的资料收集和编码提供更多的可能性，从而获得产生新的理论框架的机会。

在开放性编码阶段，备忘录的写作工作量是比较大的。研究者的头脑中不断形成概念，围绕这些概念必然会产生一段又一段的想法。这些想法可能大多并不成熟，概念的内涵可能也相对比较混乱，概念与概念之间的联系并不稳固。研究者的耐心就很重要，他们需要学会享受思考和写作的过程，并且对于缺少方向的探究保持容忍。研究者需要有一定的时间管理意识，保证每天主要沉浸在编码和备忘录的写作过程中。当然，研究者不可避免地会遇到更加有吸引力的主题。但有经验的研究者会区分这些吸引力来自何方。有时候一个想法之所以受到更多的重视，并不一定是因为它更好或者更接近真相，只可能是看起来煞有介事或者容易产生哗众取宠的效果。研究者面对这些想法时都应当保持克制。

自下而上的质性研究往往需要研究者尽量地悬置自己已有的"前设"。研究者应承认自己持有先入为主的观点。当然，没有人能够真正抛弃自我、抛弃真正持有和信奉的理论。但如果研究者能够有意识地和自己的成见保持距离，用开放的心态去主动理解研究现场主体的所思所想，那么研究者就更有可能去理解他们的行动逻辑。

研究者对于该阶段所有的判断都应该是不确定的。研究者必须明确，仅仅凭借一时的表达、一面之词，是很难真正产生对某件事情的可靠解释的。开放性编码的价值是产生尽量多的可能的解释。随着后续更多的材料和理论的生成，这些研究者脑中最初冒出的概念和想法会被不断修正。只有当更多的材料、更多的理论相互之间形成和谐的体系时，理论解释才会稳定下来。

（二）主轴编码

在开放性编码阶段，研究者体验了将原有的材料打散为一行一行的文本的过程，头脑中不可避免地会产生很多理论，但应克制自己的理论冲动，使相关的思考不要离原始文本太远。这意味着研究者要有意地区分不同阶段的工作重心，将开放性编码定位于发觉研究者的"主位视角"，尽力去理解材料提供者的意图、感受、观点和逻辑。

到了主轴编码阶段，研究者开始需要对数据进行特意的抽象，并且致力于寻找概念之间的联系，也就是有意识地开始建立理论。但在正式地开展主轴编码之前，还是需要牢记分析的一个基本立场：研究是为了生成新的中层理论，而不是为了证明某个已经存在的宏大理论。因此，主轴编码并不主张一下子奔赴最终的理论架构，而是持着开放的心态，尝试"把玩"概念关系，以平和的心态去迎接和拥抱新的理论。

为了让理论自然地浮现在研究者的视域之中，斯特劳斯给出了一个编码范式模型的框架。这个框架可以帮助研究者在没有一个成熟的个人分析路径时，梳理开放性编码阶段的标签之间的联系，形成"围绕类属之'轴'的密集关系网络"。[①] 编码范式模型可以让我们聚焦某个个案，让我们围绕这个个案来形成一个概念体系。具体包括以下五个基本的分析维度。

①因果条件：这是一些帮助研究者理解某个行动或事件的原初现象。

②背景：现象所嵌入的一些时代和社会特征，是研究现场所处的情境。

③干预条件：影响行动策略的广泛或普遍的条件，如实践、空间、制度、文化、社会地位、技术、历史、职业、个人经验等。

④行动或互动：行动或互动就是为了应对背景中的某个现象而产生的，对于行动策略的总结往往能够有效地促进社会互动机制的建构。

⑤结果：这是所有行动或互动产生的后果。结合具体的分类，并且与其他要素

---

① Anselm Strauss, *Qualitative Analysis for Social Scientists*，New York，Cambridge University Press，1987，p. 64.

不断建立具体联系，有助于实现整体理论的成型。

借用这样的模型，研究者可以对之前打散的文本和标签做出一定程度的整理，从而形成一个个备选理论。以杨海燕关于青少年创新项目的研究为例，她在开放性编码阶段归纳了8个类属，分别是教育制度、创新项目、应试文化、文化心理、个人选择、组织选择、中途退出、蒙混过关。每个类属下都已经找到一些支援类属。这时她需要进一步围绕每个类属和支援类属，尝试梳理类属之间的关系。她逐一对这8个类属和支援类属进行了主轴编码，感受不同类属下建立理论的可能性（见图13-2）。以"个人选择"这个类属为例，她将相关的支援类属放进了编码范式模型之中。

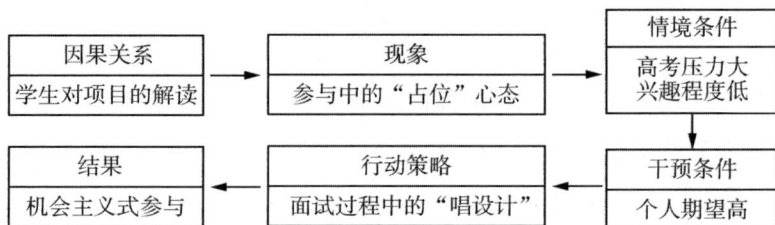

图 13-2　杨海燕关于主轴编码的说明①

借助编码范式模型，研究者试图建构这样一个理论故事：为什么会存在学生不断地参与青少年创新教育项目的现象？那是因为学生对项目进行了功利主义的解读。由于高考压力大，他们即便不喜欢这样的项目，他们也总是持有"有总比没有好"这样的心态。正因如此，他们并不是因为兴趣，而是在考量利益，那么他们势必会在项目选拔过程中不那么真实地表现自己，以谋求低投入、高产出的获奖结果。通过对8个主要类属逐个尝试建构理论故事，研究者对于哪些类属具备更好的理论潜力就有了基本的把握。

这些编码的要素其实只是一些用来整理思维的工具，并不能真正代替思考的过程。编码的工作在此时还没有真正指向要明确地生成一个研究结果。研究者只是在通过编码更进一步地熟悉材料，让材料变得更加具有可塑性。对于初学者来说，可以试着借助编码要素做三件事情来形成具体的实质理论。

首先，将开放性编码阶段形成的类属，放置到这些要素的目录下，借此判断理论的链条是否完整。如果只有原因、没有结果，或者只有行动、没有策略，就可以

---

① 杨海燕：《繁华背后的隐忧——制度、文化与理性人冲击下的青少年创新教育项目》，载《北京社会科学》，2019(3)。

尝试着重新回到现场，去补充新的材料。

其次，尝试在一个要素下进行分类分层的工作，使研究的关注点从这些要素领域转移到更加具体的内容领域。类属在不断地被精细化分析，许多子概念和子观念开始出现。在类型化的过程中，研究者就有可能在理论维度上拷问材料的合理性和完备性。

最后，开始尝试和已有的理论对话，形成多个可能的解释框架，从而为选择性编码阶段做好准备。在这个阶段，研究者应当将更多的时间投入文献阅读。

需要说明的是，主轴编码并不是一个必要的阶段。卡麦兹认为，它适合不同类型的研究者。[①] 一些学生喜欢通过程序化、可控的方式来推进研究，那么他们可以使用主轴编码。但肯定也存在部分学生更加追求真实、复杂和不确定性，他们能够忍受在研究推进过程中暂时不产生阶段性结果的状态。那么他们可以跳过这个阶段，直接进行第三阶段的选择性编码，建构最终的理论。而编码范式模型也可以直接在研究确定核心类属之后被用于最终的模型建构。

（三）选择性编码

选择性地对一个核心变量进行编码，就意味着分析者将其编码限定在那些与核心变量关系重大的、用来生成简化理论的变量范围内。[②]

在选择性编码阶段，研究者确认了理论的核心类属。一般来说，这个核心类属应该满足以下条件：①在材料中频繁地出现；②有较为丰富的其他类属对其进行支援；③可以进行多维度、多类型、多程度的分解；④可以用一条理论故事线梳理所有重要的例子和证据。

选择性编码并不只是在前面两个阶段编码的基础上做进一步的分析。它实际上包括两个方向的工作：一方面，它指向形成高度概括的类属体系，附带着一系列包含抽象概念的理论判断；另一方面，研究者为讲述一个完整而细致的理论故事，需要围绕以上的类属体系和理论判断，重新对原始材料进行阅读，甚至回到研究现场重新收集更多的佐证材料。

1. 选择核心类属

之所以将这一阶段的分析称为选择性编码，是因为研究者需要选择一个中心现

---

① ［美］凯西·卡麦兹：《建构扎根理论：质性研究实践指南》，边国英译，78页，重庆，重庆大学出版社，2009。

② ［德］伍威·弗里克：《扎根理论》，项继发译，56页，上海，格致出版社，上海人民出版社，2021。

象和中心类属相匹配进行融合式的描述。这更多是学术写作的要求。质性研究追求揭示现象背后的复杂性，但这并不意味着研究论文需要借用晦涩难懂的文字风格来进行表达。

也许有研究者特别关注我国教师参与教学竞赛这一现象。研究者经过了大量的文献查找、文档阅读、参与式观察和访谈，总结出了几个核心类属，包括教师专业发展、教学质量管理、教育中的绩效主义、教师的教学自主权、学校科层制 5 个不同的核心类属。此时，研究者往往需要完成以下几个步骤来实现对核心类属的最终筛选。

首先，在已有文献中进行比较，选择仍然存在理论生成空间的类属。就这一案例来说，也许已经有很多研究关注了参与教学竞赛对于教师专业发展的正向作用，那么这一类属就不应该被优先选择。

其次，在有价值的被研究的类属中，选择能打动自己的类属。在质性研究中，研究者自己永远是重要的研究工具。在这一案例中，也许许多教师为了在教学竞赛中获奖，采取了偏离日常课堂教学状态的教学方法。那么即使获奖对于教学质量并没有真正的提升。这样"教学质量管理"这一类属也许应该被淘汰。

最后，在剩余的类属中找资料和理论亲和性最强的类属。如果几个类属相互之间并不能完全替代，那么研究者可能需要进一步寻找这些类属的上位类属。在这一案例中，研究者对比绩效主义、自主权和科层制的意蕴，认为也许"现代性"是一个更好的上位类属。研究者可以把已有的概念全部整合到一个体系中，说明一个观点：教学竞赛是现代学校制度的必然产物，教学竞赛的异化导致了教学偏离本质追求。材料和理论之间的匹配达到了令研究者满意的程度，那么核心类属就得以确定。

2. 在连续比较中形成理论故事

故事线的成型是判断一个质性研究的材料分析是否成熟的标志。研究者在已有的工作中已经尝试建构了多个理论模型。在找到核心类属之后，有竞争力的理论模型开始浮现出来。但这个理论是否真正具有理论魅力，在很大程度上取决于研究者是否有决心坚持在材料和理论之间继续连续比较，直到真正形成自己对于研究现象真诚而有力的"洞察"。下面我们将借助林小英对于大学教师"教学卓越"这一主题的研究案例，来说明在选择性编码阶段研究者是如何形成一个具有说服力的中层理论的。[①]

---

① 林小英：《分析归纳法和连续比较法：质性研究的路径分析》，载《北京大学教育评论》，2015(1)。

（1）在个案比较中调整理论结构

虽然质性研究总体而言都是遵循个案分析的逻辑，但在编码的前两个阶段，分析并不是主要按照个案的思路进行的。在开放性编码阶段，研究者通过逐行编码，将资料从个案中"打碎"，从而悬置自己的立场，由资料诉说意义。在主轴编码阶段，研究者关心的是概念之间的连接，是尝试性的理论建构。到了选择性编码阶段，研究者应当重新回到个案，对不同个案的整体属性进行比较。研究者在分析过程中先后比较了三个类似的教学卓越教师的案例，然后将这些个案与反例进行了比较。

①与相似个案的比较。研究者先后分析了三个教学卓越教师：A 教授、B 教授和 C 教授。通过对 A 教授的分析，基本的一些类属如教学行为、教学态度、教学传递、学生观、师生关系、教学方法等浮现出来。但这些属性暂时是散乱分布的，并没有按照一定的结构连接起来。遵循理论抽样的思路，研究者找到了 B 教授。B 教授的资料除了反映以上的几个相似的基本类属之外，还有两个不同之处。一是特别强调师生关系，二是导出了一个新的类属，即个人反思。这时，研究者逐渐感受到了潜在核心类属的力量。在引入 C 教授的个案之后，研究者进一步确认了个人反思的作用，而且理解了教学卓越教师的学生观、教学观和学术观的形成主要来自个人反思。这样之前已经形成的类属和属性得到了统整。

②与反例的比较。虽然研究的主题是"教学卓越"，但质性研究同样要求在一定程度上将个案扩展到目标人群之外。研究者除了访谈三位具有教学卓越特征的教授，还访谈了一部分的普通教师。这些教师作为反例，可以进一步提升研究者的理论敏感性。通过对这部分教师的资料分析，研究者不但确认了个人反思这一属性的重要性，而且认识到了个人反思更加微妙的意义。这进一步加强了个人反思这个属性在整个理论结构中的重要性，并丰富了这一类属下的概念网络。

（2）在和经典理论的对话中建构中层理论

扎根理论这样的质性研究方法并不主张在研究的早期过多地借助理论进行思考。研究的本质是知识生产。如果一个从本土概念中建构的中层理论没有和现有的经典理论建立联系，那么相关的研究发现也很难被学术界理解和接受。为了避免研究过程被已有的理论控制，研究者应当在更多的层面利用理论的价值。有以下两种策略可供使用。

①将理论视为建构类属关系的方法。类似于主轴编码阶段的编码范式模型，我

们可以通过洞察已有理论背后的逻辑结构，整体性地组织主要类属和支援类属之间的关系。研究者在理论建构过程中，曾经使用吉登斯的结构二重性理论来尝试形成一个解释框架。图 13-3 为以经典理论为方法的中层理论建构。

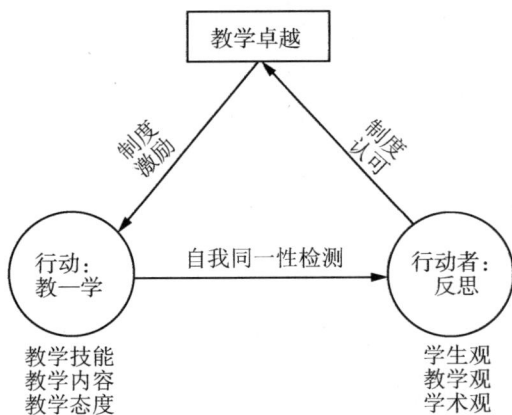

图 13-3 为以经典理论为方法的中层理论建构

在这一理论故事线中，教学卓越由两个维度的动力机制予以支持。一个是行动—行动者维度。行动主要由教学行为构成，行动者主要是反思过程。关于教学技能、教学内容、教学态度等的材料分析，被放到行动类属中。关于学生观、教学观、学术观等类属的分析被放到行动者类属中。另一个维度是结构—自主性的维度。其中，结构要素如制度激励、制度认可等类属，用以解释卓越教学作为一种社会组织要求是如何影响教师的。自我同一性检测作为教师自主的体现，带动了行动者行动的内在驱动力建构。

②将经典理论视为中层理论背后的基本立场。在研究者所探讨的教师发展领域，舍恩的"实践—反思"理论是一个经典理论，常被用来解释专家型教师成长的过程。在利用资料自下而上总结理论的过程中，我们要努力避免局限于经典理论的范畴来思考问题，可以选择在这一经典理论构成的整个实用主义范式背景下，聚焦于更加具体的理论建构。这就是"中层理论"，即在宏观与微观之间，借用底层的概念，同时联系上位的理论思考，解决某个专业领域的问题的理论。图 13-4 为以经典理论为立场的中层理论建构示例。

研究者在建构中层理论时，在前一个理论模型的基础上，进一步加深了对于反思过程的分析，通过对于回溯性的资料收集，得以在"实践—反思"范式的基本立场下，实现了对于反思过程复杂性的独特考察。研究者没有简单地遵从对于反思的理

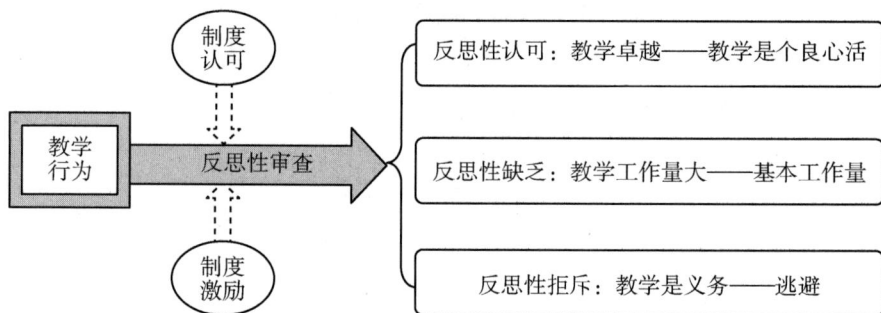

图 13-4　以经典理论为立场的中层理论建构示例

想化、片面化解读，而是从三个维度——反思性认可、反思性缺乏和反思性拒斥——整体性地呈现了在当前社会情境中教师如何通过诉诸内心的道德标准，克服制度障碍，实现教学卓越的过程。

第三节　走向混合式资料分析

　　围绕是否可以采用定量研究和质性研究两种方法的混合分析，学界存在尖锐的争论。[①] 虽然两者都属于经验研究的范畴，但它们的确在很多人看来从属于两种甚至多种不同的范式，是难以相容的。定量研究源于实证主义范式。研究者认为研究对象的属性是可以量化的，并且由分析所得到的普遍数量关系是研究成果的核心要素。而质性研究则属于一个更大的族群。其大多数的分支并不追求研究成果的推广性，而是希望深入剖析个案，从个案中获得关于现象复杂性的认识。

　　两大方法背后还存在实在论和反实在论的争论。但抛开深层的哲学冲突，在教育研究中，研究者又时常会感受到对两种方法加以融合的需要。例如，我们可以通过回归分析了解到受教育年限对于个人收入的普遍影响，但我们仍然希望了解哪些低学历的人能够实现"逆袭"。虽然我们也可以通过分组比较等方法在一定程度上回答这个问题，但显然对特殊个案的研究（如一个具有自学习惯的成功者）能够更加迅速、真实地帮助研究者获得有价值的视角。又如，当我们先通过质性研究获得了关

---

① 李刚、王红蕾：《混合方法研究的方法论与实践尝试：共识、争议与反思》，载《华东师范大学学报（教育科学版）》，2016(4)。

于某个地区儿童辍学现象背后社会机制的中层理论，进而希望能够继续推动教育政策的改进，那么基于质性研究所总结的辍学儿童特征进行广泛的社会调查，也许能够得到一些触目惊心的数字，从而增强研究的社会影响力。

使用混合研究是值得鼓励的。它可以帮助我们跳出"方法主义"的门户之争、可否短平快"流水线"式的学术生产模式，转而为解决真正的教育问题而投入精力。但混合研究的发展的确还处在探索阶段，其独特的资料分析技术尚未成型。下面将就目前学界关于混合研究的程序和类型进行概要式的介绍。

一、混合式资料分析的各个阶段

混合式资料分析采用实用主义的范式，对于分析程序的要求并不严格。奥威格布兹和特德利提出了混合研究数据分析的 7 个阶段。其中，前两个阶段是必要的，后面五个阶段则需根据研究的实际情况加以取舍。[①] 结合这 7 个阶段与本章前两节的分析方法，我们对于混合式资料分析的阶段给出了如下建议。

（一）数据简化

这是比较数据的基础。研究者需要通过编写概要的形式，减少定量数据和质性数据的层次和维度。定量数据主要呈现初步分析的结果，如集中量数、差异量数和相关系数矩阵等。质性数据则主要呈现故事的主题、多次出现的本土概念、经开放性编码得到的理论类属等。

（二）数据呈现

研究者进一步用生动直观的形式，聚集性地呈现数据背后可能的理论意义。定量数据可以整理为数据表等形式，说明主要的数据之间的相互关系。质性数据则可以用二维象限、树状图、流程图、概念矩阵等方式进行呈现。通过相互参照，数据共同的理论主题可能会浮现出来。

（三）数据转换

研究者需要尝试将定量数据转化为质性数据，或者将质性数据转化为定量数据。前者可以是在定量数据表旁写下研究者的理解和相关的理论知识，或者标注与数据主题相关的个案；后者则是对基本概念的频次进行统计，以找到重要的本土概念，

---

① Onwuegbuzie, A. J. & Teddlie, C., "A Framework for Analyzing Data in Mixed Methods Research," In eds. A. Tashakkori & C. Teddlie, *Handbook of Mixed Methods in Social and Behavioral Research*, Thousand Oaks, C. A., Sage, 2003, pp. 351-383.

或者在开放性编码的属性分析中总结出各种定量变化的维度。

（四）数据关联

研究者在数据类型的层面建立定量数据和质性数据的关系，并对它们进行交叉分析。研究者可以尝试重新理解定量数据，分析它们的非量化特征，如思考"学业成就除了考试成就之外，还可能有哪些方面的表征"；也可以寻找质性数据中不太准确的共变关系，如"随着教龄的增加，教师的备课时间在减少"，将其具体化为更加精确的相关系数。

（五）数据合并

研究者围绕两种类型的数据形成一套新的代码，既包含定量研究已有的概念框架与基本假设中的变量，也包含质性研究自下而上生成的本土概念。此时，研究者为了形成一个整体的新概念框架，自然会演绎出新的概念来填补框架中的空缺，同时也会形成新的概念联系。研究者需要回到现场，补充收集一定的数据。

（六）数据比较

研究者需要重新对数据进行方法论层面的审视。研究者需要严谨地审视定量研究和质性研究所生成的理论框架在概念内涵和外延上的统一性，以避免产生错误的结果推论。在保证概念一致的前提下，研究者采用三角互证的方法，进一步确认不同来源证据是相互支持的，从而提高研究的可靠性。

（七）数据整合

研究者需要将理论和证据构成一个完整的故事线。以理论观点为主要线索，定量研究和质性研究的资料在提供构成故事的宏大背景、问题提出的具体现象基础、具体观点的证据、唤起论文读者共情理解的情境描写、细化说明类属意义的辅助性工具等方面发挥作用。总之，应将实证数据作为研究者与读者对话的工具。研究者对于两种数据使用的策略越丰富，理论故事的整体性就越强，分析方法背后哲学争论可能导致的合理性危险也会相应减轻。

二、混合式资料分析的各种类型

虽然混合研究基本遵循前文所列出的数据分析步骤，但实际上分析的思路还受到另外一个很重要的因素影响——定量研究和质性研究在研究开展过程中的位置。这决定了研究背后的主要范式自然会影响分析时考量的关键问题。一般来说，后面的方法占据主导位置，前面的方法更多扮演引出问题或开发分析基本工具性概念的作用。根据混合研究中两种方法出现的先后顺序，混合式资料分析在现实操作中主要分为解释性混合研究分析、探索性混合研究分析两种类型。[①]

（一）解释性混合研究分析

在这种混合研究类型中，定量研究的数据收集和分析都发生于质性研究之前。研究者应关注质性数据对于定量研究中产生的问题的解释效力。选择具有解释力的个案或者个案组是分析的关键。首先在定量研究阶段，常见的做法是使用分组分析，得到具有理论探讨价值的组间差异分析结果，然后选择分组样本，特别是对每组中的普通个案和极端个案分别进行分析，从而获得更多的意义视角。在后续的质性研究编码中，每组参与者的身份标签往往会逐渐演化为后续高阶编码的核心类属，从而用质性数据回答定量数据所呈现的现实"为什么如此"的问题。我们并不推荐在这一类型的分析中使用太过高阶的定量分析方法，从而规避解释范式的冲突问题。

（二）探索性混合研究分析

这一类型的混合研究类型将质性研究放在前，将定量研究放在后，需要经历理论生成到理论证明的完整探索过程，而且常被运用到大规模的研究项目中。在质性研究阶段，研究者倾向于使用扎根理论的方法，从个案分析出发生成丰富的标签和类属，并尝试通过属性—维度分析寻找具有定量研究潜力的变量型标签，并建立解释框架中变量之间的关系，形成初步的理论假设。在回到文献并确认相关假设的理论潜力之后，研究者得以建立正式的回归模型系统。一般来说，此时假设体系往往已经足够复杂，需要大规模的样本支持，并借用分层线性模型或者结构方程模型才能够进行检验。

除此之外，学者还在尝试开展定量研究和质性研究并行的资料分析。这种方法准确地说更适用于作为研究团队合作的一种模式而存在。团队的不同成员在同一时间采用两种不同方法开展同一主题的研究。定期的数据分析结果交流与数据整合将是其中的关键。团队还需要至少一名分析者同时对两个方向的研究团队负责，管控概念的一致性和方法的适用性、分配和调整各自分析的重点、保持两组人员分析结果的相互支持，引导团队成员关注理论共识而非陷入技术性分析环节。

思考与行动

1. 在定量研究中，有哪些方法和策略能够更好地确认两个变量的因果关系？

---

① ［美］约翰•W. 克雷斯维尔、［美］薇姬•L. 查克：《混合方法研究：设计与实施》原书第 2 版，游宇、陈福平译，151～163 页，重庆，重庆大学出版社，2017。

2. 在开展质性资料的分析时，哪些程序是必要的？哪些程序则可能改变顺序？

3. 怎样避免让实证研究成为某个已经存在的经典理论的注脚？实证研究如何实现理论生成？

4. 定量研究和质性研究的方法论存在哪些不可调和的矛盾？又在哪些时候可以共存？

进一步阅读的书目

1. 吴明隆：《结构方程模型——AMOS 的操作与应用》第 2 版，重庆，重庆大学出版社，2009。

2.［加拿大］朱迪丝·A. 霍尔顿、［法］伊莎贝尔·沃尔什：《经典扎根理论：定性和定量数据的应用》，王进杰、朱明明译，北京，北京大学出版社，2021。

3.［美］约翰·W. 克雷斯维尔、［美］薇姬·L. 查克：《混合方法研究：设计与实施》原书第 2 版，游宇、陈福平译，重庆，重庆大学出版社，2017。

本书参考文献

1. 周昌忠：《西方科学方法论史》，上海，上海人民出版社，1986。

2. 邱仁宗：《科学方法和科学动力学——现代科学哲学概述》，上海，知识出版社，1984。

3. 苗东升：《系统科学精要》，北京，中国人民大学出版社，1998。

4. 陈向明：《质的研究方法与社会科学研究》，北京，教育科学出版社，2000。

5. 王铭铭：《人类学是什么》，北京，北京大学出版社，2002。

6. [美]约翰·洛西：《科学哲学历史导论》，邱仁宗、金吾伦、林夏水等译，武汉，华中工学院出版社，1982。

7. [挪]G.希尔贝克、[挪]N.伊耶：《西方哲学史——从古希腊到二十世纪》，童世骏、郁振华、刘进译，上海，上海译文出版社，2004。

8. [法]埃德加·莫兰：《复杂思想：自觉的科学》，陈一壮译，北京，北京大学出版社，2001。

9. [美]米歇尔·沃尔德罗普：《复杂：诞生于秩序与混沌边缘的科学》，陈玲译，北京，生活·读书·新知三联书店，1997。

10. [德]马克斯·韦伯：《社会科学方法论》，杨富斌译，北京，华夏出版社，1999。

11. 瞿葆奎：《元教育学研究》，杭州，浙江教育出版社，1999。

12. 李秉德：《教育科学研究方法》，北京，人民教育出版社，1986。

13. 叶澜：《教育研究方法论初探》，上海，上海教育出版社，1999。

14. 杨小微：《教育研究的原理与方法》，上海，华东师范大学出版社，2002。

15. 郑金州、陶保平、孔企平：《学校教育研究方法》，北京，教育科学出版社，2003。

16. 裴娣娜：《教育研究方法导论》，合肥，安徽教育出版社，2000。

17. 潘慧玲：《教育研究的取径：概念与应用》，上海，华东师范大学出版社，2005。

18. 郝大海：《社会调查研究方法》第四版，北京，中国人民大学出版社，2019。

19. 王汉澜：《教育实验学》，开封，河南大学出版社，1992。

20. 丁钢：《声音与经验：教育叙事探究》，北京，教育科学出版社，2020。

21. 郭元祥：《教育逻辑学》，北京，人民教育出版社，2002。

22. 郑金州、林存华、程亮：《行动研究指导》，北京，教育科学出版社，2004。

23. 旷习模：《教育实验》，长沙，湖南教育出版社，1990。

24. 李伟胜：《实验研究指导》，北京，教育科学出版社，2002。

25. 冯增俊：《教育人类学教程》，北京，人民教育出版社，2005。

26. 滕星：《文化变迁与双语教育——凉山彝族社区教育人类学的田野工作与文本撰述》，北京，教育科学出版社，2001。

27. 陈大伟：《教育案例写作与研究》，北京，教育科学出版社，2012。

28. ［美］梅雷迪斯·D. 高尔、［美］沃尔特·博格、［美］乔伊斯·J. 高尔：《教育研究方法导论》第六版，许庆豫等译，南京，江苏教育出版社，2002。

29. ［英］刘易斯·科恩、［英］劳伦斯·马尼恩、［英］基思·莫里森：《教育研究方法》第6版，程亮、宋萑、沈丽萍等译，上海，华东师范大学出版社，2015。

30. ［美］威廉.维尔斯曼：《教育研究方法导论》，袁振国主译，北京，教育科学出版社，1997。

31. ［美］伯克·约翰逊、［美］拉里·克里斯滕森：《教育研究：定量、定性和混合方法》第4版，马健生等译，重庆，重庆大学出版社，2015。

32. ［美］阿巴斯·塔沙克里、［美］查尔斯·特德莱：《混合方法论：定性方法和定量方法的结合》，唐海华译，重庆，重庆大学出版社，2010。

33. ［美］约翰·W. 克雷斯威尔：《研究设计与写作指导：定性、定量与混合研究的路径》，崔延强译，重庆，重庆大学出版社，2007。

34. ［美］丹尼·L. 乔金森：《参与观察法》，龙筱红、张小山译，重庆，重庆大学出版社，2009。

35. ［美］弗洛伊德·J. 福勒：《调查研究方法》，孙振东、龙黎、陈荟译，重庆，重庆大学出版社，2009。

36. ［比］德朗舍尔：《教育实验研究》，王金波译，北京，光明日报出版社，1989。

37. [美]唐纳德·A. 舍恩：《反映的实践者——专业工作者如何在行动中思考》，夏林清译，北京，教育科学出版社，2007。

38. [美]杰罗姆·布鲁纳：《故事的形成：法律、文学、生活》，孙玫璐译，北京，教育科学出版社，2006。

39. [以]艾米娅·利布里奇、[以]里弗卡·图沃-玛沙奇、[以]塔玛·奇尔波：《叙事研究：阅读、分析和诠释》，王红艳译，重庆，重庆大学出版社，2019。

40. [加拿大]F. 迈克尔·康纳利、[加拿大]D. 琼·克兰迪宁：《教师成为课程研究者——经验叙事》第二版，刘良华、邝红军等译，杭州，浙江教育出版社，2004。

41. [美]罗伯特·K. 殷：《案例研究方法的应用》（第 3 版），周海涛、夏欢欢译，重庆，重庆大学出版社，2014。

42. [美]罗伯特·K. 殷：《案例研究：设计与方法》原书第 5 版，周海涛、史少杰译，重庆，重庆大学出版社，2017。

43. [美]约翰·吉尔林：《案例研究：原理与实践》修订版，黄海涛、刘丰、孙芳露译，重庆，重庆大学出版社，2022。

44. [英]丹尼尔·约翰·奥康纳：《教育哲学导论》，宇文利译，北京，中国人民大学出版社，2015。

45. [瑞典]T. 胡森、[瑞典]T. N. 波斯尔斯韦特：《教育大百科全书 9》，张斌贤等译，重庆，西南师范大学出版社，海口，海南出版社，2006。

46. 吴明隆：《结构方程模型——AMOS 的操作与应用》第 2 版，重庆，重庆大学出版社，2009。

47. [加拿大]朱迪丝·A. 霍尔顿、[法]伊莎贝尔·沃尔什：《经典扎根理论：定性和定量数据的应用》，王进杰、朱明明译，北京，北京大学出版社，2021。

48. [美]约翰·W. 克雷斯维尔、[美]薇姬·L. 查克：《混合方法研究：设计与实施》原书第 2 版，游宇、陈福平译，重庆，重庆大学出版社，2017。

后　记

在各位作者的辛勤努力之下，顺利地完成了此次修订任务。现将参与本次修订的作者情况列举如下，以表诚挚的谢意。

第一章　科学研究方法纵览（杨小微）

第二章　社会科学研究概观（杨小微）

第三章　教育研究概述（杨小微）

第四章　教育观察研究（鲍道宏、李伟胜）

第五章　教育调查研究（王凯）

第六章　教育实验研究（李伟胜）

第七章　教育行动研究（鲍道宏）

第八章　教育叙事研究（王凯）

第九章　教育人种志研究（杨小微）

第十章　教育案例研究（鲍道宏）

第十一章　教育理论研究（王凯）

第十二章　教育文献研究（鲍道宏）

第十三章　教育研究资料的整理与分析（杨帆、金学成）

本书在写作过程中参阅和引用了大量文献，在此一并向文献原作者表示衷心的谢意；感谢出版社领导和先后两任责任编辑郭兴举先生、何琳女士的支持和帮助，感谢所有为本书付出心血和汗水的朋友。书中难免有不足之处，也敬请读者朋友不吝赐教，我们将在后续的修订中进一步充实和完善。

杨小微

2024 年春谨识于上海